REPRESENTACIONES DEL VIAJE : METÁFORAS, IMÁGENES, TEXTOS

PETER LANG

Bern · Berlin · Bruxelles · New York · Oxford · Warszawa · Wien

EUGENIA POPEANGA CHELARU (COORD.)
BARBARA FRATICELLI Y MARTA ITURMENDI (EDS.)

REPRESENTACIONES DEL VIAJE : METÁFORAS, IMÁGENES, TEXTOS

PETER LANG

Bern · Berlin · Bruxelles · New York · Oxford · Warszawa · Wien

Bibliographic Information published by the Deutsche Nationalbibliothek
The Deutsche Nationalbibliothek lists this publication in the Deutsche
Nationalbibliografie; detailed bibliographic data is available online
at http://dnb.d-nb.de.

ISSN 1664-0381 • ISBN 978-3-0343-3880-6 (Print)
E-ISBN 978-3-0343-4168-4 (E-PDF) • E-ISBN 978-3-0343-4169-1 (EPUB)
E-ISBN 978-3-0343-4170-7 (MOBI) • DOI 10.3726/b17450

© Peter Lang AG
Internationaler Verlag der Wissenschaften
Bern 2020
All rights reserved

www.peterlang.com

Índice

Presentación

La indagación sobre el espacio literario, su capacidad para asumir un papel dominante en las geografías ficcionales desde la Edad Media hasta nuestros días, y su transformación en pura metáfora a partir de unos significantes que pertenecen al imaginario colectivo son, desde hace tres décadas, el objeto de estudio del Grupo de Investigación "La aventura de viajar y sus escrituras" (GILAVE), cuya dirección desde el principio ha corrido a cargo de la profesora Eugenia Popeanga, Catedrática de Filología Románica de la Universidad Complutense de Madrid. En este Grupo, formado por profesores e investigadores experimentados, al igual que por jóvenes investigadores y doctorandos en literaturas comparadas, la actividad científica ha girado siempre en torno a dos ejes fundamentales: la investigación de los temas y motivos que han permeado los libros de viaje como género híbrido, y la imagen de la ciudad en la literatura y las artes, en perspectiva comparatista e interdisciplinar. Fruto de este trabajo son las numerosas publicaciones, individuales y colectivas, de los miembros del Grupo, financiadas a través de los sucesivos programas de Proyectos de Excelencia I+D+i del Ministerio de Ciencia e Innovación y del Ministerio de Economía y Competitividad, o a través de las convocatorias propias del Vicerrectorado de Investigación de la Universidad Complutense de Madrid, como es el caso del presente volumen.

Representaciones del viaje: metáforas, imágenes, textos representa la culminación de un amplio y complejo proyecto investigador empezado en el año 1991 con la publicación del primer Anejo de la *Revista de Filología Románica* de la Universidad Complutense, titulado *Los libros de viajes en el mundo románico*. Siguieron otros Anejos, como *La aventura de viajar y sus escrituras* (2006), *Escrituras del exilio* (2011) y *Metáforas y espacios del erotismo* (2011). Asimismo, y siempre bajo la batuta de la profesora Popeanga, han visto la luz numerosas tesis doctorales y varios estudios monográficos dedicados a ciudades literarias, como Bucarest, Lisboa, Nápoles o Buenos Aires, para citar solo algunos, o volúmenes en los que los espacios, urbanos o rurales, reales o fantásticos, asumen un protagonismo literario indiscutible, como es el caso de *Historia y poética de la ciudad* (2002), *La ciudad como escritura* (2006), *Ciudades imaginadas en la literatura y en las artes* (2008), *Ciudad en obras. Metáforas de lo urbano en la literatura y en las artes* (2010), *Ciudades Mito. Modelos urbanos culturales en la literatura de viajes y en la ficción* (2012), *Reflejos de la ciudad. Representaciones literarias del imaginario urbano* (2014), *La ciudad hostil: imágenes en la literatura* (2015), *La ciudad como espacio plural en la literatura: convivencia y hostilidad* (2017) y *Un viaje literario por las islas* (2019).

Los tres bloques temáticos en los que se divide el libro que el lector tiene entre las manos corresponden a otras tantas épocas (la medieval, la moderna y la contemporánea) en las que el viaje literario se configura según unos parámetros definidos y responde a las inquietudes —individuales o colectivas— que han motivado su comienzo. Así, junto a obras y autores consagrados por el gran público, otras plumas y otras personalidades nos descubren los entresijos de un género literario que no parece dar signos de agotamiento y que, aún en tiempos de extrema acumulación de información y de todo tipo de facilidades para el viajero, se reserva el derecho a plasmar espacios donde se confunden las fronteras entre lo interior y lo exterior, entre lo real y lo imaginado, y entre lo propio y lo ajeno.

Sirva este volumen monográfico, en cuya elaboración han contribuido profesores e investigadores nacionales e internacionales, como reconocimiento a una trayectoria docente e investigadora, la de Eugenia Popeanga, extraordinaria e irrepetible.

Barbara FRATICELLI y Marta ITURMENDI
Madrid, 2020

Introducción

Eugenia POPEANGA CHELARU

El viaje y sus escrituras

Hoy en día todo el mundo viaja. El viaje se ha convertido en una actividad cotidiana al alcance de multitudes, ha perdido su aura de misterio, de algo extraordinario; ha desaparecido el sentido de "la lejanía". Basta una tarjeta de crédito para que el planeta se ponga a los pies del aspirante, cada vez más turista en realidad, integrado en la manada organizada. Grandes cruceros surcan los mares, pero sus participantes apenas ven el mar desde una altura de cinco o seis cubiertas, y apenas saben si las estrellas han cambiado de posición, ocupados en las actividades "gratuitas" que ofrece el barco. África se ha convertido en destino predilecto en los viajes de luna de miel, así como la subida al Everest semeja la cola de los grandes almacenes el primer día de rebajas. Ya se programan y organizan viajes interespaciales, con lista de espera para ir a la Luna. La Tierra se ha quedado pequeña, por lo que hay que conocer nuevos espacios.

Escribir y contar este tipo de viajes es tarea farragosa en un mundo cada vez más plagado de imágenes, por lo que la fotografía y el vídeo representan y recuerdan cada momento del viaje, mientras que la palabra escrita parece obsoleta, tanto como las desaparecidas postales de colores que antaño se coleccionaban. Sin embargo, aún hay viajeros, distinguibles del vulgar turista, que entienden el viaje como un eje existencial, una aventura de descubrimiento, a veces de conquista y siempre de iniciación. Son estos viajeros que aún con sus diarios, relatos o recuerdos nos permiten acompañarlos en sus caminatas, travesías, y vivir sus peripecias con el consiguiente disfrute de las aventuras tanto venturosas como peligrosas. También nos encontramos con viajeros sedentarios, de sillón, lectores de relatos de otros viajeros, que imaginarán, a través de la escritura, sus propias aventuras. Y, cómo no, el viaje ha sido y sigue siendo un eje temático importante para la literatura de ficción. En las novelas, en los poemas, y hasta en obras dramáticas se utiliza el viaje como elemento estructural de la historia; los protagonistas realizan desplazamientos, descubren nuevos territorios y, a lo largo de una serie notable de aventuras y experiencias, sufren transformaciones, algunas de rango transcendental. A manera de ejemplo, podemos remontarnos al ingenioso Odiseo, en su azaroso retorno a Ítaca, así como a los viajes de los caballeros medievales que afrontan su aventura en el bosque peligroso, a los pícaros que se ganan la vida por distintos ambientes y lugares, a los grandes viajes de Gulliver y Robinson Crusoe, hasta llegar a los atormentados personajes románticos que convierten sus viajes en componente básico de su existencia. Basta recordar a Lord Byron, Gérard de Nerval, Victor Hugo, Théophile Gautier, Stendhal, etc., ellos también viajeros que cuentan su experiencia personal, creadores de héroes literarios, enfermos de "lejanía", en busca de lo exótico, que a veces abandonan la dimensión espacial para hallar en lo temporal nuevos mundos por explorar. Los saltos temporales y el buceo en el pasado o el futuro, permiten la ruptura de la coherencia narrativa y nos remiten a una literatura de tipo fantástico, que utiliza el viaje como herramienta de construcción. El siglo XIX descubre con Jules Verne las posibilidades de un viaje en submarino, en globo, o medios diversos para dar la vuelta al mundo en 80 días, surcar los mares a la búsqueda del capitán Grant, pero también un viaje a la Luna o al centro de la Tierra. Se vive en el mundo de las "islas del tesoro", de las aventuras de piratas y del gran viaje hacia la muerte en lucha con ballenas asesinas, como Moby Dick. Con la literatura realista descubrimos el viaje por las ciudades en proceso de cambio, viajes menos espectaculares igualmente plagados de peligros y aventuras. El mundo moderno utiliza el viaje en todas sus dimensiones y le añade, a través de la experiencia fílmica, con la presencia de la imagen, nuevas dimensiones y un continuo juego de espacio y tiempo. Sin embargo, y pese a la riqueza creativa que encierra el concepto, esta literatura utiliza el viaje como elemento de construcción de ficciones. En cambio, la literatura de viajes se articula precisamente, desde la experiencia de un viaje real, vivido por el narrador, experiencia que sirve de modelo a otros viajeros, produciendo relatos diferentes de novela o de poema. Habrá que distinguir entre la simple narración de un viaje y la confección de un discurso complejo que, aparte de los ingredientes básicos que caracterizan la literatura de viajes, encierra notables cualidades literarias.

Viajar es una actividad libre y al alcance de cualquiera, llevada a cabo desde siempre, ya que el deseo del conocimiento y ampliación del espacio forma parte esencial del ser humano. Sin embargo, no todos los viajeros nos dan testimonio de sus aventuras, aunque muchos de ellos cuentan sus peripecias con afán de transmitir su experiencia y ampliar los conocimientos históricos, geográficos, antropológicos, incluso gastronómicos de sus congéneres. En la mayoría de los casos, el viajero es un marinero, un comerciante, un diplomático, un monje misionero, un peregrino o un explorador, que viaja con una misión concreta: abrir nuevas rutas comerciales y marítimas, desplegar relaciones diplomáticas, llevar la fe de Cristo hasta los rincones más remotos y peligrosos, o bien peregrinar en busca de la salvación del alma. Los relatos de estos viajeros, si bien interesantes por la información que aportan, carecen a menudo de todo valor literario. Hay, empero, excepciones de viajeros que saben describir las nuevas tierras que visitan, acopiando leyendas e historias de sus habitantes. A veces, especialmente en la Edad Media, adornan sus textos con una sarta de milagros y maravillas que embelesan al público y ensalzan el valor del relato. Aparte de quienes viajan con una misión determinada, a finales del siglo XV surgen los viajeros que emprenden su periplo por el puro placer de viajar, de conocer sitios y gentes nuevas, con su curiosa forma de vida. Su discurso se va acercando más al literario, y se permiten la libertad de contar anécdotas, de utilizar la autoficción, su propia introspección ante la aventura, logrando incluso a veces alguna nota irónica o el desarrollo del registro cómico. En forma de diarios, cartas o recuerdos, estos viajeros, sin llegar a escritores ni manejar técnicas literarias, alcanzan un notable nivel artístico.

Finalmente, la escritura más importante, que convierte un significativo libro de viajes en verdadera literatura, se debe a los escritores viajeros. Uno de los primeros que nos deja su Diario es Michel de Montaigne; ello no obstante, se trata de un diario de autoría relativa, pues se supone que el ilustre ensayista lo dictaba a su secretario, que, como es de suponer, habría intervenido en la redacción. A partir de los siglos

XVII y XVIII, mas ante todo en el XIX, abundan los escritores viajeros, que ponen las bases de una escritura compleja que, si bien mantiene un viaje real como elemento principal, se aleja notablemente de los escuetos y didácticos relatos anteriores. El gusto por lo exótico, la atracción que ejercía el Oriente, el interés por la escritura del "yo", convierten sus diarios, sus cartas y, la mayoría de las veces, sus relatos construidos a base de recuerdos, en auténticas obras literarias. Es cierto que se mantienen los datos históricos y geográficos, la descripción de las costumbres de gentes nuevas, si bien este discurso, propio de todo tipo de viajes, se mezcla con la impresión personal y subjetiva. Los autores prestan atención al desarrollo de sí mismos, entendiendo el viaje como una aventura de descubrimiento de sus propias vivencias; la descripción de nuevos paisajes, el interés por la naturaleza, propio de la estética romántica, se mezcla con la reflexión de tipo literario y filosófico. La época del "gran tour" mueve a jóvenes ingleses y alemanes a descubrir y amar "el país donde florece el limonero", creando una atracción hacia el sur que marca los goethianos "años de peregrinaje". Para los viajeros franceses e ingleses, España asimismo se convierte en tierra de aventura, donde conviven matadores de toros con seductoras cigarreras y peligrosos bandoleros. La realidad es bien distinta, de modo que los viajeros que no encuentran ni a Carmen ni a don Quijote, para no desengañar a sus lectores, se inventan un mundo exótico cuajado de aventuras, mezclando sus impresiones con elementos de ficción y practicando una considerable intertextualidad literaria. Théophile Gautier nos deja magníficas estampas de la vida cotidiana en el Madrid de mediados del XIX, así como descripciones de la naturaleza salvaje, que ha de atravesar en su viaje por España. No faltan los detalles gastronómicos, que ponen el punto de humor también en el relato epistolar que nos deja Alexandre Dumas, quien carga tanto las tintas en la representación de una España negra, que su libro *De París a Cádiz* llega a ser ferozmente contestado y replicado en el mundo literario español. Vemos, pues, cómo el relato de viajes se convierte, gracias al uso intenso de los recursos literarios y estilísticos, a las anécdotas reales y ficticias, al uso del diálogo, en un discurso mixto, donde la formación enciclopédica se funde con el discurso literario, de tal forma que el lector se sumerge en el texto como si fuese una novela.

A partir de mediados del siglo pasado, la escritura de viajes cambia de rumbo, merced a la figura del periodista, que emprende el viaje por motivos profesionales, debiendo transmitir sus experiencias de forma escueta a un público que espera la crónica diaria. La carta decimonónica es reemplazada por nuevas formas literarias que mantienen la relación inmediata espacio-temporal, pero manteniendo la intencionalidad y las formas del discurso. La descripción del paisaje natural disminuye, cediendo lugar a la imagen fotográfica, y el periodista viajero se centra en el descubrimiento del paisaje humano, con las implicaciones sociales y políticas que se observan en el país visitado, con ocasión, la mayoría de las veces, de un acontecimiento dramático, tales como una guerra, una catástrofe natural, o una revolución. Periodistas como Manuel Leguineche construyen sus libros a base de notas tomadas a lo largo del viaje, más tarde ensambladas para formar un texto global en el que el recuerdo y la reflexión sobre lo visto se convierten en un testimonio de la historia viva del país visitado. La descripción de la naturaleza está relacionada con la guerra, la erupción de un volcán, o un tifón devastador; los únicos datos de tipo sociológico van acompañados de pinceladas humorísticas, si bien el fin de la escritura reside en poner en evidencia la relación con el otro en situación de desamparo, violencia o pobreza. En nuestros tiempos muchos viajeros toman postura frente al mundo que descubren y describen; lo ameno de la escritura de viajes se torna amarga y a veces dolorosa, de tal modo que el lector pueda asumir las inquietudes sociales y políticas del autor. Sin embargo, hoy en día un libro como *El río del olvido*, de Julio Llamazares, que cuenta un viaje real y a la vez imaginario, recreando paisajes y gentes a través del recuerdo, le queda lejano al lector. La imagen y las redes sociales, en las que cualquier turista puede contar su viaje y subir sus fotografías, desvirtúan la literatura de viajes, que queda minusvalorada para el gusto de los nostálgicos del texto literario tradicional.

EL RELATO DE VIAJE MEDIEVAL

EL RELATO DE VIAJE MEDIEVAL

Juan PAREDES NÚÑEZ

Escrituras del viaje: del relato maravilloso al viaje metaliterario

El viaje es tan antiguo como la literatura y se configura como elemento inherente a la propia naturaleza humana. A lo largo de su historia, el hombre ha concebido el viaje como un medio ideal de mitos y ensoñaciones. Da igual el grado de «realidad» que el relato comporte. La diferencia entre realidad y ficción se polariza en la contraposición entre la propia realidad de la historia y la capacidad de novelación a partir de esa misma realidad, aunque la literatura trasciende a veces el límite para denotar el hecho literario con una particular significación.

Los libros de viajes, reales o imaginarios, responden a la propia naturaleza del hombre. De ahí, tal vez, la inconsustancialidad desde esta perspectiva de la diferenciación, aunque mantenga su significado con fines prácticos, entre el «libro de viajes», resultado de un viaje «real», y la «literatura de viajes», más acorde con el mundo de la imaginación. Porque, como señala Todorov (1978: 22), «Y a-t-il une différence radicale dans le systematicité du texte entre un récit de voyage réel et un récit de voyage imaginaire (alors que l'un est fictionnel, l'autre non?)». Todo viaje, real o imaginario, entraña siempre un cierto grado de inquietud, misterio y ensoñación. Es consustancial a su naturaleza semántico-simbólica, aunque el sustrato mítico-simbólico está más vinculado al mundo «maravilloso», mientras las historias «reales» corresponden, de manera natural, a un código histórico-cultural. En cualquier caso, resulta absolutamente necesario definir los distintos modelos semánticos y los propios conceptos de fantasía y realidad aplicados a la época medieval (Le Goff, 1985: 9–17). Y redefinir la propia conceptualización de lo mítico, de acuerdo con la mentalidad simbólica medieval.

Porque, frente a la mentalidad «científica» moderna, el hombre medieval tiene una mentalidad «simbólica», una manera particular de concebir la naturaleza y el cosmos, el tiempo y la historia, la vida y la muerte, lo efímero y la eternidad. Aplica unas categorías espacio-temporales completamente diferentes, como son diferentes su sistema de creencias y su manera de captar la realidad. Piensa que está vinculado a una serie de fuerzas externas, sobrenaturales, que no puede dominar. Su mundo, es un mundo de amenazas, maravillas y misterios; un universo intemporal cuyos fundamentos se asientan en lo mítico. Por eso, resulta fundamental comprender y aplicar el sentido del concepto godmanniano de «visión del mundo» y, sobre todo, desarrollar una auténtica poética de la imaginación si no queremos correr el riesgo de quedarnos en la pura materialidad del texto medieval.

Hay que entender lo «fantástico» y lo «maravilloso» como respuesta a una necesidad oculta del hombre. Porque, cuando en la evolución de la conciencia humana, en el proceso de interiorización de los mitos que el hombre ha venido realizando precisamente para desmitificar la realidad, muere una creencia, renace en un nivel superior en forma estética. La creencia, una vez que desaparece el elemento racionalizado que la sustentaba, ya no puede aceptarse como tal, pero sobrevive el elemento del que había surgido, y este elemento necesita revestirse de una forma nueva, cuya apariencia no pueda ser negada por la ciencia, y ese nuevo ropaje es precisamente lo «fantástico». Como señala Roger Caillois (1966), el cuento fantástico, maravilloso, pone de manifiesto la ingenua posición del hombre frente a una naturaleza que no sabe ni puede dominar; el de terror, refleja el miedo de ver cómo el equilibrio del mundo, establecido por la investigación rigurosa de la ciencia experimental, se rompe ante el asalto de fuerzas nocturnas, diabólicas; los relatos de ciencia-ficción, la angustia de una época a la que el progreso científico en lugar de proteger contra lo inimaginable, lo precipita hacia él. Los temas, los motivos, la casuística del relato, deriva siempre de las propias preocupaciones de la época. Son un reflejo del imaginario colectivo, que busca, para exorcizar sus propios miedos, una forma de expresión. Lo fantástico, lo maravilloso, los relatos de terror y ciencia ficción, con sus distintas modulaciones, trascienden en el ámbito literario su propia naturaleza. Traicionan la tensión entre lo que el hombre puede y desearía poder hacer, entre lo que sabe y lo que quisiera, o le está prohibido, saber. Con una semiótica diferente, con su juego de imágenes y símbolos, estos relatos intentan ocultar, o al menos disimular, los miedos, anhelos y nostalgias que el hombre ha ido decantando y consolidando a lo largo de su historia. Por eso, la descodificación de estos textos requiere un particular esfuerzo. El texto construido como «maravilloso» no puede ser descodificado como una realidad objetiva, por muchos elementos objetivables que contenga, como ocurre con numerosos libros de viajes, porque como texto, que a su vez implica una encrucijada de textos, remite a un contenido no codificado previamente, al mundo de lo fantástico, de lo inimaginable, al mundo de lo desconocido. El nivel cognitivo desaparece, por muy patente que aparezca el mensaje informativo, para centrarse en el mundo de ficción. El trasfondo mítico-simbólico emerge así de una manera sorprendente. La aventura del descubrimiento importa como simple aventura. Poco importa ya si lo contado es verdadero o falso (Popeanga, 1991: 26).

Porque, además, la misma percepción del concepto de lo fantástico y maravilloso del hombre de la Edad Media no se compadece con las categorías teoréticas establecidas al respecto. Como señala Daniel Poirion (1982) el juicio de un lector moderno puede no coincidir exactamente con el de un público cuya cultura se fundaba en creencias y definiciones de lo «normal» y «natural» distintas de la nuestra. Por eso las definiciones de lo maravilloso como «sobrenatural normalmente aceptado» que proponen buena parte de los teóricos modernos no ayudan a esclarecer el problema.

Las aproximaciones a lo fantástico y maravilloso parten generalmente de la definición de Todorov (1970), según la cual lo fantástico ocuparía el momento de la incertidumbre ante un acontecimiento aparentemente sobrenatural, y de manera particular por la diferenciación conceptual que establece entre lo extraño y lo maravilloso en el sentido de que el primero puede tener una explicación natural, aprehensible por el pensamiento, mientras que el segundo, aunque intente explicarse, conserva siempre un reducto sobrenatural. Lo fantástico se establece en ese espacio concreto entre el acontecimiento y su posible conceptualización. La presencia obligada de un lector implícito, que puede aceptar la explicación natural o inclinarse por lo sobrenatural, invalida la posibilidad de aplicar la definición a lo maravilloso medieval (Zumthor, 1972: 137), sencillamente porque esta presencia es inexistente. Lo fantástico de la Edad Media reside precisamente en la falta de conceptualización de lo fantástico, en la falta de delimitación entre lo maravilloso y lo real. No se trata, pues, de un juego con el terror (Caillois, 1958a y 1958b), ni es el tiempo de la duda entre una explicación racional o sobrenatural, ni una manifestación gratuita de lo maravilloso. Es una protesta contra un mundo real en el que estamos inmersos y del que queremos escapar.

Como señala Jurgis Baltrusaitis:

> La edad Media gótica no evoluciona, pues, solamente hacia el orden de la vida, el realismo y Occidente, sino que presenta también su componente surrealista, sus artificios y exotismos. Una Edad Media más atormentada, poblada de monstruos y prodigios se restaura y desarrolla dentro del Medioevo evangélico y humanista. Sus sobresaltos e inquietudes en los espíritus y en las formas no dejan de incrementarse hasta su ocaso. Este fondo sobrenatural se consolida sobre un terreno complejo. En él encontramos, si bien trasladada a una realidad más fuerte, la teratología de los siglos anteriores así como obsesiones y fantasmagorías creadas por la imaginación. Se ensancha incesantemente extendiéndose a campos nuevos y evoluciona de manera discontinua: más singular y maravilloso hasta el final del siglo XV, más dramático en los siglos XV y XVI.

Muchos libros de viajes se articulan como visión del mundo, como parte de una cosmogonía, aunque frecuentemente este modelo se suele combinar con el diario o descripción de lo visto y vivido.

En cualquiera de sus modalidades: guías de peregrinación, relatos de peregrinaje, relatos sobre las empresas de cruzados a Tierra Santa, relaciones de embajadores y misioneros, guías para mercaderes, relatos de una etapa de una biografía o relatos de viajes imaginarios (Richard, 1981), siempre se estructuran de acuerdo con estas posibilidades. Los intentos de especificar sus reglas comunes y rasgos distintivos (López Estrada, 1984; Pérez Priego, 1984) tratan de abarcar la tipología y las diversas modalizaciones como viaje iniciático, mítico o escatológico – así se articulan como viaje la *Divina comedia*, la *Odisea* o el mismo *Quijote* — y su formulación como tema, marco y estructura, tal como aparece en numerosas colecciones de relatos medievales.

No se trata solo en estos casos de un simple hilo argumental presente en colecciones como los *Canterbury Tales*, donde el viaje –el motivo de *enhebrado* más frecuente, según Shklovski (1970) —se presenta como marco esencial de donde surge la narración, o de un nexo temático que recorre el texto en un intento unificador, sino que pertenece al cuerpo mismo del relato, al que da su sentido y su propia configuración.

El carácter mítico-simbólico se patentiza de manera particular en los relatos épicos. Sin embargo, en cuanto «historias» de viajes consideradas, o al menos así presentadas, como pertenecientes a la Historia, las epopeyas de *Os Lusíadas*, la *Odisea* o la *Eneida* se diferencian del camino alegórico de la *Divina Comedia* o la peregrinación del alma del auto de Gil Vicente, en los que el poeta se sirve del motivo del viaje para expresar otra realidad. La epopeya convierte la historia en mito.

La misma naturaleza del viaje, la idea de movimiento en dirección a una meta concreta, de alguna manera alude inevitablemente al devenir, a la idea de futuro. La *Odisea* se convierte así en un viaje de ida y vuelta, porque la meta, el futuro, si la medimos en términos temporales, es en términos de espacio la propia patria abandonada diez años antes cuando la expedición partió para la guerra. Es por lo tanto un viaje circular. Porque en realidad es posible regresar a varias patrias: a la patria propia, como en el caso de Odiseo, o a la celeste, como hace el Alma en el auto vicentino, o incluso, como le ocurre a Eneas, a una patria nueva, restauración de la antigua, ya irremisiblemente perdida para siempre.

En el caso de *Os Lusíadas* no se trata del regreso a la madre patria, al cielo o al Novo Reino. Su viaje arquetípico es una búsqueda del Paraíso perdido, representado por una montaña cónica en medio de una isla, la Ilha dos Amores, situada aquí en el espacio concreto del mítico Oriente. Un espacio en el que el clasicismo y el exotismo llegan a alcanzar la más perfecta armonía.

En *Os Lusíadas*, Camões apenas se refiere al viaje de Vasco de Gama y del descubrimiento de la India. La narración poética del viaje es el origen y punto de partida, pero al mismo tiempo, con la interpolación de relatos, sueños, profecías, etc., se construye otra narración paralela en la que se glosan los episodios más destacados de la historia de Portugal, desde sus orígenes míticos. A partir del viaje se intenta vislumbrar la propia significación del mundo y de Dios. Un misterio que es revelado a Vasco de Gama y del que puede extraerse una enseñanza general sobre la historia del pueblo portugués y su situación en la propia historia de la humanidad.

De la misma manera que a los griegos les fue revelado el pensamiento y a los judíos, la palabra, a los portugueses les ha sido concedido el conocimiento de los límites del mundo y su particular situación en el universo. El viaje de Vasco de Gama se transforma en un recorrido múltiple, que puede ser interpretado en distintos niveles: individual o colectivo, histórico o mítico, humano o divino. Se trata, en definitiva, del viaje de todo un pueblo por la historia y conducido a la contemplación del universo y de Dios.

Los relatos de peregrinaje, cruzadas a Tierra Santa, relaciones de embajadores y misioneros o guías para mercaderes, tienen un carácter más marcadamente iniciático. El viaje a Oriente, con sus peligros y penalidades, se convierte de alguna manera en un proceso de iniciación, de superación del propio yo en busca de una liberación espiritual, a la que se añade en el caso de la peregrinación a Tierra Santa, el afán de una conquista cuya consecución puede entrañar la misma muerte.

La relación muerte-vida, tan patente en el cuento medieval, donde narrar, como ocurre en *Las mil y una noches* o el *Sendebar*, es un medio de salvar la vida, es también a veces núcleo esencial del viaje, en cuyo transcurso se puede encontrar la muerte, mientras en su narración, la forma de exorcizarla. Sobre todo cuando el narrador es el actor del viaje; cuando lo fantástico y maravilloso se confunden con la vida, cosa que no ocurre, por ejemplo, en Mandeville, donde predomina la narración del relato, el cuento (Kappler, 1986: 91).

Pero también se articula como tal, desde otra perspectiva, el mismo *Quijote,* viaje iniciático al mundo de la caballería, al que supuestamente el autor confiesa querer ridiculizar para terminar sucumbiendo a él. El viaje actúa siempre como elemento estructurador y generador de la intriga, convirtiéndose en eje central no solo de la historia principal sino de los relatos intercalados. El unívoco itinerario espiritual de don Quijote se enfrenta al universo plural de los personajes. En este sentido, el viaje funciona como marco, tema y estructura de los cuentos intercalados en la propia trama narrativa. Una de las modalidades narrativas de inserción que pone de relieve la particular preocupación de Cervantes por la disposición del material narrativo, con el cruce de espacios reales e irreales y el juego de temporalidad del marco y las historias insertadas.

Como marco, argumento y estructura, el viaje recorre la narrativa medieval, con una diversidad de significados que van desde lo iniciático, mítico o escatológico hasta lo profético, como sucede en el viaje de Colón, convertido en una auténtica misión divina (Kappler, 1976)[1].

---

1   El propio autor es consciente de la misión de su viaje. Por eso escucha la voz de
     Dios y asume su papel de mensajero de la divinidad: «Es a mí a quien Dios había

Desde su propia formulación como guía de peregrinación o de mercaderes, relatos de peregrinaje o sobre la empresa de cruzados a Tierra Santa, relaciones de misioneros y embajadores, viajes imaginarios o cualquier otra de sus representaciones, incluso podría establecerse la categoría del no viaje, el viaje metanarrativo que, como en el caso prototípico del *Decameron*, sirve además para la descodificación ideológica y literaria de la obra a través del plano extradiegético del autor (Paredes, 2007).

Se trata de la *novella* de *madonna Oretta* (*Dec.* VI, 1). El relato, que abre la serie dedicada a «chi con alcun leggiadro motto, tentato, si riscotesse, o con pronta risposta o avvedimento fuggi perdita o pericolo o scorno», presenta una intriga muy sencilla, aunque su formulación, particularmente su presentación enigmática y la metáfora viajera que conlleva, con el consiguiente juego de palabras que la define, entrañe una obligada descodificación ideológica y expresiva. Una dama florentina camina por el campo con un grupo de amigos, compañeros de viaje, uno de los cuales, a través de la imagen viajera de un paseo a caballo, se ofrece a contarle una *novella* para aliviar la fatiga del camino, pero como no sabe hacerlo correctamente es conminado por esta, siempre a través de la descodificación de la metáfora del viaje, a interrumpir su relato: «Messer, questo vostro cavallo ha troppo duro trotto, per che io vi priego che vi piaccia di pormi a piè».

La *novella* constituiría por sí sola un ejemplo del marco narrativo en «enhebrado» (Shklovski, 1970: 144), cuyo motivo principal es el viaje aliviado mediante el relato de un cuento, pero su formulación enigmática verbal complica el significado. Toda la *novella* gira en torno a la expresión verbal, equívoca ya en su propia formulación, «io vi porterò a

---

elegido como mensajero, mostrándome de que lado se encontraban el nuevo cielo y la tierra nueva de la que el Señor había hablado por boca de San Juan en su Apocalipsis y de la que Isaías había hecho antes mención». En su cuarto viaje, como comenta en la carta a los Reyes (Cioranescu, 1961: 276-277), alejado de tierra, solo, agotado por la fatiga y la fiebre y perdida toda esperanza, implora a los cuatros vientos, y es entonces cuando escucha una voz que le dice que Dios le ha confiado las llaves de las puertas del mar océano hasta entonces cerradas por fuertes cadenas. Pero no era esta la primera vez que Dios se dirigía directamente a él. En la Navidad de 1495 Colón cuenta cómo Dios le despertó con su brazo divino y le conminó a levantarse y seguir adelante sin miedo.

cavallo con una novella» que ha inducido a una interpretación errónea, y no solo a los lectores sino a los mismos editores e ilustradores, como queda evidenciado en la xilografía correspondiente de la edición ilustrada de Venecia de 1492 (Branca, 1965: 1257–1259).

El intento de explicar este juego de palabras ha llevado a Alan Freedman (1975-76), que realiza un estudio de la fuente, estructura y función del texto, a situar la expresión en el ámbito de la copiosa tradición enigmística de la Edad Media. Y de una manera más concreta en la de un tipo de relato en el que el enigma forma parte de la misma trama narrativa.

El esquema suele ser muy simple y se repite siempre con mínimas variantes: un rey propone un problema, generalmente un sueño indescifrable, una adivinanza, etc., que ninguno de sus consejeros sabe resolver, hasta que finalmente lo hace una joven aldeana que termina casándose con él (De Vries, 1928).

En el índice de Aarne y Thompson (1964) aparece recogido con el número 875, The Clever Peasant Girl, con los subtipos 875 A, 875 B, 875 B1, 875 B2, 875 B3, 875 B4, 875 C y 875 D.

A este último subtipo pertenece un cuento popular hindú, cuyos elementos característicos han alcanzado difusión universal (Knowles, 1893; Bremond, 1981).

Una pescadora ofrece su mercancía a la reina, quien curiosamente pregunta sobre el sexo de un gran pescado que salta en el aire y que, al escuchar la pregunta, rompe a reír. La reina cuenta al rey lo sucedido y este convoca a su visir a quien, bajo pena de muerte, conmina a que descifre el enigma. Durante cinco de los seis meses que el rey le ha concedido para cumplir su misión, el visir intenta en vano buscar la solución. Convencido de la imposibilidad de lograr su objetivo, prepara su testamento y aconseja a su hijo alejarse hasta que se apacigüe la cólera del rey. Es entonces cuando el joven encuentra en su camino a un viejo granjero que regresa a su ciudad y que le va acompañar en su viaje, y al que va a sorprender con curiosos y a la vez enigmáticos comentarios. Así, un día en que el calor y la marcha se hacían particularmente penosos el joven dice a su compañero de viaje que el camino sería más agradable si lo hicieran «por turno». En otra ocasión, cuando atraviesan un campo de trigo le pregunta si ha sido comido ya. Al aproximarse a una gran ciudad le da su cuchillo y le dice que corte dos caballos, y cuando entran en la ciudad, donde nadie los saluda ni invita, exclama: «¡Qué cementerio!», mientras que al pasar por el cementerio, donde les ofrecen las ofrendas de un rito funerario, proclama: «¡Qué espléndida ciudad!»; y cuando, llegados a un río el anciano se quita los zapatos y remanga sus pantalones para pasar el río que atraviesa el cementerio, el joven lo hace mojándose. A la vista de este extraño comportamiento, el anciano termina pensando que el joven es tan loco en hechos como en palabras. Llegados a su ciudad, el anciano invita al joven a su casa y este le pregunta si la viga es sólida. Cuando cuenta a su familia todas estas extravagancias, la hija le dice que el joven no está tan loco como parece y descifra estos extraños comportamientos. Así, al preguntar sobre la solidez de la vivienda, el joven solo quería saber si podían recibirlo dignamente, y por lo que se refiere al resto de sus comentarios, explica que el sugerir hacer el camino por turno quería decir que el viaje sería más mucho agradable si cada uno fuera contando un cuento; preguntando si el trigo había sido ya comido quería saber si el sembrador tenía deudas; que los caballos que el cuchillo debía cortar eran solo bastones; que una ciudad poco hospitalaria era como un cementerio, mientras este podía convertirse en próspera ciudad si se honraba debidamente a los caminantes, y que en realidad era mucho mejor mojarse los zapatos que estropearse los pies, tropezar con los guijarros y terminar por mojarse todo entero. Al final, después de otra serie de acertijos, siempre desvelados por la joven aldeana, el joven revela su identidad y el motivo de su viaje, y la aldeana descifra el misterio, señalando que el pez reía porque había un hombre en el harén del rey. El visir salva la vida y, en este caso, su hijo se casa con la aldeana.

Pero lo que realmente nos interesa es señalar cómo en la expresión «se porter à tour de rôle» («hacer el camino por turno») está ya implícito el significado del «portare a caballo» del relato de Boccaccio. Como sucede también en otro significativo texto, incluido en el *Libro de las delicias* de Yosef ben Meir ibn Zabara[2], que puede considerarse como el arquetipo de la *novella* boccacciana (Picone, 1988: 23).

---

2 Por lo que respecta al texto hebreo puede verse Davidson (1914). Existe traducción al inglés de M. Hadas (1960), al italiano (Piattelli, 1984), al español (Forteza-Rey, 1983) y al catalán (González-Lluvera, 1931).

En este caso el gigante Enán, que viaja con el propio ibn Zabara para llevarlo al país de las delicias, es el que se dirige a su compañero de viaje en términos similares: «Llévame tú y yo te llevaré a ti». Y explica el enigmático comentario contando el cuento del aldeano y el eunuco del rey. Un rey sueña que un simio del Yemen salta al cuello de su mujer, y temeroso de que el rey de este país pueda quitarle su reino confía a un eunuco, que a su vez dice conocer a un sabio que sin duda podrá descifrar el significado del sueño, su interpretación. Y emprende viaje en su busca, en compañía de un aldeano a quien dirige expresiones aparentemente tan absurdas como la señalada «Llévame tú y yo te llevaré a ti». Cuando llegan a la casa del aldeano, este cuenta a su familia las locuras de su compañero de viaje, y es en este caso la hija menor la que explica el significado de los extraños comentarios, y en particular de la enigmática expresión viajera que, como en los casos anteriores, solo significa que el viaje es mucho más agradable en compañía contando cuentos. Siguen toda una serie de pruebas entre el eunuco y la joven, a la que finalmente conduce ante el rey a quien explica que su sueño significa, igual que en el cuento anterior, que hay un hombre en el harén. Es descubierto y quemado junto a la mujer infiel, y el rey se casa con la joven campesina.

Según Freedman (1975-76: 231) este texto está en la base del contenido en la *Compilatio singularis exemplorum* (Hilka, 1913), fuente directa, en su opinión, de la *novella* de Boccaccio.

En el texto de la *Compilatio* el confidente del rey, que marcha en busca de una joven noble sapientísima, viaja con el novio que va a esposarla y a quien de nuevo se dirige en los mismos términos: «Porte me aliquantulum de via ista et ergo tantundem portabo vos». Y es de nuevo la joven la que explica el significado: «Quando duo milites equitant et unus narrat aliquod pulchum exemplum, dicitur socium portare eum et viam abreviare». Descubre el enigma del rey y se casa con él, convirtiéndose en la Reina de Saba.

El texto sirve también de punto de partida del cuento de Sercambi *De magna prudentia* (Koehler, 1889), quien retoma directamente el texto de Boccaccio en *De Pulchra Responsione*.

Pero es Boccaccio, como señala el propio Freedman (1975-76: 236), quien, a través de la caracterización de los personajes y la transformación del enigma en metáfora, es capaz de transformar el relato, por encima de la simple anécdota, en material narrativo.

Desde esta consideración, los relatos de viajes alcanzan su verdadero sentido y su significación en el ámbito literario Así, la especial dedicación que geógrafos e historiadores han prestado a los libros de viajes y que, en principio, parecía excluirlos del universo de gratuidad específico de la literatura, no invalida en modo alguno la capacidad de novelación de este tipo de narraciones por el enorme caudal de mitos, ensoñaciones y anhelos que comportan y las posibilidades narrativas que entrañan. Es el mundo maravilloso que el texto conlleva el que sustenta su particular atracción. De ahí el interés por el *Libro de las maravillas* o *Los Viajes de Marco Polo*, aunque tal vez sea el diario de Colón el que más se aproxima a la poética del viaje (Kappler, 1986: 85) o al menos muestre una mayor preocupación literaria. Y es lo maravilloso, con su intrínseca capacidad sugeridora, el medio de articulación de ese especial interés literario que vehicula el universo de la fantasía, en el que el viajero se convierte en una suerte de mediador entre el mundo de las realidades conocidas y las maravillas de lo irreal.

REFERENCIAS BIBLIOGRÁFICAS

Aarne, A., y Thompson, S. (1964): *The Types of the Folktale. A Classification and Bibliography*. Helsinki: FF ("Communications", 184).
Baltrusaitis, J. (1994): *La Edad Media fantástica*. Madrid: Cátedra.
Branca, V. (ed.): (1965) *Giovanni Boccaccio. Decameron*. Firenze.
Bremond, Cl. (1981): «Pourquoi le poisson a ri». *Poétique*, nº 12, pp. 9–19.
Caillois, R. (1966): *Anthologie du fantastique*. Paris: Gallimard.
Caillois, R. (1958a): *Teoría de los juegos*. Barcelona: Seix Barral.
Caillois, R. (1958b): *Les jeux et les hommes*. Paris: Gallimard.
Cioranescu, A. (1961): *Oeuvres de Chistoforo Colomb*. Paris: Gallimard
Davison, I. (1914): *Sepher Shashuim, A Book of Mediaeval Lore*. New York.

De Vries, (1928): *Die Märchen von Klugen Rätsel lösern*. Helsinki: FF Communications 73.

Freedman, A. (1975-76) «Il cavallo del Boccaccio: fonte, struttura e funzione della metanovella di Madonna Oretta». *Studi sul Boccaccio*, IX, pp. 225–241.

Forteza-Rey, M., (ed.), (1983) Sabara, Joseph Ben Meir Ibn, *Libro de los entretenimientos*. Madrid, Editora Nacional.

González-Lluvera, I. (ed.) (1931): Sabara, Josep Meir (1931) *Llibre d'ensenyaments delectables*. Barcelona.

Hadas, M. (trad.) (1960): Zabara, J., *The Book of Delight*. New York, Columbia University Press.

Hilka, A. (1913): «Neue Beiträge zur Erzählungsliteratur des Mittelalters (die *Compilatio Singularis Exemplorum* der Hs. Tours 468, ergänzt durch eine Schwesterhandschrift Bern 679)». *Jahresbericht der Schlesischen Gesellschaft für vaterland Cultur*, Breslau, pp. 1–24.

Kappler, Cl. (1976): «La vocation messianique de Christophe Colomb», Senefiance, 2, Cahiers du Cuer-Ma, Presses Universitaires de Provenza, pp. 257–271.

Kappler, Cl. (1986): *Monstruos, demonios y maravillas a fines de la Edad Media*. Madrid: Akal.

Knowles, J. H. (1893): *Folk-Tales of Kashmir*. Londres.

Koehler, R. (1889): «Illustrazioni comparative ad alcune novelle di G. Sercamb». *Giornale Storico della letteratura italiana*, n° XIV, pp. 94–101.

Le Goff, J. (1985): *Lo maravilloso y lo cotidiano en el Occidente medieval*. Barcelona: Gedisa.

López Estrada, F. (1984): «Procedimientos narrativos en la Embajada a Tamorlán», en *El Crotalón*, 1, pp. 129–146.

Paredes, J. (2007): «El viaje como estructura metanarrativa: la *novella* de *Madonna Oretta (Dec.*VI, 1)», en *Actas del XI Congreso Internacional de la Asociación Hispánica de Literatura Medieval* (León, 20 al 24 de septiembre de 2005), Armando López Castro, Luzdivina Cuesta Torre, eds. León: Universidad de León, 2007, vol. II, pp. 937–941.

Pérez Priego, M.A. (1984): «Estudio literario de los libros de viajes medievales», in *Epos*. 1, pp. 217–239.

Piattelli, E. (ed.) (1984): Zabara, J. *Il Libro delle delizie*. Milano: Rizzoli.

Picone, M. (1988): «Tre tipi di cornice novellistica: modelli orientali e tradizione narrativa medievale». *Filologia e critica*, n° XIII, pp. 3–26.

Poirion, D. (1982): *Le merveilleux dans la littérature française du Moyen Âge*. Paris: Presses Universitaires de France.

Popeanga, E. (1991): «Lectura e investigación de los libros de viajes medievales» en *Revista de filología románica*. n° extra 1, pp. 9–26.

Richard, J. (1981): «Les récits de voyages et de pélérinage», *Typologie des sources du Moyen Âge Occidental*. Belgium, Brepols, Turnhout.

Shklovski, V. (1970): «La construcción de la *nouvelle* y de la novela», en Todorov, Tz. (ed.), *Teoría de la literatura de los formalistas rusos*. Buenos Aires: Ediciones Signos, pp. 127–146.

Tororov, Tz. (1970): *Introducción a la literatura fantástica*. Buenos Aires.

Todorov, Tz. (1978): *Les génres du discours*. Paris.

Zumthor, P. (1972): *Essai de poétique médiévale*. Paris: Éditions du Seuil.

Antonia MARTÍNEZ PÉREZ

El viaje innovador de Adam de la Halle en las Literaturas Románicas*

La innovación y aportación de la obra de Adam de la Halle cobra unas dimensiones indiscutibles para el desarrollo y la renovación de los distintos registros literarios que van configurando las Literaturas Románicas en sus inicios. A través del proyecto de un *viaje literario* o *ficticio*[1], pero siempre innovador, Adam nos proporciona el más amplio horizonte genérico de las Literaturas Románicas en el siglo XIII. Será un viaje iniciático movido por el más profundo sentimiento de renovación, de transformación de su propio yo y especialmente de su actitud ante la obra literaria. En este encuadre, y superado el mismo, emprende el más amplio proyecto innovador en las Literaturas Románicas, en cuanto que las aborda y materializa su práctica desde y hacia otra dimensión, alejándose de la ortodoxia cortés.

Aun siendo un *chansonniers* excepcional, se involucra en su más profunda transformación, y sobre todo, lo hace consciente de querer un nuevo proyecto literario. Por ello, tras desplegar todas sus habilidades corteses, no duda en introducir las formas literarias más "amadas"

---

* Ante todo quisiera subrayar la gran labor de la Profesora Eugenia Popeanga sobre los *libros de viaje* como género literario y el gran intercambio científico que surgió gracias a su esfuerzo en la Universidad de Murcia, en la que, a raíz de este encuentro, se llevó a cabo en 1995 unos de los primeros Congresos en España sobre el tema, y su posterior publicación (1996). Fue el punto de partida de un intenso intercambio, que se amplió a otras Universidades como la de Valencia, Granada, etc., y que dio fructíferos resultados como se puede observar en su trayectoria biobibliográfica.

1 Evidentemente no nos situamos en el viaje como estructuración del relato, sino al viaje como "motivo", tal y como las investigaciones actuales sobre su tipología de género han ido delimitando. En este punto es de destacar la aportación de Eugenia Popeanga, en su intento de delimitación y estructuración del género (Popeanga, 1991:152).

en este túnel y modificarlas, mostrando su ineficacia y necesidad de transgresión. Es un muy evidente acto de ruptura con la estética trovadoresca, oposición bien precisada por Zumthor, que la dirige contra el gran canto cortés, en tanto que «l'opposition de ceux deux esthétiques correspondit à peu près à celle des genres nouveaux et du grand chant courtois, qui faisait dès lors figure de tradition ancienne» (1970:1171). Por lo tanto, el más leal de los amadores, con al menos treinta y seis "chansons", como "bel objet poétique et musical" (Maillard, 1982: 22), emprende la más profunda renovación. Para ello Adam tendrá que romper con la figura del poeta total del amor cortés, con sus valores ético-sociales absolutos, transformándose en un poeta más abierto a fragmentaciones estéticas diversas.

Llegados a este punto, habría que preguntarse por qué un autor que había alcanzado las más altas cotas de popularidad y perfección en la práctica de la poesía trovadoresca, renuncia a la misma y emprende inseguros proyectos, como lo eran en estos momentos los textos dramáticos, en su ámbito profano, y la nueva estética que ello implica. Especialmente cuando él había adquirido su perfección y celebridad como literato, justamente, en el marco de la lírica cortés, de la que ahora quiere alejarse. La respuesta global la encontramos, sin lugar a dudas, en la personalidad misma del autor, puesto que no se trata de un *trouvère* más, sino de un gran innovador, de un gran emprendedor que, ante todo, tiene un importante "proyecto" literario que poner en práctica. Y la respuesta específica es su *Jeu de la Feuillée*: estas versátiles formas dramáticas que le permitían una apertura y movilidad difíciles en la lírica.

Pero en ningún caso nos encontramos ante un hecho aislado, sino que Adam se involucra en todo un proceso de evolución de la ortodoxia cortés, en el que es pionero y constituye el centro neurálgico de una escritura de inspiración urbana. Su *Jeu de la Feuillée* desempeña un papel decisivo en este sentido, cuya estructura proporciona las claves concluyentes de tal modificación. En principio es perfectamente constatable el alejamiento de la ortodoxia cortés, al mismo tiempo que se ofrecen unos rasgos tipológicos incipientes que, más tarde, llegan a estructurar un registro propio, desvinculado de soportes musicales y consolidado dentro de la *palabra*. Sus escritos, cada vez más alejados del universo del gran *canto cortés*, se conectan con una práctica literaria de inspiración urbana, consolidando la emergencia de una *poeticidad* diferente, promotora de la evolución de la lírica francesa hacia nuestra actual concepción de poesía personal.

En este proceso ha sido fundamental la actitud y la proyección de Adam de la Halle, que ha posibilitado una evolución literaria promotora del nuevo registro. De manera embrionaria, encontramos en él, y especialmente en su *Jeu de la Feuillée*, las particularidades tipológicas propias de este nuevo registro –tipificado como el Registro Poético del Decir o de la Recitación (Martínez Pérez, 2013: 75–102)–, que iremos desgajando en este capítulo; y que se articula fundamentalmente como contraposición al Registro Cortés o Aristocratizante (Bec, 1977: 40 y ss.). Adam de la Halle establece, pues, las premisas que anteceden a la formación del registro recitativo, con la perfecta estructuración de un discurso vinculado al *dit*, poniendo en escena un "yo", con el que consigue el objetivo de un gran profesional de la palabra, el de convencer o modificar la forma de pensar o de actuar del otro. Se involucra e involucra, a través de su *Jeu*, a toda una ciudadanía, y transforma el discurso satírico, dotándolo de vivacidad y persuasión, en una estructuración tipológica con categoría de género[2].

---

2   Este proceso que parte de los mismos *trouvères*, y cuyas consecuencias son el alejamiento del *chant* frente al *dit*, es decir, seguir la evolución poética natural del siglo XIII en lengua d'*oïl*, en el paso del ámbito *melódico* al *recitativo*. En tal traspaso, como he presentado en mi libro (Martínez Pérez, 2013), de una de *poesía cantada* a otra *no cantada*, se estructura este nuevo registro poético, configurado como un *dit* (poético) frente al *chant* (lírico); es decir, un *registro poético recitativo* (del *dit*) frente al *melódico cortés* (del *chant*). En él, fundamentalmente se estructura una *poética de la palabra*, donde la ausencia de una dimensión melódica tiene unas consecuencias sémico-formales, constituyéndose en premisa constitutiva de su tipología genérica: la libertad que la ausencia de *canto* proporciona a la lírica, como eje fundamental para su ampliación y transformación, como pilares básicos para posteriores estructuraciones tipológicas, en las que se da, en palabras de P. Zumthor el "Triunfo de la palabra" (1972: 479-506). Triunfo que en cierta manera determina el paso a otro estadio del canto cortés, hacia un sistema abierto que, al situarse fuera del ámbito de la *Poesía formal*, aportaba un nuevo hálito de inspiración poética que permitía –sobre todo a partir del siglo XIII–, una transformación profunda de la misma, conectándola con nuestra concepción actual de expresión poética.

Bajo esta estructura, emprende el *proyecto/fracaso* de su viaje personal, abordando el más profundo cambio del férreo registro trovadoresco y su renovación literaria. La fragmentación inicial la lleva a cabo a través de la estructuración misma del *Jeu*, realizada en un marco teatral, pero insertando una síntesis de los distintos géneros tradicionales, *cansó*, sirventés, *sotte-chanson*, *jeu-parti* (Maillard, 1982: 169), etc.; en unas estructuras dramáticas totalmente abiertas y con recursos de lo más enriquecedores, como la inserción de estructuras musicales en el encuadre dramático. Tal fragmentación –o riqueza de formas– ha hecho que durante mucho tiempo fuese considerada la obra, especialmente por la crítica decimonónica, como un "colage" sin un auténtico sentido –que, sin embargo, adquiere una significación primordial desde el punto de vista que nos ocupa. Y justo todo lo contrario de la consideración actual, que le asigna una riqueza múltiple de significados y logros, creando una obra de un excepcional carácter personal. A través, justamente, de la estructura del viaje, ese viaje personal que el autor emprende y cuyas consecuencias se materializarán en las estructuras literarias.

Es evidente que, en un principio, este "desajuste" de formas fue lo que indujo a la crítica decimonónica –que no acababa de vislumbrar del todo su significado–, a hablar de una estructuración ambigua y fragmentaria, sin mucho sentido. Sin embargo, a partir de autores como Frappier (1959:109), y desde entonces, entramos en las teorías más actuales que nos hacen referencia al carácter personal de la obra, materializado a través del *viaje*. Uno de sus mayores especialistas, Dufournet, ha puesto de relieve este itinerario en torno al cual se edifica la misma, de modo que «el *Jeu de la Feuillée* nos relata el itinerario moral y espiritual de un poeta que no ha podido escapar de la vida de su ciudad y poder ir a estudiar a París. Es la confesión de su fracaso [...]» (1977: 11–12). Trabajos más recientes como los de Brusegan (1979: 132–179), Payen (1980: 115–132) o Dragonetti (1991: 115–134), subrayan esta estructuración personal, considerando que todo en el *Jeu de la Feuillée* concurre en hacer fracasar la determinación inicial del protagonista, se trata de la necesidad que tiene de manifestar su confusión interna, haciéndola una comedia interior, concretamente para Payen es una especie de "drama íntimo" (1980:131).

Como corresponde a toda estructura de viaje, este se inicia con la despedida del autor de su círculo más cercano y de Arras para emprender el proyecto anunciado. La primera parte de la obra, pues, que se podría catalogar de *autobiográfica*, se abre con un *Prólogo* en el que el poeta quiere despedirse de sus amigos, al igual que lo hiciera en el *Congé* ((Martínez Pérez, 2007). Adam quiere ir a París a proseguir sus estudios. El hecho es real y correspondería con la confesión de sus problemas íntimos y familiares, cómo se enamoró de su mujer y su desencanto actual, así como la negativa de su padre a ayudarle económicamente para realizar su viaje. Lo que parece en principio como una simple apuesta, una broma entre amigotes:

> Or ne pourront pas dire aucun ke j'ai antés
> Ke d'aler a Paris soie pour nient vantés (v.5–6)[3].

o un intento de reafirmar su presencia:

> Cascuns mes paroles despit,
> Che me sanle, et giete mout loing (v.24–25).

Se nos revelará, sin embargo, como su sentimiento más profundo de renovación, de transformación de su propio yo y especialmente de su actitud ante la obra literaria. Este viaje se verá dificultado por el hecho de estar casado (María) y por la negativa de su padre (Maese Henri) a ayudarle económicamente. La estructura elegida para la expresión de estos sentimientos es, en concordancia con ellos, de carácter intimista con el empleo del monólogo reflexivo, de ritmo lento con largas tiradas de versos en cuartetos alejandrinos o decasílabos, interpretados por Dufournet (1974:70) como una manera de llamar el autor la atención sobre el carácter profundo y dramático del *Jeu* y sobre la sinceridad y seriedad de su proyecto inicial. Pero, excepto el deseo de realizar este viaje, todos sus otros sentimientos zozobran entre la realidad y la irrealidad, están en pasado o futuro, e incluso algunos de ellos pueden ser producto del encantamiento, como el amor que sintió por su mujer.

---

3   Todos los textos están tomados de la edición de E. Langlois (1968), y la traducción de A. Martínez y C. Palacios (1989).

Ya la trama es totalmente innovadora, pero lo realmente importante es el despliegue de recursos que Adam desarrolla en la construcción del mismo; o mejor en la deconstrucción de los registros anteriores, especialmente el lírico que transgrede desde su inicio; desde el mismo nacimiento del amor, la descripción de la amada, los sentimientos de amor y cortesía, son un mal sueño, una grave enfermedad que lo ha trastocado todo. Así, como un hechizo, fue el amor que Adam sintió por María: «Cascuns puet revenir, ja tant n'iert encantés;/Après grant maladie ensiut bien grans santés (vv.7–8)». Y sobre todo ella será el obstáculo que le destruya su sueño de ir a estudiar a París. Pronto Adam de la Halle transgrede el registro aristocratizante de la bella dama cortés, recreándose en cada uno de sus elementos, propios del ideal de belleza, –cabellos relucientes como el oro, tez blanca, mejillas rojas, dientes parejos y blancos–, para presentarla como la *pagouse*, esa *comadre* María; ahora perteneciente con los nuevos apelativos y, a través de su nombre Maroie –Marion en la tradición popular–, al registro *popularizante*, como un elemento más de disputa contra la ortodoxia *aristocratizante*. De hecho, como subraya A. Darmstätter (2004: 235–236), son perfectamente reconocibles en esta primera parte del *Jeu* algunos de los elementos propios de la *reverdie*, género híbrido entre el registro *popularizante* y *aristocratizante*, insertándose en él algunos de sus elementos tipológicos, como la descripción del *marco primaveral* y el *encuentro amoroso* (Bec, 1977: 136–141). Pero Adam lleva mucho más allá tales interferencias al aplicarle al tercer rasgo tipológico, la *descriptio pouellae*, elementos propios de la *sotte-chanson* (Darmstätter, 2004: 235–236), con lo que el mecanismo paródico y transgresivo produce efectos mucho más contundentes y burlescos. Pero sin lugar a dudas, la degradación extrema de la figura femenina e incluso de la "pasión amorosa" nos la da el autor en la resolución que adoptará si María no se resigna a tal separación, y se obstina en seguirle; como le vaticina Guillot, uno de los *compains*. En tal caso Adam se pondría "mostaza en la cola", para quitarle el vicio (vv.34–35).

Se presenta una situación de degradación y opresión extrema que justificará toda la posterior evolución amorosa y argumentará asimismo la metamorfosis literaria emprendida. Puesto que, tras esta transformación formal, subyace toda una ideología conceptual que se transgrede y muestra su mutación. La evolución amorosa parece responder a un sentimiento profundo de renovación, de transformación de su propio yo, y especialmente de su actitud ante la obra literaria. En esta misma línea han sido interpretados otros tantos episodios de la obra, como los que podríamos considerar en la segunda parte de la misma. Esta se correspondería con la *sátira social* –motor inicial del viaje, como en su *Congé*–, realizada sobre las gentes de Arras, sus vicios nada confesables como la avaricia, la glotonería, la prostitución, el comadreo, la superstición y la locura, que llevan a Adam a desear un alejamiento de los mismos. Pero sobre todo el desencadenante será la negativa de Maese Henri de ayudar económicamente a su hijo, porque su propia avaricia romperá todo vínculo con él y propiciará la crítica de sus muchos vicios; dará pie, sin lugar a dudas, al más amplio "sirventés" que se pueda aplicar.

Una vez más, como una degradación, representada a través de la enfermedad, aparecerá la ruptura; primero, la idílica del amor y su transgresión, a través de Adam. Después, frente a él, se sitúa la enfermedad grotesca del vientre inflado de Maese Henri («Bien sai de coi estes malades /[…]Ch'est uns maus c'on claime avarisse», vv.200 y ss.); y Dame Douce, representantes de la lujuria y la sexualidad negativa. Es la crítica social y política sobre la avaricia, la superstición, la prostitución, etc., formando parte del polo negativo de la obra en el que el autor no quiere introducirse. Desde el distanciamiento, Adam de la Halle puede reírse del amor, del culto de las reliquias, de las nuevas jerarquías, de sí mismo. El desamor de la primera parte puede presentarlo de forma directa, pero el enfrentamiento a su padre y las jerarquías sociales y políticas no. El autor debe pues desdoblarse, así la correspondencia entre las relaciones tempestuosas del Dervé y su padre, y las de Maese Henri y Adam están completamente admitidas (Dragonetti, 1991: 116).

La profanación de las reliquias no, pero el otro asunto religioso menor, la acusación de bigamia, puede perfectamente representarla Adam, y no solo representarla, sino vivirla el propio autor, puesto que la bigamia de hombre casado y clérigo de Adam es la bigamia de la imposibilidad de alternar la cultura clerical y la cultura profana de Adam de la Halle. Se trata de romper con los viejos moldes poéticos y realizar una escritura innovadora (Payen, 1980: 115, 124 y ss.). Y para ello, frente a la cerrazón poética cortés, las formas dramáticas parecen ser las más apropiadas para expresar su sueño, su ambivalencia. Su conflictividad puede quedar representada en la gran variedad de medios de expresión que proporciona el diálogo entre personajes diversos y también facilita la presentación de distintos planos de expresión y estilos diferentes. Adam aparece como sujeto y objeto de la acción. Se presenta en escena al mismo tiempo que es uno de los personajes y espectador crítico de su propia obra literaria[4]. El mismo Dervé-roi representaría, según Dragonetti (1991: 116), al poeta maldito y sagrado y su relación paterna un proceso de destrucción y transgresión cuyo desenlace es el encuentro de la innovación literaria. Constituiría un eslabón más de ese proceso en el que Adam-autor refleja la necesidad de salvar, de purificar la poesía, romper con los viejos moldes poéticos y entrar dentro de un mundo de ensueño, de la "follie", la locura creadora. Libertad creadora unida a la búsqueda de su propia identidad, entrando en el ámbito de la incursión de su propio yo.

Por tanto pone de manifiesto la dualidad estética, ya señalada, como reflejo de la profunda crisis que sufría la poesía después de la primera mitad del siglo XIII, como ya conceptualizaba P. Zumthor (1970: 1171). Incide Dufournet en este punto considerando que hay un intento de desacreditar a Arras, con la mezquindad aquí reproducida frente al idealismo de la lírica de *oc* y de *oïl*; e incluso va más lejos en su deducción suponiendo que Adam condena su producción poética anterior «[…]chansons, motets, jeux-partis[…], où il avait imité les poètes arrageois,[…]. Peut être même va-t-il plus loin et rejette-t-il toute la poésie courtoise dont les petits poèmes artésiens ne seraient, de surcroît, qu'un reflet lointain et médiocre» (1974: 119).

Ya en estos capítulos de la obra se han estructurado los rasgos propios del nuevo *registro recitativo*, a través de esa dualidad estética que queda sintetizada en las premisas generales del mismo: Amor cortés/ Amor descortés; Servicio amoroso/Vilipendio amoroso; Dama cortés/

---

4   En este sentido la obra ha sido calificada, entre otros por Dufournet (1974), de teatro de la calle, sin escena ni sala en el que los actores salen del público para representar su papel y después volver a él. Se trata de un teatro en el que se puede abolir la distancia entre la realidad y la ficción, en el que se puede alternar drama íntimo y ceremonia colectiva, mezclar música y palabra en un clima festivo y mágico; en definitiva muy cercano a determinadas experiencias teatrales modernas.

Mujer vulgar; Enaltecimiento/Burla. Pero al mismo tiempo se ahonda más presentando, especialmente, las premisas propias del *sub-registro* de la *pseudo-autobiografía-aflictiva*; cuyos rasgos Adam tipifica de manera excepcional en sus puntos básicos: «Identificación personal vilipendiada del autor y manifestación explícita de sus debilidades y vicios»; «Decepcionante situación amorosa por una relación desafortunada»; «Presentación del proyecto/fracaso de su existencia»; una «Constante lamentación y exhibición de su aflicción»; y finalmente una «Sátira generalizada y burla extrema de sus actuaciones» y el «Reconocimiento de su equivocado proceder y necesidad de enmienda» (Martínez Pérez, 2013: 152).

Efectivamente, como buen personaje goliardesco y rasgo imprescindible de la *autobiografía aflictiva*, Adam se ha *autorrepresentado* como inmaduro e inconstante, de «muavle Kief» (v.21), incapaz de llevar a cabo sus decisiones: de abandonar un casamiento desafortunado, liberarse de la tiranía de su padre y de la confinada sociedad de Arras. La despedida –como ya había efectuado en el *Congé* de María (Martínez Pérez, 2007: 40), y aquí en el *Jeu*–, de su ajada mujer, culpable de sus desdichas y fracasado proyecto de realizar estudios en París, puede ser considerada como una excusa para su partida y, posiblemente, para el abandono de los poemas corteses. Pero, sobre todo, mostrará la influencia en su vida de la decadencia y la degradación de su ciudad, Arras, a la que la han llevado algunos de sus conciudadanos; y a los que no duda en convocar para hacerles partícipes de su particular despedida. Para ello, Adam se implica o finge estar implicado en la vida del discurso y construye una imagen de sí mismo a través de su obra. Cuando escribe el *Congé* todavía creía en el amor, tenía esperanzas en la generosidad de los ricos burgueses (Martínez Pérez, 2007: 40–42); en el *Jeu*, defraudado, arremeterá contra María –envejecida y controladora– y contra la avaricia y el engaño de las gentes de Arras.

Y la tercera parte de la obra es determinante en este sentido, se consolida el fracaso del *viaje personal* y literario. Es fulminante en cuanto que se evidencia el intento de boicotear tal viaje, y se utiliza el mundo de la magia y la fantasía que proporciona la *feerie*, las hadas con su cortejo y la rueda de la fortuna, para crear una esperanza de liberación, que, tras mostrar su fracaso, produce una caída irreparable. Justo los elementos que permitirían el viaje ficticio, o de liberación, son clave en la frustración del mismo. También habrá una frustración desde el punto de vista literario, puesto que la *féerie*, finalmente, se materializa en un intento de romper con la cortesía enmascarada y parodiada, y quedan degradadas las ilusiones del mundo cortés. Adam sabe que esta forma antigua está definitivamente rota, aunque todavía queden los tiestos: «Encore pert il bien as tès queus li pos fu» (v.11); tal vez ya no se pueda reparar y tiene que tomar nuevas vías, abrirse a otra estética.

Degradación lírica que queda muy evidente en la *feerie*, en la que un príncipe del Puy –lugar por excelencia de las disertaciones líricas– como Robert Sommeillon, muestra los atributos más sórdidos o anticorteses: falso y embustero, dispuesto a lanzarse sobre cualquier mujer («faus», «buhotas», «se veut Monter seur le tas», vv. 751–752), constituyendo una vez más una antítesis ridícula y satirizada. Así pues, el lugar por antonomasia de la manifestación del más elevado grado literario, el *puy*, a través de su representante o príncipe del mismo, es cuestionado y satirizado.

Morgana renuncia a los encantos de la *fin'amors* por Robert Sommeillon, muy alejada su actuación de la requerida por el amor cortés, y sin embargo será elegido príncipe del Puy, lugar por excelencia de las disertaciones líricas. No debemos olvidar que desde 1230, aproximadamente, se produce un gran florecimiento de la cultura artesiana, gracias a la «Carité des Ardens», que en principio era una agrupación religiosa y que se fue transformando hasta convertirse en una «Cour d'amour», en la que se cultivaban y recitaban «*jeux-partis*», y que posiblemente en este *puy*, Adam desarrollara su talento musical y su sensibilidad poética. Los vicios y la usura parecen romper igualmente con la generosidad e idealización del mundo cortés. Durante este episodio se producen dos de las cuatro citas musicales que contiene la obra:

Me siét il bien le hurepiaus? (v.590 y v. 836)

La primera se presenta como una especie de *incipit* y *explicit* de la *féerie*, con unas connotaciones un tanto "diabólicas", en cuanto que se trata de Croquesot, mensajero de Erlequín, del amor y de la fantasía, que se presenta con una cabellera abundante y enmarañada, que evocaría su origen demoníaco y le daría un aspecto grotesco. Es una especie de indicativo musical anunciando la entrada y la salida del cortejo de Erlequín.

La segunda es cantada por las hadas y señala el instante en que el sueño finaliza:

Par chi va la mignotise,
Par chi ou je vois (vv. 873–74).

La quinta anotación musical hace alusión al primer verso de una *chanson de toile:*

"Aie se siét en haute tour" (v. 1025).

Canción ya pasada de moda. Es evidente que la introducción de este fragmento lírico, cantado para el tabernero y en boca de los personajes como los compañeros de taberna y el loco, es poco apropiada para los encantos corteses y la evocación de la dama gentil. Si, además, tenemos en cuenta que va acompañada de ciertos rebuznos, parece que se trata más bien de una actitud misógina, en línea con la dama ajada del Prólogo, la lasciva Dame Douce y las comadres del final de la *feerie*. Por otra parte, no es el primer caso que los conocidos versos de una *chanson de toile*, que ya habían perdido su sentido primitivo, son retomados con una finalidad distinta, burlesca o moralizadora, como muestra Alvar a propósito de la *Belle Aeliz* (1986: 32–33), con la que ironizan algunos predicadores colocándola como ejemplo pecaminoso. La evocación del fragmento lírico, que reproducía los gentiles sueños de enamorada, es ahora casi un estereotipo de degradación. La *feerie* se ha iniciado tras un largo proceso de experiencias negativas: fracaso del amor, nefastas relaciones con su padre, pérdida de la religión, etc. Es un alto, como última esperanza de liberación de Adam de la Halle, de poderse escapar de la realidad y traspasar lo cotidiano creando el mito de lo bello. Y así en principio, aparece la recuperación, el mundo armonioso del ensueño, sereno y claro, lleno de belleza:

Bele douche compaignie, eswarde
Ke chi fait bek et cker et net (vv. 642–43).

Sin embargo, pronto se desmorona este ensueño. Se rebajan los carismas del mundo cortés. Como ya hemos visto, Morgana deja su *fins'amors* por Robert Sommeillon, cuyo comportamiento se aleja del servicio amoroso del amante cortés. Sus virtudes quedan ridiculizadas. Las hadas disputan entre ellas y sus dones, ambiguos en principio, terminarán siendo nefastos para Adam. Él tal vez lo intuye, y tan solo hace una breve aparición al inicio del episodio para preparar la mesa a las hadas, que no lo han llegado a ver. Sin embargo, Croquesot les recordará su presencia y, por supuesto, el hecho de que Adam llevaba una capa. Este es un elemento clave, puesto que esta capa de parisino nos recuerda, una vez más, su aspiración personal de realizar sus estudios en París y el abandono de su mujer. Justamente los hechos que Magloria le niega, y por lo tanto queda totalmente frustrado y ridiculizado su viaje:

> De l'autre, ki va se vantant
> D'aler a l'escole a Paris,
> Voeil k'il soit si atruandis
> En la compaignie d'Arras
> Et k'il s'ouvlit entre les bras
> Sa feme, ki est mole et tenre,
> Si k'il perge et hache l'apenre
> Et meche se voie en respit (vv.684–690).

Una vez más como agente pasivo sigue sufriendo las consecuencias negativas de distintos episodios.

Finalmente la rueda de la fortuna, presentada con sus atributos tradicionales, es sorda, muda y ciega, y a través de sus aspectos dramáticos: desconfiada y voluble, simboliza la injusticia y la corrupción, la avaricia. Esta última representada por los patricios que todo lo poseen y les hacen a los pequeños burgueses competencia económica y política. Transgresión social como literaria.

La retórica cortés, pues, está presente para transgredirla, las delicias del "amor cortés" se transmutan en ásperas descripciones de fealdad y decepción, que se van transformando en el movimiento de este *viaje ficticio-literario*, respondiendo a su proyecto de renovación personal que al mismo tiempo trasluce la renovación literaria. Renovación que se amplía a otros muchos registros: con Adam de la Halle, por primera vez en el teatro románico, el autor de la obra se convierte en personaje y antihéroe de su propio drama. La manera de llevarlo a cabo ha sido, sin lugar a dudas, lo más original de su proyecto, la sátira revierte en un principio sobre sí mismo y crea un vínculo inextricable con el exterior, a través de la degradación social que afecta al mismo individuo. El *Yo* evidencia una dimensión nueva como autor-personaje de su obra y experimentando lo desastroso de la situación social en acontecimientos suyos y en su propia carne. Una evidente exhibición de fracaso amoroso y social estará presente en la obra, con un tono desenfadado y "placentero", como en otros autores *panrománicos*, como Rutebeuf o Angiolieri, u otros tantos como Juan Ruiz e incluso Villon. Personaje goliardesco *panrománico* que, como lo caracteriza Zink, es «impécunieux et faible, prisonnier de sa misère et de ses vices, spectateur complaisant de sa propre déchéance, causée par le vin, le jeu et les filles» (1985: 65).

En este sentido entraría en el grupo de lo que M. Cabré denomina «profesionales de la palabra» (2011: 60–61) –en el que incluye a Adam de la Halle, junto a un Cerverí de Girona o Rutebeuf, concomitantes en este ambiente urbano e intelectual del tercer cuarto del siglo XIII–; y que, independientemente de su pertenencia a tradiciones trovadorescas, de predicadores, de intelectuales laicos, quieren asentar su dignidad profesional, competir con sus rivales para conquistar un espacio y una autoridad. Objetivo plenamente alcanzado en Adam de la Halle, que nos ha presentado en el *Jeu*, de manera adelantada, la creación de tal figura estereotipada que lo conecta con tan nutrido grupo de poetas medievales románicos, a través de este discurso de la *seudo-autobiografía aflictiva* (Martínez Pérez, 2013: 149–176). Poetas románicos, lúcidos, que se muestran como perpetuos vencidos, por las vicisitudes de la vida y su propia moral, respondiendo a un objetivo edificante, que les hace juzgar mísera su naturaleza y la naturaleza humana en general, y como contrapartida una visión burlesca de la misma.

Adam de la Halle parte pues de la *autoconfesión* más o menos ficticia de su conflictividad personal, utilizada con unos fines didácticos y exegéticos. Ha elegido esta estructura voluntariamente fragmentaria y antitética, desvelándonos el ficticio *proyecto-fracaso* de su vida –en un viaje sin ida ni retorno–, y su conflictividad personal, siempre dividida entre dos polos opuestos: amor/desamor, mujer/estudios, escritura/locura, realidad/fantasía, etc. La manera de llevarlo a cabo ha sido, sin lugar a dudas, lo más original de su proyecto, no se ha tratado de un retrato autobiográfico, sino de una proyección del fracaso de la colectividad en la que él participa: ese *proyecto/fracaso* de su viaje personal, con el que ha emprendido el más profundo cambio y la más fructífera renovación literaria, en este tercer cuarto del siglo XIII.

REFERENCIAS BIBLIOGRÁFICAS

Alvar, C. (1986): "Algunos aspectos de la lírica medieval: el caso de la *Belle Aeliz*", en *Symposium in Honorem prof. M. de Riquer*. Barcelona: Quaderns Crema.

Bec, P. (1977): *La lyrique française au moyen âge (XII-XIIIèmes siècles). Contribution à une typologie des genres poétiques médiévaux. Études et textes. Vol. I: Études*. Paris: Picard.

Brusegan, R. (1979): "Per un'interpretazione del *Jeu de la Feuillée*, en *Biblioteca teatrale* 23–24: 132–179.

Cabré, M. (2011): *Cerverí de Girona: un trobador al servei de Pere el Gran*. Barcelona: Publicaciones de la Universidad de Barcelona.

Darmstätter, A. (2004): "Le Charme de la nouveauté ou le *Jeu de la Fuillée* de Adam de la Halle", en *Cahiers de civilisation médiévale* 47: 229–248.

Dragonetti, R. (1991): "Le Dervé-roi dans le *Jeu de la Feuillée d'Adam de la Halle*", en *Revue des langues romanes*, XCV:115–134.

Dufournet, J. (1974): *Adam de la Halle à la recherche de lui-même ou le Jeu Dramatique de la Feuillée*. Paris: Sedes.

Dufournet, J. (1977): *Sur le Jeu de la Feuillée*. Paris: Sedes.

Frappier, J. (1959): *Le théâtre comique en France au Moyen Age*. Paris: C.D.U.

Langlois, E. (1968): *Adam le Bossu, trouvère artésien du XIIIème siècle. Le Jeu de la Feuillé*. Paris: Champion (C.F.M.A).

Maillard, J. (1982): *Adam de la Halle. Perspective musicale*. Paris: Champion.

Martínez Pérez, A. y Palacios Bernal, C. (1989): *El teatro de Adam de la Halle: Le Jeu de la Feuillée, Le Jeu de Robin et Marion*. Murcia: Universidad de Murcia.

Martínez Pérez, A. (2007): *Los Adioses de Arras. Introducción, Traducción y Notas*. Valladolid: Disbabelia.

Martínez Pérez, A. (2013): *La transformación de la lírica francesa medieval. Poesía de inspiración urbana en su contexto románico (siglo XIII)*. Granada: Editorial Universidad de Granada.

Payen, J.Ch. (1980): "Typologie des genres et distantiation: Le double Congé d'Adam de la Halle. Reflexions sur le sens de l'écriture dramatique au XIIIème siècle", en *Kwartalnik Neofilologiczny* XXVII, 2.

Popeanga Chelaru, E. (1991): "El discurso medieval en los libros de viajes", en *Filología Románica*, 8.

Zink, M. (1985): *La subjectivité littéraire*. Paris: Presses Universitaires de France.

Zumthor, P. (1970): "Entre deux esthétiques: Adam de la Halle", en *Mélanges Frappier*, II. Genève.

Chiara CAPPUCCIO

La novedad de la representación del espacio del más allá en el viaje de Dante

1 La *Commedia* de Dante: ¿una novela de viaje? Consideraciones preliminares.

Leer la *Commedia* de Dante como una narración de viaje –desde una perspectiva narratológica– es algo que la crítica dantesca ha demostrado no solo como posible, sino incluso necesario para una correcta exégesis del texto dantesco ya desde hace más de treinta años. A este propósito seguimos considerando fundacional el texto del medievalista italiano Vittorio Russo (1984) que siguiendo la tradición crítica estructuralista sobre el género novelesco – principalmente Bachtin (1975) y Lukásc (1962), pero también Auerbach (1963), Segre (1974) y Sanguineti (1965) – utilizó las categorías de la teoría de la literatura para proporcionar una interpretación del poema de Dante como novela de viaje. La *Commedia* se presenta como una obra que no está centrada en la figura de un héroe épico, estático en su connotaciones legendarias o semidivinas, o en un héroe aventurero, caracterizado por unos rasgos esquemáticos o estereotipados sino sobre «un particolare personaggio, descritto nella sua individualità inconfondibile, nei suoi caratteri precipui, in un rapporto problematico con la realtà e immerso in un processo di conoscenza e di crescita interiore rispetto al succedersi degli eventi» (Russo, 1984: 18).

Si consideramos los parámetros clasificatorios del género de viaje – equilibrio entre "factualidad" y ficcionalidad, entre el elemento descriptivo-cronístico y la presencia de un yo que emerge de la escritura– podemos ver cómo el texto aquí considerado cumple con los requisitos requeridos.[1] Respecto al primer punto: la *Commedia* se propone como

---

1   Los términos clasificatorios aquí utilizados en la definición del género del viaje son de Alburquerque, L. (2019), Conferencia plenaria "Relatos de viajes: poética

ejemplo de equilibrio entre *historia (res gesta)* y *fabula (res ficta)*. Dentro de las tres *especies narrationis* distintas en las artes medievales, el autor apuesta por la categoría del *argumentum (res ficta que tamen fieri potuit)* donde el viaje, como *argumentum* de la narración, sirve para proporcionar una representación global del mundo en un determinado momento histórico. Por lo que respecta al segundo parámetro – la búsqueda de un equilibrio entre el elemento descriptivo-cronístico y la presencia literaria del "yo" – vemos cómo el poema cuenta con la presencia de un protagonista *in fieri,* que transforma su mirada y su lenguaje durante la experiencia del viaje, mostrando una actitud ya muy alejada del héroe de la épica clásica y medieval. Dante *auctor* «en su dimensión de caminante y viajero» nos proporciona vidas y costumbres del hombre de su época (Popeanga, 1991: 13).

2 El más allá como espacio soñado

¿Cómo Dante consigue este nivel de modernidad narrativa dentro del género elegido? ¿Cómo puede describir, de forma alegórica y a la vez realista, la sociedad y la geografía humana italiana bajomedieval a través de una representación del reino de los muertos? Gracias a una condición: que el viaje relatado por el autor sea una experiencia descrita y explicada al lector como realmente ocurrida y vivida en primera persona, o sea que responda a los requisitos del género literario elegido. Para realizar este reto literario Dante recurre a otra categoría medieval, la *visio in somni*: el viaje al más allá se ha producido de verdad, pero en sueños. La *Commedia* es, entonces, la narración de un viaje soñado,

---

y avatares de un género" de apertura al Congreso internacional *Viajes reales, viajes imaginarios. Textos, imágenes, metáforas.* UCM 27- 30 de mayo 2019. Hay, además, que considerar la importante distinción metodológica entre textos que representan un "viaje real" y textos que representan unos "viajes imaginarios" que determinan una clasificación bipartita en función de lo real histórico o de lo puramente literario (Popeanga, 1991: 12).

la definición literariamente desarrollada de un recuerdo lleno de datos sensibles. Hay que considerar, de hecho, que en la teoría médica medieval el sueño deja un residuo corporal y unas imágenes selladas en la memoria, directamente por Dios, que transforman el poeta en profeta.

En este caso podemos decir, siguiendo las palabras de Popeanga que si «el viajero medieval parte de lo conocido para descubrir el mundo, en muchas ocasiones se ve que su ulterior descubrimiento no se corresponde con la *imago mundi* que tenía prefigurada» (Popeanga, 1991: 16), en el caso de Dante no se trata solo de esta descubierta sino más bien de una transformación en acto a lo largo del desarrollo de la narración.

Charles S. Singleton, fijó esta actitud narrativa en una definición todavía célebre: la *Comedia* es «una ficción que finge ser verdadera» (Singleton, 1978: 88) –luego retomada por Barolini como: «finzione che è vera» (Barolini, 2003: 25)– y Eric Auerbach tituló una famosa monografía sobre el poema con otra inolvidada definición: «Dante poeta del mundo terrenal» (Auerbach, 1963). Esta capacidad de describir en términos realistas el mundo contemporáneo –con sus muchos y muy distintos personajes, con sus costumbres y sus normas internas, sus cambiantes espacios y paisajes– a través de un viaje imposible se logra gracias a dos principios fundacionales de la obra: la estructura espacial y moral, rigurosa, precisa e infalible, que Dante concibe para localizar y detallar las características de este mundo y el proceso de conocimiento de la nueva realidad puesto en marcha por el mecanismo narratológico del género del viaje.

Dante usa el término en cuestión, "viaggio", siete veces en la *Commedia* y entre ellas dos veces refiriéndose concretamente a su viaje al otro mundo; ambas en lugares paradigmáticos del texto como lo son los cantos proemiales. La primera vez encontramos la referencia al viaje al más allá en el I canto del *Infierno*, cuando Virgilio explica al protagonista acorralado por la loba en la *selva oscura* que el camino que tiene que tener («tenere iter» *Aen.* IX 377) es otro con respecto al que le sugiere la presencia de una colina iluminada por los rayos del sol hacía la cual le gustaría dirigirse.

> A te conviene tenere altro vïaggio»
> Rispuose, poi che lagrimar mi vide
> «Se vuoi campar d'esto loco selvaggio
> (If. I 91–93)

El viaje del que está hablando Virgilio es el recorrido que Dante personaje deberá emprender si quiere salir con vida del infierno («esto loco selvaggio»). En este terceto las rimas entre "viaggio" (viaje) y "selvaggio" (salvaje), nos indican de inmediato la naturaleza física y humana del primer reino a explorar por Dante viajero. Si él pudiera coger la vía directa al monte (el «corto andaré», *If.* II 120) el poema no existiría, porque no existiría el viaje por el infierno que llevará el viajero a subir al purgatorio y luego al paraíso, lo que constituye el argumento de la obra.

La segunda vez que hallamos el término "viaggio" es en el canto II del *Purgatorio*, cuando, recién llegado a la playa del antipurgatorio, nuestro protagonista encuentra un querido amigo de juventud, Casella, músico activo en los años y en los lugares de la primera producción poética de nuestro autor y muerto antes del 1300.

> Casella mio, per tornar altra volta
> Là dov'io son, fo io questo viaggio
>
> (*Purg.* II 92)

También en esta ocasión el viaje indica la exploración ultramundana de un protagonista todavía vivo que se identifica con la obra misma. Es interesante, además, notar cómo el término se encuentra de forma casi simétrica en las dos cánticas: al v. 91 y al v. 92 del I y del II canto de las primeras dos cánticas.

Tanto el primero del *Infierno* como el segundo del *Purgatorio* son cantos paradigmáticos, connotados no solamente por el valor institucional propio de los cantos de exordio sino también por la densidad conceptual y narrativa que los caracteriza. El primero por contarnos el antecedente (*antefactum*) alegórico de la bajada a los ínferos y de la consecuente subida al Purgatorio y al Paraíso; y el segundo para empezar una nueva acción narrativa, que prevé la descripción tanto geográfica como moral del reino del medio (el más original por topografía y geodesia experimentada). Es notable que en estos dos momentos cruciales para la organización estructural de la obra el autor se refiera a su contenido como "viaje" para proporcionar al lector las pautas de su interpretación, objetivo orgánico de los lugares proemiales de las obras medievales.

La idea del viaje de la *Commedia* se forma gracias a la convergencia en ella de dos conceptos constitutivos para el género, así como interpretado en la Edad Media: por un lado, la *visio*, que proporciona veracidad al relato (Varela, 2001); y por otro, el *itinerarium* cristiano, por el cual Dante se transforma en un *peregrinus en itinere* —o en un *viator* (Picone, 1999)— fundiendo la alegoría cristiana de la existencia humana con la visión soñada del más allá.

Este viaje de descubrimiento de un territorio desconocido y prohibido para los hombres mortales, que el autor quiere relatar con coherencia de significado, cuenta con unos factores estructurales:

- la descripción de los variamente diversificados desplazamientos a lugares, inaccesibles a los hombres, precisamente localizados y definidos en su espacialidad.
- La determinación cronológica del itinerario.
- La definición del espacio visitado a través de siempre distintas caracterizaciones que lo definen: personajes, sonidos, etc.

El protagonista Dante, siempre acompañado por un deuteragonista (Virgilio, Beatrice, San Bernardo) explora un lugar misterioso e inaccesible, poblado por muchos personajes que representan sus habitantes –condenados, penitentes y beatos– y que lo ayudan a comprender el significado de los espacios atravesados. El viaje cuenta con una exploración geográfica, paisajística, topográfica y geodésica que concierne no solo el espacio físico que el protagonista conoce a lo largo de su recorrido, sino también su significado moral. El viajero Dante conoce el sentido de los lugares a través de sus múltiples encuentros con los habitantes de los siempre distintos espacios que va visitando.

El más allá dantesco se distingue de las otras descripciones del mundo de los muertos, anteriores a la *Commedia*, por poseer una estructura espacial detalladamente articulada, así como una localización muy precisa relativa a su ubicación. El texto de Dante se diferencia de las otras visiones, navegaciones y viajes al más allá de la tradición medieval por ser un relato de viaje, por potenciar el elemento relativo a su organización cósmica, representada y delimitada en un espacio geográficamente bien determinado y realísticamente descrito. Un espacio que hay que trazar muy meticulosamente porque, primero, es desconocido a los lectores, segundo, porque por primera vez es representado en su entereza y totalidad y, finalmente, porque es muy distinto del resto de representaciones de la misma tradición literaria sobre el más allá, normalmente mucho más indeterminada e imprecisa con respecto al elemento geográfico-descriptivo. Dante lo representa como un espacio real y alegórico a la vez, donde el principio de la descripción realística nunca se queda fagocitado por la exégesis alegórica.

3 Verticalización del espacio

El primer dato que sorprende una sensibilidad contemporánea es que el más allá no es un mundo trascendente con respecto a la realidad terrenal, una imagen espacial metafórica, sino que es totalmente ubicado dentro y alrededor de lo que se conocía como globo terráqueo. El infierno está excavado por debajo de Jerusalén, centro del hemisferio boreal, el único poblado por los hombres; a sus antípodas, en las aguas oceánicas, se encuentra una isla en la que surge la montaña purgatorial, cuya cima es constituida por el Edén bíblico, circundado por nueve círculos que constituyen los cielos del paraíso de los que solo el primero, el de la luna, es visible. Una gran invención del espacio dantesco es que todo el más allá está verticalmente distribuido a lo largo de un único eje, con el lugar de la crucifixión de Cristo por un lado (Jerusalén) y de la amputada felicidad bíblica por el otro (paraíso terrenal) que llega directamente al Empíreo (Malato, 2014: 209–237). Todo el más allá pertenece al cosmos, así como se describía y delimitaba como espacio físico. El infierno, el purgatorio y el paraíso están dentro, al lado, por encima y alrededor del globo terráqueo. El mundo después de la vida está dentro de la vida misma y comparte con el otro el mismo espacio. Dante dibuja un más allá completamente terracéntrico.

La primera novedad de la obra dantesca consiste, como acabamos de explicar, en haber localizado con extrema precisión científico-astronómica todos los lugares correspondientes al mundo de los muertos con respecto a la tierra y haberlos todos insertados en su espacio y en los alrededores.

Pasamos ahora a la segunda novedad siempre relativa al tratamiento narrativo del espacio físico donde se desarrolla el viaje del protagonista de la obra. Esta consiste en haber dado una forma a cada lugar, de haber estructurado no solo geográfica sino también topográficamente cada zona. Cada paisaje es distinto de otro, cada río, montaña, selva, roca, llanura o colina tiene su propia composición geológica, su propia conformación morfológica y a la vez su razón de existencia moral que lo convierte en un espacio a la vez alegórico. Los distintos espacios están siempre connotados como lugares bien definidos y distintos de los que han sido anteriormente visitados.

Todos recordamos cómo el viaje empieza en una selva, el viernes santo, el día 8 de abril del año 1300. El viaje durará una semana y gracias a las exactas coordenadas astronómicas proporcionadas por el autor podemos localizar cronológicamente cada desplazamiento interno al viaje. Esta es otra característica exclusiva de la obra de Dante con respecto a las otras pertenecientes al género de los viajes al más allá: en todo momento sabemos en qué punto de la tierra se encuentra nuestro protagonista y a qué hora del día.

La selva se presenta como un lugar caracterizado por ser un lugar despoblado, con una vegetación tan densa y alta que impide la llegada de la luz en su interior y donde la única presencia animada es constituida por las tres fieras amenazantes. En la literatura medieval románica el bosque suele ser el lugar de la desviación entre dos espacios habitados: el de salida, (normalmente una corte) y aquel adonde se debería llegar. Cuando el caballero se pierde en un bosque entra en "otro mundo", donde se suspenden las normas conocidas (pensamos en las *pastorelas* occitanas) y donde empiezan sus aventuras fantásticas (como para el *Erec* de Chrétien de Troyes y muchos otros personajes de la literatura caballeresca). En este caso la desviación física del protagonista de la *Commedia* adquiere un claro significado moral y el viaje de Dante se caracteriza desde el principio como un viaje de iniciación y de conocimiento y como un viaje donde pueden ocurrir cosas muy raras, como viajar al mundo de los muertos estando todavía vivo, donde sus habitantes tienen cuerpos diáfanos pero sensibles, donde se encuentran monstruos de la mitología clásica y grandes personajes del pasado y donde se puede pasear por el paraíso de Adán y Eva.

De este lugar inhóspito se pasa a un vestíbulo; otra invención dantesca, un lugar para los que fueron indecisos y que como no se colocaron en vida, tampoco en muerte tienen un lugar definido sino solo una entrada de paso a otro sitio. Se llega a un castillo (*Limbo*) y finalmente encontramos una puerta, como en las entradas de las ciudades medievales, en el medio de una muralla protectora fortificada con torres. Como en las puertas de las ciudades medievales, encima encontramos una inscripción («Per me si va nella città dolente/… per me si va tra la perduta gente…» *If*. III, vv. 1–3), una advertencia para los que se preparan a cruzar su umbral, así como en las inscripciones de las puertas medievales se escribían palabras de disuasión para la entrada de malévolos delincuentes. La ciudad será la *città di Dite*, la primera zona del infierno propiamente dicho puesto que las precedentes forman el *antifierno*. La imagen de la ciudad, protagonista de tanto relato de viaje medieval, protagonista de las aventuras del joven Dante de la *Vida Nueva*, cambia en el infierno sus características: de *locus amoenus* hecho de gentileza y poesía amorosa a símbolo de la corrupción, de la codicia y de la ceguera política y moral más absoluta. Avidez, luchas fratricidas, pérdidas de los ideales comunales, injerencia política papal; todo lo que determinó el exilio, sin vuelta atrás, de Dante *auctor* constituye la caracterización de Florencia, ciudad por antonomasia y *pseudo-couple* de la "città di Dite". La política entra en la caracterización moral y geográfica de la ciudad en un proceso narrativamente exponencial que culminará en los cantos políticos del Paraíso. La ciudad infernal se acaba en una cascada de sangre, formada por las aguas de río "Flegetonte", uno de los cuatro ríos que mojan la tierra de Lucifer. La cascada constituye la frontera con el bajo infierno, que asumirá otra, y entre las más originales de la obra, fisionomía territorial. La cascada garantiza la posibilidad de comunicación entre la parte alta del cono infernal y su parte baja, aunque sea imposible de navegar por su inmensa altitud y ardua escarpadura; Dante, para bajar, necesitará la ayuda de una misteriosa figura ecuórea ("Gerione") que lo ayudará en la peligrosísima y circunstanciadamente descrita travesía.

4 Topografía de "Malebolge"

Con la llegada a "Malebolge" empieza la exploración de la zona infernal destinada a contener a los pecadores más abyectos; es el lugar del mal más peligroso perpetrado con el uso de la razón. Los condenados aquí destinados han actuado en vida utilizando la capacidad que debería ennoblecer al ser humano, el raciocinio, para hacer daño en distintas formas, mientras que los pecadores de la parte alta pecaron por no haber sabido controlar y dirigir sus actitudes pasionales correctamente. "Malebolge" se presenta desde el inicio de su exploración por parte del protagonista como un lugar que cambia profundamente la topografía del infierno hasta ahora visitado. No se trata de un paisaje selvático o ciudadano, como los hasta ahora encontrados, sino rocoso, granítico, formado por plúmbeas cuevas y atravesado por unos puentes desmantelados a través de los cuales es muy difícil seguir el camino. Es un lugar angosto, oscuro, claustrofóbico por las dimensiones de las cuevas, formado por duras y frías piedras que parece muy alejado de la selva oscura inicial.

Con "Malebolge" empieza una descripción del espacio visitado –con sus paisajes, con su orografía y conformación morfológica– mucho más detallada con respecto a la parte alta del cono infernal. Desde el principio se caracteriza como un lugar en el que el autor ha prestado mucha más atención a la descripción del paisaje. Con la entrada en "Malebolge" Dante se transforma en un viajero más meticuloso y atento, anotando todos los detalles de conformación y edificación: las medidas de los puentes, de los arcos, de las cuevas, de los senderos y de los círculos y nos proporciona el primer paisaje del más allá descrito como una maqueta arquitectónica.

Se trata de un proyecto representativo muy complejo, casi planimétrico, que prevé una atenta explicación de la formación de los distintos espacios y de las modalidades de desplazamiento, entre ellos, de su visitante. En la introducción a estas páginas hemos hecho referencia a la interpretación novelesca de la *Commedia* y al hecho que entre sus características se encuentre también la de contar con un protagonista *in fieri*, que se transforma y evoluciona a lo largo del proceso de conocimiento puesto en marcha por el viaje. Dante empieza como transeúnte extraviado y desorientado –y sus primeras descripciones corresponden a esta fase de su proceso de formación –y se transforma en viajero poco a poco, visitando lugares cada vez más misteriosos e inesperados. Su curiosidad y ganas de conocer el mundo de los muertos van adquiriendo forma gradualmente; desde su rechazo perceptivo inicial, debido al miedo y a las ganas de volver atrás, hasta su mutada disposición cognitiva con respecto al ambiente circunstante. Es interesante, además, notar que a esta intensificación de la descripción ambiental corresponde una disminución de la capacidad visual: el cono infernal, lugar desprovisto de la luz del sol en cuanto bajo tierra, es de hecho, ligeramente más luminoso en la parte alta, más cercana a la superficie y se va haciendo cada vez más oscuro, cerrado y tenebroso en su desarrollo vertical hacia las vísceras de la tierra. La capacidad visual de nuestro viajero se va adaptando poco a poco a la falta de luz y va potenciando sus capacidades a la vez que la experiencia del viaje lo va estructurando como personaje más capaz de comprender y relatar.

5 Los puentes del infierno

"Malebolge" se encuentra colocada entre dos ríos: el "Flegetonte" del alto infierno y el "Cocito" que desemboca en un lago helado correspondiente a la superficie ínfima del cono. Se encuentra en el punto de la pared circular rocosa ("la gran cerchia") donde precipita el "Flegetonte" ("al pié de l'alta ripa dura"), donde Dante ha llegado con Virgilio gracias a la ayuda de Gerión, y llega al pozo central que contiene el lago helado formado por el "Cocito" al que los viajeros llegarán gracias al gigante "Anteo". El lugar se presenta desde el principio, por su colocación, singularmente arduo de explorar: ni se entra ni se sale de allí sin el auxilio de seres infernales. Está aislado y protegido, dentro de la parte baja del cono, por dos bajadas extremadamente escarpadas.

Está hecho de piedra nuda de color ferroso que Dante describe en todo su realismo impresionista – "sasso tetro", "pietra lívida", "livido color de la petraia"—y declina hacia el pozo central surcado por diez fosas, diez hoyos circulares que constituyen las bolsas que dan el nombre al lugar. Es un paisaje exclusivamente dominado por rocas y piedras donde están anulados todos los otros elementos de la naturaleza o de la civilización urbanizada que el *viator* había encontrado bajando la parte alta del cono: vegetación, albores, bosques, castillo, murallas fortificadas, etc.

"Malebolge" está constituido por diez hoyos contenidos entre once diques donde se pueden distinguir una cumbre y una base. La cumbre es muy estrecha y el territorio está casi enteramente ocupado por las cuevas; son puntos de apoyo para la secuencia de los arcos de los puentes; Dante describe la travesía por esta zona como un avanzar de puente en puente (*If.* XXI 1). Es un paisaje de ruinas, derribos, como sobrevivido a una catástrofe natural, a un seísmo. Hay que remontar a los orígenes del infierno para darnos una explicación y recordar que este reino se formó con la caída de Lucifer del cielo al centro de la tierra: este terremoto ha dejado todo destrozado y este es el paisaje que nuestro viajero se encuentra. Las bolsas Dante las llama: "fossa", "valle", "tomba", "fessura", "tana", "gola", "cava", etc., y consisten en el fondo, donde están los condenados y las paredes. Las paredes las llama: "rocca", "pietra", "pendente", "costa" y son de altura diferente: la interna es más baja que la externa. Las cuevas están, entonces, caracterizadas por la estrechez del fondo y la irregular verticalidad de las paredes. Dante proporciona al lector las medidas de tres bolsas, en millas: el perímetro de la novena, por ejemplo, veintidós millas y la cima once; gracias a estas tres medidas se puede calcular con precisión las medidas de todas las visitadas. El número once se transforma en un módulo constructivo que se replica desde el centro. La idea es la de una telaraña concéntrica de puentes, cuevas y escollos que da vida a uno de los paisajes más originales, sugerentes e inquietantes del más allá dantesco.

La lectura alegórica de "Malebolge" concierne una clara referencia a su áspero nivel métrico-estilístico correspondiente a su *status* de contenedor del mal absoluto y suele ser obligatoria, para esta interpretación, la comparación con el nivel formal de las rimas "petrosas" del mismo autor. La fuerza de estos cantos del infierno se encuentra, también, en el vigor descriptivo de un paisaje del más allá absolutamente novedoso y a la vez misteriosamente llamativo desde un punto de vista topográfico y arquitectónico. Es haber estructurado la obra como un relato de viaje que proporciona esta posibilidad descriptiva al autor.

El viaje a "Malebolge" conforma una de las etapas más ricamente descrita del recorrido ultramundano y muchas veces los estudiosos se han interrogado sobre las fuentes inspiradoras para la concepción de tan singular paisaje. Mucho se ha hablado sobre una posible referencia a las fortificaciones y las fosas protectoras de los castillos medievales pero esta reconstrucción no conseguía explicar la imagen de un camino concéntrico hecho de puentes arduos y de casi impracticable acceso. Más recientemente va cobrando credibilidad la idea que Dante se haya podido inspirar en un tipo de puente denominado "puente del diablo", presente en la edad media en diferentes regiones italianas, dos ejemplares de los cuales se encuentran en la Toscana y pueden haber sido conocidos por el autor. Se trata de construcciones muy atrevidas con respecto a las condiciones ofrecidas por la naturaleza de los lugares que las acogen. De aquí la denominación: "puente del diablo", como si fuesen obra del diablo o que solo un pacto desafiante con Lucifer hubiese podido permitir una tan ardua edificación. Pero no es solo el nombre que recuerda nuestros puentes infernales sino más bien las imágenes. El primero, de origen etrusca, es el puente de la "Abbadia" en la Maremma toscana al sur de Grosseto, construido encima del río Flora. El segundo es el puente de la "Maddalena", erigido encima del río Serchio a Mozzano, hasta más impresionante que el primero por escarpadura y estrechez (Rebuffat, 2014: 54).

Podemos concluir subrayando cómo el concepto de espacialidad, en las diferentes formas en que se declina el imaginario visionario dantesco, es un elemento central para la construcción literaria de una de las obras maestras de la literatura universal y cómo el argumento del viaje proporciona al autor la posibilidad de concebir su materia narrativa de manera detalladamente articulada en las distintas formas de organización relativa a los ambientes cósmicos visitados.

REFERENCIAS BIBLIOGRÁFICAS:

Auerbach, E. (1963): *Studi su Dante*, Milano: Feltrinelli.
Bachtin, M. (1975): *Estetica e romanzo*, Torino: Einaudi.

Barolini, T. (2003): *La "Commedia" senza Dio, Dante e la creazione di una realtà virtuale*, Milano: Feltrinelli.

Lukács, G. (1962): *Teoria del Romanzo*, Milano: Sugar.

Malato E. (2014): "Canto VIII. La nostalgia che volge il disio". en *Lectura Dantis Romana. Cento canti per cento anni*, v. II. *Purgatorio*, a cura di Andrea Mazzucchi e Enrico Malato, v., pp. 209–237.

Picone, M. (1999): "Dante come autore/narratore della Commedia" en *Nuova revista di letteratura italiana*, II, 1, pp. 19–26.

Popeanga, E. (1991): "El discurso medieval en los libros de viajes" en *Revista de Filología Románica*, n. 8, pp. 149–162.

Rebuffat, E. (2013): "Luogo è in Inferno detto Malebolge: una ricerca di topografía dantesca" in *L'Alighieri. Rassegna dantesca*, 41, Nuova serie, anno LIII, pp. 33–62.

Russo, V. (1984): *Il romanzo teologico*, Napoli: Liguori.

Sanguineti, E. (1965): *Il realismo di Dante*, Firenze: Sansoni.

Segre, C. (1974): *Le strutture e il tempo*, Torino: Einaudi.

Singleton, Ch. S. (1978): *La poesia della Divina Commedia*, Bologna: Il Mulino.

Varela, J. (2001): "Dal cielo stellato al Cristallino", en *Tenzone, Revista de la Asociación Complutense de Dantología*, UCM, n.2, pp. 149–184.

ESCRITURAS MODERNAS
(SIGLOS XVIII Y XIX)

Diego MUÑOZ CARROBLES

La representación de los territorios rumanos a comienzos del XVIII en los *Voyages* de Aubry de la Mottraye

1 Introducción

La figura del diplomático y viajero francés Aubry de la Mottraye (1674?-1743) concentra varios rasgos que hacen de él un nombre destacado en las crónicas de viajes del Siglo de las Luces. En primer lugar, se trata de un hombre de vasta cultura que mantuvo contacto con personalidades de su tiempo tan destacadas como Voltaire, a cuya obra *Histoire de Charles XII, roi de Suède* (1730), hizo una serie de "remarques" que fueron posteriormente rebatidas por el filósofo. La personalidad intelectual de Aubry de la Mottraye fue probablemente clave, junto al espíritu enciclopédico que comenzaba a forjarse en su Francia natal y que alcanzaba a las elites de las cortes europeas occidentales, a la hora de lanzarse a recorrer numerosos territorios del Viejo Continente y del Mediterráneo, con especial predilección por Constantinopla y las tierras bajo control del Imperio Otomano.

Del mismo modo, su condición de protestante hugonote, que forzó su exilio en Inglaterra a finales del siglo XVII, fue determinante a la hora de publicar sus crónicas de viajes tanto en inglés (1724) como en francés (1727), así como para entrar en contacto con los círculos más próximos a los monarcas de Gran Bretaña y de Suecia. En general, en los textos de Aubry de la Mottraye, el lector podrá notar tanto el espíritu crítico e intelectual de la época como la visión personal y curiosa del autor sobre las religiones, la arquitectura, la arqueología y la estructura social de las zonas que visita entre 1711 y 1714.

Al servicio del rey de Suecia, Carlos XII, recorrerá especialmente el este de Europa, desde y hacia Constantinopla en numerosas ocasiones, viajes en los cuales atravesará la actual Rumanía. A comienzos del siglo XVIII, el territorio de Valaquia y de Moldavia, entonces conocido como *Ţara Românească*, gozaba de una cierta autonomía bajo el dominio del Imperio Otomano, del que era tributario. Transilvania y Banat, por su parte, dada su proximidad geográfica y cultural con *Mitteleuropa*, se hallaban en la órbita austriaca y sufrían continuas escaramuzas de los ejércitos imperiales de Viena y Constantinopla. Estamos ante una región de Europa no demasiado conocida en la época, pero que ya era, en aquel entonces, un *melting pot* de religiones, etnias y lenguas, en el que nada hacía presagiar la formación de un estado rumano un siglo más tarde. Sin duda, la ausencia de un estado propio diluyó el conocimiento que la intelectualidad occidental poseía de las regiones históricas rumanas, tierra de paso entre Europa y la Sublime Puerta, bajo las etiquetas de los imperios a los que pertenecieron, tal y como veremos más adelante.

2 Aubry de la Mottraye, cronista de viajes

Para este trabajo nos hemos basado en su obra *Voyages du Sr. A. de la Mottraye en Europe, Asie et Afrique*, publicada en dos tomos en La Haya en 1727. El extenso subtítulo de esta obra nos da una idea de los objetivos del autor así como de sus prioridades como viajero[1]:

> Où l'on trouve une grande variété de recherches géographiques, historiques et politiques sur l'Italie, la Grèce, la Turquie, la Tartarie, Crimée, Nogaye, la Circassie, la Suède, la Laponie, etc. Avec des remarques instructives sur les mœurs, coutumes, opinions etc. des peuples et des pays où l'auteur a voyagé ; et des particularités remarquables touchant les personnes et les auteurs distingués d'Angleterre, de France, d'Italie, de Suède, etc.
>
> Comme aussi des relations fidèles des événements considérables arrivés pendant plus de 26 années que l'auteur a employées dans les voyages ; comme de la Révolution en Turquie et du détrônement du dernier Sultan ; de la guerre entre les

---

1   Se ha adaptado el título a la grafía francesa contemporánea, si bien en el resto del capítulo respetaremos la edición original, que se presentará traducida al español en pie de página o en el cuerpo del texto, según el caso.

Turcs et les Russes, et de la paix conclue sur le Pruth, où l'auteur était présent ; des affaires et de la conduite de feu roi de Suède à Bender, et pendant les quatre années qu'il a été en Turquie ; de son retour en Suède, de ses campagnes en Norvège, de sa mort, et des changements arrivées là-dessus.

En la propia portada de la obra se añade, de acuerdo con la intención documentadora de Aubry de la Mottraye y con su espíritu enciclopédico, que se trata de una obra enriquecida con un gran número de mapas, planos y figuras, que representan cosas "raras y curiosas" de los lugares visitados, puesto que el autor era un gran coleccionista de monedas y medallas antiguas y apasionado de la arqueología.

El "Aviso al lector" del primer tomo de esta obra funciona a modo de prólogo y en él. el autor nos explica brevemente cuáles son sus intenciones y cómo pretende compilar las experiencias vividas en más de veinte años de misiones diplomáticas, así como elogiar al rey de Suecia, Carlos XII, bajo cuyas órdenes, precisamente, recorrerá las ciudades y regiones rumanas que detallaremos más adelante. De la Mottraye afirma haber tenido la oportunidad de "aprender muchas cosas desconocidas" y no relatadas por otros cronistas y se declara dispuesto a difundir el conocimiento de la cultura, las costumbres y las opiniones de los diferentes pueblos "lo más naturalmente posible, sin prejuicios ni disfraces", es decir, en línea con el espíritu ilustrado de su tiempo.

L'Auteur de ces Relations ayant emploié plus de vingt six ans à voyager dans des Païs étrangers, ayant sejourné plusieurs années de suite dans quelques uns de ces Païs, & d'ailleurs sa curiosité l'ayant porté en divers endroits où nul autre Voyageur qui nous soit connu n'a été, il a eu moïen d'apprendre bien des choses inconnues à tous ceux qui nous ont donné des Relations de leurs Voyages jusqu'ici. On verra qu'il s'est donné bien de la peine pour être instruit sur tout ce qu'il y a de plus curieux & de plus remarquable dans les païs où il a voyagé, & en particulier sur tout ce qui a été ou omis ou mal raporté par d'autres Voyageurs. Il a soin, par les details où il entre, de nous representer l'état present des Cours, des Païs, & des Villes dont il parle, sans en negliger l'ancien; il s'est attaché à faire connoitre le genie, les mœurs, les coutumes, les opinions des differens peuples, le plus naturellement qu'il lui a été possible, sans prejugé & sans deguisement. Et il s'est extrêmement applique à deterrer par tout les Medailles, Inscriptions & autres monumens de l'Antiquité Grecque, Romaine, Runique &c.; ce qui lui a si bien réussi qu'il a presenté dans cet Ouvrage, aux Amateurs de cette sorte de choses, quantité de pieces rares & singulieres qu'aucun autre n'avoit deterrées avant lui.

Comme il a eu occasion d'être beaucoup auprès du feu Roy de Suede, cet inflexible et infatigable Heros de nos jours, & d'être employé souvent dans des affaires de consequence qui regardoient ce Prince, tant durant son sejour en Turquie, qu'après son retour dans ses propres Etats, il nous donne un detail de ces affaires qui est curieux & interessant. & qui ne sauroit manquer de faire plaisir à tous ses Lecteurs. D'ailleurs il a mis ici une si grande varieté de remarques & d'observations sur tant de matieres differentes, qu'il faudroit être d'un gout bien bisare & bien extraordinaire pour n'y pas trouver quantité de choses amusantes & instructives. Mais l'Auteur se flate principalement d'avoir merité l'approbation des gens de bon gout par la sincerité & l'impartialité qui regne dans toutes ses relations.

Cependant il ne pretend pas ici d'instruire les Savans, non plus que de contenter les Critiques, ne se sentant point de talens ni pour l'un ni pour l'autre. Il est fort persuadé que des gens plus habilles auroient beaucoup rencheri sur les remarques & les descriptions qu'il a données, & qu'ils auroient tout mis dans un plus beau jour & en meilleur langage. Quant à ce dernier, il sent bien que le sien a été tellement alteré & corrompu par le mêlange de plusieurs langues étrangeres, qu'il se contente de se pouvoir faire entendre sans être aucunement en état de contenter les Puristes de la langue Françoise. On a pour cette raison prié une personne assez capable de retoucher le stile, & elle l'a un peu raboté en plusieurs endroits; cependent il a encore bien besoin de l'indulgence des Lecteurs.

(1727: I-II)

Observamos, por lo tanto, en esta especie de prólogo a la obra, las cualidades de las que presume el propio Aubry de la Mottraye: los más de veinte años transcurridos viajando y viviendo en distintas partes de Europa, su curiosidad por aprender distintos aspectos históricos, políticos y sociales de las tierras que visita, su carácter de «pionero» que declara haber visitado lugares «donde ningún viajero conocido ha estado» y, por último, su intención divulgativa, puesto que, lejos de «querer instruir a los sabios», se dispone a poner por escrito, de la mejor manera posible, sus vivencias, aun sabiendo que otros mucho más instruidos podrían hacerlo con un mayor conocimiento de causa.

Es importante recordar que, pese a la nacionalidad francesa del autor, esta obra es la segunda edición de sus crónicas de viajes, ya que la primera fue llevada a cabo cuatro años antes, en 1724, en Londres y en lengua inglesa con el título *Travels through Europe, Asia and into Part of Africa*, obra que el autor dedica al rey Jorge I, monarca de Gran Bretaña e Irlanda entre 1714 y 1727, así como protector del propio autor tras su exilio por motivos religiosos, que no duda en alabar las

cualidades del monarca al comienzo de la obra, destacando sobre todo
su generosidad y bondad:

> My Travels could never appear in Public under a more august, and, at the same
> time, more natural Patronage, than that of your Majesty.
>
> The principal Countries, which I have survey'd, resound with the Praises of
> Your Name, and acknowledge themselves wholly, or in a great Mesure, indebted
> to Your Majesty, for the Peace they now enjoy.
>
> Europe, after so many Divisions, rather suspended than composed, sees,
> through Your wise Conduct, its People reunited, its Distrust and Fears dispe-
> ll'd: Great Britain, at the highest Pitch of Glory and Power, sees its Religion,
> Property and Liberties secured, and all other Nations interested in the Preservation
> and Continuance of its happy Constitution and Greatness.
>
> [...]
>
> 'Tis, Sire, this (so generally known) Goodness, that I fly to for Sanctuary, and
> for Pardon of the Liberty I take in offering Your Majesty a Present so little worthy
> Your Acceptance; and which encourages me to hope, that Your Majesty will be
> graciously pleased to look upon this Offer...
>
> (1724: 1)

Ahora bien, el tono empleado por De la Mottraye en el prólogo a la
edición en francés de 1727 supone un cambio con respecto a sus propias palabras en 1724, en la versión inglesa, en la que el propio autor
se declara narrador imparcial de los hechos que presenció o de los que
fue informado, dejando al lector la tarea de reflexionar por sí mismo
sobre los acontecimientos y lugares reseñados, tal y como reza la introducción:

> Before I enter upon the general Relation of my Travels, I think fit to premise, that
> I shall confine my self to an impartial and plain Narrative of Matters of fact, either
> as they have occurr'd to me, or as I've been credibly informed of them, by Persons
> of Honour and Reputation; nor shall I be bias'd herein either by the Prejudices of
> Country, Religion, Education or Interest, (Motives that have too generally sway'd
> most Writers) but without presuming to declare my Sentiments, shall leave every
> Reader at Liberty to make his own Reflections.
>
> (1724: 1)

Ya presente en los compendios de viajeros de N. Iorga, *Istoria românilor prin călători* (1929) y en la llevada a cabo bajo la dirección de
Cristina Holban para la Academia Rumana durante el periodo comunista, *Călători străini despre țările române* (el volumen 8, en el que se

encuentra la traducción rumana de estos viajes, es de 1983), los *Voya-ges…* de Aubry de la Mottraye nos ofrecen un relato a medio camino entre el viajero medieval-renacentista y el viajero romántico: se trata de un viajero ilustrado, un diplomático al servicio de un monarca o al menos, un miembro del séquito de un noble importante, que refiere los principales hechos que acontecen durante sus misiones así como los lugares por los que pasa. De la Mottraye no tiene como principal obje-tivo realizar una *quête*, una búsqueda del conocimiento personal o de un aprendizaje, sino que debe cumplir ciertas misiones durante las cuales toma notas que pondrá por escrito años más tarde en forma de crónica de viajes. De ahí que el estilo que emplea sea bastante esquemático, con descripciones breves de cada lugar, continuos cambios de escenario en los que intercala comentarios y explicaciones sobre la misión política o diplomática que le ha sido encomendada.

Para el viajero diplomático ni la lengua ni el dinero ni las fronteras son problemas. El sello real o imperial, según el caso, le abre las puertas de los distintos alojamientos o bien, en el caso de algunas localidades rumanas, busca la generosa hospitalidad de los clérigos. En lo que res-pecta al idioma empleado, Aubry de la Mottraye no menciona específi-camente qué lenguas utiliza en cada lugar para comunicarse, si bien su condición de francés viviendo en Inglaterra presupone un conocimiento tanto del francés como del inglés y, seguramente, del alemán y del latín.

3 Rumanía en las descripciones geográficas de principios del siglo XVIII

Antes de adentrarnos en la edición y análisis del paso de Aubry de la Mottraye por tierras rumanas, haremos un excurso por algunas obras representativas del conocimiento geográfico de la época en que el autor realiza sus viajes.

Se ha mencionado ya en estas páginas el espíritu enciclopédico tanto de la época de la Ilustración en general, como de A. de la Mot-traye en particular. Por ello, no resulta extraño que, además de numero-sas crónicas de viajes, el lector ilustrado de comienzos del siglo XVIII dispusiera en Francia de compendios y diccionarios geográficos cuya intención era reunir los datos más sobresalientes de todas las tierras conocidas, sobre todo de los países y regiones de Europa, medio siglo antes de la publicación de la *Enciclopedia* de Diderot y d'Alembert.

Aunque no podemos afirmarlo con certeza, De la Mottraye pudo conocer algunas de las obras que mencionaremos a continuación y en las que observaremos cuál era la imagen de la actual Rumanía en la Francia de finales del siglo XVII y principios del s. XVIII. En líneas generales, encontraremos, por un lado, la región histórica de Transilvania descrita junto a otras regiones centroeuropeas como Hungría o Bohemia, mientras que los entonces principados rumanos de Valaquia y Moldavia (la denominada *Ţara Românească*) se mantenían en una compleja situación política de estado vasallo del Imperio Otomano, rodeados de los imperios austriaco y ruso, en un difícil equilibrio de fuerzas. De hecho, el propio De la Mottraye será testigo, en 1714 en Constantinopla, de la ejecución del príncipe Constantin Brâncoveanu, destronado por decisión del sultán por mostrarse favorable a los austriacos. En numerosas obras de la época, los principados rumanos serán, pues, incluidos dentro de la región denominada "Turquía de Europa".

Tal y como veremos con mayor detalle en esta sección, serán frecuentes las inexactitudes y confusiones en torno a los pobladores de las tierras rumanas, sus nombres, su pertenencia étnica o incluso su lengua, lo cual nos da una idea de lo borroso que era el conocimiento que se tenía sobre la actual Rumanía en la Europa Occidental de los albores del siglo XVIII, algo que, por otra parte, serviría para poner en valor la crónica de viajes de Aubry de la Mottraye –así como otras posteriores— como fuente de conocimiento histórico y geográfico sobre algunas de las zonas menos conocidas en la época.

En la *Description de l'Univers, contenant les différents systèmes du Monde*, de Allain Manesson Mallet (1686), las tres principales regiones históricas rumanas son tratadas de manera conjunta dentro del capítulo "De la Turquie en Europe Septentrionale":

Les Païs ou Provinces de la Turquie en Europe Septentrionale sont la Valaquie, la Moldavie, la Transilvanie & la plus grande partie de la Hongrie.

Quelques Geographes Modernes appellent plusieurs de ces Provinces du nom general d'Esclavonie, parce que la Langue Esclavonne y est fort en usage, & d'autres les comprennent dans le Royaume de Hongrie, parce que la plûpart de ces

Païs ont été sujets ou tributaires des Rois de Hongrie & par cette mesme raison
nous avons crû les devoir mettre dans la Turquie en Europe, puisque la plus grande
partie de ces Estats ou Provinces , appartiennent au Grand Seigneur, ou luy payent
tribute, comme nous verrons en parlant de chaque Païs en particulier.

(1686: 72)

Por su parte, el *Dictionnaire Géographique Universel* de De Baudrand
(adaptación y ampliación en francés del original latino), de 1701, herramienta prestigiosa y que se jacta en su propia portada de ser «una obra
llevada más lejos que ninguna que haya aparecido hasta el momento
en francés»[2], nos proporciona información, por separado, de los principados rumanos y de algunas de sus ciudades más importantes. En
la entrada dedicada a Valaquia el lector puede observar algunas de las
inexactitudes y vacilaciones que habíamos mencionado anteriormente:

> VALAQUIE, VALACHIE. Valachia. C'est un grand païs de l'Europe, borné au
> couchant par la Hongrie, la Transilvanie, & la Russie Noire proprement dite; au
> nort par la Podolie; au levant par la Bessarabie, & par la Bulgarie, laquelle la
> borne aussi vers le midi. Ce Païs, qui a été anciennement une grande partie de la
> Dace, & ensuite du Royaume de Hongrie, est maintenant divisé en deux princi-
> pautés, toutes deux tributaires du Turc. L'une de ces Principautés conserve le nom
> de Valaquie, & l'autre porte celuy de Moldavie. On met ordinairement la Valaquie
> Propre vers le couchant, & le midi; & la Moldavievers l'orient & le nort. Mr.
> Baudrand dans son Dictionnaire asseure sur le temoignage des gens du païs, &
> des Polonois, que ces deux noms sont transposez [...] Mais il n'est pas hors
> d'apparence que cet habile Geographe ait été trompé. On voit des Valaques, & des
> Moldaves dans la Transylvanie, mais les Moldaves sont sur les frontieres du nort,
> & les Valaques au sud, ce qui devroit être tout autrement selon le sentiment de Mr.
> Baudrand; car vraysemblablement ces peuples se sont étendus dans la Transylva-
> nie de proche en proche.

(1701: 975)

En la entrada dedicada a Moldavia podemos ver de nuevo la apelación
"Turquía en Europa" que era común en las descripciones geográficas de
la época y que, de hecho, cuenta con su propia entrada en este *Dictionnaire*. En este caso se nos proporciona información sobre la forma de
gobierno, la religión y algunos de los productos principales:

---

2   «OUVRAGE Poussé plus loin qu'aucun qui ait paru jusques ici en François»

MOLDAVIE, qu'on nomme aussi la Grande Valaquie, ou la Valaquie Orientale &
Inferieure. C'est un Païs de la Turquie, en Europe. Il a son Prince particulier, qui
porte le nom de Vaivode ou d'Hospadar & qui est tributaire du Turc, & si dépen-
dant, que le Grand Seigneur le deposede, quand il luy plait. [...] l'air y est bon, &
le terroir fertile en blé, legumes, miel, cire, mais ce qui le rend plus considerable
est la quantité de chevaux de service, qu'il nourrit. Ses habitants sont Chrêtiens
Grecs sous le Patriarche de Constantinople. Jassy est la ville principale…

(1701: 666)

Una descripción similar la encontramos en el caso de Transilvania,
que es considerada como un país más complejo desde el punto de vista
étnico y político. Por ejemplo, se mencionan sus nombres en húngaro
y alemán y se describe su forma de gobierno, históricamente entre la
protección de los otomanos y del rey de Hungría:

TRANSYLVANIE, nommée autrement Erdeli, & aussi Siebenburgem, c'est-à-
dire les sept bourgs. C'est un païs de l'Europe, lequel étoit autrefois du Royaume
de Hongrie, dont il fut separé l'an 1541. Il a fait depuis une Principauté Elective,
qui est tantôt sous la protection de Grand Seigneur, & tantôt sous celle du Roy de
Hongrie, selon que l'une ou l'autre de ces puissances se trouve la plus forte. La
Transylvanie est environnée de la Haute Hongrie, de la Valaquie, de la Moldavie, &
de la Russie Polonoise, étant separée de tous ces païs par des forêts, & des montagnes, où il n'y a que quelques passages assez difficiles pour les armées. Le
dedans du païs est aussi fort montagneux, ce qui n'empêche pas, qu'il ne soit fort
fertile en grains, & même en bons vins. On y trouve quantité de mines de plomb,
de fer, d'alun, de vif argent, & même d'or, & d'argent, & on asseure que ces mine-
raux sont la cause que les eaux n'y sont pas saines, mais l'air l'est beaucoup. [...]
   La plûpart de ces peuples sont Protestans, ou de la Confession d'Ausbourg,
ou de celle de Geneve ; il y a pourtant des Grecs, des Catholiques Romains, des
Ariens, & même des Mahometans.

(1701: 960)

En último lugar mencionaremos la *Géographie Historique ou Description de l'Univers* de Jacques de la Forest de Bourgon (1706) donde
encontramos la ya habitual separación histórico-geográfica del actual
territorio rumano en la época: Valaquia y Moldavia junto a los territorios turcos, Transilvania junto a Hungría. En este caso, las reseñas sobre
Valaquia y Moldavia se sitúan en el capítulo II del Tomo II, dedicado a
la "parte septentrional de Turquía en Europa" (artículos VII y VIII, respectivamente), mientras que la entrada sobre Transilvania ocupa el artículo IV del capítulo V del Tomo I. En esta obra, los caballos elogiados

no serán los moldavos, sino los valacos, nuevo ejemplo de la vacilación
que encontramos en estas descripciones:

> DE LA VALAQUIE
>
> Cette Province qui fit partie de l'ancienne Dacie, & fut ensuite appellée Flac-
> cie, d'un Gouverneur Romain nommé Flaccus, ne faisoit il n'y a pas longtemps
> qu'une même Province avec la Moldavie qui lui est contigue à l'Orient, & que l'on
> appelle encore Valaquie Orientale ; après plusieurs changements depuis la deca-
> dence de l'Empire Romain jusques vers l'élevation de celui des Turcs, la Valaquie
> a été Gouvernée pas des Vaivodes, qui sçurent se soustraire à la domination des
> rois de Hongrie durant les troubles dont ce Royaume a été agité ; mais qui n'ont
> pû soutenir leur autorité qu'en payant un tribut aux Infidelles, en chevaux de leurs
> terres, les meilleurs de l'Europe.
>
> (1706: II, 635)

En la entrada dedicada al condado de Timişoara, encontramos la misma
vacilación de topónimos que el propio Aubry de la Mottraye expone en
sus *Voyages* en relación a la Tomis del poeta latino Ovidio, ciudad en
la que vivió sus últimos años y cuya localización exacta varía según las
fuentes de la época, entre la propia Timişoara –por parecido fonético—
y la localidad de Babadag en el delta del Danubio, que corresponde
mejor a las descripciones del poeta.

> Temeswar sur la Temes, grande & forte place, qui est restée aux Turcs par le Traité
> de Carlowitz, avec la plus grande partie du comté de même nom. Calcagnin croi
> que cette Ville est l'ancienne Tomes ou Tomaea où le Poete Ovide fut relegué.
> Plusieurs Aueurs combattent ce sentiment, les uns pretendent que la ville de Cons-
> tance est celle de Tomes; d'autres que c'est Sabarie; d'autres encore que c'est
> Kijow ou Babba dans la Bulgarie, parce qu'il y a un Lac nommé Ovidiwelesero,
> c'est-à-dire Lac d'Ovide. (1706: I, 394)

4 Aubry de la Mottraye en tierras rumanas

Los fragmentos de los *Voyages* de De la Mottraye que nos interesan
en este trabajo serán los consagrados a su estancia en territorios que
corresponden a la actual Rumanía y que se hallan en el tomo segundo
de esta extensa obra, en los capítulos I, VIII y IX. Aunque, como ya se

dijo anteriormente, la estancia de Aubry de la Mottraye en tierras rumanas no supone un descubrimiento en sí, al haber sido tratada ya por el
propio Iorga y encontrarse su crónica incluida entre los viajeros extranjeros por Rumanía, sí creemos, sin embargo, que es útil destacar y analizar de manera especial los episodios que suceden en tierras rumanas.

Recordemos que Aubry de la Mottraye debe atravesar territorio
rumano para dirigirse a Constantinopla, primero desde Bender, donde
se había establecido el rey de Suecia bajo la protección del sultán (1711)
y después desde Londres (1714). Por último, el autor cruzará Valaquia
y Transilvania como séquito de Carlos XII en su camino de vuelta
desde la capital otomana. N. Iorga se refiere a él simplemente como «un
comerciante inglés» que ha reproducido en su libro «monedas e ilus-
traciones de gran belleza», y que trabaja «en relación con Carlos XII»,
ignorando su faceta como diplomático y enviado del rey sueco. Iorga se
muestra crítico con el monarca sueco, a quien le reprocha haber vivido
un largo tiempo a costa de las provisiones que los moldavos habían de
pagarle al sultán y haber construido una especie de poblado sueco para
él y su séquito:

> La Motraye e un negustor englez care a călătorit în Orient și pentru informația
> lui, căci este un izvor de căpetenie în ce privește acest Orient la începutul veacului
> al XVIII-lea: a cules și inscripții, a făcut să se reproducăîn cartea lui șimone deși
> ilustrații de toată frumuseța, importante și pentru costume. Afară de aceasta a fost
> înlegătură cu Carol al XII-lea, care, cînd a trebuit să fugă din Ucraina, s-a refugiat
> la Bender, și, acolo, în apropiere, la Varnița, a clădit un sat suedez după toată
> orînduiala moldovenească. La Varnița a stat Carol o mulțime de vreme, mîncînd
> pînea noastră, pentru că tainul trebuia să i se deie din proviziile pe care Moldova
> le datoria Porții, și nu se maimîntuia cu liferarea aceasta de pîne și vite în vremea
> lui Nicolae Mavrocordat. Se știe că mai tîrziu „Șfedul” a fost dus cu sila la Demo-
> tica, de unde prin Țara Românească trecu în Ardeal, spre casă. (1929: II, VII)

Acompañaremos el repaso de los viajes de De la Mottraye con la edición
de fragmentos extraídos del texto original francés, cuya grafía hemos
respetado (uso de mayúsculas, formas verbales anticuadas, ausencia
de numerosos acentos). En líneas generales, al igual que sucedía con
las descripciones geográficas de la época, el lector puede encontrar
numerosas vacilaciones ortográficas en los topónimos utilizados por
el narrador, que suelen presentar las formas alemana o turca, si bien
en ocasiones aludirá al "nombre local", sin entrar en mayores detalles

lingüísticos. Para evitar que los topónimos puedan dificultar la comprensión de los fragmentos presentados, incluiremos en pie de página el topónimo actual en rumano, con ayuda de la edición de Holban (1983).

a) *Primer paso por Rumanía: Delta del Danubio y Besarabia*

Después de la derrota del ejército sueco comandado por el rey Carlos XII en la batalla de Poltava, a manos de las tropas imperiales rusas, el monarca encuentra refugio en las tierras que el Imperio Otomano controlaba en Europa y se instala cerca de Bender[3], en la región histórica rumana de Besarabia, la actual República de Moldavia. Pese a su reputación de gran estratega militar, Carlos XII debe comenzar una intensa labor diplomática que, por un lado, le permita mantener el favor otomano y, por otro, recuperar su prestigio y volver a su país de manera honrosa. Es en este momento cuando Aubry de la Mottraye entra en escena, como miembro de su séquito, ejerciendo labores diplomáticas como enviado del rey, para lo cual hubo de llevar a cabo numerosos desplazamientos entre la residencia temporal del monarca sueco y Constantinopla, transportando todo tipo de documentos y no dudando en sobornar a los funcionarios turcos que encontrara en su camino. La lealtad de De la Mottraye hacia Carlos de Suecia puede tener su origen en las cualidades reales que el propio viajero relata en el capítulo III del segundo volumen: básicamente la sencillez, la inteligencia y la humanidad del rey.

En el camino que lleva a Aubry de la Mottraye desde Constantinopla hasta el pueblo de Varniţa, donde permanece refugiado Carlos XII, tiene lugar el primer paso por tierras rumanas del que ha dejado constancia en sus *Voyages*, concretamente en el capítulo primero del segundo tomo, en el que narra las circunstancias que rodean la estancia del rey de Suecia en territorio bajo protección turca. La sección que nos interesa se llama "Viaje a Bender" y en ella se expone brevemente cómo fue el periplo que lo llevó hasta el campamento de Carlos XII atravesando la región de Dobrogea, junto al mar Negro. Apasionado de la Antigüedad clásica y de la arqueología, Aubry de la Mottraye insiste,

---

3   También conocida con el topónimo de Tighina.

76

a lo largo de sus crónicas sobre esta región, en la disputa que existe por saber cuál es el lugar exacto donde se ubicaba Tomis, lugar de exilio de Ovidio, un tema recurrente en esta parte de su obra, como iremos mostrando. El autor destaca la fertilidad de los campos de la zona del delta del Danubio y destaca que haya rumanos que prefieran, en la ciudad de Izmaíl, depender directamente del Sultán antes que de los gobernantes locales.

> Nous poursuivimes notre voyage aussi vite que nos chevaux Nous pouvoient porter, par Carasou[4], grand Village […] ensuite par Alibeikoi, autre Village plus petit, par Codgiali[5], qui n'est pas plus grand; Tous trois avec de mauvaises maisons; & par Baba, grand & beau Bourg, qui en a quantité de bonnes. Quelques-uns prennent ce dernier lieu pour l'ancien Tomi, où ils prétendent qu'Ovide fut éxilé par Auguste, quoi que son éloignement de la Mer Noire soit contraire à leur opinion, aussi bien que la vieille Ville de ce nom, dont on voit encore les restes sur le bord de cette Mer, à quelques lieues de là, &dont je parlerai ailleurs. […]
>
> Ayant laissé à Baba[6] le chemin de Saccia[7] sur la gauche, Nous passames a Tulcia[8], village situé sur une éminence, au pied de laquelle est un petit Fort, avec sept Tours, justement sur un bras du Danube qui embrasse, de ce côté-là, une des plus grandes Isles que ce Fleuve forme, avant de se précipiter dans le Pont Euxin. Nous traversames cette Isle à cheval, après y avoir fait transporter des chevaux frais. Elle peut avoir trois lieues de largeur, sur quatre de longueur. Elle est embellie de plusieurs jardins potagers, & fruitiers, & produit beaucoup de chanvre. Après en avoir traversé une autre plus petite, nous primes un Bateau pour Ismaeli. C'est une Ville assez spatieuse, avec une belle Mosquée, bâtie par feu Ismael, Kisler Aga[9] du dernier Sultan, à qui ce Prince l'avoit donnée pour son apanage. La plûpart de ses habitans sont Valaques & Moldaves. Ils payent leur Haratche directement à la Porte, & semblent preferer sa domination immediate à celle des Vaivodes, qu'elle donne à leur Païs.
>
> 1727: 10

De la Mottraye realizará el trayecto inverso en ruta hacia Constantinopla y tiene lugar el primer paso del viajero por la ciudad de Chilia, en la orilla rumana del Danubio, que visitará de nuevo en su tercer recorrido.

---

4   La actual Medgidia.
5   Pequeñas localidades de los distritos de Constanza y Tulcea.
6   Babadag, de la que se hablará en el tercer viaje.
7   Isaccea.
8   Tulcea.
9   Según Iorga y Holban, jefe de los eunucos de raza negra.

Vemos cómo la pluralidad étnica y cultural de las ciudades de esta parte de Europa llama la atención del cronista, mucho más que su arquitectura, en general poco reseñable – no así la de Babadag que describe en el fragmento precedente—; lo que sí destaca será su habilidad para sobornar a los funcionarios y evitar que los documentos que transporta sean descubiertos:

> Je me mis en chemin le 8. de Septembre à trois heures du matin pour Killia[10], d'où je me proposois de passer par eau plus vite que par aucune autre voye, en cas que je trouvasse le vent favorable, les Bâtimens n'y manquant pas, sur tout alors, pour Constantinople, ou en ce cas, mais faute de cela, d'aller passer le Danube à Ismael, petite Ville, à sis lieues plus haut, par où Nous avions passé dans notre voyage de Constantinople à Bender, & de faire ensuite le voyage par terre.
>
> J'arrivai vers le soir à Killia, qui est à vingt-huit lieues de Bender. C'est une grande Ville vers l'embouchure du Danube, à huit lieues de l'endroit où il se jette dans la Mer Noire. Elle est bien peuplée de Turcs, de Juifs, de Grecs & de peu d'Armeniens: elle a un vieux &large château sans Garnison, qui n'a rien de remarquable. Je m'informai à mon arrivée comment étoit le vent, & s'il y avoit quelque Bâtiment prêt à partir pour Constantinople, qui en est éloigné d'environ deux cents quarante Milles par eau. On me dit qu'il y en avoit deux ou trois, & que quoi que le vent ne fût pas tout à fait favorable, ils descendroient le lendemain. Là-dessus j'allai trouver l'Aga, qui commandoit là: je lui dis que mes affaires étant finies à Bender, je m'en retournois à Constantinople, où je lui ofris mes services. Il me répondit d'abord *Olmas* (tu ne peux pas) il ajoûta que le Visir avoit absolument deffendu d'y laisser passer aucune personne de la suite du Roi de Suede. Je repliquai que je n'étois pas Suedois; que je n'avois aucune part dans les differens du Visir avec ce Prince; et que mes affaires, qui requeroient un prompt retour, n'en devoient pas souffrir.

(1727: 33)

b) *Segundo paso: Banat y delta del Danubio*

Tras una estancia en Inglaterra, el autor emprende su regreso a Constantinopla a través de Holanda, Alemania, Hungría y Turquía. Esta ruta le lleva a ciudades como Bratislava, Buda, Pest, Szeged, Timişoara o

---

10   Hemos respetado en la edición de los fragmentos la versión que proporciona Aubry de la Mottraye, pero añadimos en nota al pie el topónimo actual en rumano, según el estudio de Holban (1983).

Varna, antes de explorar las tierras del Delta del Danubio y las ruinas de Tomis, tras las huellas del poeta Ovidio, antes de llegar a la capital otomana vía la ciudad búlgara de Varna.

Aubry de la Mottraye cruza el río Tisza procedente de Szeged y se adentra en tierras del actual Banat rumano, entonces todavía bajo control turco. Tras sobornar a uno de los oficiales de las aduanas, llegará a Timişoara, que él denomina Temeswar, a la manera alemana, donde se verá aquejado de una fiebre terciana (relacionada con el paludismo, si tenemos además en cuenta que el autor habla de una zona pantanosa). Permanecerá varios días en la ciudad hasta que emprende la marcha hacia Constantinopla, no sin antes describir los fosos que defienden Timişoara y sin debatir la controversia en torno al lugar de exilio de Ovidio, Tomis, que algunos geógrafos confunden con esta ciudad, según hemos podido mencionar anteriormente.

Ayant traversé la Teisse, je trouvai sur sa rive Orientale un Emin, qui recevoit les droits ou les douanes des Marchandises qui passoient par là. Cet Officier, contre la coutume des Turcs, qui ne fouillent jamais les coffres des voyageurs, ou du moins qui n'avoient pas jusques alors visité le mien, y fouilla; & y trouvant quelques montres d'or, à la vérité il ne les confisqua pas; mais il les exigea de moi à raison de trois pour cent de leur valeur. Après quoi il me donna un de ses Valets, pour me conduire en bateau à un Village tributaire de la Porte, situé environ à deux Milles plus bas, où je louai un chariot & des chevaux pour me rendre à Temeswar, n'y en ayant point d'autres, à ce qu'on me dit, entre ce Village-là & cette Ville-ci. En effet je n'y rencontrai que les masures de deux Villages, dont les Eglises étoient par conséquent désertes.

Je n'arrivai à Temeswar que le 3. de Mai. Je fus conduit d'abord par un des Janissaires de la Garnison, devant le Pacha qui me reçut fort bien. Son Interprête voulut que je logeasse chez lui ; mais je fus attaqué le lendemain d'une fievre tierce à peu près telle qui celle qui me saisit entre Chipre & Jaffa. Je restai là cinq ou six jours, & pendant le relâche qu'elle me donna, j'eus le tems de voir la Ville & les environs. Cette Place tire son nom de la Riviere Temes, qui coule dans ses fossez. Cette Riviere, avec un espece de Marais qui regne autour, & qu'elle inonde, en rend les approches fort difficiles, & la defendent beaucoup mieux que les Fortifications, qui sont peu considérables, partie à la antique, partie à la moderne. Ses maisons sont generalement mauvaises & mal bâties : elle a un Tchtarchis ou marché assez spatieux à la manière Turque ; mais on ne peut pas l'appeller une belle Ville, outre qu'étant bâtie dans un lieu bas & marécageux, ses rues sont fort sales. Cela étoit du moins ainsi alors, car ne l'ayant pas vue depuis que les Allemands l'ont enlevée aux Turcs, je ne puis rien dire de son état present. J'ai remarqué que la Riviere Temes lui donne son nom, contre l'opinion de quelques Geographes qui, faute d'avoir voyagé ou d'avoir bien lû l'Histoire qu'Ovide fait lui-même du lieu de son exil, prennent cette Ville pour l'ancienne Tomi, qui a été appellée Temiswara par ses habitans modernes, & qui est située entre Kustangi (l'ancienne Constantia) & Varna, comme je ferai voir ci-après. Le Gouvernement de Temeswar comprenoit autrefois toute cette étendue qui est entre la Teisse & la Transilvanie, & depuis le Danube jusqu'au grand Waradin inclusivement. Le Grand Seigneur l'a possedé depuis 1552, jusqu'en 1716, qu'elle lui fut enlevée par l'Empereur, à qui sa Hautesse l'a cedée par la Paix de Passarowitz. Ma fievre s'augmentant, au lieu de diminuer, l'Interprête du Pacha me vouloit retenir jusqu'à ce que je fusse rétabli; mais je m'en excusai sur des affaires qui m'appelloient à Constantinople.

Tras atravesar tierras búlgaras por las ciudades de Vidin, Ruse y Silistra, Aubry de la Mottraye sigue el Danubio hacia las tierras rumanas del Delta en dirección de la actual ciudad de Izmaíl en Ucrania. Su primera parada será Brăila (llamada aquí Ibraeli, a la manera turca), ciudad que había sido arrasada por los rusos un par de años antes y que se hallaba en plena reconstrucción. El autor aprovecha para contar la historia que rodea la deposición del príncipe de Valaquia y su encarcelamiento junto a su familia en Constantinopla, cuyo desenlace será desvelado en el siguiente viaje, así como la elección de su nuevo sucesor. Después se dirige hacia Galaţi, Babadag y Chilia Veche antes de visitar Constanza, tras los pasos de Ovidio y los restos arqueológicos de la época romana.

Le vent étant fort & contraire, je pris le même parti qu'un Marchand Moldave d'Ismaeli, qui fut de louer de l'autre coté du Danube des chevaux dans le premier village, pour continuer le voyage par terre. Nous partimes le 21. de bon matin; & après avoir traversé quantité de champs couverts de bled, d'orge & d'autres grains presque mûrs, entremêlez de vignes, & d'arbres fruitiers, nous arrivames le 22. à Ibraeli qu'on rebêtissoit assez lentement. C'étoit une petite Ville que les Moscovites avoient brulée en 1711 & dont ils n'épargnerent que son château flanqué de sept Tours, comme celui de Torgou, mais plus petit. Le General Renne, à ce qu'on me dit, s'y retira avec trois cents hommes, après en avoir delogé une centaine de Janissaires, & envoyé de là des partis de tous côtez pour fourager, les quels enlevoient le betail des Valaques, qui, au lieu de leur fournir des provisions pour de l'argent, selon les assurances secretes qu'on pretendoit que le Prince de Valaquie, Constantin Bessarabas, avoit faites, s'enfuyoient à leur approche, comme j'ai déjà marqué ailleurs que faisoient les Moldaves.

Des personnes, qui prétendoient bien connoître ce Prince, m'ont assuré que ses promesses n'avoient pour but que d'endormir le Czar, comme il avoit endormi l'Empereur dans les guerres précedentes par de belles esperances, & exempter son Païs de contributions. Quoi qu'il en soit, sa fidelité ayant été rendu suspecte à la

Porte, elle venoit de le deposer, & de mettre en sa place Etienne Cantacuzenne. Elle le tenoit enfermé & étroitement resserré avec sa femme, ses fils, un gendre, & son Maître-d'Hôtel, dans des appartemens separez, sous la garde du Bostangi-Bachi de Constantinople, à qui elle avoit ordonné de leur faire rendre un compte severe & exact de tout l'argent, des bijoux, & autres choses qu'ils pouvoient avoir cachées; en un mot des grands biens qu'il avoit la réputation d'avoir ammasez pendant son long gouvernement. Je les laisserai-là quant à present, me reservant de parler en son tems de leur fin tragique, qui suivit près de mon arrivée à Constantinople.

Nous couchames à Ibraeli[11] ; & continuant notre voyage par terre le 22. nous traversames une grande étendue de Païs, variée d'objets aussi riches & aussi agréables que le jour précedent, outre une petite Riviere fort rapide, appellée par les gens du Païs Argies, laquelle separe la Valaquie de la Moldavie de ce côté-là. Nous allames coucher à Galatz[12], grande Ville fort irrégulierement bâtie, avec cinq grands Monasteres, connus sous les noms de la Panagia St. Jean, St. Nicolas, St. Dimitre & St. Michiel Archange, occupez par un petit nombre de Moines, qui subsistent des charitez des Marchands & autres qui y logent en passant. Au reste cette Ville n'est gueres bien peuplée. Nous la quitames le 24. avant le jour, & passames le Pruth sur les 11. heures près d'un petit village nommé Gurgulitz[13]. Ce Fleuve est le Hyerasis des Anciens. Nous dinames à Gurgulitz, & gagnames avant la nuit Timorum[14], grand village bien peuplé, qui pourroit passer pour une ville, si les maisons n'en étoient pas fort mauvaises, & habitées par des Païsans.

(206–207)

Como estamos viendo, las pequeñas localidades que salpican la zona del delta del Danubio y las dudas en torno al lugar de exilio y muerte de Ovidio gozan de gran importancia en la parte final de este viaje. Aubry de la Mottraye, gran aficionado al conocimiento de la Antigüedad clásica, rebate las tesis de quienes sitúan Tomes en Timişoara o en Babadag:

Comme j'appris en ce village, qu'il y avoit à Kustangi[15] divers bâtiments qui n'attendoient que le vent pour aller à Constantinople, je quitai le Marchand Moldave, & passai à Saccia[16], petite Ville, avec un méchant Château flanqué de sept Tours, & situé sur cet endroit du Danube où les Anciens ont placé le pont de Darius. J'ai déjà parlé de cette Ville dans mon voyage de Bender. De là je me rendis à

---

11   Brăila.

12   Galaţi.

13   Giurgiuleşti, en la actual República de Moldavia, actualmente único puerto moldavo en el Danubio.

14   Tomarova para los turcos, Reni, en rumano, actualmente en territorio ucraniano.

15   Constanza.

16   Isaccea, localidad a orillas del Danubio, en la parte rumana.

Baba[17], que quelques Géographes prennent pour Tomi, comme je crois avoir dit
ailleurs, fondant cette opinion sur un Lac voisin, dont l'ancien nom Ouviduvo leur
a paru avoir raport avec celui d'Ovide. Les Turcs l'appellent aujourd'hui Babason
c'est-à-dire, eau de Baba. Cette imagination n'est gueres plus solide que celle de
quelques autres qui ont placé cette Ville à Temeswar, sans considerer que l'éloign-
nement où cette Ville-là & celle-ci sont de la Mer Noire, combat l'histoire de
l'exil de ce Poëte. (1727: 207)

Por fin el autor toma la decisión de embarcarse con dirección a Constantinopla para finalizar este viaje. El fuerte viento hará que el barco
deba regresar a Constanza, ciudad que no impresiona a De la Mottraye,
que la considera poco más que un pueblo de mediocre arquitectura, a
pesar de su fundación antigua y de que comprará medallas de plata a un
orfebre local:

Un Grec qui revenoit de Kustangi, m'ayant dit que tous les bâtimens en étoient
partis, & que je n'en pourrois trouver en aucun endroit plus proche qu'à Ismaeli,
ou à Killia[18], & ma fievre ne m'ayant pas encore tout à fait abandonné, je trouvois
le voyage par terre fort penible. Ainsi je pris le parti d'aller chercher à m'embar-
quer à l'une ou l'autre de ces deux Villes. N'en trouvant point à la premiere, j'y
pris un bateau pour la seconde où je me rendis en sept ou huit heures. Je logai chez
un Prêtre Grec, où j'avois déjà été auparavant. Ce Prêtre m'ayant amené le Reys
d'une Tchaique prÊte à faire voile, je passai à bord avec lui & nous descendimes
le Danube. Mais nous avions à peine gagné la pleine mer, que le vent devint contraire & très fort, de sorte que trouvant que nous pouvions gagenr Custangi, le
Reys fit voile de ce côté-là, & nous y arrivames un peu avant la nuit du 30. Cette
Ville qui est l'ancienne Constantia, est aujourd'hui peo de chose : ses maisons
sont basses & plus dignes d'un village que d'une Ville même mediocre, si l'on en
excepte celles de quelques turcs. Elle n'a pas plus d'une Mille de circuit, au lieu
que de vieilles masures & quelques restes de murs qu'on remarque encore ça et là,
attestent qu'elle en avoit autrefois au moins quatre.

(1727: 207–208)

Tras no poder embarcar en ningún navío con destino a la capital turca,
por culpa del viento, decide continuar por tierra, bordeando la costa.
Así, su última parada en territorio rumano será Mangalia, que el autor
denomina Tomi, donde por fin puede visitar lo que el pope ortodoxo

---

17   Babadag.
18   Chilia, antigua ciudad portuaria a orillas del Danubio, hoy abandonada, en
    territorio ucraniano.

de la localidad –quien asegura que los católicos consideran a Ovidio un santo mártir en su religión— afirma que son los restos de la ciudad romana donde Ovidio pasó en el exilio sus últimos días. De nuevo podemos observar la pasión de De la Mottraye por la época romana y sus restos arqueológicos:

> Je louai, dans ce dessein, deux chevaux, un pour moi, & l'autre pour un guide, avec lesquels partant le matin nous gagnames sur les neuf heures du soir Tomi[19], appellé par les Turcs Pangala, par les Moldaves Tomisovara, & par les Grecs seulement Paglicora (vieille Ville). Comme j'avois souvent éprouvé l'hospitalité des Prêtres Grecs, j'allai mettre pied à terre chez celui du lieu, que mon guide connoissoit. Il repondit, par le bon accueil qu'il me fit, à ce que mon experience m'en faisoit esperer. Je lui fis diverses questions sur cette place, & sur ses ruines: mais ses reponses ne servirent qu'à me persuader de son ignorance. M'étant avisé de lui demander son sentiment sur le fameux Poete Ovide, autrefois relegué en cet endroit par Auguste, il me dit en souriant, comme s'il avoit été assez bien informé de ses malheurs pour m'en instruire. « Je scai ce que vous voulez dire, c'est un Saint Catholique Romain qui a souffert le martire pour sa Religion. Je vous ferai voir de main les restes de la tour où il fut enfermé». Au lieu de le tirer de son erreur, j'affectai d'être plus ignorant que lui, sur l'histoire de ce Poëte, & j'ajoutai que j'avois toûjours entendu dire qu'il n'étoit pas Chrétien. Il repliqua, que j'avois été trompé, mais qu'à la vérité les Grecs ni les Armeniens ne le reconnoissoient pas pour Saint, non plus bien que bien d'autres canonisez par le Pape de Rome. Il me tint plusieurs discours semblables, pendant que sa femme qui étoit fort jolie, apprêtoit le souper. Dès qu'elle l'eut servi, une fille qui l'étoit encore davantage, à cause de sa jeunesse, car elle n'avoit gueres que quinze ans, apporta une cruche d'excellent vin, & après avoir mangé & bu suffisamment, nous allames coucher.
>
> Je le fis souvenir le lendemain matin de sa parole; & nous allames voir les prétendus restes de la Tour d'Ovide. Je les trouvai peu considerables; & ils n'avoient rien qui les distinguât de quelques autres, que je pris pour ceux des bastions & des murs dont l'ancien Tomi paroit avoir été fermé ; & je n'y trouvai aucune inscription.

(209–210)

---

19   Mangalia, ciudad situada en la costa del Mar Negro, entre Constanza y la frontera búlgara.

c) *La ejecución de Constantin Brâncoveanu en Constantinopla*

El capítulo IX del segundo volumen de los *Voyages* de Aubry de la Mottraye nos sitúa en Constantinopla en julio de 1714, cuando el rey de Suecia decide abandonar la capital otomana y poner rumbo a su país, en un viaje que lo llevará a él y a su séquito a través de Valaquia, Transilvania, Hungría, Bohemia y diferentes ciudades alemanas. A pesar de no suceder en territorios rumanos, queremos recordar, por su relevancia en el contexto histórico de la época, el episodio trágico de la ejecución del depuesto príncipe Constantin Brâncoveanu y de sus hijos por decisión del sultán Ahmed III, que tendría lugar el 15 de agosto de 1714. De la Mottraye no ahorra al lector ningún detalle de la escena, que rodea de un cierto halo de martirio, al preferir morir los condenados sin abjurar de su fe cristiana frente a una posible salvación si se hubieran convertido al Islam.

> Ce même jour & immediatement après cette audience, le Grand Seigneur se rendit à un de ses Kiosques, sur le bord de la Mer ; & s'étant fait amener le Prince de Valaquie avec ses deux Fils[20], son Gendre & son Maître d'Hôtel, detenus en prison depuis deux mois, pour les accusations que j'ai marquées ailleurs, il ordonna qu'ils fussent décapitez sur une petite place qui regne devant ce Kiosque : ce qui fut executé sous ses yeux, en la manière suivante & en moins d'un demi quart d'heure.
>
> Le Bourreau les fit mettre tous à genoux à une certaine distance l'un de l'autre, & ôter leur bonnets : & après leur avoir permis de faire une courte Priere, il abatit premierement d'un seul coup de sabre la tête du Maître-d'Hôtel, puis celle du Gendre, & ensuite du Fils aîné. Mais lors qu'il levoit son Sabre pour trancher celle du plus jeune, âgé de seize ans, celui-ci saisi de frayeur demanda la vie en offrant de se faire Musulman : sur quoi le Père le reprenant & l'exhortant à mourir plûtôt mille fois, s'il étoit possible, que de renier Jesus-Christ, pour vivre quelques années de plus sur la terre, il dit au Boureau, je veux mourir Chrétien, frappe, & aussi-tôt celui-ci lui trancha la tête, comme aux autres. Enfin il décapita le Père, après quoi on jetta leurs corps dans la Mer, & leurs têtes furent portées & exposées devant la grande porte du Serail, & y resterent pendant trois jours. Ainsi finit cet infortuné Prince, après avoir gouverné la Valaquie pendant vingt-six ans.
>
> (1727: 212–213)

---

20 En realidad, fueron ejecutados sus cuatro hijos: Constantin, Matei, Radu y Stefan. (Holban, 1983, VIII: 527-528)

d) Tercer paso por Rumanía: Valaquia y Transilvania

Tras el episodio de la ejecución del antiguo príncipe de Valaquia, el rey de Suecia, Carlos XII, se pone en marcha, junto a su séquito, bajo la protección de las tropas turcas, con gran lentitud o "flema" como describe De la Mottraye en varias ocasiones, siendo deseo del monarca sueco intentar evitar las ceremonias y atravesar de incógnito las distintas regiones y ciudades. Tras atravesar Bulgaria, Aubry de la Mottraye y el barón Fabrice se separan del cortejo real para intentar preparar la llegada del mismo en territorio de Transilvania. Llega en este momento la aparición de Bucarest y del palacio de Mogoşoaia en su crónica de viajes. Mientras que la impresión que el francés se lleva de la actual capital rumana no es demasiado positiva, ya que dice de ella que es «sucia y mal construida», sí lo es su opinión sobre dicho palacio, «construido a la europea».

> Mr. Fabrice laissa tous les Domestiques avec la suite du Roi, à la reserve de trois, & nous partimes le même jour de cette Ville[21] pour passer à Turgu[22], petite Ville dont j'ai parlé ailleurs. Nous y couchames, & continuames notre voyage en la manière suivante. Ayant pris des chevaux en cet endroit, nous nous rendimes le 14. à Bucarest. Nous ne nous y arrêtames que quelques heures pendant lesquelles je vis la Ville. Mr. Fabrice s'étant reposé, alla voir le nouveau Hospodar qui lui donna un commandement pour des chevaux, avec un homme pour nous accompagner jusqu'à la premiere Place frontiere de Transilvanie.
>
> La ville de Bucarest est fort spatieuse: c'est aujourd'hui la Capitale de Valaquie, elle est bien peuplée, mais sale & mal bâtie. Le Palais du Prince est plus grand & plus commode que beau. Les habit des Valaques different peu de ceux des Grecs. Celui des femmes est assez generalement comme 6 de la Planche XXV. Celles du premier rang, par exemple de l'épouse du Prince, de ses filles & de celles des Boyars, portent de longues pelices comme les Turques, avec un Calpa ou bonnet rond de Zebelines presque semblables à celui des hommes. Il es de même des Moldaves. Les habits des femmes du commun sont aussi semblables à ceux de ladite figure 6, excepté que leur coeffure est la même que celle que les anciens Peintres ont donnée à la Vierge Marie. Nous quittames cette ville sur les cinq heures du soir, & nous passames sur les sept auprès d'un assez grand & assez magnifique édifice. Nous demandames à notre guide ce que c'étoit: il nous

---

21   La acción sucede en Ruse, Bulgaria.

22   En realidad se trata de Giurgiu, que había sido brevemente mencionada en el viaje anterior.

répondit que c'étoit un Palais qui s'appelloit Mogochon, & avoit été bâti par le dernier Prince de Valaquie[23]. Nous eumes la curisité d'y entrer pour le voir: nous le trouvames fort regulier & bâti à l'Européenne, decoré au-dedans de riches plat-fonds & de bonnes Peintures ; mais les meubles en avoient été enlevez par les Officiers de la Porte, au tems de la déposition de son infortuné maître. Il étoit converti alors en un Han pour la commodité des voyageurs. Mr. Fabrice ayant son Cuisinier avec lui, nous y fit préparer un bon souper de gibier, en quoi le Païs abonde, qu'il avoit acheté, & de poisson que le gardien nous tira d'un étang qui est entre un beau jardin, qui dépend de cette maison, & un ruisseau qui coule près de ses murs. Après avoir soupé & nous être reposez quelques heures, nous remontames à cheval pour continuer notre voyage, pendant le reste de la nuit qui étoit fort serene.

(1727: 225–226)

Llega ahora el turno de Târgovişte, la antigua capital valaca, y de Râşnov, que el autor denomina «la última ciudad de Valaquia», pero que en realidad se encuentra en Transilvania, a poca distancia de la ciudad de Braşov, que será descrita posteriormente.

Nous gagnames le lendemain sur les trois heures après-midi Tergovitz, sans nous être arrêtez que dans quatre Villages pour changer de chevaux. C'est une Ville fort ancienne, aui étoit autrefois bien plus spatieuse qu'elle n'est aujourd'hui, à en juger par des restes de murs. Ses maisons sont basses & petites ; elle a un Château bâti à l'antique, & ne plaît gueres, si on en excepte quelques appartemens qu'y avoit fait bâtir le dernier Vaivode qui s'y retiroit de tems en tems, avec une assez jolie Eglise, dont les Peintures à la Greque sont bonnes, contre l'ordinaire de cette Religion. Après nous y être arrêtez pour diner & avoir vu ainsi superficiellement cette Ville, nous montames des chevaux frais qui se trouverent les meilleurs que nous eussions encore eus. La Campagne qui avoit été jusques là assez uniforme, fertile & agréable, fit place à des montagnes qui n'avoient presque rien de tout cela : & après avoir traversé trois grands Villages nommez Crisonlitz, Scala & Rosnau[24], nous arrivames à Rouca[25], qui est la derniere Ville de Valaquie, dont les maisons ne valent pas mieux que celles de ces Villages. Nous y dinames & quitames notre guide, à qui Mr. Fabrice fit un present selon sa generosité ordinaire, après qu'il nous eut procuré des chevaux pour Cronstat, premiere Ville de Transilvanie[26] de ce côté-là.

(1727: 226)

---

23 Constantin Brâncoveanu, cuya ejecución se describía en la sección anterior.
24 Holban (1968, VIII: 529) afirma que De la Mottraye confunde continuamente los nombres de los pueblos que atravesaba y su posición en el trayecto principal.
25 Râşnov, en Transilvania.
26 Braşov, llamada Kronstadt en alemán.

La siguiente etapa del viaje por Rumanía nos lleva a través de Transilvania, cuyas ciudades principales siempre serán nombradas por su topónimo alemán, con distintas vacilaciones gráficas, tal y como venimos exponiendo en este trabajo. Tras atravesar los Cárpatos, la primera parada del periplo transilvano será Braşov, donde Fabrice deberá explicar a los notables de la ciudad la decisión del rey Carlos de Suecia de atravesar sus tierras sin recibir homenajes, frente a la recomendación imperial de tratarlo como si del mismísimo sultán se tratara. De la ciudad se destaca su enorme mezcla de etnias y culturas.

> Avant que d'arriver à cette Ville située, dans une campagne assez agréable nous eumes une chaine de montagnes prodigieusement haute à traverser[27], que les Turcs appellent Demir-Capi, porte de fer, & que je crois faire partie du mont Carpat. Etant au sommet, le plus haut & le plus escarpé nous trouvames un Hermite Catholique dans une méchante hute, qui nous demanda la charité que nous lui donnames. Nous passames ensuite en descendant par un petit Fort avec Garnison Allemande, qui fait proprement la division de la Valaquie d'avec la Transilvanie. Peu après nous descendimes dans l'agréable plaine qui regne aux environs de Cronstat, où nous nous rendimes de bonne heure le matin du 8. C'est l'ancienne Corona & Stephanopolis. Les gens du Païs l'appellent Braslaw. Cette Ville est bien fortifiée, fort peuplée de Hongrois, de Saxons originaires, d'Allemands, & de quelques Valaques & Bulgares transfuges. Le Gouverneur & les Magistrats, qui pour me servir de leurs expressions, «avaoient ordre de Sa Majesté Imperiale de rendre au Roi de Suede les mêmes respects, & de lui faire les mêmes honneurs qu'à Elle-même, si Elle avoit passé là en personne» furent fort surpris d'apprendre que ce Prince étoit resolu de passer par tout incognito, & les dispensoit de prendre la moindre connoissance de lui. Mr. Fabrice eut à notre logis une espece de Cour des principaux de la Ville qui le visiterent, pour lui en demander les raisons, & lui en temoigner leur mortification. LE peuple nous suivoit & nous entouroit dans les rues: à quoi un jeune Grec qui le servoit en qualité de valet de chambre, & qui étoit habillé à sa manière pouvoit aussi contribuer.
>
> (1727: 226)

A continuación, el corto séquito del barón Fabrice y De la Mottraye llega a Sibiu. Allí ya conocen la noticia de que el rey quiere pasar de manera discreta y las autoridades locales, según nuestro autor, lamentan esta decisión al tratarse Carlos XII de «una de las columnas de la

---

27   Los montes Cárpatos.

religión protestante». Como viene siendo habitual en la crónica de Aubry de la Mottraye, da buena cuenta de la diversidad étnica y religiosa de la ciudad, cuyas casas e iglesias superan en calidad y belleza a las de Braşov.

> Nous quitames la Ville de Cronstat le 18. de grand matin, & primes la route d'Hermanstadt. Nous rencontrames à la seconde maison de poste un Officier de pêché par Mr. le General Stainville, Gouverneur de Transilvanie, pour prendre langue, touchant la marche du Roi & le tems auquel Sa Majesté pourroit passer sur les frontieres Imperiales. Cet Officier nous prenant pour des Suedois, nous fit des questions conformes à ses ordres. Mr. Fabrice lui dit qu'il pouvoit hardiment s'épargner la peine d'aller plus loin, puisque personne ne le sçauroit, & dire à son maître la resolution de ce Prince. Nous trouvames en arrivant à Hermanstadt, qu'il y avoit déjà répandu la nouvelle que nous lui avions apprise; car nous ne fumes pas plûtôt arrivez à notre auberge qu'un des Magistrats y vint voir Mr. fabrice, pour s'en informer plus certainement. Diverses autres personnes de la Ville lui rendirent aussi visite pour le même sujet, & lui temoignerent du déplaisir de se voir privez de l'occasion de montrer leur veneration pour un Prince qu'ils regardoient comme un autre Gustave Adolphe, ou come une des principales colomnes de la Religion Protestante, (ce sont leurs expressions). Il faut remarquer qu'il y a bien moins de Catholiques dans la Transilvanie que dans la Hongrie, & que le Gouvernement de la plûpart des Villes de ce Païs est entre les mains des Lutheriens ou des Calvinistes. Il y a pourtant à Hermanstadt une espece de Vice-Gouverneur ou Commandant de Roi Catholique; mais il n'y exerce qu'une obre d'autorité. Cette Ville est plus grande que Cronstat; mais ses fortifications sont moins regulieres: les Eglises en sont assez jolies & les maisons assez bonnes, mais bêties à l'antique. Nous y passames la nuit, & le lendemain matin, pendant que Mr. Fabrice rendoit visite au premier Bourguemaitre, il arriva un Courier du Baron de Gërts, premier Ministre du Duc Administrateur d'Holstein, avec des Lettres our lui, & qui alloit s'informer de la route que prenoit le Roi. [...] Dès que nous eumes diné, les Domestiques eurent ordre de préparer toutes choses pour rebrousser chemin : ce qui étant fait M. le Baron de Goerts prit Mr. fabrice dans sa chaise, & nous nous mimes, le Secretaire & moi, sur un chariot de poste & gagnames le lendemain matin au commencement de la nuit Wissenmbourg.

> (1727: 227)

La siguiente ciudad mencionada en este viaje es Alba Iulia, en palabras de Aubry de la Mottraye, menos bella que Sibiu pero más fortificada que aquella. De Alba Iulia se destaca que fuera en el pasado la residencia de los voivodas y en el momento del relato, sede del gobernador local.

Cette Ville est ainsi appellée par les Allemands (Wissembourg) & Gynla Feri-
war par les gens du Païs[28]. C'est l'Alba Julia des Anciens. Elle est située sur une
petite éminence arrosée par la Riviere Ompay, & a la vue sur une vaste plaine
agréablement diversifiée de champs labourables, de prairies & de quelques boc-
cages. Elle cede à Hermanstadt en étendue & en beauté de maisons & de rues,
mais elle la surpasse en force, & par la regularité de ses fortifications. Il y avoit
quantité de monde occupé alors à les augmenter & à rendre les anciennes plus
regulieres. Elle étoit autrefois la residence des princes ou Vaivodes du Païs, & elle
l'est aujourd'hui des Gouverneurs. Comme nous prenions par tout des chevaux
de Poste nous fimes grande diligence & allames diner le 21. à Clausembourg[29].

(1727: 227–228)

No podía faltar Cluj en este periplo por las ciudades principales de
Transilvania, a ella llegan Fabrice y De la Mottraye a caballo, procedentes de Alba Iulia. De Cluj destaca el autor sus iglesias, sobre todo
la católica, prueba, en su opinión, de que la libertad de conciencia y de
religión no estaba en peligro en esa región, contrariamente a la opinión
generalizada. Tras Cluj, el grupo se dirige a Debrecen, en Hungría.

Cette Ville fut premierement appellée Patruissa, selon quelques Geographes &
ensuite Claudiopolis, parce que l'Empereur Claudius la fit reparer pendant les pre-
mieres années de son regne, selon d'autres. On voit assez que son nom moderne
est une corruption de ce dernier. Quoi qu'il en soit, elle est grande & mal peuplée,
c'est pourquoi ses maisons qui ne sont pas bien bêties sont pour la plupart negli-
gées, ou tombent en ruine. Elle a quatre Eglises en croix Latine, à scavoir une
Arienne qui est la plus grande, une Lutherienne, une Reformée, qui ne le sont que
trop pour les habitans de ces deux sortes de Religion, & une Catholique qui est
la plus petite: d'où il paroît que la liberté de conscience n'a pas tant à souffrir en
ce Païs que les mécontens l'ont voulu farie accroire. Au reste ces Eglises n'ont
rien de remarquable [..] La Catholique Romane étant la derniere bâtie, est la plus
reguliere: on juge assez que les autres sont aussi originairement Catholiques: &
ont changé de maîtres par les revolutions d'Etat & de Religion.

Le Païs est partout fertile & agreable, presentant à la vue une riche varieté
de colines, de plaines, de prairies, de cahmps labourables, de bois &c. si on en
excepte quelques Bourgs, & villages detruits çà et là par la fureur de la guerre.

(1727: 228)

---

28   En lengua húngara.
29   Topónimo alemán de Cluj.

En definitiva, desde el delta del Danubio hasta las ciudades transilvanas, pasando por Valaquia, los *Voyages* de Aubry de la Mottraye, a pesar de no ofrecer una imagen exhaustiva de la mayoría de lugares que el viajero iba recorriendo, sí consiguen darle una idea al lector de las complejas relaciones políticas internacionales de comienzos del siglo XVIII, con zonas clave en el tablero bélico y diplomático como los territorios de la Rumanía contemporánea, bajo la influencia de tres imperios: el austriaco, el ruso y el otomano, cuyas conflictos de intereses marcarán el devenir de la historia rumana hasta la I Guerra Mundial.

REFERENCIAS BIBLIOGRÁFICAS

DE BAUDRAND (1701): *Dictionnaire Géographique Universel*, Amsterdam: François Halma.

FOREST DE BOURGON, J. de la (1706): *Géographie Historique ou Description de l'Univers*, París: Compagnie des Libraires.

HOLBAN, C. (1983): *Călători străini despre ţările române, vol. 8*, Bucarest: Editură Ştiinţifică.

IORGA, N. (1929): *Istoria românilor prin călători*, Bucarest: Editură Casei Şcoalelor.

MANESSON MALLET, A. (1686): *Description de l'Univers, contenant les différents systèmes du Monde*, París: Denys Thierry.

MOTTRAYE, A. de la (1724): *Travels through Europe, Asia and parts of Africa…*, Londres: E. Symon, J. Newton and J. Oswald.

MOTTRAYE, A. de la (1727): *Voyages du Sr. A. de la Motraye en Europe, Asie et Afrique…*, La Haya: Johnson & Van Duren.

María Victoria NAVAS SÁNCHEZ-ÉLEZ

La visión ¿romántica? de Lisboa bajo el prisma de Juan Antonio de la Corte y Ruano-Calderón, viajero español

1. Presentación

A lo largo de varios años se ha llevado a cabo el vaciado del *Semanario Pintoresco Español* (1836–1857) con el objetivo de analizar el perfil panpeninsular de los contenidos de sus páginas (Navas & Ribera, 2014, 2015a, 2015b y 2017)[1]. La revista, fundada en 1836 y dirigida en sus primeros años por Mesonero Romanos, a lo largo de 144 números acogió en sus páginas los contenidos imperantes en Inglaterra y Francia sobre este tipo de publicaciones, «apoliticismo, instrucción y variedad» (Simón Díaz, 1946). Demostramos, entonces, en los artículos arriba citados que el referido *Semanario*, a pesar de ser una empresa concebida desde el centro peninsular, acogía una visión plurirrepresentativa de las diversas regiones españolas y de Portugal, apuntando hacia un futuro diálogo de contenido iberista, que abría el horizonte intercultural a las varias sensibilidades peninsulares. Así lo hicimos con autores que representaron en sus páginas la cultura portuguesa, gallega y catalana. No fue nuestro objetivo entonces encarar la visión que desde las firmas castellanas se tenía de cada una de esas culturas. Hoy aquí nos acercaremos a la imagen que, para un español, tenía en la primera mitad del siglo XIX lo portugués, más concretamente, lo relativo a la capital y alrededores. Así a lo largo de 13 entregas[2], publicadas entre 1845 y 1856, reflexionaremos juntamente con

---

1   Agradezco a mi amigo y compañero Juan M. Ribera Llopis la lectura comentada de este texto.

2   Incluimos cuatro entregas más que no están catalogadas en Simón Díaz (1946).

Juan Antonio de la Corte sobre sus "Impresiones de viaje a Lisboa y sus contornos", recogidas en 1845. Su propuesta inicial, según refiere en su primera entrega, del 14-9-1845, era, además de las 13 mencionadas y que veremos a continuación, dar a conocer unas notas sobre las excursiones realizadas a Sintra y a Mafra; sobre trajes y costumbres de los portugueses; y, para finalizar, sobre la «magnífica y pomposa» Procesión *do Corpo de Deos* (Corpus Christi). Estas últimas quedaron en el tintero al cerrarse, en diciembre de 1857, el *Semanario Pintoresco Español*.

2. Algunos datos biográficos de Juan Antonio de la Corte

Juan Antonio de la Corte y Ruano-Calderón (Cabra/Badajoz 1815?-Cabra 1888), Doctor en Psicología, catedrático de Psicología, Lógica y Ética, también de Geografía e Historia, dirigió varios centros de enseñanza media como el hoy Instituto Cardenal López de Mendoza en Burgos (1848–1850), el actual Luis de Góngora en Córdoba (1851–1858), otro en Badajoz y, posteriormente, el San Isidro de Madrid (1861–1865 y 1867–1868). Académico de mérito y de número de varias corporaciones científicas, literarias y artísticas de España, Italia y Ultramar, socio, entre otros, del Ateneo Científico de Madrid o de la Sociedad Económica de Amigos del País de Madrid[3], miembro del Consejo de la Universidad Central, Caballero del Hábito de la Real Orden Militar de Santiago en 1848, marqués de la Corte, fue, asimismo, diputado provincial.

---

3   *Boletín de la Sociedad Económica de Amigos del País de Córdoba* [En línea]. 1878. Córdoba, Imprenta y Litografía del Diario de Córdoba. Vol. II, pág. 12, consta que Juan Antonio de la Corte Ruano es miembro de la Sociedad Económica Cordobesa de Amigos del País, disponible en: https://prensahistorica.mcu.es/es/publicaciones/numeros_por_mes.do?idPublicacion=7033&anyo=1878 [Último acceso el 23 de mayo de 2019].

3. Juan Antonio de la Corte, creador

En lo que se refiere a su faceta de creador nuestro autor no escribió obras de relevancia (Ramírez de Arellano, 1921–1923), aunque sabemos que fue colaborador de algunas publicaciones como la *Revista Científica y Literaria* (información que no hemos podido contrastar) y también del *Semanario Pintoresco Español*, como hemos anunciado con anterioridad. Sin embargo, sí tenemos constancia de que fue redactor de trabajos publicados, de tipo administrativo, como memorias, oraciones inaugurales, informes sobre los diversos centros donde tuvo tareas de director, alguna conferencia, un manual de geografía y también se posee una carta manuscrita (Corte, 1854, 1855, 1857, 1862, 1864, 1865, 1868, 1877).

Sabemos de su afán por los viajes y excursiones gracias a las palabras que le dedica Amador de los Ríos (1899: 32) en el *Boletín de la Sociedad Española de Excursiones*, publicación dirigida por el Conde de Cedillo, donde se encuadra a Juan Antonio de la Corte y Ruano-Calderón, entre aquellos personajes:

> Impulsados por el movimiento progresivo de los estudios, y aquel afán insaciable en todos terrenos que personifica el segundo tercio de la actual centuria, [eran] verdaderos excursionistas, […] poseídos, […] de fervorosos anhelos, [que] procuraban, en toda clase de publicaciones, despertar […] el amor hacia los monumentos que aún subsistían en cada provincia, y que así en el concepto artístico cual en el histórico, eran dignos y merecedores de estimación y respeto, como representantes vivos de culturas desaparecidas, como documentos fehacientes para la Historia. […] D. Juan Antonio y D. Manuel de la Corte y Ruano Calderón, quienes hacían lo propio respecto de las de la provincia de Córdoba.

Juan Antonio de la Corte se había estrenado en los años 40 de la centena decimonónica en el *Semanario Pintoresco Español* con cuatro aportaciones dedicadas a Andalucía bajo el título genérico de "Costumbres andaluzas", relativas a, entre otros, romerías o procesiones (Simón Díaz, 1946: 63–64). Los relatos a Portugal[4], siempre rubricados como

---

4   Corte, J. A. de la, (14-9-1845) "Impresiones de viaje en 1845, a Lisboa y sus contornos. Introducción" in *SPE*, nº 35, pp. 290-292.

Juan Antonio de la Corte e iniciados con una cita de *El Curioso Parlante*, pseudónimo de Mesonero Romanos, están redactados en alguna tierra de la Bética. La cita referida, extraída del libro *Recuerdos de viaje por Francia y Bélgica en 1840–1841*, indica el modelo que nuestro autor siguió para estas crónicas viajeras, como el propio J. A. de la Corte menciona: «[...] las luces del autor á quienes nos referimos, han debido de servirnos de fáro de salvacion en el piélago oscuro de nuestra romeria lisbonense»[5] (Corte, 1845, 37: 292). Su empresa a lo largo de ese puñado de crónicas se centrará en dos objetivos –no tanto en «descripciones científicas, artísticas o monumentales [con el objeto de] instruir al lector» (Corte, 1845, 35: 290) y en «ensartar unos tras otros [...] los edificios, los cuadros y estatuas del Reino [...], que se parece más á inventario de testamentaria, ó á lista de almoneda pública, que á racional descripcion de capital estrangera» (Corte, 1845, 46: 367)– como en despertar «la natural curiosidad de las personas acomodadas, de las instruidas y de las más aptas para emprender aquellas [...] expediciones» y estimular a «los literatos españoles [que] no han escrito de las provincias y reinos que aquellos atravesaron, como debiera en justicia esperarse de sus talentos» (Corte, 1854, 35: 290).

Una vez decidido viajar a Lisboa y alrededores nuestro autor medita, en primer lugar, sobre la gran semejanza que existe entre los dos países en cuanto a geografía –ambos forman parte de la misma península–, historia –su "romántica" historia–, sus costumbres, sus vicisitudes o "desastres". Y, en segundo lugar, sobre la ignorancia que tienen los españoles acerca del pueblo portugués, pues sus ciudades son entre nosotros menos conocidas que Londres, París o Bruselas. A continuación, a través del asombro que expresan sus amigos ante la idea de que se disponga a visitar la capital portuguesa, refiere los comentarios y tópicos que tienen sus coterráneos acerca de Lisboa y los lisboetas:

Ignoro ciertamente qué pueda V. gozar allí. Jamás oí hablar de aquella población, sino como de un lugar inmundo y grosero, sin artes, sin edificios de importancia, sin poesía, sin placeres [...]. Aquello ofrece poco, y le referiré en dos palabras lo

---

5   Transcribimos según el original.

que contiene. Hay una calle muy larga que llaman *de la Plata* [rua da Prata]; otra que nombran *del Oro* [rua do Ouro]; y muchas otras, tortuosas, oscuras y sucias, atestadas de gallegos, de *Portuguesinhos finchados* [sic], y vulgares mercaderes. No hay alumbrado; ni aceras; ni medio alguno de pasear, ni de vivir cómodamente. Al oscurecer se roba en todas las esquinas; se dá el populacho de puñaladas en las plazas; se arroja la basura en los lugares mas públicos y, cada cual se va a dormir en medio del desaseo de su propia casa [...]. Porque es verdad; si las cercanías de Lisboa son amenas, respecto á lo demás no puedo á V. indicar cosa alguna digna de mención (Corte, 1845, 37: 291).

La tarea de J. A. de la Corte será dar a conocer una Lisboa diferente y unos diferentes portugueses a las personas "instruidas" y más "aptas" para realizar este tipo de expediciones, según sus palabras. Son estos los destinatarios que permiten vislumbrar al autor una sensibilidad que anuncie un iberismo en germen. Pero, a consecuencia del desinterés que existe hasta esas fechas por la capital portuguesa, el viajero no encuentra guías ni manuales, sea en español o en portugués, pues ni unos ni otros han pensado en la necesidad de que tales objetos puedan ser de alguna utilidad para un tema que, en el entender de autores y editores, no tiene el menor interés. Por ello, Juan Antonio de la Corte, se auxilia de autores alemanes e ingleses, cuyos nombres no menciona, en la tarea de dar a conocer, con mano "modesta", sus propias impresiones para "hacer justicia al talento y al gusto de nuestros vecinos los portugueses" y al mismo tiempo estimular a "los literatos españoles" a redactar un *Libro del viagero en Portugal* (Corte, 1854, 35: 290) que abarque las tierras y monumentos de Portugal que despierten "sabroso recuerdo, y grato solaz para las personas que se propongan visitar aquella interesante porcion, que fue un dia de los dominios españoles" (Corte, 1854, 35: 291). Su misión será, pues, la de retratar más las sensaciones que le inspiren –"relatar aquello que mejor nos cuadre"— (Corte, 1845, 43, 344) de Lisboa, sus calles, sus plazas, museos, teatros, y los paisajes que la rodean, que observaciones de tipo erudito.

4. La visión de Lisboa

4.1. Visión de Lisboa desde el Tajo.

En mayo de 1845 parte el autor de Cádiz en un paquebote inglés, el Montrosse, con destino a Lisboa[6] a donde llegan al amanecer. J. A. de la Corte queda entusiasmado por lo que sus ojos avistan y todo son elogios ante «la más variada perspectiva que imaginase durmiendo un poeta», «verdes colinas y risueños prados», «la morisca y romántica Torre de Belém», «abrumada la mente bajo el peso de este maravilloso espectáculo», retahílas de enaltecimientos que se ven interrumpidas ante la realidad de tener que pasar la lenta aduana y pagar los caros billetes (Corte, 1845, 40: 316).

4.2. Visión de Lisboa desde el Paseo de Alcántara

Instalado en la ciudad, el viajero se encarama al Paseo de Alcántara y desde allí domina las siete colinas, en las que se dice que se asienta Lisboa, imagen que le recuerda en algunos aspectos la ciudad morisca de Granada (donde por cierto, J. A. de la Corte firma algunas de sus impresiones). Lo que ve le hace exclamar que Lisboa reúne todo lo que cualquiera de los habitantes del

> Mediodía solemos exigir para llamar completamente hermosa a cualquier población. Allí hay poesía […], encanto […], belleza […], expansión y reposo artístico […] que rivalizan con la grandeza Romana […] un todo de gran efecto, cual juzgamos difícil se halle en parte alguna (Corte, 1845, 43: 341).

Aunque repare el autor que la ciudad tiene poco arbolado y que las iglesias no tienen torres altas, concluye que «Lisboa es la más brillante de las capitales de Europa» (Corte, 1845, 43: 342)[7].

---

6   Corte, J. A. de la, (5-10-1845) "Impresiones de viaje en 1845, a Lisboa y sus contornos. Artículo I. De Cádiz a Lisboa" in *SPE*, nº 40, pp. 314-317.

7   El autor aprovecha la ocasión para alabar al ayuntamiento de Lisboa, por el rigor que ha exigido para que se cumplan las normas de los edificios de manera que los particulares se sujeten al control que regula la uniformidad de las fachadas,

5. Personajes ilustres: el marqués de Pombal[8]

J. Antonio de la Corte se entusiasma con la «gigantesca figura del gran Ministro de José I»[9], el marqués de Pombal, responsable de la reconstrucción de Lisboa después del terremoto de 1755 –su admiración le hace compararlo, «guardando la debida proporción», con Pedro el Grande de Rusia–, a él se le debe toda la cuadrícula de las amplias calles de la *Baixa*, divididas por oficios, comercios, industrias, así como los caminos, puentes, plazas –como la del *Comércio, Rossio, Chiado*– las obras públicas y los edificios particulares –que le recuerdan a las casas inglesas–, con ese «buen gusto y la solidez de las construcciones».

El viajero aprovecha la ocasión para encajar un mensaje ideológico en alabanza del individualismo –motor del cambio– y de crítica a los movimientos sociales de masas, pues, en su opinión, si se ha podido llevar a cabo tan gran empresa en Lisboa es gracias a un único personaje porque, sigue J. A. de la Corte, son los sujetos aislados los artífices e impulsores de los cambios, como nada se habría hecho sin Napoleón o Luis XVIII:

> [...] la civilización, las artes, las ciencias [...] son debidas siempre a un individualidad brillante, colosal, potente y creadora, mas bien que a clases distintas, que á jerarquías numerosas; que á universalidades inertes, incapaces siempre de edificar y de embellecer, tanto como son capaces de arrasar y destruir (Corte, 1845, 43: 341).

---

y criticar, de paso, lo que no sucede en el ayuntamiento de Madrid, que no ha impedido los abusos de particulares en «prejuicio del público» (Corte, 1845, 43: 342).

8 Sebastião José de Carvalho e Melo (1699-1782), diplomático, perteneciente a la baja aristocracia, fue nombrado marqués de Pombal por el rey José I en 1770 y fue valido y primer ministro en un régimen de despotismo. Bajo su gobierno se dio a la iglesia y a la nobleza un golpe mortal, se expulsaron a los jesuitas, se guillotinaron algunos nobles de la alta aristocracia y se abolió la Inquisición

9 Corte, J. A. de la, (26-10-1845) "Impresiones de viaje a Lisboa y sus contornos en 1845" en *SPE*, nº 43, pp. 340-344.

6. Claves preiberistas

J. A. de la Corte[10] reflexiona sobre el enfrentamiento secular de España y Portugal, cosa que deplora y lamenta, en lo que vemos un atisbo de iberismo peninsular a lo largo de los textos publicados en el *Semanario Pintoresco Español*:

> [...] mezquinas rivalidades [...] y origen de recíprocos males para entrambas Naciones Peninsulares, quien perteneciendo á una de ellas se sobreponga del todo á estas vulgares antipatias de dos hijos de una propia madre, que nacieron para vivir juntos y no separarse jamás. (Corte, 1845, 46: 367)

En otra ocasión, el autor vuelve a insistir en que Portugal y España son dos países enlazados y tan parecidos «en historia, tradiciones, costumbres y gustos» (Corte, 1847, 36: 288). Al mismo tiempo, el cronista aprovecha para recordar, con nostalgia, aquel pasado glorioso de ambos pueblos –«¿Qué ha sido de aquellos reinados memorables? [...] ¿Dónde fueron los tiempos de Colon y de Gama, de Cortés?»– desde una perspectiva colonizadora y superior sobre los otros pueblos con los que entraron en contacto en su expansión marítima y territorial:

> [...] huyeron lejos de nosotros aquellos gloriosos días de elevado y digno recuerdo, en los cuales se reflejaban en las aguas cristalinas del uno y del otro rio [Tajo y Guadalquivir], millares de blancas velas impelidas del próspero viento, y destinadas por la Providencia para llevar la civilización, las ciencias y las artes á países remotos; cuyos salvajes habitadores, al adquirir la dignidad de hombres y las ventajas sociales, pronunciaban como frase primera, con gratitud y respeto, los temidos nombres de España y Portugal!! (Corte, 1845, 46: 367)

---

10   Corte, J. A. de la, (16-11-1845) "Impresiones de viaje a Lisboa y sus contornos en 1845" en *SPE*, nº 46, pp. 366-368.

7. Costumbres de los lisboetas

Lo que a J. A. de la Corte le impresiona por encima de otros comportamientos de Lisboa y sus habitantes es el silencio. Silencio en los muelles de la capital lusitana cuando llega el barco, silencio en las calles, en contraposición con lo que sucede en otras urbes europeas:

> […] un reposo insólito, una escasez de transeúntes […] que choca al todo extranjero que visita por primera vez á una población estendida que sirve de cabeza á un Reino. En vano buscará el Español, no ya un murmullo continuo, ese rumor de carruajes, de ginetes y de gentes de á pié, que en las capitales mayores de Europa obstruyen el paso, fatigan la vista y parece que brotan del mismo suelo (Corte, 1845, 46: 368).

El autor no encuentra explicación a este fenómeno que supone, en parte, por el gusto por la vida doméstica de los portugueses y por la costumbre de las mujeres, «no borrada todavía», de salir muy poco fuera de casa. Señala el viajero la tradición de que estén separados en los templos hombres y mujeres, donde las segundas suelen ocupar laterales y capillas, así como en algunos lugares de ocio donde los clientes pueden estar separados por sexos (Corte, 1846, 25: 194), como en las neverías (Corte, 1845, 47: 374).

Lamenta el viajero también, el poco respeto que tiene la gente hacia sus altezas reales, cuando los espectadores de la ópera no muestran signos de acatamiento a sus soberanos, en referencia a que el público no se quita el sombrero a la vista de la Reina y su esposo (Corte, 1847, 14: 110).

8. Monumentos

8.1. *Edificios públicos*

Cuando J. A. de la Corte visita la ciudad de Lisboa, la *Baixa* (centro), así como la mayoría de los edificios, son posteriores al terremoto de

1755. Por ello entiende el viajero que no hay obras, que no se construyen nuevos edificios y que no se remodelan los antiguos porque no los
hay. De manera que al autor le da la impresión de que la ciudad no se
renueva, de que «no participa de ese espíritu innovador de ese prurito
de edificación, que hace hoy cambiar de año en año á las grandes ciudades» (Corte, 1845, 47: 3723). El visitante dedica, en primer lugar,
algunas entregas a los monumentos profanos[11]. Es el caso del entonces
inacabado Palacio de Ajuda[12]. Recordemos que la monarquía existió
en Portugal hasta la proclamación de la República en 1910, por lo que
estos palacios, como el *Palácio das Necessidades*[13], eran frecuentados
todavía por los monarcas, la pareja real formada por doña Maria II[14] y
su consorte Fernando II[15], cuando J. A. de la Corte visitó Lisboa.

En una colaboración posterior el viajero completa sus impresiones
sobre los monumentos profanos[16] de la capital, entre los que destaca el
Aqueducto das Águas Livres de 1745; con menos interés, a su parecer,
está el Castillo de San Jorge[17]. No así el *Real Theatro de S. Carlos*[18], uno
de los mejores de ópera del mundo, aunque esté necesitado de reformas
pues hace años que no «se pinta ni mejora [y los bancos son] durísimos,
sin almohadones ni brazos para el penitente auditorio» (Corte, 1847,

---

11   Corte, Juan Antonio de la, (7-3-1847) "Viajes. Impresiones de viaje a Lisboa y a
      sus contornos en 1845. Artículo VI" in *SPE*, n° 10, pp. 74-75.
12   El *Palácio de Ajuda*, hoy museo, de estilo neoclásico, fue hasta la proclamación de
      la República, en 1910, una de las residencias de la familia real portuguesa.
13   Construido a principios del siglo XVIII fue en ese siglo, Embajada de España en
      Portugal y hoy es sede del Ministerio de Asuntos Exteriores portugués.
14   María II (1819-1853), casada con su tío Miguel, absolutista, este dio un golpe
      de estado para derrocar a su esposa, lo que daría lugar a las guerras liberales.
      A ella, liberal, se deben la implantación de la escolarización gratuita y el final de
      la esclavitud.
15   Fernando II (1816-1885), conocido como el rey artista, fue un soberano inteligente
      y liberal, restauró el *Palacio da Pena* en Sintra.
16   Corte, Juan Antonio de la, (4-4-1847) "Viajes. Impresiones de viaje a Lisboa y sus
      contornos en 1845. Artículo VI", en *SPE*, n° 14, pp. 109-111.
17   Ruinas de un castillo que certifica la larga ocupación humana en Lisboa, situado
      sobre una colina donde se domina una vista espectacular sobre la ciudad y el
      río Tajo.
18   Hoy *Teatro Nacional de São Carlos*, siglo XVIII, de inspiración italiana, su
      interior es de estilo rococó.

14: 110). A continuación, informa el viajero de otros espacios dramáticos lisboetas de cuyos repertorios y actores no tiene buena opinión. El *Theatro Nacional Portugués*[19] –inaugurado en 1846, con una «vistosa y estendida decoración»–, en palabras del cronista, acoge tanto a lamentables creadores como a intérpretes. Menciona el autor de pasada los teatros de *Salitre*[20], de *Boa Hora*[21], de *Rua Larga*[22] y el *Teatro da Rua dos Condes*[23] para confirmar que en todos ellos, dramaturgos e intérpretes «corren parejas» en cuanto a la inconsistencia de las «obras dramáticas y el indisculpable atraso de los actores» (Corte, 1847, 14: 111).

8.2. *Edificios religiosos*

Reflexiona el autor acerca de que, las abundantes iglesias[24] de Lisboa –más de doscientas–, son análogas a las nuestras en cuanto a retablos y utensilios, pero no en cuanto a su ornato interior, pues carecen de buenos cuadros y esculturas, nacionales o extranjeros. El viajero piensa que esta ausencia de elementos decorativos se deba a que se destruyeron con el terremoto y posterior incendio, o porque no ha habido

---

19   *Theatro de D. Maria II*, hoy *Teatro Nacional D. Maria II*, de diseño neoclásico, fue construido entre 1842 y 1843 por iniciativa del dramaturgo y político Almeida Garrett.

20   *Teatro do Salitre*, construido en 1782 y demolido por necesidades de ensanche en 1880, fue un espacio donde pasaron los nombres más importantes del teatro portugués, como Almeida Garrett y su *Frei de Luís de Sousa*. Aquí se representaron alternativamente obras portuguesas y españolas.

21   En 1833, el *Teatro de Boa Hora* en Belém era inferior a todos los otros teatros lisboetas y allí solo se representaban entremeses portugueses (Marugán, 1833: 427).

22   Espacio que no hemos podido localizar.

23   Se consideraba, hasta que se construyó el de *D. Maria II*, el primer teatro nacional, en él se representaban solo piezas portuguesas, aunque estaba en gran decadencia en el año del viaje de J. A. de la Corte. Se demolió en 1882 (Marugán, 1833: 427; Instituto Camões [En línea], disponible en: http://cvc.instituto-camoes.pt/base-teatro-em-portugal-espacos.html [Último acceso el 13de mayo de 2019].

24   Corte, Juan Antonio de la, (21-6-1846) "Impresiones de viaje a Lisboa y sus contornos. Artículo IV. Monumentos religiosos en Lisboa" en *SPE*, n° 25, pp. 193-197.

suficientes genios en dichas artes o porque –y esta le parece al autor la más plausible– porque los Reyes se empeñaron con más ahínco en la decoración y embellecimiento de los interiores de los monasterios como el de los Jerónimos (o *Santa Maria de Belém*). A este monumento renacentista, los Jerónimos, el visitante dedica en casi cuatro páginas, una descripción rigurosa, pues «nada hay en Lisboa que se parezca á esta fábrica [...] cuyos preciosos detalles acomodados á las diversas piezas de aquella fábrica suntuosa nos estasian y embebecen por estremo» (Corte, 1846, 25: 195).

En entrega siguiente, J. A. de la Corte continúa describiendo de forma elogiosa el Monasterio de los Jerónimos[25], el claustro y las capillas con los respectivos féretros de los reyes y reinas allí enterrados. Nos informa que el edificio lo utilizaban entonces la Casa Pia[26] –centro de educación de huérfanos–, donde niños y niñas aprendían y se formaban, así como la Escuela de Sordomudos. De las iglesias propiamente dichas, J. A. de la Corte[27] destaca la *Sé*[28] por su antigüedad, por su categoría respecto a los restantes edificios religiosos y porque ocupa, al estar en un terreno elevado, un lugar visible. Pero es sombría y triste, sin ornato exterior ni interior. Sí menciona con cierto entusiasmo un pequeño santuario dedicado a San Antonio[29], próximo a la catedral, por ser bonito, de agradable colorido y con retablos de bella traza. Las ruinas del convento del *Carmo*[30] le hacen reflexionar sobre la fragilidad de las cosas humanas que están sometidas a la voluntad de aquel que todo lo puede. Se detiene, por último, con cierto detalle

---

25 Corte, Juan Antonio de la, (28-6-1846) "Impresiones de viaje a Lisboa y sus contornos. Capítulo IV" en *SPE*, n° 26, pp. 202-205.

26 Institución creada en 1780 y que pervive en la actualidad, para recuperar a mendigos y huérfanos por medio de la educación y la formación profesional.

27 Corte, Juan Antonio de la, (23-8-1846) "Viajes. Impresiones de viaje á Lisboa y sus contornos. Artículo V" en *SPE*, n° 34, pp. 267-269.

28 Iniciada en el siglo XII ha ido sufriendo a lo largo de los siglos diversas y significativas restauraciones, aunque pervive la estructura de las torres y el rosetón de la inicial traza románica.

29 La *Igreja de Santo António de Lisboa*, mandada construir en el siglo XVI en el lugar donde nació el santo, quedó prácticamente destruida con el terremoto de 1755 y fue reconstruida posteriormente.

30 Fue el mayor templo gótico lisboeta derruido en gran parte durante el terremoto de 1755.

102

en la *Basílica do Santíssimo Coração de Jesus* barroca y neoclásica, más conocida como *Basílica da Estrela* por encontrarse en la plaza y jardines del mismo nombre, así como en la barroca iglesia de San Roque[31].

9. Algunos aspectos de la sociedad lisboeta

9.1. Los transportes

A pesar del amplio y «desparramado» espacio que ocupa Lisboa, los transportes públicos o privados son escasos[32]. El autor describe algunos como el carruaje denominado *sege* que, aunque incómodo, es el más apto, para circular por las empinadas calles de la capital, el ómnibus o la diligencia, pues el resto de transporte de mercancías se hace con burros, caballos y antediluvianos carros tirados por bueyes.

9.2. La enseñanza

El autor, muy interesado por su profesión en la docencia nos indica con detalle lo que estudian los niños huérfanos de la institución de la Casa Pia. Por un lado, los niños aprenden «á leer, escribir, dibujo, música e idiomas, si son aptos para tales ramos; y de allí pasan á las escuelas superiores, como la Politécnica y la Cirugía: el mayor número se dedica á los oficios de zapatero, sastre, carpintero, latonero, tejedor, etc.». Por otro lado, a las niñas se les educa con otros objetivos: «Las huérfanas

---

31 La *Igreja de São Roque*, una de las pocas que no sucumbió al terremoto de 1755, fue durante 200 años la iglesia principal de la Compañía de Jesús y una de las primeras jesuíticas en todo el mundo.

32 Corte, Juan Antonio de la, (23-11-1845) "Impresiones de viaje a Lisboa y sus contornos en 1845. Artículo III. Lisboa en su aspecto viviente" en *SPE*, nº 47, pp. 372-375.

aprenden las primeras letras; y según sus inclinaciones diferentes, la música, el dibujo, y los trabajos de su sexo, como lavar, coser, bordar, planchar, tejer, guisar» (Corte, 1846, 26: 205).

9.3. *El civismo*

Ya habíamos visto antes que el pueblo portugués, en opinión de J. A. de la Corte, es silencioso. Ahora el autor destaca el buen comportamiento que este muestra en los lugares públicos y la notable separación que existe entre hombres y mujeres:

> De alabar es, no obstante, el buen orden y la compostura con que acude el pueblo á la celebración de los augustos misterios, situándose á respetable distancia entrambos sexos, y ocupando el femenino por lo regular los costados del templo á lo largo de las capillas y altares, que se dividen del resto de la iglesia por una balaustrada de elevacion suficiente á marcar los límites del terreno respectivo, conforme á la loable costumbre de aquella nacion sesuda y grave (Corte, 1846, 25: 194).

9.4. *Alojamientos y cafés*

J. A. de la Corte ofrece un detallado listado de las hospederías, fondas, hoteles, casas de comidas que existen (y no parecen ser muchas), y que puede servir de conocimiento fundamental para el futuro viajero. Así, indica precios, limpieza, mercados donde se pueden comprar quesos, frutas o pescado, y recuerda «lo caro de toda clase de artículos en la Corte Portuguesa» (Corte, 1845, 47: 373). De los cafés, abundantes pero pequeños, y de las neverías, donde como en las ciudades españolas, se toman sorbetes y zumos, de los vinos, como los de Colares y los de Oporto, y de las joyerías con sus preciosas filigranas, vajillas de oro y plata, piedras preciosas e insignias (Corte, 1845, 47: 374–375).

10. Las artes y las ciencias

En el apartado de las artes y las ciencias, aprovecha J. A. de la Corte[33] para hacer una crítica irónica sobre los viajeros franceses –tal y como hace su paradigmático escritor, Mesonero Romanos en la obra referida–, que tienen una mirada de águila para poder captar «[…] desde lo más somero hasta lo más recóndito de un provincia ó de una nación [con aquella] intuición repentina, de aquella mágia transpirenáica que no llegó hasta la tierra de los castellanos garbanzos, del gazpacho andaluz y del chorizo estremeño» (Corte, 1847, 36: 287).

Y ello para justificar la falta de tiempo y «las dotes mentales» necesarias para dar a conocer al lector las ciencias y las artes portuguesas. El autor menciona una serie significativa de academias de ciencias, de escultura, de música que existen en el país vecino y pasa a centrarse en la Biblioteca Nacional, en proceso de catalogación. En la parte baja de dicho edificio se encontraban la Academia de Bellas Artes y el Museo de Pinturas. El viajero lamenta los reducidos fondos de este museo pues su contenido lo pudiera tener cualquier particular de Madrid o Sevilla que se decidiera a hacer una colección en cuatro o seis años. J. A. de la Corte se pregunta por qué hay una «situación abyecta y precaria de las bellas artes en el centro de un país tan próximo a la patria de Velázquez, de Rivera y de Cano». Y se responde que tal vez se deba a la «depredación de las huestes francesas durante la guerra de independencia» (Corte, 1847, 36: 288) o al terremoto, tantas veces citado, de 1755. Y finaliza lamentando «¡[…] que un pueblo ingenioso y osado se arrastre lánguidamente por las anchas vías de la civilización europea, marchando un siglo en pos de nosotros y yendo tan solo delante en pobreza, inmoralidad y anarquía!» (Corte, 1847, 36: 288).

En una entrega posterior, J. A. de la Corte[34] asiste a una sesión de la *Academia Real de Ciencias de Lisboa*[35], visita el Museo de Historia

---

33 Corte, Juan Antonio de la, (5-9-1847) "Viajes. Impresiones de viaje a Lisboa y sus contornos en 1845. Artículo VV. Lisboa científica, literaria y artística" en *SPE*, n° 36, pp. 287-288.

34 Corte, Juan Antonio de la, (3-10-1847) "Viajes. Impresiones de viaje a Lisboa y sus contornos en 1845. Artículo VII. Lisboa científica, literaria y artística" en *SPE*, n° 40, pp. 317-319.

35 Fundada en el siglo XVIII, a partir de la proclamación de la Primera República pasó a llamarse *Academia das Ciências de Lisboa*.

Natural[36] –el mejor de Lisboa–, da a conocer otras instituciones como las Asambleas (la de *Orta Seca*[37], donde conversa con ilustres socios, como Bartolomeu dos Mártires Souza y Antunet [sic] Pinto[38]), Ateneos, Casinos y Liceos, cuyos objetivos no coinciden totalmente con sus equivalentes españolas, y finaliza con una ida a las Cocheras Reales[39], museo que describe con todo detalle.

11. Los alrededores de Lisboa

El capítulo referido al campo de Lisboa[40] hace sonreír al lector actual porque la mayoría de los alrededores lisboetas citados se encuentran hoy día ubicados dentro de la capital. Donde solo alguna finca comprada por ayuntamientos o fundaciones ha permitido que se mantenga como en siglos pasados. J. A. de la Corte refiere que, gracias al excelente clima del que disfruta la ciudad –también al agua y al suelo–, se concentra en esta zona una vegetación de origen africano, asiático y americano, que la convierte en única en toda Europa. Alrededor de aquella Lisboa decimonónica las familias acomodadas, hidalgos y clases medias, tenían –con mucho más «achaque de goces y contentamientos de lo que piensan sus vecinos peninsulares» (Corte, 1856, 4: 27)–, sus quintas de recreo. El autor visita el *Palácio dos Marqueses de Fronteira*[41], se

---

36 El *Museu Nacional de História Natural e da Ciência*, construido en el siglo XVIII, posee interesantes fondos de los siglos XV, XVI, XVII y XVIII.

37 *Assambleia da Horta Seca*, situada en el lujoso *Palácio do Mantegueiro*, centro de poder y de alta política. A partir del establecimiento de la Primera República, en 1910, tuvo esta *Assambleia* otras ubicaciones.

38 No hemos podido localizar a estos interlocutores del viajero.

39 Hoy *Museu dos Coches*, colección que no alberga carrozas anteriores al siglo XVII.

40 Corte, Juan Antonio de la, (27-1-1856) "Impresiones de viaje á Lisboa y sus contornos. El campo de Lisboa" en *SPE*, nº 4, pp. 26-28.

41 Construido en el siglo XVII como pabellón de caza se sitúa en el Parque Forestal de Monsanto y es propiedad del marqués *da Fronteira*.

acerca al palacio de la infanta Isabel Maria[42] y va al magnífico *Palácio das Laranjeiras*[43] con lagos, puentes, casa de fieras y teatro. Esta última colaboración termina con una salida al Paseo Real y con la recomendación de que el futuro viajero no deje de visitar el interesante cementerio protestante destinado a los ingleses[44] –donde está enterrado, entre otros, el escritor del siglo XVIII, Henry Fielding –; ni tampoco el curioso por su nombre, *Cementerio dos Prazeres*[45], designación atribuida por estar en una antigua finca de dicho nombre.

12. Presencia lingüística portuguesa

El viajero salpica a lo largo de sus entregas palabras en portugués, con alguna grafía desactualizada o con erratas, topónimos[46], nombres comunes, *alfándega* (aduana), *alfaiate* (sastre)[47], o el texto dicho por el cicerone a los españoles en el Museo de Coches (Corte, 1847, 40: 319)[48].

---

42 Isabel Maria de Bragança (1801-1876), hija de João IV y de la infanta española Carlota Joaquina de Borbón y Borbón.

43 Hoy sede del *Ministério de Ciência, Tecnologia e Ensino Superior*, palacio de construcción seiscientista con destacadas ampliaciones y reformas en el siglo XIX, donde se dieron fastuosas fiestas en la primera mitad del siglo XIX y en cuyo teatro, *Teatrália*, se estrenó, por ejemplo, la obra romántica de Almeida Garrett (1799-1854), *Frei Luís de Sousa* (1843).

44 *Cemitério dos Ingleses*, fundado en el siglo XVIII, que alberga la tumba de Henry Fielding (1707-1754), uno de los creadores de la novela inglesa, autor entre otros de *Tom Jones* (1749).

45 *Cemitério dos Prazeres* construido en 1833.

46 Por ejemplo, *Arco da Bandeira, do Arsenal da Marinha, Basílica do Santíssimo Coração de Jesús, Batalha, Belém, dos Fanqueiros* o *Caes* (muelle) *de Sodré*.

47 Y *bolacha* (galleta), *Câmara Municipal* (ayuntamiento), *cazas de pasto* (casas de comidas), *cavalhino* [sic], *chapeus de chuva* (paraguas), *fidalgo, hortas, jardins, largo* (plazoleta), *malas* (baúles), *mulinho, quintas* (fincas), *sege* (tipo de carruaje), *moeda* (moneda).

48 «¡Oh, minho [sic] Senhor! Cha [sic] passou ó tempo famosso en [sic] que ó augusto Rey D. Felipe II, de saudosa memoria na Hespanha (poren nao em Portugal) mandou facer en Madrid estes aprimorados carruagens, que sao tidos em grande apreço no mundo tudo! Cha passou ó tempo d'el Rey D. José é da sua

También se recoge algún anglicismo, *sirop* (Corte, 1845, 47: 374), ciertas frases en francés y algunos textos en latín, como cuando se transcriben los epitafios de los mausoleos.

13. A modo de conclusión

Nos preguntábamos en el título de este trabajo si podríamos considerar que la visión de Lisboa y sus alredededores de Juan Antonio de la Corte y Ruano-Calderón era de tipo romántico. El autor esparce a lo largo de sus colaboraciones en el *Semanario Pintoresco Español* el adjetivo "romántico" pero eso no nos parece que sea definitivo para aplicar esa designación a las impresiones que ofrece sobre Lisboa y los lisboetas (que es lo mismo que decir sobre los portugueses). Cierto es que J. A. de la Corte se encuadra en el mencionado movimiento romántico –etapa literaria que, según convención aceptada, se inicia en España entre 1830 y 1834 y finaliza en 1850 (Ríos, 1985: 129 y ss.)– y que los títulos de sus primeras colaboraciones ya incluyen la palabra "costumbres". En esa dirección, cabe considerar que las notas de viaje que hemos analizado son, por su contenido, costumbristas, lo que no contradice la afirmación anterior pues «fuera de doctrinas y discusiones [...] el costumbrismo del siglo XIX es históricamente considerado un género 'romántico'" en la literatura española» (Río, 1985: 209).

El modelo seguido por el autor es de Mesonero Romanos –uno de los creadores de la prosa costumbrista– conservador y monárquico, anclado en las tradiciones, que idealiza el pasado por el que siente

---

esposa á infante de Hespanha Doña Anna Victoria é de sua filha á rainha Doña María I em que achavanse dois mil cavallos é muchas nas cavallaricas reaes; é nao só todas as personnagens dependentes da Corte, officiaes é empregados de mais alta cathegoria, se serviam das seges é carruagens da Casa Real; mas que tambem quasi todos os fidalgos é Grandes do Reyno alcaçabam com muita facilidade poderem rodar por toda á cidade desde pela manha até á noite, á custa do Paço!! Ainda, meu Senhor, existiam entao os bellos thesouros da rica terra do Brasil! O Portugal se chamava ainda á mais pomposa naçao de ambos os hemispherios!!».

nostalgia (Blanco Aguinaga & Rodríguez Puértolas & Zavala, 1978).
Así vemos cómo J. A. de la Corte da primacía al individualismo –el
caso del marqués de Pombal–; presenta aquí y allá en sus apuntes un
recuerdo nostálgico de la época conquistadora y colonizadora de Portugal y España; y recuerda con melancolía los tiempos pasados en que
se respetaban y reverenciaban los monarcas. Mesonero Romanos es,
pues, su referente ideológico y su modelo literario al que sigue muy de
cerca en la estrategia narrativa de aquella obra, ya referida, *Recuerdos
de viaje por Francia y Bélgica en 1840-1841*, según la moda del movimiento intelectual de la época de viajar a las capitales europeas (Río,
1985: 217).

Diseminadas en los textos consultados vemos valoraciones como
la separación por sexos en la iglesia y en los lugares de ocio; la distinta formación para hombres y mujeres y tareas que se les atribuyen a
unos y a otras; se observa un atisbo de iberismo cuando manifiesta en
varias ocasiones las ventajas que habría si Portugal y España estuvieran
unidos; hay asimismo un tufillo antifrancés en algunos pasajes de los
textos –recordemos que la guerra de la independencia contra Francia
no hacía tanto tiempo que había terminado–; le vemos, criticando a
aquellos que son defensores o continuadores de ideas socialistas, a los
que se dejan seducir con disparates «leyendo a Eugenio Sue, a Jorge
Sand, Balzác y demás comparsa de *genios a granel*; poseido de la *sui-
cidio-mania*, atacado de *Jesuitifobia*; soñando en desafíos, roido de
pesáres tan hondos como un pozo, y vacía de sesos la cabeza» –autores
influidos por las ideas socialistas[49] (Corte, 1845, 43: 343), en los dos
primeros casos, o representantes de la literatura realista en el último.

---

49 Eugène Sue (1804-1857), autor de *Los misterios de París* (1842-1843) y de *El
judío errante* (1845), fue uno de los creadores de novelas por entregas; George
Sand (1804-1876), pseudónimo de Aurore Dupin, escritora francesa, entusiasta
seguidora de Lerroux; Honoré de Balzac (1799-1850) novelista francés,
representante del realismo.

Referencias bibliográficas

Fuentes primarias:

Corte y Ruano-Calderón, J. A. de la (1854): *De la marcha progresiva del Instituto Provincial de Córdoba y de su Real Colegio adjunto de Nuestra Señora de la Asunción en el trienio que empieza en enero de 1831 y acaba en diciembre de 1835. Memoria escrita por el director del mismo establecimiento. Leída en la tarde del 2 de junio de 1854* [En línea]. Córdoba, Imprenta y Litografía de D. F. García Tena, disponible en: https://biblioteca.cordoba.es/BibDigital/OCR/1854_corte_y_ruano-calderon_marcha_prog_inst_prov-OCR.pdf [Último acceso el 15 de mayo de 2019].

Corte y Ruano-Calderón, J. A. de la (1855): *Carta de Juan A. de la Corte a Luis María Ramírez de las Casas Deza*, 23 de diciembre de 1855.

Corte y Ruano-Calderón, J. A. de la (1857): *Oración inaugural pronunciada el día primero de octubre en la solemne apertura del curso académico 1857 a 1858 en el Instituto Provincial de Segunda Enseñanza de Córdoba, por su director y catedrático propietario en psicología, lógica, religión y moral cristiana, el doctor don Juan Antonio de la Corte y Ruano-Calderón* [En línea]. Córdoba, Imprenta y Litografía de D. F. García Tena, disponible en: https://babel.hathitrust.org/cgi/pt?id=ucm.532196400x;view=1up;seq=1 [Último acceso el 15 de mayo de 2019].

Corte y Ruano-Calderón, J. A. de la (1862): *Memoria acerca del estado del Instituto de 1ª clase de san Isidro de Madrid (antiguos Reales Estudios del mismo nombre), leída el 16 de septiembre de 1862 por el director y catedrático de psicología, lógica y ética, del mismo don Juan Antonio de la Corte Ruano-Calderón en el acto solemne de apertura del curso académico de 1862 a 1863* [En línea]. Madrid, Imprenta de D. Alejandro Gómez Fuentenebro, disponible en: https://books.google.es/books/ucm?vid=UCM5321961602&printsec=frontcover&redir_esc=y#v=onepage&q&f=false [Último acceso el 13 de mayo de 2019].

Corte y Ruano-Calderón, J. A. de la (1864): *Apuntes en defensa del derecho que asiste al Instituto de 2ª enseñanza y 1ª clase de San Isidro de Madrid para poseer y reivindicar todos los bienes y rentas de los estudios reales del mismo nombre. Por el doctor D. Juan Antonio de la Corte y Ruano-Calderón* [En línea]. Madrid, Imprenta de D. Alejandro Gómez Fuentenebro, disponible en: https://babel.hathitrust.org/cgi/pt?id=ucm.5321964019;view=1up;seq=3 [Último acceso el 15 de mayo de 2019].

Corte y Ruano-Calderón, J. A. de la (1865): *Memoria acerca del estado del Instituto de 1ª clase de san Isidro de Madrid (antiguos Reales Estudios del mismo nombre), leída el 16 de septiembre de 1864 por el director y catedrático de psicología, lógica y ética, don Juan Antonio de la Corte Ruano-Calderón en el acto solemne de apertura del curso académico de 1864 a 1865* [En línea]. Madrid, Alejandro Gómez Fuentenebro, disponible en: https://books.google.es/books?id=pox0ZT-EltAC&printsec=frontcover&hl=es#v=onepage&q&f=false.60 [Último acceso el 15 de mayo de 2019].

Corte y Ruano-Calderón, J. A. de la (1868): *Breves conferencias sobre los fundamentos de la religión.* Madrid, Alejandro Gómez Fuentenebro.

Corte y Ruano-Calderón, J. A. de la, (1877) *Manual de geografía, astronómica, física y política* [En línea]. 1ª ed., 1847, Burgos. Madrid, Imprenta de Alejandro Gómez Fuentenebro, disponible en: https://play.google.com/books/reader?id=sHJAmnHl374C&hl=pt_PT&pg=GBS.PA110 [Último acceso el 13 de mayo de 2019].

Fuentes secundarias:

Amador de los Ríos, R. (1899): "Galería de Excursionistas. Más cerca de D. Rafael Monje" en *Boletín de la Sociedad Española de Excursiones* [En línea]. Año VII, nº 74, pp. 26–33, disponible en: https://ddd.uab.cat/pub/bolsocespexc/bolsocespexc_a1899m4v7n74.pdf [Último acceso el 13 de mayo de 2019].

Blanco Aguinaga, C., J. Rodríguez Puértolas y I. M. Zavala (1978): *Historia social de la Literatura española.* Madrid: Castalia, vol. II.

Marques, A. H. de Oliveira (1986): *História de Portugal.* Lisboa: Palas Editores, vol. III.

Marugán y Martín, J. (1833): *Geográfica, física, política, estadística, literaria del reino de Portugal y de los Algarbes comparado con los principales de Europa.* Madrid: Imprenta Real, vol. II.

Mesonero Romanos, R. de (1841): *Recuerdos de viaje por Francia y Bélgica en 1840-1841* [En línea]. Madrid: Imprenta de Burgos, disponible en: http://www.cervantesvirtual.com/obra-visor/recuerdos-de-viaje-por-francia-y-belgica-en-18401841--0/html/ff234dac-82b1-11df-acc7-002185ce6064_3.html [Último acceso el 20 de junio de 2019].

Navas Sánchez-Élez, Mª V. & J. M. Ribera Llopis (2014): "*Semanario Pintoresco Español* (1836-1857): noticias sobre la cultura portuguesa", en Marcos de Dios, Á. (ed.), *La lengua portuguesa. Estudios sobre literatura y cultura de expresión portuguesa*. Salamanca: Universidad de Salamanca, vol. I, pp. 811–822.

Navas Sánchez-Élez, Mª V. & J. M. Ribera Llopis (2015a): "*Semanario Pintoresco Español* (1836-1857): noticias sobre cultura gallega en la prensa romántica centropeninsular", en Mejía Ruiz, C. & X. Frías Conde (coords.): *Identidade, alteridade e exilio na literatura galega* in *Madrygal. Revista de Estudios Gallegos*, Núm. Especial 18, pp. 481–493.

Navas Sánchez-Élez, Mª V. y J. M. Ribera Llopis (2015b): "*Semanario Pintoresco Español* (1836-1857): noticias sobre cultura catalana en la prensa romántica peninsular" en *Revista de Lenguas y Literaturas Catalana, Gallega y Vasca*, nº 20, pp. 71–93.

Navas Sánchez-Élez, Mª V. y J. M. Ribera Llopis (2017): "*Semanario Pintoresco Español* (1836-1857): noticias sobre cultura vasca en la prensa romántica peninsular" en *Revista de Lenguas y Literaturas Catalana, Gallega y Vasca*, nº 22, pp. 169–182.

Ramírez de Arellano y Díaz de Morales, R. (1921-1923): *Ensayo de un catálogo biográfico de escritores de la provincia y diócesis de Córdoba con descripción de sus obras*. Madrid: Revista de Archivos, Bibliotecas y Museos.

Río, Á. del (1985): *Historia de la literatura española*. Barcelona: Bruguera, vol. II.

Simón Díaz, J. (1946): *Semanario Pintoresco Español (1836-1857)* [En línea]. Madrid: CSIC, disponible en: http://www.cervantesvirtual.com/obra/semanario-pintoresco-espanol-madrid-1836-1857/ce90fd26-f5c1-11e1-b1fb-00163ebf5e63.pdf [Último acceso el 20 de mayo de 2019].

Eduardo VALLS OYARZUN

El Gran Palimpsesto de Charles Dickens

Cuando Charles Dickens considera por primera vez la idea de viajar a Italia, a principios de 1844, lo hace no tanto siguiendo las inquietudes culturales propias del viajero burgués del siglo XIX – al menos en principio – sino más bien buscando cierto grado de experiencia introspectiva personal.

> Cuando Dickens empezó a comentar y escribir sobre su proyecto de viaje a Italia, sus palabras expresaban, al menos en buena parte, el estado de ánimo y las expectativas del viajero que se proponía hacer el *Grand Tour*. Dejando de lado sus motivos como escritor y hombre de negocios, sus expectativas incluían un enorme deseo por someterse a la idea de «cambio» y a «la naturaleza» (Forster 1928: 304–5); aspiraba a satisfacer su «deseo natural» de formar parte de «aquellas grandiosas escenas» (1928: 304–5) así como llenar el día de ensoñaciones sobre ellas. En una carta a Felton, escrita a principios de 1844, por ejemplo, habla de sus sueños, los «extraños pensamientos» que tenía sobre Italia y Francia (Letters 3) y dos meses después le dice a T. J. Thomson que estaba construyendo en el aire «tales castillos italianos, en los brillantes días soleados, y también bajo la luz de la luna», o que iba a invitarle a compartir su viaje. También le habló de «la serena felicidad que podríamos disfrutar en el extranjero, todos juntos, en algún delicioso rincón» (Di Stasio, 2010: 63).

El viaje a Italia se convirtió para Dickens en una suerte de obsesión por causa de la cual habrían de hallar solución varias de las ansiedades personales más profundas del novelista. El deseo de Dickens, como sugiere Di Stasio, parece ser el de someterse a cierto grado de influencia externa, a poner en marcha una suerte de voluntad de transformación que solo lograría exponiéndose a la noción de pasado puro, al contacto con el origen como expresión vicaria de la verdad: «formar parte de aquellas grandiosas escenas», así como experimentar una peripecia transnacional plena.

En puridad, puede decirse que, tras sus primeros éxitos literarios (*Oliver Twist*, 1838–39, *Nicholas Nickleby*, 1839–40, *The Old Curiosity Shop*, 1840–41 y *Barnaby Rudge*, 1841), Dickens parece desarrollar la necesidad de reinventarse, vale decir de reescribirse a sí mismo, no tanto como resultado de una crisis personal profunda, cuanto con el objeto de «desarrollarse como escritor y ampliar su repertorio de descripciones y observaciones a través de su experiencia por diversos países» (Slater, 2009: 219). Su anterior viaje a Estados Unidos, en 1842, ya había supuesto un profundo cambio en su concepción de sí mismo «como persona y como artista» (Slater, 2009: 194), por lo que resulta razonable que pensara en el viaje, la peregrinación y la aventura como estructuras fundamentales de cambio e influencia sobre sí mismo.

Por este motivo resulta significativo leer el viaje de Dickens en el contexto del *Grand Tour*. Dickens mira hacia una estructura de viaje que articula las inquietudes propias del proyecto ilustrado; es herencia del rito de paso aristócrata, pero ha sido heredado por la nueva sociedad civil, la cual ve en el viaje a Italia, una forma de compartir espacios hegemónicos culturales con la antigua nobleza; así mismo, el *Grand Tour*, en contraste con el anterior periplo de Dickens por Estados Unidos, mira al pasado con la voracidad ambiciosa del proyecto liberal reformista (años más tarde, en la década de 1870, valdrá decir también «imperial»), como si las huellas de la civilización en una suerte de estado de inocencia pudieran servir de inspiración ideológica a la hora de alimentar el centro hegemónico mundial que encarna la metrópoli inglesa. El *Grand Tour* es, en este sentido, «ese extenso ejercicio ideológico orientado a completar la educación de los jóvenes, prepararlos para el liderazgo en su país dotándoles de una comprensión» – relativamente preconcebida, vaya por delante – «del mundo clásico romano, cultivar su conciencia histórica y su gusto artístico, mientras desarrollan una conciencia de clase transeuropea y terminan de pulir sus modales» (Thompson, 2015: 71).

Por encima de todo, como se ha sugerido, Dickens alberga una motivación personal para fijarse en Italia como destino, pero resulta imposible (incluso para él mismo, como se verá más abajo) dejar de leer su libro sobre el viaje a este país como una impugnación a la estructura cultural que se acaba de describir. El viaje a Italia de Dickens utiliza el *Grand Tour* como plantilla sobre la que escribir y reescribir la experiencia personal. En este sentido, el *Grand Tour* constituye un *género* más que un viaje, una estructura narrativa que se reproduce a sí misma. Pero también implica la reescritura de la propia plantilla, como descubre el propio Dickens a la hora de explorar el viaje en tanto que patrón semiótico y cultural. Este parece ser el descubrimiento principal que lleva a cabo el autor al explorar el viaje como estructura narrativa. El producto de dicha exploración es el *travelogue, Pictures from Italy* (*Escenas de Italia*, 1846), un texto que explota ciertas implicaciones metaficcionales *avant la lettre* orientadas a reescribir tanto al sujeto viajero como al propio *Grand Tour*.

Dickens viajó a Italia cruzando Francia, pasando por Lyon, ciudad de la que se enamoró. En su primer viaje quedó prendado de Génova, donde, tras pasar una estancia en un chalet poco acogedor (Slater, 2009: 229) quedó prendado de la villa en la que acabó instalándose (aunque no sin antes exigir que se construyera un moderno cuarto de baño en las instalaciones del edificio (Tomalin, 2011: 153). Génova respondió con creces a las expectativas que el novelista inglés se había formado. Pero también le ayudó a descubrir una Italia construida sobre cierto espíritu anárquico del que quedó prendado a causa de la laxitud epicúrea, más que hedonista, con que se concebía allí la existencia. Descubrió las maravillas del ocio, se dejó bigote y se aficionó a nadar en el mar (Tomalin, 2011: 155).

También descubrió la pobreza, y desarrolló al punto un sentimiento de reforma no muy distinto del que exigía para la Inglaterra victoriana. La primera Italia que se dibuja en *Pictures from Italy* responde a un contraste impresionista. La contemplación del paisaje majestuoso remite a lo sublime al tiempo que reclama una revisión del idealismo implícito en el modo de contemplar:

> Buena parte del romance que inspiran estos bellos pueblos y villas, que a su vez atraviesa esta hermosa ruta, desaparece cuando se entra en ellos, pues la mayoría de ellos vive sumido en la pobreza. Las calles son estrechas, oscuras y sucias; los habitantes, flacos y escuálidos, y las ancianas marchitas, con su pelambrera canosa, coronada con un nudo sobre la cabeza [...] recuerdan una población de brujas (Dickens, 1998: 263).

Destaca la estancia de Dickens en Génova sobre el resto del texto porque marca el tono argumental que preside sus *Escenas*. *Pictures from Italy*, en efecto, se construye sobre los espacios *de contraste*: «La idea del umbral, de la entrada [...] la frontera entre el sueño y la vigilia, lo imaginario y lo real [...] es la imagen clave para comprender Italia y su impacto en la imaginación de Dickens» (Hollington, 2010: 83).

Dickens parece concentrarse mejor en los límites de la diferencia que descuellan sobre aquellos espacios definidos desde el discurso hegemónico del *Grand Tour* y su espíritu burgués dominante. Así, Dickens observa «nombres propios, códigos de conducta, límites de clase, normas de género, identidades comunales, fronteras nacionales», primero como productos culturales «que nos permiten navegar por un mundo, cuya tendencia implícita tiende a ser hostil o al menos indiferente hacia dichas categorías: un mundo material desmitologizado, que suele caer en lo "indiferenciado" y la entropía» (Buzard, 2010: 55); pero también como manifestaciones factuales de las estructuras hegemónicas causantes de dichos contrastes. Dicho de otro modo, mientras el viaje permite a Dickens detectar – a través del contraste – las estructuras que ordenan el mundo, también le descubre la naturaleza deletérea de dichas estructuras. El contraste no es inocente nunca en Dickens.

El resto de su viaje parece recordar esta idea. Tras una exhaustiva e intensa excursión por el norte del país (recorriendo en apenas dos semanas, Piacenza, Parma, Módena, Bolonia, Ferrara, Padua, Venecia, Verona, Mantua y Milán), y un tiempo en Inglaterra para atender compromisos literarios previos, Dickens termina por fin su periplo italiano en Roma. Allí se siente atraído por el carnaval, la tumultuosa vida en las calles, el elemento epicúreo que mencionaba antes. Como contraste, expresa su rechazo incondicional a la iglesia católica. No le impresiona ni el Vaticano, ni su arquitectura, ni su boato, ni mucho menos la influencia constante que, percibe Dickens, dicha fe ejerce sobre la vida en Roma. Su interés se dirige más bien a las ruinas de la Roma antigua, al Capitolio, al Foro y al Coliseo, con objeto de buscar en dichos espacios la huella del pasado como expresión vicaria de la verdad. Pone así en práctica Dickens una concepción neoplatónica del mundo que concuerda al dedillo con el espíritu de la época victoriano.

Y como sucede con toda concepción neoplatónica del mundo, la realidad suele encargarse de desmentirla. La visita al Coliseo es elocuente al respecto:

[Ver el Coliseo] derrumbarse a pedazos [...] es como ver el fantasma de la vieja Roma, esa perversa y maravillosa ciudad de antaño, echando su maldición contra el mismo suelo que pisan sus gentes. Es la visión más impresionante, más majestuosa, solemne, digna y melancólica jamás concebible. Nunca en su auge más cruel y sangriento podría la vista al gigante Coliseo haber conmovido el corazón de uno, como ahora conmueve a todo quien lo contempla ahora… *en ruinas.* Gracias a Dios, ¡*una ruina*! (Dickens, 1998: 310).

La visión del Coliseo permite a Dickens ponderar la Roma imperial no como un ideal corrompido por el tiempo (consecuencia de la expectativa neoplatónica), sino más bien como todo lo contrario, un espacio de la corrupción general del ser humano que ha sido corregido precisamente por el paso del tiempo. Eso sí, en su visión general de Roma y «aunque [caiga] brevemente en la jerga propia de las guías turísticas», Dickens pronto confiesa «sus verdaderos sentimientos» en el texto «al observar que la gente de la Roma moderna sigue siendo tan "fiera y cruel" como lo fueron sus ancestros, y concluye» que muy pocos no serían felices con un Coliseo moderno (Douglas-Fairhurst, 2013: 170).

Esta percepción de la Roma imperial transparenta también el ímpetu reformista de Dickens. «En cualquier batalla entre la tradición y la modernidad» comenta Douglas-Fairhurst, «no hay duda de que Dickens se pondría del lado de la modernidad» (2013: 169), pues ni siquiera sus preferencias arquitectónicas «lograban detener su entusiasmo si había oportunidad de convertir en escombros los sucios espacios de podredumbre del pasado» (2013: 169). En cierto modo, la melancólica contemplación del Capitolio supone la puesta en práctica de una comprensión del presente como dimensión del pasado por causa de la cual solo cabe la reforma como transición al futuro. Para Dickens, el Coliseo, como sinécdoque de la Roma imperial, supone una cicatriz en la dignidad humana que revela la historia del mundo, a la manera en que lo explica Deleuze:

Una cicatriz no es el signo de una herida pasada, sino más bien del «hecho presente de haber sufrido una herida». Podemos decir que se trata de la contemplación de la herida, que contrasta con todos los instantes que nos distancian de ella hacia el tiempo de un presente vivo. (2013: 99)

La capacidad de cerrar dicha herida es el valor central que halla Dickens en el concepto de reforma ilustrada. Denuncia el autor inglés con su censura al romano medio, y, sobre todo, a la iglesia católica, que no se trabaje activamente para cerrar esa herida, «el hecho presente de haber sufrido una herida» (Deleuze, 2013: 99), que se perpetúe la ruina como una de esas líneas de contraste que señalan una diferencia para perpetuar en el tiempo la hegemonía, precisamente, sobre dicha diferencia. Si las ruinas del Coliseo enseñan algo, sugiere el autor, es que la modernidad no puede sucumbir a la corrupción moral implícita en el gobierno de la crueldad[1].

El descubrimiento, por una parte, del contraste y la investigación de las líneas de fuerza que traen consigo dicho contraste, así como, por otra, la denuncia de una necesidad de reforma por parte del proyecto ilustrado parecen entrar en conflicto con la plantilla, vale decir mitificada, por lo menos ya a mitad del siglo XIX, del *Grand Tour*. A decir verdad, Dickens traslada el centro focal del *Grand Tour* desde el sujeto viajero al objeto del viaje como estructura preconcebida. Este proceso tiene consecuencias en la forma de alterar el sujeto viajero – esa voluntad de reescribirse que manifestaba Dickens – pero también en el modo en que se reproduce el viaje, en su medio de articulación, esto es, en la escritura.

De una parte, y ya desde su viaje a Estados Unidos, «Dickens alberga sentimientos encontrados hacia su faceta de viajero: por una parte, se burlaba de los turistas, incluido él mismo como turista», mientras que, «por la otra, se quejaba prácticamente de las mismas cosas» que molestaban al viajero inglés tipo (De Stasio, 2010: 64). Los motivos para comprender estos sentimientos son muy sencillos. El *Grand Tour* se concibe como género en tanto sirve como estructura de un rito de paso. Ahora bien, para que tal rito surta efecto, el género debe poder transformar al sujeto que experimenta tamaño rito. A este respecto, el siglo XIX se vuelve testigo de la transformación del *Grand Tour* en estructura autorreferencial, cuya construcción sistémica se vacía de significado para remitirse a su propio valor como estructura performativa. La imagen del turista tipo, del viajero superficial que realiza el signo cultural externo en cada una de las etapas del viaje, pero no imagina dicho signo como un espacio interpretativo que apunta tanto hacia dentro del sujeto como hacia fuera, al objeto del viaje, es el cambio que

---

1 Dickens admitiría más tarde, en su segundo viaje a Roma (1853) que la ciudad sí había sufrido una transformación ilustrada (Douglas-Fairhurst, 2013: 169). Esta circunstancia figura entre los motivos por los que Dickens se volvió un entusiasta seguidor del *Risorgimiento* (Black, 2003: 165). El autor inglés percibía el movimiento de unificación como manifestación de la causa reformista.

va de la concepción romántica del *Grand Tour* a la concepción moderna-victoriana de este. Esto da pie «a una distinción muy poderosa entre el verdadero "viajero" y el simple "turista", que se enraizaba con la idea emergente de "verdadera cultura"» (Waters, 2010: 5).

La comodificación del rito de paso, la condición solipsista del turista en el viaje victoriano, esto es la estructura significativa cerrada del turismo moderno – ¡y contemporáneo! – niega la reciprocidad dinámica – por significativa – que media entre la alteridad del espacio y el sujeto. El viaje premoderno se afana por representar la integración de la alteridad por parte del sujeto, mientras que la modernidad victoriana trae los primeros indicios en los que la alteridad del espacio permanece como objeto justificativo del sujeto viajero, que ya no necesita la integración de la diferencia a fin de construir su propia experiencia. Vale con el acto performativo ritual autorreferencial.

Dickens censura con saña la comodificación del viaje y no tiene reparo en dedicar las páginas que sean necesarias para dejar constancia al respecto:

> En estas excursiones solíamos encontrarnos en compañía de unos turistas ingleses, con quienes tenía ardiente pero insatisfecho deseo de conversar. Se trataba de un tal Señor Davies y su pequeño círculo de amigos. Era imposible no conocer el nombre de la señora Davies, pues resultaba estar muy solicitada entre sus amigas, y sus amigas estaban por todas partes. Durante la Semana Santa, te las encontrabas en todos los papeles de todas las escenas de todas las ceremonias. Y en los quince días previos las hallabas en cada iglesia, cada ruina y cada galería de arte; y me cuesta recordar un minuto en que me haya encontrado a Mrs. Davies calladita. En las catacumbas, en lo alto de San Pedro, en la Campaña, o ahogándose entre la muchedumbre del barrio judío, la señora Davies aparecía sin problemas. En verdad no creo que haya visto nada, ni se haya parado a contemplar nada (ningún monumento), y siempre perdía algo entre un bolsito de mimbre que llevaba, y montaba un numerito para encontrarlo entre la inmensa cantidad de monedas inglesas que guardaba en el fondo del bolsito (Dickens, 1998: 312).

Censura Dickens la ceguera cultural de la señora Davies («no creo que haya visto nada ni se haya parado a contemplar nada») a pesar de su asombrosa ubicuidad[2]. Cancela la señora Davies toda posibilidad de

---

2   Hay cierto esnobismo en las palabras de Dickens que no pueden ser pasadas por alto. El autor afea la conducta de la señora Davies sobre la base de su «[in]

reescritura del sujeto al reproducir las estructuras pequeñoburguesas de la Inglaterra victoriana (la señora Davies incluso lleva consigo unas inútiles monedas inglesas) en el proceso del viaje. En tales condiciones, el proceso debe dejar de entenderse como tal, pero no lo hace. La aparición de la mujer como turista, es decir, la referida ubicuidad, reafirma el proceso, mas ahora no como tal, sino construido sobre un sistema solipsista, una estructura semiótica justificada por y en sí misma, ajena a cualquier otro constructo cultural, tal que, por ejemplo, la identidad personal victoriana (el sujeto viajero). Comienza el autor a entender que el *Grand Tour*, como género, se ha transformado en *fórmula* necesaria para construir la identidad moderna en el espacio ideológico del capitalismo moderno victoriano.

Dickens se preocupa de no cometer los mismos pecados que la señora Davies, pero tampoco logra ser inocente del todo. En ocasiones, «Dickens parece incapaz de evitar [los] clichés, o por lo menos, muestra actitudes contradictorias hacia ellos» (De Stasio, 2010: 66), lo cual resulta lógico, teniendo en cuenta que el autor «utilizó la nueva guía para viajeros de J. Murray como principal fuente de información» (Chaney, 1998: 127) en su periplo. Ahora bien, intenta superar Dickens esta circunstancia explorando la escritura como mediación entre sujeto y viaje (como género):

> Como todos sabemos, en su «sueño italiano» [sección del libro dedicada sobre todo a Venecia], el autor se las arregla para incluir en el cuadro los enclaves más célebres de la ciudad, pero los envuelve en imágenes de una atmósfera onírica que difumina sus contornos. Es como si intentara hallar un equilibrio entre lo predecible y la novedad, entre la adquisición del cliché y su disección. No quería decepcionar a sus lectores, pero, al mismo tiempo, también quería impresionarles con un toque mucho más personal (Di Stasio, 2010: 70).

Hay una suerte de conflicto en Dickens a la hora de enfrentarse con la representación de Italia, o de la esencia de Italia, si se me permite expresarlo en estos términos. La representación del tiempo en Italia

---

capacidad de conectar con la estética de lo sublime a la hora de apreciar el arte» (Russell, 2010: 144). Esta habilidad ya se había transformado, a mediados del siglo XIX, «en señal de buen gusto, así como *de hegemonía cultural*» (Russell, 2010: 144, énfasis añadido).

se le presenta al autor como una tarea titánica. La inmensidad sublime del tiempo propicia una concepción sincrética del pasado y el presente proyectándose hacia el futuro en una suerte de presente eterno irreproducible. Aun así, la representación mediada de dicha eternidad sincrética parece una aspiración razonable para el novelista. Considérese al respecto este comentario de John Forster, biógrafo y amigo de Dickens.

> "¡Ah!" me dijo [Dickens], «cuando vi aquellos lugares venecianos, pensé que dejar la huella de uno en el tiempo, eterna sobre el tiempo, con un leve toque para las masas sufrientes, sin que nada pudiera borrarlo, significaría elevarse uno mismo sobre el polvo que albergan todas las tumbas de los Duques venecianos, y encaramarse a lo alto de una gigante escalinata que ni el mismo Sansón podría destruir!». (Forster, 1928: 348)

El deseo posromántico, el deseo de Dickens, consiste no solo en dejarse influir por el viaje, por la exploración de su espacio. También desea el autor penetrar lo sublime del tiempo construido estéticamente a través de la narración, de la literatura de viajes. La escritura se vuelve así el viaje en sí mismo, el medio por el que cobran sentido como procesos semióticos interdependientes, el viaje como género y el sujeto viajero individual. Mediante la escritura, el rito de paso actúa sobre el sujeto viajero (volviéndose objeto de la estructura semiótica, es decir, recibiendo su *influencia*), al tiempo que la propia escritura altera también el rito de paso realizado por el sujeto. Muy al inicio de *Pictures from Italy*, Dickens se compromete a ser fiel al lector, utilizando un tipo de escritura semiautomática, un vehículo que permite al autor – sostiene este al principio del libro – poner al lector en relación directa con sus experiencias según estas suceden. A mitad de viaje, Dickens se declara incapaz de seguir utilizando dicho método por culpa de la acumulación de experiencias:

> He estado viajando durante varios días, descansando muy poco de noche y jamás durante el día. La rápida y continua sucesión de novedades que pasaba frente a mí, me venía de golpe como sueños a medio-formar; y una marabunta de objetos se paseaba con gran confusión por mi mente, mientras transitaba una solitaria carretera. De cada poco, alguna de las imágenes detenía, por decirlo así, su incesante ir y venir, permitiéndome observarla con cierto detenimiento en todo su esplendor. Tras unos instantes, se esfumaba, como la proyección de una linterna mágica, y mientras ponderaba una parte clara de la imagen, la otra se evaporaba y presentaba al tiempo otro de los millones de sitios que había visto hacía poco, entremezclándose con aquella, atravesándola en dos. Y cuando ninguno de los dos

lugares se distinguía con claridad, terminaban disolviéndose en otra cosa diferente. (Dickens, 1998: 277)

La experiencia en sí se difumina; la peripecia obedece al caprichoso gobierno de la memoria; el orden solo cabe mediante un proceso de «ponderación» que ayude a embridar el viaje. Ese proceso es la escritura. Responde el libro de viajes, *Pictures from Italy*, a la reconstrucción de la escritura como espacio semiótico, a un sistema en progreso que justifica sujeto y objeto (viajero y viaje) porque ambos se contienen en el mismo espacio semiótico (la escritura) en el que operan y por el que se justifican. Gracias a este proceso, gracias a la escritura, el viaje se erige en iteración del *Grand Tour* como género, en una manifestación externa de la estructura semiótica, por causa de la cual se logra la alteración del sujeto y la reescritura, al mismo tiempo el objeto (el viaje):

> La adaptación es un transposición reconocida de por otra parte reconocible obra (u obras); un acto creativo y hermenéutico de apropiación/saqueo y una negociación intertextual con la obra adaptada. En consecuencia, una adaptación es una obra derivada sin ser derivativa, una segunda obra que no es secundaria. Es el palimpsesto de sí mismo (Hutcheon, 2012: 3–4).

Halla Dickens en la escritura el proceso de reinterpretación del viaje, del *Grand Tour* – vale decir ahora el *Gran Palimpsesto* – en este caso. Y halla también en la relación entre viaje y escritura el modo de recuperar la identidad individual como parte del proceso de reinterpretación. Promueve así el estilo de *Pictures from Italy*, una alternativa al viaje como comodidad, la cristalización solipsista, léase la muerte, del propio viaje como narración.

Referencias bibliográficas

Black, J. (2003): *Italy and the Grand Tour*. New Haven y Londres: Yale University Press

Buzard, J. (2010): «"The Country of the Plague": Anticulture and Autoethnography in Dicken's 1850s» en Waters, C., M. Hollington y J. Jordan (eds.): *Imagining Italy: Victorian Writers and Travellers*, Cambridge: Cambridge Scholars, pp. 53–62.

Chaney, E. (1998): *The Evolution of the Grand Tour. Anglo-Italian Cultural Relations since the Renaissance*. Londres: Frank Cass.

De Stasio, C. (2010): «"Venice Preserved": Dickens and Italian Stereotypes, Past and Present» en Waters, C., M. Hollington y J. Jordan (eds.): *Imagining Italy: Victorian Writers and Travellers*, Cambridge: Cambridge Scholars, pp. 63–74.

Deleuze, G. (2013 [1968]): *Difference and Repetition*. Londres: Bloomsbury.

Dickens, C. (1998 [1846]): *Pictures from Italy*, Flint, K. (ed.). Nueva York: Penguin.

Douglas-Fairhurst, R. (2013): *Becoming Dickens: The Invention of a Novelist*. Cambridge: Harvard University Press.

Forster, J. (1928 [1872]): *The Life of Charles Dickens*. Ley, J. W. T. (ed.), Londres: Cecil Palmer.

Hutcheon, L. (2012 [2006]): *A Theory of Adaptation*. Nueva York y Londres: Routledge.

Hollington, M. (2010): «From the Pink Jail to the Fishponds: Palaces and Prisons in the Dreamwork of Dicken's Italy» en Waters, C., M. Hollington y J. Jordan (eds.): *Imagining Italy: Victorian Writers and Travellers*, Cambridge: Cambridge Scholars, pp. 78–88.

Russell, S. (2015): «Consuming Italy: From Goethe's *Italian Journey* to Gilbert's *Eat, Pray, Love*», en Colletta, L. (ed.): *The Legacy of the Grand Tour*, Washington: Rowman and Littlefield, pp. 133–155.

Slater, M. (2009): *Charles Dickens*. New Haven: Yale University Press.

Stanley-Price, N. (2015): «See Rome — and Die: Legacies of the *Grand Tour* in a Roman Cemetery», en Colletta, L. (ed.): *The Legacy of the Grand Tour*, Washington: Rowman and Littlefield, pp. 169–184.

Sweet, R. (2012): *Cities and the Grand Tour: The British in Italy, c. 1690-1820*. Cambridge: Cambridge University Press.

Tomalin, C. (2011): *Charles Dickens – A Life*. Nueva York: Viking Press.

Thompson, A. (2015): «George Eliot On and Off the Beaten Track: *Recollections* of German and Italy», en Colletta, L. (ed.): *The Legacy of the Grand Tour*, Washington: Rowman and Littlefield, pp. 71–92.

Waters, C. (2010): «Commodifying Culture: Continental Travel and Tourism in *Household Words*» en Waters, C., M. Hollington y J. Jordan (eds.): *Imagining Italy: Victorian Writers and Travellers*, Cambridge: Cambridge Scholars, pp. 35–49.

Rocío PEÑALTA CATALÁN

Los relatos de viajes de Benito Pérez Galdós y las nuevas formas de viajar

A pesar de que la obra de Benito Pérez Galdós ha sido ampliamente estudiada, la mayoría de los trabajos se centran en sus novelas y en los *Episodios Nacionales* y, en menor medida, en su teatro; sin embargo, sus relatos de viajes no han recibido tanta atención por parte de la crítica, lo que los convierte en un interesante campo aún por explorar. Quizá la fase más interesante de este trabajo haya sido, precisamente, la búsqueda bibliográfica de ediciones de los viajes de Galdós y de trabajos científicos que los abordasen. En este contexto, resulta sorprendente que, a pesar de la abundante bibliografía secundaria existente sobre Pérez Galdós, estos textos hayan pasado desapercibidos o no hayan interesado a los estudiosos de su obra; algo que también puede afirmarse respecto de otros autores canónicos de la literatura española, como Vicente Blasco Ibáñez o Emilia Pardo Bazán.

Como indicaba, son muy escasos los trabajos dedicados específicamente a Benito Pérez Galdós en su faceta de autor de relatos de viajes y prácticamente todos comienzan señalando esta laguna en la bibliografía sobre el escritor, como ahora hago yo misma. Probablemente haya sido Alberto Navarro González quien más se haya ocupado de esta cuestión, con tres breves artículos publicados entre 1989 y 1990, recogidos en actas de congresos y en libros homenaje a otros académicos, lo que hace que su circulación haya sido ciertamente limitada: «Relatos de viajes de don Benito Pérez Galdós por España y Portugal», «Viaje a Italia de don Benito Pérez Galdós» y «Galdós, autor de relatos de viajes». Este último se halla digitalizado en *Memoria digital de Canarias,* de la Universidad de las Palmas de Gran Canaria, lo que facilita considerablemente su consulta. Idoia Arbillaga ha atendido brevemente a «El "Viaje a Italia" de Benito Pérez Galdós» en su libro *Estética y teoría del libro de viaje: El «viaje a Italia» en España.* También Julio Peñate Rivero, profundo conocedor de los libros de viajes españoles del siglo XIX, ha tratado la producción de Galdós en este ámbito. A pesar de ser los relatos de viajes del XIX una de sus líneas de investigación fundamentales (*cfr.* Peñate Rivero, 2011, 2016), solo se ha ocupado extensamente del autor que nos interesa en sus artículos «De la mirada a la escritura: el arte de andar y ver en Galdós» y «Mirada y visión del arte en los textos del Galdós viajero: Materiales para una posible reevaluación de una "obra menor"», recogidos nuevamente en actas de congresos, del X Congreso Internacional de Estudios Galdosianos y del IV Coloquio de la Sociedad de Literatura Española del Siglo XIX, respectivamente. En este último volumen encontramos también el capítulo de Marta Cristina Carbonell «Benito Pérez Galdós, viajero y observador del arte italiano», igualmente atendiendo a la crítica de arte en los relatos de viaje de Galdós y, este sí, mucho más accesible por estar digitalizado en la biblioteca Cervantes Virtual. Cristina Carbonell es autora, además, del trabajo «Galdós viajero, ante el espejo de Taine», incluido en el volumen *La literatura española del siglo XIX y las literaturas europeas,* correspondiente a las actas del V Coloquio de la Sociedad de Literatura Española del Siglo XIX. Peter Bly, en «Galdós as Traveller and Travel Writer», se ocupa fundamentalmente de los relatos de viaje por España, Italia e Inglaterra. Por su parte, Brian J. Dendle recupera un artículo publicado en *El Liberal* en 1903 en el que Galdós «se refiere, en cuatro breves párrafos, a su estancia en Bagnères-de-Bigorre [...], a su viaje a Barcelona, pasando por Figueras y Gerona, y a su llegada a Barcelona en septiembre de 1868» (Dendle, 1988: 387–388). Finalmente, Juan-Luis Guereña, en «Galdós en la Exposición Universal de París de 1867», repasa las impresiones y vivencias del escritor canario en la capital francesa a través de sus crónicas sobre la Exposición Universal publicadas en prensa[1].

---

1   Además del mencionado artículo de Guereña (1990), que alterna los textos periodísticos de Galdós con fragmentos de sus novelas referidos al mismo asunto, existen otros trabajos que se ocupan de sus visitas y estancias en París, como los de Alan E. Smith (2010) y Françoise Étienvre (1976), pero estos se centran fundamentalmente en las relaciones que allí estableció el escritor canario y en la labor de difusión y traducción de su obra en el ámbito francés. También Étienvre (1976: 125) insiste en que «on est fort mal renseigné, d'une façon générale, sur les voyages de Galdós [...]» y en lo dispersas que se hallan las fuentes para su estudio.

De esta escueta relación se deduce que es el viaje a Italia de Galdós el que mayor interés ha suscitado[2], mientras que sus viajes a Inglaterra, Portugal y por España[3] han quedado relegados a un segundo plano. Sostiene Ana María Freire (2012: 79) que los relatos de viajes que los autores españoles del siglo XIX realizaron por España «son menos ambiciosos en general, aunque no menos interesantes, que los referidos al extranjero» y, ejemplifica esta afirmación concretamente con la reedición «en época reciente» de *Cuarenta leguas por Cantabria* de Pérez Galdós[4]. Y continúa:

Los libros de españoles por el extranjero resultan (o resultaban en su tiempo) más atractivos, por lo desconocido de los lugares visitados, o de sus costumbres e incluso por las reflexiones y reacciones que esos lugares suscitan en un viajero de nuestro propio país. Resulta bastante común que la actitud del viajero, extranjero o español, sea muy diferente en su propia patria y fuera de ella, donde suele ser más espectador que protagonista.

Podríamos entonces entender, asumiendo como cierta la afirmación de Freire, que los viajes por España —e incluso el de Portugal, por la cercanía y familiaridad respecto del país vecino— hayan recibido menos atención, pero ¿qué sucede con el viaje de Benito Pérez Galdós

---

2   En esta línea se encuentra también el reciente artículo de Franck González (2019) «Galdós y el *Grand Tour:* el viaje a Italia», pero, aunque reconstruye el itinerario del novelista en su viaje de 1888 (*cfr.* González, 2019: 548, n. 24), no se ocupa en absoluto de su escritura viajera, sino de su relación con el arte y de las menciones a pintores y artistas en sus novelas.

3   Diane F. Urey (2007-2008) retoma *Cuarenta leguas por Cantabria,* pero no lo aborda desde la perspectiva del género de viajes, sino desde el análisis de ciertos motivos y metáforas presentes también en su narrativa de ficción.

4   Es de suponer que la autora del artículo se refiere a la publicación en 1996, por Ediciones Tatín, de la versión editada, anotada y prologada por Benito Madariaga de la Campa para la colección «Historias de Cantabria» (*cfr.* Pérez Galdós, 1996), quien previamente se había encargado de otra edición para el Ayuntamiento de Santander en 1989 (*cfr.* Pérez Galdós, 1989). Después de la publicación del artículo de Freire, *Cuarenta leguas por Cantabria* ha vuelto a ser editado, con fotografías de Ángel Luis Aldai, en esta ocasión por la Consejería de Cultura del Cabildo de Gran Canaria, en 2018, con motivo del Bienio Galdosiano, que conmemoraba el 175º aniversario del nacimiento de Galdós (Casa Museo Pérez Galdós, 2018).

a Inglaterra? En este sentido, resulta curioso comprobar cómo en la edición de Aguilar de las obras completas de Pérez Galdós (1971), a cargo de Federico Sainz de Robles, *La casa de Shakespeare* —tal es el título de la narración del periplo inglés— no aparece recogida entre los relatos de viajes, sino en el apartado «Memoranda», dentro del volumen dedicado a «Miscelánea», en el que también figuran los relatos viajeros. Del mismo modo, Alberto Ghiraldo, en el volumen «Viajes y fantasías» de las *Obras inéditas* de Galdós (1928?), solo incluye en el capítulo de viajes *Excursión a Portugal* y *Excursión a Italia (Las ciudades)*. Sin embargo, existe una edición previa, de hacia 1895, que recoge los relatos de los viajes de Galdós al extranjero en la que sí podemos encontrar *La casa de Shakespeare,* abriendo el volumen, junto con *Portugal* y *De vuelta de Italia*[5].

Por otra parte, todos los trabajos consultados consideran el texto sobre Inglaterra dentro del género de viajes. Alberto Navarro González, en su artículo «Galdós, autor de relatos de viajes», afirma que:

> cuatro son las principales obras de Galdós que, de un modo u otro, podríamos incluir entre los relatos de viajes que tan abundantemente proliferan entonces y después, dentro y fuera de España: *Cuarenta leguas por Cantabria,* escrito y fechado en Santander en Septiembre de 1879; *La casa de Shakespeare,* relato que escribe en 1890, un año después de realizar su viaje a Inglaterra; *Excursión a Portugal,* escrito en 1885, y *Viaje a Italia (Las ciudades),* escrito y fechado también en Santander el 30 de Octubre de 1880 [*sic*]. (Navarro González, 1990: 134)

Germán Gullón, en su reciente edición de los textos referentes a los viajes de Galdós titulada *Viajes de un desmemoriado,* de 2012, añade además «Ciudades viejas: El Toboso», fechado en Santander, el 28 de julio de 1915. Es, por lo tanto, muy posterior a los enumerados por Navarro González, todos ellos realizados entre 1879 y 1888 (Navarro González, 1990: 148). Parece ser que el reportaje sobre El Toboso, publicado originalmente en el semanario madrileño *La Esfera,* iba a ser

---

5   Mientras que el título de *La casa de Shakespeare* se mantiene en las diversas ediciones, los viajes a Portugal e Italia reciben distintas denominaciones en cada publicación.

128

la primera entrega de una serie dedicada a distintas ciudades españolas que no tuvo continuidad[6] (Gullón, 2012: 17).

Por su parte, y junto a los ya enumerados, Marta Cristina Carbonell (2009) da noticia de la existencia de unas crónicas berlinesas[7] recogidas en el volumen *Las cartas desconocidas de Galdós en «La Prensa» de Buenos Aires,* editado por William H. Shoemaker en 1973. Y Peñate Rivero (2008: 325) añade una referencia al texto sobre la Exposición Universal de 1889 en París, y el temprano e incompleto relato *Un viaje de impresiones,* escrito en 1964, en el que un joven Benito Pérez Galdós «relata el accidentado trayecto en barco […] entre Las Palmas y Santa Cruz, camino de la península, y parte de [su] estancia de nueve horas en la capital tinerfeña» (Peñate Rivero, 2013: 158).

Gullón, en el volumen mencionado, incluye también las *Memorias de un desmemoriado,* donde Galdós recuerda sus viajes —documento que resulta muy útil para comparar qué informaciones referentes a su experiencia viajera selecciona para compartir con los lectores de sus crónicas y cuáles reserva para sus memorias—, y la correspondencia entre Galdós y Clarín donde se alude a estos desplazamientos por España y Europa. Como fuente complementaria, también resultan interesantes las veintiocho cartas de Galdós a Pereda recogidas por Carmen Bravo Villasante, pues, en algunas de ellas, Galdós reflexiona sobre la escritura de sus relatos de viajes. Además, fue Pereda quien le acompañó a Portugal: «Galdós y Pereda en España serían los grandes amigos de la época del realismo, como lo fueron inseparables en el romanticismo Goethe y Schiller» (Bravo Villasante, 1970-1971: 9).

Parece ser que Benito Pérez Galdós fue muy aficionado a viajar y conoció diversas capitales europeas. Aparte de en Las Palmas, ciudad que abandonó a los 19 años, Galdós vivió en Madrid y Santander. Además, en los veranos de 1867 y 1868 realizó sendos viajes a París

---

6   El reportaje, dividido en dos secciones, apareció originalmente publicado en los números 86 y 87, Año II, de *La Esfera,* correspondientes a los días 21 y 28 de agosto de 1915, en las páginas 4, 5 y 22, respectivamente (*cfr.* Pérez Galdós, 1968: 155, n. 242). En él, Galdós «recurrió como tantas otras veces en sus novelas y episodios al procedimiento de combinar una experiencia "vivida" con otra "leída"» (Cardona, 1968: 151).

7   En realidad se trata de un recorrido mucho más amplio que abarca diversas ciudades de Holanda, Alemania y Dinamarca *(cfr.* Shoemaker, 1973: 251-292).

acompañando a su hermano Domingo y a su familia. Allí, asistió a las exposiciones universales y descubrió una ciudad moderna en contraste con el Madrid decimonónico. Viajó por Inglaterra, Francia, Italia, Dinamarca y Holanda con su amigo José Alcalá Galiano; a Francia, Suiza y Alemania con Emilia Pardo Bazán, y a Portugal con José María de Pereda (Cristina Carbonell, 2009; Gullón, 2012: 10, 14; Peñate Rivero, 2008: 317). De todos esos viajes por Europa, como hemos visto, solo dejó algunos relatos y crónicas (*cfr.* Peñate Rivero, 2013; Shoemaker, 1973).

Ya en los *Episodios Nacionales,* las novelas y los dramas podemos apreciar la capacidad de Galdós para observar los paisajes, las ciudades y las gentes de España (Navarro González, 1990: 133), impresión que se constata al leer sus relatos de viajes. Y aunque contemporáneos suyos como Azorín consideraran que Galdós «no sintió el paisaje» (*cfr.* Bri Agulló, 2015: 252), lo cierto es que muchas de sus apreciaciones sobre los lugares visitados siguen siendo válidas hoy en día. De hecho, Julio Peñate Rivero (2008: 317) insiste en la importancia que tuvieron los viajes en la escritura de Galdós: «Acaso la técnica literaria se pueda adquirir mediante la lectura sedentaria pero la visión del mundo que nuestro autor maduró se debe, en gran medida, a su experiencia viajera».

También Navarro González considera que los relatos de viajes de Galdós «no dan la talla máxima del escritor, ni descuellan entre sus grandes obras» (1990: 147); sin embargo, sostiene que se trata de «una literatura que, si no ofrece la más valiosa muestra de la creación literaria de Galdós, posee el singular interés de hacernos conocer mejor la talla humana, la amplia y benévola comprensión, los acertados juicios y los gustos artísticos del insigne escritor canario» (1990: 133). Algo similar opina Germán Gullón (2012: 8–9), que sostiene que los relatos de viajes de Galdós merecen ser leídos para complementar sus novelas, «y también para entender los gustos y observaciones personales de este hombre enigmático y reservado». Dado el carácter biográfico de los libros de viajes —por tratarse de relatos factuales (Alburquerque-García, 2011: 16)—, la narración de estas experiencias viene a aportarnos datos sobre los intereses y las preferencias del autor[8]:

---

8   Sobre los límites entre relato de viaje y biografía, véase Alburquerque-García (2006: 80).

Siguiendo los relatos de viaje galdosianos se tiene acceso a buena parte de la personalidad del autor: gustos personales, interés profundo por las bellas artes, visión de la sociedad europea de la época, necesidad íntima y renovada del periplo europeo, función compensadora de esos «viajes de recreo», como su protagonista los llamaba, para oxigenar y enriquecer la inspiración del resto de su obra, etc. (Peñate Rivero, 2013: 163)

A una conclusión similar llegar Peter Bly (2007) al señalar: «Galdós the travel writer reveals more about himself as a human being than Galdós the novelist does, and at the same time, he comes to a deeper understanding of himself».

Alberto Ghiraldo, en el prólogo al volumen *Viajes y fantasías* de su edición de las obras inéditas de Galdós, sostiene que toda la producción galdosiana «encierra un interés particular» y reivindica su labor periodística, «tarea a la que Galdós dedicó mayor tiempo y atención de lo que generalmente creen sus compatriotas», pues, como veremos, la mayoría de estos relatos de viaje no son otra cosa que la compilación de una serie de artículos aparecidos en prensa. Al igual que sucede con los textos que ahora nos ocupan, Ghiraldo lamenta que la faceta periodística de Galdós haya sido ignorada en España:

[…] esa labor que él preparaba en el silencio de su gabinete de estudioso, entre la redacción de un capítulo de novela y la combinación de una escena dramática, con el propósito de llevar a sus hermanos de todas las tierras de habla española la vibración de la calle, la palpitación diaria, el pulso de su pueblo, y también las observaciones realizadas en sus rápidas, pero provechosas fugas a los países cercanos, de las que, sin duda posible, representan excelentes pruebas los capítulos iniciales de este libro. (Ghiraldo, 1928: 5–6)

Y continúa:

[…] el caso de Galdós periodista es uno de los más extraordinarios dentro de la literatura española. Durante diez años, los mejores quizá de su vida de escritor (1883–1893), el maestro indiscutido de la novela española contemporánea dedicó muchas horas diarias a la crónica política, de arte y social, y aun a la de sucesos, relatando acontecimientos de toda índole, con ese su estilo claro y sin afeites, en esa su prosa límpida, traslúcida, aunque llena de sugestiones y espolvoreada a las veces de ironía sutil. (Ghiraldo, 1928: 6)

Para Cristina Carbonell (2009), lo más interesante de estos periplos, que define como «recorridos histórico-artísticos» y que contribuyeron a «la conquista de sus criterios más asentados y maduros como crítico de arte», son las reflexiones que Galdós irá sembrando a lo largo del relato de sus viajes y que también pueden observarse en su narrativa, que en esta época está alcanzando su plenitud:

> De un lado, la satisfacción, con ademán y vocación cosmopolita, de su voracidad de observador de la realidad social, moral y política contemporánea, desde el mirador privilegiado de la vida urbana: trazador, con mano maestra, de la compleja y fascinante geografía humana de la ciudad, de la urbe decimonónica, sobre la que va a proyectar una mirada que, orillando lo estrictamente pintoresco o casticista, quiere ir en busca de su fisonomía moral, del trasiego vital de su fauna humana, como medio para penetrar en el conocimiento verdadero de sus costumbres […]. (Cristina Carbonell, 2009)

Efectivamente, en todos sus relatos de viajes, Pérez Galdós retrata la idiosincrasia de los pueblos, reflexiona sobre cuestiones políticas y presta una especial atención a las manifestaciones artísticas propias de cada país y ciudad visitados:

> En los relatos de viajes vemos exponer, con la serena objetividad y sencillez de estilo que le caracteriza, atinadas observaciones sobre lisboetas, madrileños, napolitanos y andaluces, sobre las lastimosas consecuencias de la falta de unión y comprensión de portugueses y españoles, sobre las grandes ventajas que la unidad nacional ha traído a Italia, etc., etc. También nos brinda valiosas descripciones de monumentos, paisajes, etc. El principal interés de estos relatos radica —sin embargo— en los juicios artísticos que Don Benito, más aficionado a las artes plásticas y a la literatura que a la música y la danza, nos deja sobre famosas obras artísticas y literarias, y sobre los grandes artistas que las crearon. (Navarro González, 1990: 148)

Peñate Rivero (2008: 317–318), en cambio, pone el acento en un aspecto muy diferente. Lo realmente valioso de los viajes de Galdós, en su opinión, es la experiencia personal que suponen. El viaje, para el escritor realista, se manifiesta como la necesidad íntima de vivir en primera persona, directamente, aquello sobre lo que había tenido un conocimiento indirecto —lo que demuestra una gran modernidad en su actitud—. Esto lo vemos claramente expuesto en el relato de su llegada a Venecia:

> Por muchas noticias que se tengan de una ciudad y por mucho que se la haya visto
> pintada, ya en cuadros magníficos, ya en las tapas de las cajas de guantes, siempre
> la contemplación real de la misma nos hace rectificar ideas e imágenes. El natural
> da siempre tonos e inflexiones que nadie prevé. Hay en el color efectivo de las
> cosas algo que no es lo que se había imaginado, por bien imaginado que estuviese.
> De aquí que la curiosidad natural de nuestro ánimo y el ansia de nuestros ojos no
> se vean satisfechos nunca sino ante la realidad. (Pérez Galdós, 1895: 106–107)

Igualmente, en la crónica dedicada a Pompeya, Galdós vuelve a insistir en que toda la información leída previamente sobre aquellos lugares y los incontables dibujos, retratos y descripciones de la ciudad ya conocidos por él, si bien provocan cierto sentimiento de familiaridad, no impiden que la visita sea «fuente de emociones enteramente desconocidas»:

> Pasa con Pompeya lo que con ciertos parajes de Venecia y Roma, y es que todo
> el mundo la ha visto antes de estar en ella. Cierto que el dibujo, la pintura y la
> fotografía no dan jamás la idea exacta ni la impresión verdaderas. Por mi parte,
> puedo decir que cuando vi a Pompeya, parecíame que la veía por segunda vez, o
> que al menos no era cosa enteramente nueva para mí. Esto con respecto a la parte
> puramente arquitectónica de la ciudad desenterrada; pero en cuanto al espíritu que
> encierra, a las sombras que en ella moran, recuerdo o expresión misteriosa de una
> vida anterior, la visita a Pompeya fue para mí fuente de emociones enteramente
> desconocidas. (Pérez Galdós, 1895: 155)

Hasta qué punto los viajes suponen una experiencia impactante y conformadora de la sensibilidad de Galdós, lo deduce Peñate Rivero (2008: 317) de la lectura de las memorias del escritor grancanario:

> [...] el mayor atractivo de las *Memorias de un desmemoriado* publicadas en *La
> Esfera* (1916) no consiste en la calidad notarial de la relación (quizás decepcio-
> nante para quien busque en el texto una documentación rigurosa y factual) sino en
> la huella dejada en su autor por experiencias viajeras realizadas entre veinte y cin-
> cuenta años antes. En efecto, «no importa» que la narración de los hechos sea o no
> fiable. Lo que sí importa es que esa narración haya tenido lugar y, sobre todo, que
> se haya producido tantos años después de los hechos. Ello revela, directamente,
> la intensidad del impacto de los acontecimientos en la sensibilidad de su protago-
> nista y sugiere, indirectamente, que las experiencias allí relatadas contribuyeron
> a formar y a matizar la visión galdosiana del mundo tal y como se representaría a
> lo largo de su obra.

Algo en lo que coinciden todos los críticos es en señalar la originalidad de la escritura viajera de Galdós. Para empezar, a diferencia de sus contemporáneos Ramón de Mesonero Romanos, Enrique Gil y Carrasco, Fray Candil o Emilia Pardo Bazán, que escribieron sobre Francia, Bélgica y Alemania, Galdós prefiere mirar hacia Inglaterra e Italia, como ya habían hecho viajeros ilustrados como Antonio Ponz y Leandro Fernández de Moratín. También visitará Portugal, como Juan Valera y Miguel de Unamuno. Además, aunque con toda seguridad Galdós conocía los relatos de viajeros previos —de hecho, cita a Moratín al pasar por Bolonia—, en ningún caso «desea competir con los excelsos y numerosos cultivadores extranjeros y españoles de este género» (Navarro González, 1990: 135). También se diferencia Galdós, en cuanto a motivación, estilo y objeto de atención, de los viajeros del siglo precedente e incluso de sus contemporáneos:

> Los viajeros de la Ilustración, como sus predecesores del siglo XVI, pertrechados de erudición y de preocupaciones económicas, iban afanosos de describir y descubrir tesoros artísticos y arqueológicos, y deseosos de ver y fomentar provechosas artes y riquezas agrícolas. Los viajeros románticos, y la mayoría de los del siglo XX, caminan anhelosos de desahogar y exponer personales ideas y sentimientos experimentados ante la vida, el paisaje y las bellezas artísticas que contemplan, narrando de paso las más o menos interesantes peripecias de sus andanzas. En los libros de viajes de unos y otros, expuestos en forma de diario, carta o crónica, el autor es el personaje central y quien, utilizando escasamente el diálogo, directamente habla al lector. Don Benito Pérez Galdós, ni era un erudito arqueólogo o historiador, ni un romántico escritor que disfrutara hablando de sí mismo y desahogando íntimos pensares y sentires. El gran novelista canario era, ante todo, un fabuloso observador de la vida y de los hombres españoles de su época, que supo épicamente narrar con un verismo y amplitud inigualables. (Navarro González, 1990: 147–148)

En una carta fechada en noviembre de 1976 y dirigida a José María de Pereda, Galdós reconoce lo tediosos que resultan los relatos de viajes basados únicamente en la descripción. Para huir del «género turista» que califica de «cursi» y «totalmente insulso», Galdós trata de introducir, en sus *Cuarenta leguas por Cantabria,* pasajes y episodios que doten al texto de cierto aire novelesco, pero termina por eliminarlos para dejar únicamente el discurso descriptivo. Sin embargo, no se muestra en absoluto satisfecho con el resultado, especialmente por las imprecisiones en los nombres de lugares y personas (*cfr.* Bravo Villasante, 1970-1971: 10):

De veras le aseguro a V. que me avergüenzo de que mi firma vaya al pie de una cosa tan mala. Para mayor desgracia, perdí el papel en que hiciera aquellas ligeras apuntaciones que V. secundara, y no he tenido más guía que mi flaca memoria. Todos los nombres están equivocados. Es tan detestable el fondo como la forma, llena de incorrecciones. […] se la enviaré a V. en pruebas o en pliegos sueltos (sale en la *Revista de hoy,* 28), para que la corrija y le enmiende los nombres, y le quite y le ponga todo lo que crea conveniente. Ojalá la dejara V. en tal estado, que no la conociera el padre que la engendró.

Navarro González (1989a: 469) coincide en señalar que, «aunque con rasgos y detalles dignos de él», la relación del viaje por Cantabria es la inferior de las obras de Galdós enmarcadas en este género, pues en ella apenas hay aportaciones personales o literarias, sino que «con pluma no demasiado ágil ni inspirada, se limita a describir los principales paisajes, villas y monumentos que va viendo en compañía de Pereda y Andrés Crespo desde Santander a Potes, pasando por Comillas, Santillana, San Vicente de la Barquera, etc.». El propio Galdós así lo reconoce al final de su escrito: «He descrito a grandes rasgos este viaje, tan sólo por complacer a cariñosos amigos montañeses, y seguro de que no podría en manera alguna reproducir en el lenguaje escrito las bellezas y el inmenso atractivo del país cantábrico. Después de hecha la prueba, siento que mi primera resistencia hubiera flaqueado poniéndome en la tentación de probar fortuna» (Pérez Galdós, 1989: 91). Por ello, y porque considera que no añade «absolutamente nada a lo que los montañeses saben de su país, y que muy poco enseñ[a] a los extraños que no lo conocen», remite a los relatos de quienes le han precedido recorriendo el Norte de España:

La naturaleza y el suelo todo de la Cantabria han sido descritos con poético y gallardo estilo por el insigne escritor don Amós de Escalante, y las costumbres rurales y urbanas de tan encantador país han sido pintadas magistralmente por la inimitable y seductora pluma de don José María de Pereda […]. En lo relativo a erudición y arqueología montañesa, hay muchos y muy buenos escritos del mismo Escalante, de Asas, de Ríos y Ríos, de Menéndez, de Leguina, Casa-Mena y otros. (Pérez Galdós, 1989: 91–92)

Sin embargo, los relatos de viajes de Galdós no son meras descripciones de los paisajes y lugares recorridos, sino que nos transmiten su perspectiva e interpretación de lo observado:

Lo que nos interesa aquí es la huella de una experiencia viajera (real o presentada como tal), según nos lo sugieren los escritos galdosianos: mirada (lo que el viajero vio en sus desplazamientos) y visión (la representación que nos ofrece a través del texto). Mirar es siempre una forma de ver y el relato galdosiano nos informa tanto del objeto mirado como de la perspectiva bajo la cual Galdós lo contempló y, sobre todo, nos lo transmitió [...]. (Peñate Rivero, 2008: 316)

Sí es cierto que la narración de peripecias personales es mínima —«a diferencia de Alarcón y de Unamuno, [Galdós] elude hablar de sí mismo» (Navarro González, 1990: 148)—, pero eso no significa que el relato no esté impregnado de la subjetividad del viajero. La atención de Galdós se dirige hacia determinados asuntos, como la idiosincrasia de los ciudadanos de los países visitados, las manifestaciones artísticas y, en el caso de su viaje a Italia, la situación política tras la reciente reunificación, y eso ya supone un filtro entre la realidad contemplada y la transmitida al lector.

Por su parte, Idoia Arbillaga (2005b: 400) entiende que este último relato de viajes es «una suerte de texto de transición entre los más típicos libros de viaje a Italia decimonónicos y los últimos resultados brindados por el género en el siglo XX; una obra en donde la subjetividad del autor predomina en el texto, pero sin todavía relegar del todo las funciones descriptiva y objetiva, componentes fundamentales en el género».

Como ya he explicado, son varios los trabajos sobre los relatos de viajes de Galdós centrados en su faceta de crítico de arte, y es que la observación y descripción de obras artísticas ocupa un lugar privilegiado en ellos. De hecho, como ya hemos visto, el propio Galdós reconoce que una de las principales motivaciones de sus viajes consiste en observar *in situ* aquello a lo que solamente había tenido acceso a través de descripciones o reproducciones, y esto se refiere también al «legado artístico, todas aquellas obras maestras de la pintura, la escultura o la arquitectura que conforman el patrimonio monumental de las ciudades de la vieja Europa» (Cristina Carbonell, 2009).

A pesar de que habían sido muchos los viajeros que habían precedido a Galdós en sus recorridos por Portugal, Inglaterra y, sobre todo, Italia, y que habían dejado sus experiencias por escrito, Navarro González (1989b: 485) considera que es «en el terreno de los juicios artísticos donde la presente obra de Galdós [el relato del viaje a Italia] orilla a la de Moratín y Alarcón, aun cuando, a diferencia de ambos, para nada nos hable del teatro ni de la música de Italia tan apreciados por los autores de *El sí de las niñas* y *El final de Norma*». Y es que dos son las manifestaciones artísticas privilegiadas por la mirada galdosiana: la literatura y las artes plásticas.

En lo que se refiere a la literatura, Peñate Rivero (2008: 319) considera a Galdós un «viajero literario», lo que se manifiesta en sus relatos de viajes de distintas formas: mediante las referencias a autores literarios, a través de «las numerosas formulaciones de tono literario empleadas para referirse a monumentos artísticos» y por la constante presencia de escritores como motivo o referencia de sus visitas. Para ilustrar este último caso, no hay más que pensar en su viaje a *La casa de Shakespeare,* que gira en torno a la figura del dramaturgo inglés, o en el extenso comentario sobre Dante con que se abre la crónica sobre Florencia, y que ocupa la primera —y más extensa— de las cuatro cartas dedicadas a esta ciudad en *De vuelta de Italia:*

> El que vaya a Florencia sin conocer, aunque sólo sea superficialmente, la obra magna de Dante Alighieri, no gozará del principal encanto que aquella noble ciudad ofrece.
>
> Porque Florencia está llena de memorias del gran poeta. Parece que no ha dejado de habitarla el espíritu de éste, que la lengua por él creada y ennoblecida es la misma que se habla hoy allí, y que su recuerdo está vivo en la memoria de los florentinos, coetáneos nuestros, cual si no nos separara de la fecha de su muerte el enorme lapso de cinco siglos y medio. En efecto, pocos hombres han vivido y viven en el sentimiento de la humanidad como este extraordinario cantor del dolor y de las aspiraciones sublimes de nuestro espíritu; pocos han ganado como él esa consagración del tiempo, por la cual su poesía no puede envejecer ni sus versos marchitarse. Su retrato, pintado por Giotto, nos lo representa con una azucena en la mano. Esta flor viene a simbolizar la perdurable frescura de su ficción poética, profundamente humana, y, por tanto, eterna. (Pérez Galdós, 1895: 114–115)

Confiesa Navarro González (1990: 148):

> escuchar los elogios que Galdós dedica a Shakespeare, Dante y Miguel Ángel, a quienes generosamente reconoce como «superiores ingenios», ha sido para mí lo más impresionante de sus relatos de viaje, y lo que más palmariamente muestra que Galdós no sólo fue un gran novelista, sino un artista de excelente gusto y juicio, y de espíritu generoso.

En lo que atañe a las referencias literarias, además de las citas a diversos autores que salpican las páginas de sus relatos de viaje, Pérez Galdós conocía bien las obras de grandes escritores sobre las ciudades que se disponía a visitar:

> Escribir sobre Italia significaba para Galdós, y para cualquier autor de su época, una empresa de mayor empeño y más arriesgada que hablar sobre Portugal o Inglaterra.
>
> Galdós sabía que la mayoría de nuestros grandes escritores del Siglo de Oro, desde Garcilaso a Calderón, pasando por Cervantes, Gracián, Quevedo, etc., sobre Italia habían escrito y en ella habían situado e inspirado excelsas e incontables obras poéticas, novelas, dramas, etc. Por otra parte, modernos escritores extranjeros tan famosos como Goethe, Byron, Walter Scott, Lamartine, Taine, etc., etc., ya habían publicado sus impresiones sobre el maravilloso país del arte, y de él habían hablado o en él habían situado la acción de relatos, romances y dramas, Moratín, Martínez de la Rosa, el Duque de Rivas, Zorrilla, Estébanez Calderón, Alarcón, Castelar, Amós de Escalante, etc. De todos ellos, [...] quienes más presentes deberían estar en la mente de Galdós a la hora de escribir sus impresiones de este viaje serían Moratín [...] y Pedro Antonio de Alarcón. (Navarro González, 1990: 139)

Como hemos visto, en *Cuarenta leguas por Cantabria* Galdós remitía a la obra de otros viajeros que habían visitado la región, a los que consideraba más aptos para transmitir conocimientos sobre ese lugar; sin embargo, en el caso de Italia, las referencias a otros libros de viajes son mínimas, y solo se refiere a Moratín al pasar por Bolonia, aunque en un tono igualmente elogioso:

> Moratín que pasó allí largas temporadas y que gustaba mucho de la vida tranquila y del saludable clima de aquel pueblo, dice en una de sus cartas: «Llegué a Bolonia, y pasé cuatro meses del verano en ver procesiones y oír letanías». La descripción que hace nuestro gran prosista de las interminables fiestas religiosas de aquella ciudad, es graciosísima. No la copio por no hacer demasiado larga esta carta. No le va en zaga por el gracejo y la elegancia del decir, la que hace también de los «birriquines», que así se llamaban en Bolonia a los holgazanes o pícaros que infestaban la ciudad en otros tiempos. (Pérez Galdós, 1895: 136)

No obstante, Galdós es plenamente consciente de ser continuador de un género cultivado por numerosos escritores a lo largo de los siglos, y así lo reconoce abiertamente al emprender su labor:

No me propongo describir las ciudades de la península, pintadas de diverso modo por tantos viajeros. Italia es conocida aún por los que no la han visitado, y las representaciones gráficas y descriptivas de sus monumentos son digámoslo así, del dominio público. ¿Quién no conoce las lagunas de Venecia, la logia de Florencia y la plaza de San Pedro? Se ha escrito tanto de Italia que es difícil y temerario añadir nuevas descripciones a las tan conocidas hechas por las plumas más hábiles de todos los países. Únicamente intentaré presentar algunos puntos de vista, resultado de la observación personal, y así estas cartas contendrán apreciaciones artísticas e históricas enlazadas con los nuevos aspectos que ofrece la moderna Italia, transformada por la unidad. (Pérez Galdós, 1895: 69)

En lo que concierne a la crítica de arte, considera Peñate Rivero (2008: 319) que «Galdós mira literariamente el Arte y que tal vez incluso lo ve a través de la Literatura», y esto porque en sus descripciones continuamente alude a conceptos como la armonía, la concordancia, la correspondencia y la proporción. De todos los viajes de Galdós, es en el italiano donde con mayor intensidad desarrolla sus juicios artísticos.

No solo resultan interesantes las descripciones y valoraciones de las obras de arte, sino sus reflexiones sobre lo que implica la contemplación de las maravillas creadas por el ser humano. Podemos apreciarlo, por ejemplo, en su visita al Vaticano:

Generalmente se llega a Roma después de haber estado en Florencia y Venecia. El viajero lleva ya su espíritu saturado, digámoslo así, de emociones artísticas. A fuerza de ver perfecciones prodúcese en él una especie de empacho, y no es de extrañar que sean miradas con indiferencia algunas obras capitales. A pesar de esto, la contemplación de la capilla Sixtina y singularmente de su incomparable techo confunde y anonada. Es una de las obras más asombrosas que ha producido el ingenio del hombre, una verdadera creación en el sentido más concreto de la palabra. En ninguna de las obras de Miguel Ángel se vé, como aquí, el poder de su ingenio robusto, en el cual parece que se aúnan milagrosamente el paganismo y la fe cristiana. Es la más hermosa página teológica que se ha compuesto en honor del dogma, y todas las literaturas de los Santos Padres palidecen ante esta inspirada composición simbólica. Las tres artes en que Miguel Ángel fué maestro aparecen allí en admirable armonía, de tal modo que parecen una sola. Arquitectura, escultura y pintura forman conjunto estético de tanta hermosura que la vista fascinada no puede apartarse de la composición. (Pérez Galdós, 1895: 77–78)

Junto con el comentario artístico, el otro eje de las reflexiones de Galdós en su viaje por Italia es, como ya he señalado, la reciente unificación italiana. El escritor valora muy positivamente la estabilidad política lograda en el país europeo como resultado de este proceso, y no deja escapar la ocasión de compararla con la realidad española:

El sentimiento de la unidad es tan vivo en Italia que absorbe enteramente la vida política del país. Todo se subordina a la unidad, conquistada no hace mucho, y el temor de perderla acalla las pasiones y quita al poder público multitud de estorbos. En los países donde la unidad está asegurada, como en España, donde nadie piensa en ella, el poder público vive azarosamente en constante peligro. La ambición y el orgullo toman mil formas y sostienen constante guerra civil sin armas. En Italia existiría la misma agitación que entre nosotros, si la idea de la unidad no la impidiera. Diríase que aquel noble país no ha vuelto aún del asombro que le produce el verse constituido en nación de primer orden, y que teme despertar de este sueño glorioso y de encontrarse de nuevo dividido y despedazado, formando estados insignificantes. (Pérez Galdós, 1895: 62–63)

A pesar de las coincidencias con los relatos previos vinculados a la tradición del viaje a Italia, existen una serie de peculiaridades en la obra de Galdós que no solo permiten diferenciarla de la de sus precursores, sino que la alejan del esquema genérico del libro de viajes. Si bien el relato de Galdós está basado en un viaje real —condición indispensable para situarnos en el ámbito del libro de viajes, frente al concepto más amplio de literatura de viajes (*vid.* Alburquerque-García, 2006, 2011)—; escrito en prosa, como suele ser habitual en este género, y con presencia de la primera persona, que es al mismo tiempo narradora y protagonista de los hechos narrados; desde el punto de vista formal, «la estructura del relato de viajes suele ser cerrada y el hilo de la narración lineal, en orden sucesivo, de principio a fin, aunque se intercalen incisos, excursos o digresiones» (Freire, 2012: 73). En el relato de Pérez Galdós no existe ese hilo narrativo constituido por las distintas etapas del viaje. Nos encontramos ante lo que Idoia Arbillaga (2005a: 72–73) denomina «itinerario implícito»:

que se define en el libro de viaje como una representación literaria selectiva y muy incompleta del recorrido real realizado por el autor en su viaje. Esta clase de itinerario se limita a describir en la obra, de forma inconexa, los principales lugares visitados, sin que quede muy claro nunca en qué medida han podido además ser omitidos otros lugares accesorios, o de menor importancia, también visitados por el viajero. De forma habitual, el uso de este itinerario supone la representación en partes o capítulos aislados de los lugares más importantes del viaje sin que se describa entre ellos nada acerca de los trayectos entre localidad y localidad, entre puerto y puerto o entre región y región. El itinerario queda, pues, implícito.

Lo cierto es que en el relato de Galdós se obvian todos los trayectos, lo cual solventa el autor con giros tan desconcertantes como: «Vámonos ahora de un saltito a la gran Venecia […]» (Pérez Galdós, 1895: 106). Tampoco se presentan los capítulos correspondientes a cada ciudad en el orden en el que fueron recorridas, y la única pista en este sentido en su viaje a Italia es: «Al salir de Venecia no es posible dejar de hacer un alto en Padua» (Pérez Galdós, 1895: 127), a pesar de que el fragmento dedicado a Padua se encuentra entre los de Florencia y Bolonia.

Así, «alejándose del método y orden cronológicos y geográficos propios de todo libro de viajes, Galdós hablará de las ciudades italianas, no según el orden en que fue visitándolas, sino ateniéndose al que caprichosamente le dicta su memoria […]» (Navarro González, 1990: 140). El propio Galdós lo reconoce al expresarse en los siguientes términos:

Al no existir un orden cronológico en el relato, «también evita Galdós la forma de diario de viajes, frecuentemente empleada en este género», y opta por «exponer las distintas etapas de su periplo en forma epistolar, a través de una serie de cartas abiertas, sin destinatario expreso» (Navarro González, 1990: 135), como ya había hecho con ocasión de su viaje a Portugal. No obstante, tampoco se trata de cartas al uso, como señala Arbillaga (2005b: 401), sino que probablemente Galdós recurre a esta terminología por tratarse de un género muy presente en la tradición del relato de viajes: el epistolar. El *Viaje a Italia* de Galdós, o *De vuelta de*

Italia, como aparece significativamente titulado en algunas ediciones (*cfr.* Pérez Galdós, 1985, 2013), es un relato memorialístico.

El libro comienza con un preámbulo referido al conjunto del país, titulado «La nación italiana» y datado en Santander, el 30 de octubre de 1888, quince días después de su salida de Roma (Pérez Galdós, 1895: 61). Efectivamente, estas crónicas fueron escritas por Benito Pérez Galdós a su regreso del periplo que había realizado durante el verano por algunas ciudades italianas, acompañado de su amigo José Alcalá Galiano, en aquella época cónsul español en Newcastle, y frecuente compañero de viaje de Galdós. A partir de noviembre de ese mismo año y hasta marzo de 1889, estas crónicas de viaje fueron publicándose en el periódico bonaerense *La Prensa* con periodicidad aproximadamente quincenal (Cristina Carbonell, 2009). Por lo tanto, Galdós no redacta el relato de viaje *in situ,* sino a su regreso, basándose en sus recuerdos e impresiones. Esta circunstancia le permite tener una imagen de conjunto del país al abordar la escritura, lo que se refleja en los capítulos dedicados a la nación italiana en general.

Señala Ana María Freire (2012: 77–78) que en esa época eran «muy numerosos los libros españoles de viajes que nac[ían] como recopilación de artículos o crónicas publicadas previamente en la prensa periódica». En general, se trataba de crónicas puramente literarias, pues los periódicos y revistas que las albergaban no solían ser de carácter político.

Como ya he indicado, después de las dos cartas dedicadas a la nación italiana, donde reflexiona sobre la situación política del país y sobre los atractivos que ofrece a los viajeros, Galdós se refiere precisamente a la última ciudad que visitó: *Roma.* A Roma dedica las dos primeras cartas que conforman el relato del viaje a Italia. «Siguiendo el arbitrario orden que le dicta su memoria, y sin saber cómo ni por donde, Galdós nos lleva de Roma a Verona» (Navarro González, 1990: 142). A la ciudad de Romeo y Julieta dedica otras dos cartas. Le sigue Venecia, con dos curiosas cartas sobre las que volveré a continuación. Florencia es la ciudad más ampliamente tratada, con cuatro entregas. Desde Florencia retrocedemos a Padua, con tres secciones, en las que ocupa un lugar privilegiado la descripción de la Basílica de San Antonio; Bolonia, con otras tres; Nápoles, con cuatro y, finalmente, las tres cartas dedicadas a Pompeya que cierran el volumen. «Si las anteriores ciudades italianas, sobre todo Roma, Florencia y Bolonia, dieron ocasión a Galdós para exponer sus interesantes ideas artísticas y literarias, en Nápoles, como antes en Lisboa, oiremos a Don Benito hablar de la vida y de la naturaleza de aquella privilegiada ciudad» (Navarro González, 1990: 144).

Así, si queremos reproducir el viaje a partir de estas ocho breves secciones, tendremos que recurrir a otra fuente que complementa a estas crónicas y que resulta muy útil en este sentido: las *Memorias de un desmemoriado,* donde sí se describen, aunque muy brevemente, el itinerario seguido y los desplazamientos entre ciudades. Además, se menciona el paso por otras capitales que no aparecen recogidas en el *Viaje a Italia,* como Turín o Milán.

Sabemos gracias a esta segunda fuente que Galdós se reunió con su amigo José Alcalá Galiano en Londres; «pasamos por el canal de la Mancha, y en París tomamos billetes de ida y vuelta a Italia, yendo por Mont Cenis y volviendo por Ventimiglia» (Pérez Galdós, 2012: 90). Tras atravesar los Alpes, los viajeros se detienen en Turín, «la ciudad rectilínea»; siguen a Milán, donde contemplan la *Cena* de Leonardo, la catedral, la famosa Galería Vittorio Emanuele II y la *Scala;* continúan por Verona, donde visitan la tumba de Julieta, entre otras atracciones. Debido a las condiciones climatológicas y al desbordamiento del río Adige, se ven obligados a abandonar la ciudad y deciden dirigirse a Venecia, desde donde parten a Padua tras una breve estancia. De Padua pasan a Bolonia, «famosa por su universidad», y que ocupa un lugar privilegiado en las memorias. A continuación viajan a Florencia, donde se vuelve a hacer referencia a Dante y a la galería de los *Uffizi.* Después, atravesando el puente sobre el río Arno y recorriendo «las risueñas campiñas que rodean esta ciudad», los viajeros deciden no detenerse hasta llegar a Roma. A Roma se dedican tres capítulos de las memorias, y se hace en ellos referencia a los alojamientos e itinerarios, algo propio del relato de viajes y que, sin embargo, no aparece siquiera mencionado en el *Viaje a Italia.* Finalmente, llegan a Nápoles, el Vesubio y Pompeya. Desde allí, emprenden el camino de vuelta.

Vemos así cómo el itinerario implícito del relato de viajes queda explicitado en las memorias. Por lo tanto, resulta fundamental el cotejo de las dos fuentes para obtener una imagen global de la visita a Italia de Benito Pérez Galdós.

Por último, quiero hacer referencia a un aspecto del discurso viajero de Galdós que tiene que ver con el nacimiento del turismo moderno y que también ha sido observado por Maria Rosell (2011) en «Detente pasajero, ¿por qué vas tan deprisa?: Imágenes del turismo moderno en las memorias galdosianas». En el siglo XIX, como consecuencia del desarrollo de los medios de transporte, las mejoras de las vías de comunicación y el aumento de oferta de alojamientos, surgen los viajes de placer y todo tipo de facilidades para los viajeros: los viajes organizados, las guías de viaje, los manuales para viajeros, etc. (Freire, 2012: 68). Pero el auge del turismo no solo se debe a avances técnicos, sino también a cambios sociales y culturales, vinculados a los intereses de los nuevos turistas (Gordon, 2002: 127). Al escribir sobre Venecia, «nido de los amantes y recién casados», cuya contemplación, a pesar de las tan difundidas postales de San Marcos, Rialto o el Puente de los Suspiros, no decepciona al viajero, Galdós decide ocuparse de dos de estas novedades de su tiempo: las guías Baedeker y los viajes organizados de Thomas Cook[9].

En Venecia, «Don Benito comienza elogiando la práctica utilizada de las famosas guías turísticas del alemán Karl Baedeker, así como la de las agencias de viajes del inglés Cook» (Navarro González, 1990: 142):

> Los que en la edad presente tenemos afición a los viajes, los que no dejamos pasar ningún año sin hacer una correría por esta vieja Europa tan interesante y tan bella, hemos contraído una amistad cariñosa, a la cual debemos consejos discretísimos y fiel y amena compañía. Me refiero a las guías de Baedeker, esos libros inapreciables que vemos en las manos de todo viajero ya sea inglés o alemán, español o italiano, y que son modelo de imparcialidad, de método y de rectitud. (Pérez Galdós, 1895: 101–102)

De las guías Baedeker, Galdós destaca la precisión de las informaciones; su sentido eminentemente práctico; que solo «aspira[n] a dirigir los pasos del viajero, limitándose a indicarle los lugares y obras de arte que merecen visita, sin anticiparse a la admiración con entusiasmos hiperbólicos»; la claridad con que se clasifican los lugares de interés,

---

9   Resulta significativo que, precisamente, lo haga a su paso por Venecia, pues la ciudad de los canales es una de las más afectadas por la sobreexplotación turística en la actualidad.

144

«distinguiendo admirablemente lo principal de lo secundario, para evitar que la atención del viajero se fatigue», y la «rectitud y escrupulosidad» con que han sido elaboradas: «Cuéntase que los fondistas de diferentes ciudades han intentado ganar el favor de Baedeker para hacerse recomendar; pero todo ha sido inútil» (Pérez Galdós, 1895: 103).

Además, considera que el criterio artístico de estas guías es, en general, aceptable. Las descripciones son sobrias en lo que se refiere a juicios, por lo que «no quita al viajero el placer de juzgar por sí mismo lo que ve». También alaba el cuidado editorial con que están elaboradas: «son un modelo tipográfico por el arte con que en ellas se procura encerrar en breve espacio materias tan varias y extensas, y por el sistema de signos empleados para abreviar y facilitar la inteligencia del texto» (Pérez Galdós, 1895: 104).

Pero, en opinión de Galdós:

En lo que principalmente descuella, en lo que no tiene igual es en todo lo concerniente a informaciones de carácter práctico. El viajero necesita vivir y vivir lo mejor posible con arreglo a sus recursos.

Desea encontrar comodidades y no ser estafado. Baedeker previene todo lo que a esto se refiere, atendiendo con igual solicitud a los ricos que no escatiman gastos y a los modestos que disponen de limitados recursos; se ocupa con la preferencia conveniente de indicar los hoteles y «restaurants», los medios de comunicación, regatea las propinas que es uno de los renglones más dispendiosos y molestos, anticipa mil noticias útiles concernientes a los cambios de moneda, al clima, a las costumbres del país que visita y a las exigencias de los «cicerones», guías, cocheros y demás individuos con quien el viajero ha de estar en contacto. (Pérez Galdós, 1895: 103)

Ciertamente, las guías Baedeker también se dirigían a las masas de viajeros menos adinerados, público fundamental para la incipiente industria del turismo. Así, además de referirse a las costumbres y gustos de las clases más refinadas de la sociedad, trataban de ofrecer una panorámica de servicios acorde con los diferentes lectores y sus posibilidades de ocio (Rosell, 2011: 612).

Le resulta curioso a Arbillaga que Galdós haga este elogio tan convencido de las guías Baedeker, pues se trata de «los únicos textos que la mayor parte de los viajeros-escritores desdeñaban». Es justamente la precisión de las informaciones contenidas en las guías Baedeker, «tenidas por frías, puramente utilitaristas, llenas de datos estereotipados y sobre todo de uso práctico para el país visitado» (Arbillaga, 2005b: 401), lo que alaba el escritor grancanario.

Del mismo modo, alude Galdós a los viajes organizados que empiezan a popularizarse en esa época: «También deben los viajeros gratitud al célebre Cook, empresario de excursiones establecido en Londres, con agencias y sucursales en toda Europa. Ha sabido combinar este negocio con las empresas de ferrocarriles, y realiza grandes ganancias proporcionando medios fáciles y económicos para visitar los más remotos países» (Pérez Galdós, 1895: 105). De estos viajes, destaca lo barato que resulta recorrer grandes distancias gracias a los «billetes circulares», y la organización de viajes «en caravana», en los que el precio del billete comprende todos los gastos, «a saber, fonda, guías y paseos en coche por las poblaciones» (Pérez Galdós, 1895: 105). Sin embargo, no se muestra tan encantado con este sistema como con las guías Baedeker:

> Pero tales excursiones me parecen incómodas, y no tienen más ventaja que su increíble baratura. Los expedicionarios que van a ella se ven obligados a comer, a dormir, a divertirse y a admirarse con arreglo a un plan invariable, bajo las órdenes del cicerone mayor, siempre juntos, siempre llevados y traídos de prisa y corriendo, en la más cargante de las fraternidades. (Pérez Galdós, 1895: 105–106)

Por lo tanto, aunque se admira y se sirve de algunos de los avances del turismo moderno, Galdós sigue siendo un viajero clásico en muchos aspectos. Si el relato de sus periplos por Europa nos hace pensar en él como un viajero-escritor, Peter Bly (2007) reconoce también en Galdós la figura del turista tal y como la entendemos hoy en día: «On these international trips he showed that he could relax and enjoy the simple material pleasures of travelling as much as any ordinary tourist».

Esta breve incursión en la escritura viática de Pérez Galdós ha tratado de mostrar que el género de viajes sigue siendo un terreno por explorar muy productivo, como demuestra el hecho de que los relatos de viajes de autores canónicos de la talla de Benito Pérez Galdós no hayan sido analizados en su conjunto. Queda, por lo tanto, un amplio campo de trabajo en el que seguir investigando, tanto desde el punto de vista genérico, como histórico y geográfico.

REFERENCIAS BIBLIOGRÁFICAS

Alburquerque-García, L. (2006): «Los "libros de viajes" como género literario» en Lucena Giraldo, M. y J. Pimentel (eds.): *Diez estudios sobre literatura de viajes*. Madrid: CSIC, pp. 67–87.

Alburquerque-García, L. (2011): «El "relato de viajes": hitos y formas en la evolución del género» en *Revista de Literatura*. Vol. LXXIII, n.º 145, enero-junio, pp. 15–34.

Arbillaga, I. (2005a): *Estética y teoría del libro de viaje: El «viaje a Italia» en España*. Anejo LV de Analecta Malacitana. Málaga: Universidad de Málaga.

Arbillaga, I. (2005b): «El "Viaje a Italia" de Benito Pérez Galdós», en *Estética y teoría del libro de viaje: El «viaje a Italia» en España*. Anejo LV de Analecta Malacitana. Málaga: Universidad de Málaga, pp. 400–408.

Bly, P. (2007): «Galdós as Traveller and Travel Writer» en *The Tenth Annual Pérez Galdós Lecture* [en línea]. The University of Sheffield, disponible en: http://www.gep.group.shef.ac.uk/bly.htm [Último acceso el 16 de octubre de 2019].

Bravo Villasante, C. (1970-1971): «Veintiocho cartas de Galdós a Pereda», en *Cuadernos Hispanoamericanos*. Vols. 250-251-252, octubre 1970-enero 1971, pp. 9–51.

Bri Agulló, A. (2015): *Literatura de viajes de Azorín: Los artículos de viajes publicados en prensa periódica*. Tesis Doctoral, Universidad de Alicante.

Cardona, R. (1968): «Un olvidado texto de Galdós» en *Anales galdosianos*. Año III, pp. 151–154.

Casa Museo Pérez Galdós (2018): «El Cabildo de Gran Canaria edita el texto de Galdós *Cuarenta leguas por Cantabria* con la mirada fotográfica de Ángel Luis Aldai» en *Casa Museo Pérez Galdós: Actualidad* [en línea]. 10 de mayo, disponible en: http://www.casamuseoperezgaldos.com/noticias/-/asset_publisher/SLIvsEZ3Eiul/content/noticia-el-cabildo-de-gran-canaria-edita-el-texto-de-galdos-cuarenta-leguas-por-cantabria-con-la-mirada-fotografica-de-angel-luis-aldai/7531811 [Último acceso el 15 de octubre de 2019].

Cristina Carbonell, M. (2009): «Benito Pérez Galdós, viajero y observador del arte italiano» en Botrel, J. F. *et al.* (eds.): *Sociedad de Literatura Española del Siglo XIX, IV Coloquio: La Literatura Española del Siglo XIX y las artes (Barcelona, 19-22 de octubre de 2005)*. Barcelona: Universitat de Barcelona/PPU, 2008, pp. 81–89. Disponible en: http://www.cervantesvirtual.com/obra/benito-prez-galds-viajero-y-observador-del-arte-italiano-0/ [Último acceso el 22 de mayo de 2019].

Cristina Carbonell, M. (2011): «Galdós viajero, ante el espejo de Taine» en Rubio Cremades, E. *et al.* (coord.): *La literatura española del siglo XIX y las literaturas europeas: V Coloquio de la Sociedad de Literatura Española del Siglo XIX (Barcelona, 22-24 de octubre de 2008)*. Barcelona: PPU, 2011, pp. 93–100.

Dendle, B. J. (1988): «Galdós en Barcelona: un artículo olvidado de 1903» en *Bulletin Hispanique*. Vol. 90, n.º 3–4, pp. 387–392.

Étienvre, F. (1976): «Galdós en France avant *Electra* (Notes sur les articles critiques et les traductions. Lettres inédites de Galdós, Heredia et Zola)» en *Bulletin Hispanique*. Vol. 78, n.º 1–2, pp. 99–136.

Freire, A. M. (2012): «España y la literatura de viajes en el siglo XIX» en *Anales de literatura española*. Vol. 24, volumen especial sobre Literatura y espacio urbano, coordinado por María de los Ángeles Ayala Aracil, pp. 67–82.

Ghiraldo, A. (1928): «Prólogo» en Pérez Galdós, B., *Obras inéditas, vol. IX: Viajes y fantasías*. Edición y prólogo de Alberto Ghiraldo. Madrid: Renacimiento, pp. 5–8.

González, F. (2019): «Galdós y el *Grand Tour:* el viaje a Italia» en *La hora de Galdós: Actas del XI Congreso Internacional Galdosiano, celebrado del 19 al 23 de junio de 2017 en Las Palmas de Gran Canaria*. Las Palmas de Gran Canaria: Cabildo Insular de Gran Canaria, pp. 542–548.

Gordon, B. M. (2002): «El turismo de masas: un concepto problemático en la historia del siglo XX» en *Historia contemporánea*. Vol. 25, pp. 125–156.

Guereña, J. L. (1990): «Galdós en la Exposición Universal de París de 1867» en *Actas del Tercer Congreso Internacional de Estudios Galdosianos (Las Palmas de Gran Canaria, 1989)*, vol. 1. Las Palmas de Gran Canaria: Cabildo Insular de Gran Canaria, pp. 37–52.

Gullón, G. (2012): «Contexto para las crónicas del Galdós viajero» en Pérez Galdós, B.: *Viajes de un desmemoriado*. Madrid: Ediciones Evohé, pp. 7–17.

Navarro González, A. (1989a): «Relatos de viajes de don Benito Pérez Galdós por España y Portugal», en Sotelo Vázquez, A. y M. Cristina Carbonell (coords.): *Homenaje al profesor Antonio Vilanova*, vol. 2. Barcelona: Universidad de Barcelona, pp. 467–472.

Navarro González, A. (1989b): «Viaje a Italia de don Benito Pérez Galdós» en Argente del Castillo, C. *et al.* (eds.): *Homenaje al profesor Antonio Gallego Morell*, vol. 2. Granada: Universidad de Granada, pp. 483–490.

Navarro González, A. (1990): «Galdós, autor de relatos de viajes», en *Actas del III Congreso Internacional de Estudios Galdosianos 1989*, vol. 2. Las Palmas de Gran Canaria: Cabildo Insular de Gran Canaria, pp. 133–149.

Peñate Rivero, J. (2008): «Mirada y visión del arte en los textos del Galdós viajero: Materiales para una posible reevaluación de una "obra menor"» en Botrel, J. F. *et al.* (eds.): *La literatura española del siglo XIX y las artes: Actas del IV Coloquio de la Sociedad de Literatura Española del Siglo XIX, celebrado en Barcelona, 19-22 de octubre de 2005*. Barcelona: Universitat de Barcelona/PPU, pp. 315–325.

Peñate Rivero, J. (2011): «Viajeros españoles por Europa en los años cuarenta del siglo XIX: tres formas de entender el relato de viaje» en *Revista de Literatura*. Vol. LXXIII, n.º 145, enero-junio, pp. 245–268.

Peñate Rivero, J. (2013): «De la mirada a la escritura: el arte de andar y ver en Galdós» en *Galdós: Los fundamentos de una época: Actas del X Congreso Internacional de Estudios Galdosianos, celebrado entre los días 18 y 21 de junio de 2013, en Las Palmas de Gran Canaria*. Las Palmas de Gran Canaria: Cabildo Insular de Gran Canaria, pp. 157–166.

Peñate Rivero, J. (2016): «Para una historia del relato de viaje hispánico (siglos XIX-XXI): noticia de una investigación en marcha» en *Versants: Revista Suiza de Literaturas Románicas*. N.º. 63, vol. 3, pp. 185–202.

Pérez Galdós, B. (1895): *La casa de Shakespeare; Portugal; De vuelta de Italia*. Barcelona: Antonio López Librero, col. «Diamante».

Pérez Galdós, B. (1928?): *Obras inéditas*, vol. IX: *Viajes y fantasías*. Edición y prólogo de Alberto Ghiraldo. Madrid: Renacimiento.

Pérez Galdós, B., (1968) «Ciudades viejas: El Toboso» en *Anales galdosianos*. Año III, pp. 155–161.

Pérez Galdós, B. (1971): *Obras completas*, vol. III: *Novelas y Miscelánea*. Introducciones de Federico Carlos Sainz de Robles. Madrid: Aguilar.

Pérez Galdós, B. (1989): *Cuarenta leguas por Cantabria*. Edición de Benito Madariaga de la Campa. Santander: Ayuntamiento de Santander/ONCE.

Pérez Galdós, B. (1996): *Cuarenta leguas por Cantabria y otras páginas*. Edición, prólogo y notas de Benito Madariaga de la Campa. Santander: Ediciones Tatín, col. «Historias de Cantabria».

Pérez Galdós, B. (2012): *Viajes de un desmemoriado*. Edición y prólogo de Germán Gullón. Madrid: Ediciones Evohé.

Pérez Galdós, B. (2013): *De vuelta de Italia*. Madrid: Gadir, col. Ítacas.

Rosell, M. (2011): «Detente pasajero, ¿por qué vas tan deprisa?: Imágenes del turismo moderno en las memorias galdosianas» en Arencibia, Y. y R. M. Quintana (eds.): *Galdós y la gran novela del siglo XIX: Actas del IX Congreso Internacional de Estudios Galdosianos, celebrado del 15 al 19 de junio de 2009, en Las Palmas de Gran Canaria*. Las Palmas de Gran Canaria: Cabildo Insular de Gran Canaria, pp. 604–615.

Shoemaker, W. H. (1973): *Las cartas desconocidas de Galdós en «La Prensa» de Buenos Aires*. Madrid: Ediciones Cultura Hispánica.

Smith, A. E. (2010): «Un viaje a París» en Civil, P. y F. Crémoux (coords.): *Actas del XVI Congreso de la Asociación Internacional de Hispanistas: Nuevos caminos del hispanismo (celebrado en París, del 9 al 13 de julio de 2007)*, vol. 2. Madrid/Frankfurt: Iberoamericana/Vervuert.

Urey, D. F. (2007-2008): «La atracción del abismo en *Cuarenta leguas por Cantabria* y dos novelas de Galdós» en *Anales galdosianos*. Años XLII y XLIII, pp. 107–117.

PARADIGMAS CONTEMPORÁNEOS

Mirella MAROTTA PERAMOS

«A che ti serve, allora, tanto viaggiare?».
Motivaciones para la salida del viajero

> El hombre está capacitado para viajar en el espacio
> y en el tiempo; puede realizarlo dentro de lo conocido
> o de lo ignoto, hacia afuera o hacia adentro.
> (Eugenia Popeanga)

En su libro sobre la educación de los jóvenes Rousseau le dice a Émile que para llegar a la madurez del conocimiento es necesario viajar, pero que del viaje no importan los dos puntos extremos, el de la partida y el del regreso, sino lo que hay en el medio de ellos (Rousseau, 1762 [1966]: 539). Y sin embargo para nosotros, para quienes estudiamos el viaje como constante en la historia del hombre y en la de su literatura, son precisamente estos dos puntos, que suelen coincidir en el espacio, pero que están tan profundamente separados por el número de experiencias vividas que la persona que vuelve nunca es la misma que ha salido, los que mayor peso tienen. El primero determina el deseo ancestral del hombre de salir de su casa en busca de algo distinto, que será tanto más excitante cuanto más lejos se encuentre; el segundo crea la posibilidad de la obra escrita: solo después de las emociones del camino, en la tranquilidad de su habitación, el viajero se vuelve escritor y se dedica a revivir momentos pasados desde la idealización de la memoria.

A la fenomenología del viaje pertenece pues el impulso a salir de las situaciones habituales; para el viajero será meta cualquiera de las etapas del camino, o el camino mismo, como en el caso de los viajeros románticos; pero no importan esos momentos sucesivos, la partida marca la diferencia entre un antes y un después en los que el hombre ya no será el mismo, y el libro de viajes se basa precisamente en esa diferencia.

Toda partida tiene siempre algo de traumático, de miedo a dejar atrás un microcosmos conocido que nos da seguridad y confianza para aventurarnos en el vacío de lo nuevo, lo externo, lo otro. El viajero potencial tiene que vencer ese miedo para enfrentarse a una serie de incomodidades que no eran constantes ni solo físicas, como el mal estado de los caminos o la casi total inexistencia de posadas, sino con otros mucho más desagradables y mucho más frustrantes: el desconocimiento de la lengua del país que se visita, la diferente forma de ser y de comportarse de sus habitantes y, en definitiva, la ausencia de todo parámetro conocido que le haga sentirse seguro en una situación cualquiera.

Como señala Eugenia Popeanga, la literatura de viajes es un género híbrido que participa de muchos otros y que, precisamente por ello, plantea dificultades a la hora de identificar rasgos formales comunes a la mayor parte de los textos que nos permitan señalar con una cierta seguridad su estructura:

> Aún no sabemos muy bien clasificar el viaje, si abordarlo desde una perspectiva geográfica, histórica, sociológica, como elemento consustancial al ser humano, o analizar aisladamente los productos de esta actividad o aventura constante que mueve al hombre a desplazarse para conquistar, descubrir o, sencillamente, conocerse mejor. (Popeanga, 2018: 183)

El viaje es una metáfora ubicua, cuyo contenido semántico abarca todos los campos. Cada uno de estos campos está determinado por un tipo de deseo, de impulso, que lleva al viajero a abandonar lo cotidiano para obtener el fin deseado. A la salida pertenece este impulso más o menos violento y más o menos racional que la posibilita y la crea. Lo que hemos pretendido con este trabajo es analizar cuáles son esas motivaciones y ver si pueden catalogarse en un número cerrado de categorías. Siguiendo fundamentalmente a dos críticos de escuelas muy diferentes, pero que llegan a las mismas conclusiones, el sociólogo Alain Medam (1982) y el crítico de la estructura del texto Percy G. Adams (1983) –y comparando sus conclusiones con nuestra propia reflexión a partir de una gran cantidad de textos de viajes de todas las épocas y culturas– podemos avanzar una primera propuesta que describe las motivaciones principales para iniciar un viaje.

Cada texto es un universo y crear «casillas» cerradas resulta casi imposible, pero intentaremos demostrar que estas motivaciones para la salida son unos contenedores suficientemente amplios como para que pueda incluirse en ellos la mayor parte de los relatos de viaje. Un problema con el que nos encontramos es que es relativamente sencillo localizar en abstracto las causas que hacen al viajero salir de su casa, pero los comportamientos humanos no son nunca tan lineales. Los autores o sus protagonistas no estarán animados por un único deseo, sino que en ellos se mezclarán muchos, unos más sobresalientes que otros y uno, probablemente, más fuerte que todos los demás; llevando el análisis hasta las últimas consecuencias, podríamos decir que en la mayor parte de los textos podemos encontrar huellas de todos los impulsos. No obstante, nosotros consideraremos el que funcione como impulso primario, como el principal o más fuerte entre todos.

Los ejemplos que daremos para ilustrar cada una de las categorías pertenecen fundamentalmente a viajeros italianos –que es en definitiva mi área de estudio– pero recurriremos también a libros de viajes de otras culturas cuando sean especialmente significativos a la hora de ilustrar el tipo de motivación. En cuanto al arco temporal, trabajaremos con textos de todas las épocas, desde la medieval a la contemporánea; muy frecuentemente aparecerán autores y obras del siglo XVII, y esto responde a que –por lo menos en las culturas occidentales– fue el período más fecundo y diría que más profundo en lo que a relaciones de viajes se refiere.

1 El deseo de aventura

Empezando desde el principio, podríamos decir que la aventura es el emblema de todo viaje. Sin duda el deseo de aventura es el impulso número uno que anima la salida del viajero, y no solo porque sea el más frecuente en la literatura de viajes, reales o imaginarios, sino también porque en mayor o menor medida está presente en todos. El viajero puede desear cualquier tipo de bien o de realización personal, y sin una base de deseo de entrar en un mundo nuevo y desconocido nunca dará el paso inicial. Pero el deseo de aventura es algo más fuerte y más profundo, es lo que Adams llama *factor Ulises* (Adams, 1983: 151), es el impulso incontrolable de estar fuera, vagar por el mundo exterior, es la fascinación del viaje por el viaje en sí mismo. Esta especie de atracción al vacío aparece en cientos de relatos de viajes; es la que impide a Gulliver quedarse en su casa una vez que ha hecho su primer viaje, por poner un ejemplo típico de la literatura de ficción; es igualmente la que obliga a Colón a salir una y otra vez de España, aun cuando estas salidas ya no tengan el beneplácito de la Corona; es la llamada del caballero a quedarse en el extremo de un puente o a andar por un camino salvaje esperando que se presente la situación insólita, el encuentro, cualquiera que sea; y es, por supuesto, la obsesión ciega del doble personaje Ishmael-Ahab en Moby Dick. Ishmael, el narrador, verá cómo los sábados la ciudad de Nueva York se vuelve toda hacia el último extremo de la isla de Manhattan y allí, miles de observadores silenciosos, los hombres, pasarán todo el día simplemente mirando hacia el mar. Este deseo del mar, de la inmensidad del océano salvaje y enigmático, le envuelve: «I am tormented with an everlasting itch for things remote. I love to sail forbidden seas, and land on barbarous coasts». (Melville, 1851 [1988]:7)

El impulso de Ishmael es inagotable, su deseo no se apaga cuando finalmente decide embarcarse porque el océano no es la meta; el viaje es fin en sí mismo, es la única posibilidad de salir de su propia hipocondría; perderse en un espacio inmenso, sin señales, sin caminos prefijados, peligroso, que hace al hombre sentirse insignificante porque puede acabar con él en un momento. Y lo mismo será para el capitán: su obsesión; su fiebre será volver a encontrarse con la ballena blanca, el monstruo por el que siente esa mezcla indisoluble de amor y odio. La ballena es el enemigo, pero es también la meta; y la lucha con ella, como para el caballero medieval, es la prueba máxima, la culminación de sus aventuras, la que determina si es invencible o si hay algo más fuerte que él.

Hemos tomado como punto de partida para definir este impulso una obra de ficción, que no podría considerarse propiamente un libro de viajes. Lo hemos hecho porque en ella se ve con una extraordinaria claridad ese deseo de aventura al que nos referimos. Pero en la literatura de viajes reales también encontramos muchos textos y autores que viajan por el ansia inagotable de viajar, por el viaje mismo. Francesco Gemelli, a caballo entre los siglos XVII y XVIII, dio dos veces la vuelta al mundo entrando en todas las guerras que encontraba a su paso, sin alistarse nunca en ningún ejército ni quedarse en ningún país. Volvió siempre a Italia, desde donde escribía el relato de su viaje, para volver a salir poco después.

Y más representativo es todavía el caso de Giuseppe Gorani. De origen más o menos modesto, parece ser que desde su infancia estuvo convencido de ser el descendiente de una casa ilustre que había perdido los territorios que poseía. Con esta idea Gorani, siendo todavía un adolescente, se escapa del colegio y se dedica a correr mundo tomando parte en todo tipo de campañas bélicas que le llevan de un país a otro; cuando ya se siente con las fuerzas necesarias, decide atacar la isla de Córcega, pensando que el gobierno de Pascal Paoli era lo suficientemente débil como para caer ante sus intrigas. Por supuesto el golpe falla, pero Gorani no se desanima y sigue viajando y buscando aventuras por todas partes en espera de obtener el apoyo económico necesario para poder ganar algún territorio al que gobernar según la Constitución Británica, que era su máximo ideal de libertad. Pero aun cuando se convenza definitivamente de que su sueño nunca va a realizarse, Gorani seguirá viajando de un sitio a otro, intentando obtener experiencias de cada movimiento. Las Memorias que él escribe cuando tiene ya una edad bastante avanzada, son un ejemplo excelente para comprender ese espíritu esencialmente aventurero que encuentra en el viaje, el mejor medio para desarrollarse y que llega a convertir a este en el único fin posible de toda una vida.

2 La huida

El segundo motivo para ponerse en camino, mucho más material que el primero pero no por ello menos presente en libros de viaje y novelas de aventura, es la necesidad de huir de una situación desagradable. En 1614 Pietro della Valle emprendió un viaje a Tierra Santa al ser despreciado por una dama veneciana con la que pretendía casarse. Gracias al rechazo de ella, el escritor viajó durante doce años por numerosos países obteniendo experiencias de todo tipo, desde fugas peligrosas a amores apasionados, y escribiendo con todo ello una obra que hoy podríamos considerar un auténtico *bestseller*.

Y lo mismo pasa con Goldoni y Casanova, posiblemente los dos viajeros más representativos del siglo XVIII italiano. Ambos cambian de ciudad o de país huyendo de un matrimonio no deseado, de un rechazo por parte de una dama a la que sí deseaban, de la amenaza o la realidad de una prisión. Las memorias de estos dos escritores están llenas de viajes, de ciudades y de gentes distintas y, en la mayoría de los casos, el cambio lo determina una huida. Aunque desde que abandonó el seminario de San Cipriano, Casanova no había dejado de viajar, la primera vez que tiene que salir de Venecia huyendo de quienes le acusaban de tener relación con las ciencias de lo oculto es en 1748. Después de numerosas peregrinaciones, en 1754 vuelve a su ciudad natal, pero no tarda en ser encarcelado y en 1755 realiza su famosa fuga de la prisión de «I Piombi», con lo que se exilia de por vida. Y esto no es todo: a partir de 1766, fecha en que se batió en duelo en Polonia con el conde Branicki, la vida del aventurero italiano se convierte en una continua huida de un país a otro buscando algún mecenas que le dé el apoyo que la Masonería desde entonces le niega.

Los ejemplos de viaje iniciado como huida son numerosísimos y se multiplican si entramos en el ámbito de la picaresca, género que se ha asociado muchas veces al que estamos tratando no solo porque la materia de viajes está muy presente en él, sino porque las estructuras narrativas de ambos coinciden en varios aspectos.

3 La huida de uno mismo

Y si la huida de algo o de alguien ha dado tanto fruto en la literatura en general, la huida de uno mismo constituye un motivo igualmente fecundo. Habíamos dicho que en el fondo todo viaje conlleva el deseo de aventura. De la misma forma todo hombre, al decidirse a dejar atrás su ecosistema para entrar en algo nuevo, está huyendo en alguna medida de sí mismo. Esta fuga, que constituye la tercera motivación para el viaje dentro del esquema que habíamos señalado, entraría en el campo semántico de la muerte o del suicidio. Ishmael dice que el embarcarse cumple para él la misma función que una bala de pistola, es la única manera de romper con una situación desagradable, esta vez interior al personaje, para intentar renacer a una forma de vida más positiva. La relación viaje-muerte está presente no solo en la literatura de todos los tiempos sino en la base de todas las culturas. Al paraíso se llega a través del infierno, nos lo enseñan Dante y Homero, pero también todos los fundadores de las religiones míticas. El viaje, la salida, es el medio para conquistar una realidad más profunda y más verdadera que la cotidiana.

Las historias de las culturas, griega, india, sumeria, judía, cristiana, árabe, son libros de viajes, «histoires de marche», como las denomina Alain Medam. Solo a través del exilio, individual o colectivo, se puede encontrar respuesta a las preguntas ancestrales, y solo de ese éxodo puede salir un jefe capaz de guiar a los demás por el camino recto.

Mucho más cerca de nosotros y de nuestra sensibilidad contemporánea, otro tipo de viajes basa su razón de ser en esta huida del hombre de sí mismo. Es el viaje romántico, un viaje donde el lugar de destino no tiene ninguna importancia porque no se busca nada en concreto; donde la ciudad a la que se llega no produce más que insatisfacciones porque supone un alto en el camino, y lo que realmente interesa es ese camino, el movimiento constante que haga al héroe romántico no tener el tiempo suficiente para reflexionar sobre su existencia. El movimiento crea la libertad, la estabilidad habla de cadenas. Al contrario de la relación típica, el viajero del siglo XIX encuentra la tranquilidad en el movimiento y solo a través de él es capaz de crear. Nietzsche resumirá esta actitud diciendo que aquel que aspire a una libertad de pensamiento debe privarse voluntariamente y durante un largo tiempo del derecho a sentirse algo distinto a un hombre errante por la tierra. Y errante es distinto a viajero, porque el hombre que viaja tiene una metafísica, ubicada en un punto concreto, mientras que para quien busca la libertad la meta no existe.

El mito del hombre trashumante es esencialmente romántico, comporta la huida hacia adelante para estar lo más lejos posible de la propia realidad. Hay pocas dudas sobre el hecho de que Byron es el viajero romántico por excelencia, y por otra parte no nos atrevemos a calificar de romántico sin muchas reservas a alguien como Alfieri; y sin embargo preferimos poner al segundo como representante de esta actitud porque en su *Vita* encontramos constantemente ejemplos de ella. Es realmente una frustración para alguien que estudia las relaciones que los escritores italianos dejaron sobre Madrid que, al llegar al más ilustre de ellos, se encuentre con los juicios más fríos, en el mejor de los casos, o más negativos en la mayor parte de ellos. Pero Alfieri no se encontró solamente a disgusto en España, en realidad, no consiguió que le atrajera o le distrajera ningún sitio por el que pasaba. Salía de su ciudad en busca de algo nuevo, algo mejor, pero encontraba el mismo tedio y la misma monotonía por todas partes. Y él mismo, cuando se sienta a escribir la historia de su vida, tiene que reconocer que el desasosiego estaba dentro de él y no fuera, que no podía ver nada con ánimo positivo.

Esta forma de viaje tiene en común con la primera que habíamos visto, el deseo de aventura, el hecho de que no hay más meta que el movimiento; comparte la incapacidad de quedarse inmóvil dejando pasar los acontecimientos sin tomar parte activa en ellos. Prueba de ello es que muchos románticos fueron grandes aventureros que con frecuencia, como en el caso de Byron, se alistaron en ejércitos o lucharon en guerras intentando cambiar en algo el curso de la historia o el de las propias vidas. Resulta entonces muy difícil determinar si el impulso que mueve a un viajero, real o de ficción, es la búsqueda de la aventura o la huida de la propia realidad, porque entre estos dos motivos la línea es tan fina que a veces se hace inexistente. Por eso no podemos decidirnos sobre si en Ishmael es más fuerte el deseo del mar o el de no quedarse en tierra pasando los sábados sentado frente a él, mirándolo.

4 La religión

El cuarto motivo que ha impulsado a ponerse en camino a una serie innumerable de viajeros es el religioso. En el terreno de la ficción, la búsqueda del Santo Grial ha creado gran cantidad de héroes, hombres que salían de sus casas y soportaban todos los peligros para intentar acercarse lo más posible al cáliz de la vida eterna. Y esta misma aspiración, aunque con pretensiones algo menores, era perseguida también por un inmenso número de creyentes que esperaban estar más cerca de lo divino yendo a visitar los lugares sagrados. El deseo de conocer los entornos donde habían vivido o habían obrado las figuras míticas de la religión creó, desde los primeros siglos del cristianismo, un movimiento continuo de peregrinos a Roma, a Santiago de Compostela o a Tierra Santa; y no todos se resisten a poner por escrito las etapas de su viaje, con lo que se crea una larga serie de libros y guías de peregrinaciones para ayudar a otros a acceder con mayor facilidad y menor riesgo a los lugares de culto. El mismo Petrarca compuso en tres días un breve itinerario, que debía guiar a su amigo Giovannolo di Guido da Mandello del Ferro en su visita a Jerusalén, basándose en el viaje que él mismo había hecho unos años antes.

Las primeras guías de peregrinos tenían fines exclusivamente utilitarios: alguien que había pasado por una serie de sitios y una serie de inconvenientes –y a veces incluso de peligros– intentaba ayudar a los que fueran a hacer el recorrido después de él advirtiéndolos y aconsejándolos sobre lo que debían o no debían hacer para llegar a su destino en las mejores condiciones posibles. Pero sobre estas guías, aparentemente sin mucha importancia dentro del panorama de las relaciones de viajes, habría que detenerse brevemente para notar que no permanecieron inmutables a lo largo de su historia, sino que a partir de un determinado momento se produjo un cambio que tendría efectos definitivos para el género literario que estamos tratando. Según va pasando el tiempo, las descripciones de los caminos y las ciudades dejan paso en algunos puntos a la narración de lo que el viajero ha sentido ante un determinado lugar o la emoción que le ha producido la vista de algo sagrado, de forma que el autor, de mero viajero y narrador, pasa a ser en estos breves intervalos protagonista de su obra. Como consecuencia de este hecho, se produce también un cambio en el público lector: si antes las guías solo interesaban a quienes iban a emprender el mismo camino, ahora empieza a haber un público que las lee sin fin práctico alguno, simplemente por diversión.

Este salto, que vemos ya en la obra de Ricoldo da Montecroce, *Liber peregrinationis* –por citar un ejemplo italiano– donde el autor dice abiertamente que quiere proporcionar placer a los lectores; es uno de los más interesantes dentro del género de viajes, porque marca el final de la división neta entre el viaje de ficción –que no pretende hablar de caminos concretos– y el efectivamente realizado –que se dirige solo a aquellos que lo necesitan–. A partir de este momento, el viajero que con fines religiosos salga de su ciudad para visitar tierras lejanas podrá, además, describir las etapas de su viaje sabiendo que hay un público lector cada vez más amplio que espera su relato.

Los motivos religiosos son también los que inspiran las cruzadas. De las tres primeras no nos han quedado prácticamente relaciones dignas de mención, pero de la cuarta tenemos, por ejemplo, la *Conquête de Constantinople*, de Villehardouin (1198—1207), cuya lectura es tan apasionante como la de cualquier libro de ficción y, de 1309, las *Mémoires* de Joinville, caballero que acompañaba a Luis IX.

Otra categoría de viajeros impulsados por el mismo motivo fueron los mensajeros y embajadores que los papas enviaban a Oriente, fundamentalmente a la tierra de los mongoles. Los primeros fueron los monjes franciscanos a los que Inocencio IV daba expresamente la orden de no conformarse con llevar su embajada al Kan, sino que debían tomar nota de todo aquello que vieran para poder conocer mejor a ese enigmático pueblo. Con esta consigna, la *Historia Mongolorum* de Giovanni del Pian del Carpine tiene mucho más de libro de descubrimiento que de relación del objeto de la embajada y, sin duda, es mucho más ameno en su lectura que si hubiera cumplido estrictamente esta última función. Y lo mismo podemos decir de las obras de Guillermo de Rubruk o de Odorico da Pordenone.

La religión y el deseo de encontrarla o de propagarla a otros pueblos ha dado otras categorías de viajeros y de libros de viajes, como los misioneros, muchos de ellos Jesuitas que, entre 1540 y 1773, desarrollaron una intensa actividad que dejaron fijada casi siempre en forma de cartas al papa o a algún superior de la Orden, como es el caso de las escritas por San Francisco Javier en 1544 desde la India; o de los Capuchinos, que se dirigieron fundamentalmente a la zona del Congo y que también dejaron numerosas relaciones, entre las cuales la más conocida es la del italiano Cavazzi da Montecucciolo, de 1683.

5 La búsqueda de alguien

La quinta causa por la que el héroe sale de su casa, que algunos autores que han estudiado este tema consideran entre las más importantes, es la búsqueda de algo o, fundamentalmente, de alguien. De algo entraría más bien en el punto anterior, porque excepto en los cuentos donde interviene la magia –que exceden del género de viajes– los objetos buscados son casi siempre de carácter religioso. De alguien, en cambio, ha dado una extensísima producción dentro de este tipo de literatura. Las personas más buscadas son el padre o la amada, y por ellas el protagonista recorre tierras, mares o infiernos. Hemos querido recoger este motivo junto a los demás porque reconocemos que su importancia es muy grande; sin embargo, no lo vamos a tratar de forma menos extensa ya que entra más de lleno en el ámbito de la literatura de ficción que en los viajes efectivamente realizados, por lo que para nosotros sale en alguna medida del campo de estudio.

Podríamos citar sin embargo un ejemplo de viaje efectivamente realizado –o eso aseguró su autor cada vez que le fue preguntado– que, en el siglo XX, se inicia para ir a buscar a alguien. Se trata de *Nocturno Hindú* de Antonio Tabucchi, texto en el que el viajero –que no es exactamente el propio autor, pero sí un alter ego o heterónimo de este– emprende un viaje a la India intentando encontrar a Xavier, el amigo perdido que hará todo lo posible por no dejarse encontrar.

6 El descubrimiento

Entramos ahora en otro de los impulsos básicos al viaje, que caracteriza la época Moderna. Son los viajes de descubrimiento, entendiendo este término en toda su extensión, que va desde la búsqueda de tierras nuevas donde fundar o encontrar la ciudad y la sociedad ideales, a la de nuevos mercados con los que ampliar las posibilidades de comercio. Entre los viajes cuyo motivo inicial era el comercio con Oriente, todavía en la Edad Media, debemos situar en primer lugar el de Marco Polo, que nos ofrece un perfecto ejemplo de cómo el viajero veneciano, con su agudísima capacidad de observación y su no menos aguda capacidad de invención, produjo un entusiasmo tan grande que curiosos, científicos y aventureros repiten su camino para ver con sus propios ojos las maravillas que él describía, y que consiguió despertar esa curiosidad en el mismo Colón, que anotaba su edición del *Divisament du monde* preguntándose cómo podía accederse por otra ruta a los sitios donde Marco había estado, dejando en los márgenes del libro el testimonio de su firme propósito de viajar hacia Occidente. Durante la Edad Moderna, los viajeros que salieron a conocer el nuevo continente, o los que seguían intentando abarcar la inmensidad del asiático, dieron con sus relaciones de lo que veían y sus relatos de lo que imaginaban, materia para que los filósofos construyeran sus utopías. En esta época de la historia, el descubrimiento de la realidad alcanzó cotas tan altas que la ficción no era capaz de crear nada mejor; por eso, la afirmación que acabamos de hacer, pretendidamente exagerada, de que Bacon o Campanella construyeron sus modelos de sociedad sobre la base de las noticias que viajeros y exploradores traían de países lejanos, no quiere sino poner de manifiesto cómo el constante descubrimiento de civilizaciones distintas a la europea, que asombraban a todos por su diversidad, tuvo el efecto de despertar el viejo sueño platónico de la forma de vida y de sociedad perfectas y de crear una fuerte corriente filosófica que ensalzaba el estado natural del hombre, la bondad de los salvajes o la inteligencia ancestral de los chinos.

La importancia de estas relaciones de viaje en la historia del pensamiento fue fundamental desde muchos puntos de vista. En primer lugar, creó una tensión entre dos posiciones ideológicas contrarias; a la concepción renacentista de la igualdad entre los hombres se oponía ahora el derecho del conquistador a someter a los pueblos conquistados; a la idealización de las cualidades morales de los salvajes, la realidad de la crueldad de los caníbales. La crisis que esto crea tiene la función de despertar a la vieja Europa y de obligarla a replantearse gran parte de sus ideas de base. De esta crisis nacerán las teorías racionalistas y liberales de finales del siglo XVII. Pero, además, se crea un doble juego muy curioso que difunde las nuevas ideas como nunca antes se había producido. Eugenio Garin hace notar el absurdo anacronismo que fue aceptado durante mucho tiempo por el que la organización del Estado de Perú, descubierto en 1531, había sido considerada la base para que Thomas More escribiera su *Utopía*, aparecida en 1516 (Garin, 1976: 47 y ss.). Este hecho es muy significativo para demostrar hasta qué punto las descripciones que los viajeros hacían de los lugares recientemente descubiertos, reflejaban las ideas filosóficas del momento. Es decir, por

164

una relación temporal inexorable, no es posible que la *Utopía* de More copiara la organización política y social de Perú –que, como acabamos de decir, tuvo lugar 15 años después de la aparición del texto filosófico– sino que las descripciones que se hicieron de ella copiaban, para idealizarla, la obra del filósofo. Y esta es solo la primera parte del juego; la segunda es que el hecho de que una idea se encontrara en los libros de viajes tenía necesariamente el efecto de difundirla entre un número de personas inmensamente superior al que habría accedido a ella si solo hubiera aparecido en los tratados de filosofía. Pero lo importante para quienes estudiamos las relaciones de viaje es ver cómo las personas de la época valoraban estos textos por encima de los teóricos. En última instancia, fue esta convergencia de aspiraciones y esta grandísima difusión la que dio fuerza a la idea de una ciudad justa que la injusta Europa había olvidado.

Parece lógico colocar dentro de esta motivación de descubrimiento los diarios de los viajes de Colón, si bien –como veremos e intentaré defender– no sea esa la única causa que anima la salida del viajero. Con la relación de su primer viaje ya había conseguido un puesto de honor en la historia y todo tipo de fama y reconocimientos. El diario se difunde por todas partes, es traducido y comentado en muchas lenguas. El segundo es el de asentamiento de la corona española en los nuevos territorios. Pero ya las revoluciones y las masacres empiezan a hacer su aparición. Colón intenta calmar a los indígenas y frenar los afanes demasiado ambiciosos de los colonizadores. A cada insubordinación sigue una represión. Colón vuelve a ir a Cuba; su regreso a España todavía es glorioso, pero en su diario vemos que una profunda grieta se ha abierto en las ideas filosóficas más arraigadas: el mito del *bon sauvage* puro e inocente en su estado natural, que tanta fuerza tendrá un siglo más tarde, ya ha caído para el aventurero, que ha experimentado la dureza con que estos pueblos defienden sus territorios y sus posesiones. Se pregunta si los indios son realmente inocentes y, en el fondo, sabe ya que la colonización no podrá ser pacífica y se siente culpable por ello. A partir de este momento la parábola ascendente del descubridor cambia de sentido. De las tres naves que salen en el tercer viaje, la suya, sin motivo aparente, se desvía tomando el camino del Sur. Cuando vuelve a la colonia, un complot lo ha depuesto del mando; es apresado y mandado de nuevo a España. Alain Medam (1982: 41–51) estudia el diario de viaje de Colón intentando descubrir qué era lo que el descubridor perseguía viajando hacia Occidente. Era sin duda evitar la ruta asiática y demostrar que una circunnavegación de la Tierra era posible, pero también algo menos racional pero más profundo: buscar las islas atlánticas, la Atlántida, la cuarta parte del planeta. Esta cuarta parte, que debía hacer de contrapeso a Asia como África lo hacía a Europa, sería un lugar perfecto donde todo fuera bondad y serenidad en la naturaleza, donde los vientos no soplaran y las mareas no azotaran las costas; tenía que ser el Paraíso Terrenal. Según las creencias, en él habría oro y riquezas suficientes para que la cristiandad llevara a cabo su sueño y su misión más altos: la cruzada definitiva, liberar Jerusalén. Cuando Colón llega a la desembocadura del Orinoco cree finalmente haber encontrado uno de los cuatro ríos del Paraíso Terrenal y lo anota en su diario; pero al tiempo su mentalidad de aventurero y descubridor se sobrepone: observa que el agua que entra en el mar se mantiene dulce durante muchos metros y se da cuenta de que el río debe venir de muy lejos, de una tierra sin límites situada al sur y de la que nada se sabe. Y entonces se emociona con su propio privilegio y toma conciencia de que es el primero en haber llegado a esa tierra, y apunta en su diario que si el río no viene del Paraíso, lo que se deduce de ello es una maravilla todavía mayor.

7 El conocimiento

El viaje como conquista de otros países y otras realidades es el motivo por excelencia hasta mediados del siglo XVII; a partir de ese momento toma especial auge la idea de que este es el medio más apropiado para conseguir sabiduría y conocimiento. Es la séptima categoría y probablemente la que más arraigada sigue dentro de nosotros hasta hoy en día. En el «Dizionario della lingua italiana» de Tommaseo encontramos la siguiente definición para el término «viajar»: «Far viaggio; Andare in luoghi e paesi lontani, specialmente per diporto e per istruzione.»; y a continuación añade un proverbio: «Non sa molto chi vive di molto; sa molto chi viaggia di molto». Tommaseo demuestra cómo después

166

de la intensa actividad que viajeros y pensadores desarrollaron durante el Siglo Ilustrado, nadie que en lo sucesivo tuviera que definir el concepto de viaje podía disociarlo del de saber. Esta asociación del viaje con cultura, conocimiento, maduración de las capacidades intelectivas del hombre, lo ponen de moda. Si antes viajaban prácticamente solo los religiosos, los aventureros o los mercaderes, a partir del segundo cuarto del XVIII, todo chico de familia acomodada, al terminar sus estudios, debía hacer un largo viaje para considerarse verdaderamente un hombre. Y entre todas las modalidades de viaje, el *Grand Tour* de paradas fijadas, casi obligatorias, era el que mayor éxito tenía, precisamente porque se le consideraba un complemento a la educación, en armonía con el discurso oral o escrito que previamente se había impartido en las aulas. Todos los autores de libros de viajes recogerán en sus prólogos lo necesario que es este tipo de actividad y lo mucho que les ha aportado a ellos. Pero esta vez, al contrario de lo que decíamos al hablar de los viajes del descubrimiento, en la relación vida – filosofía la teoría avanza más deprisa que la práctica y antes de que la pasión por los viajes y la moda del *Grand Tour* invada los círculos sociales altos del momento, había ya una fuerte base filosófica que la alimentaba y le daba consistencia.

Las dos guías que reconoce el hombre ilustrado son la razón y la experiencia, precisamente por ello el Racionalismo y el Empirismo se vertebran como los dos grandes movimientos del siglo. Esta dualidad implica una valoración positiva de todo lo que suponga conocimiento directo de las cosas; y ninguna actividad mejor en este sentido que la de desplazarse para conocer nuevos mundos y nuevas realidades. En la primera parte del *Discurso sobre el método,* Descartes cuenta cómo, en cuanto tuvo la edad suficiente para poder salir de la tutela de sus preceptores, dejó por completo los estudios de letras y se dedicó a aprender del gran libro del mundo:

> J'employai le reste de ma jeunesse à voyager, à voir des cours et des armées, à fréquenter des gens de diverses humeurs et conditions, à recueillir diverses expériences, à m'éprouver moi-même dans les rencontres que la fortune me proposait, et partout à faire telle réflexion sur les choses qui se présentaient, que j'en pusse tirer quelque profit. (Descartes, 1637 [1947]: 9)

En el hecho de estar vagante, sin rumbo fijo de un país a otro, el filósofo encuentra la única forma posible de libertad, la única que le permite ser él mismo. Dice que solo se sentía hombre cuando podía notar esta libertad, estar con un pie en un lugar y un pie en otro. Lo cierto es que pasó toda su juventud viajando: las páginas del *Método* las escribe con cuarenta años, las *Meditaciones* con cuarenta y cuatro; hasta entonces Descartes no vuelve a la tranquilidad, a la estabilidad en un único lugar. Esta es la teoría que él predica: el fin del viaje, el momento de la serenidad y de la meditación llegan, y con ellos el tiempo de la escritura, la madurez; pero antes de eso hay que estar fuera, lejos de la comodidad de un despacho y una chimenea, porque los estudios teóricos por sí solos no son capaces de aportar nada; quien no haya conocido el mundo exterior por sí mismo no será capaz de crear nada que pueda interesar a los demás.

Son los primeros pasos de la nueva filosofía a mediados del siglo XVII. Ya en el XVIII Rousseau dedicará una parte de su *Émile* a hablar de la utilidad de los viajes. El capítulo *Des voyages*, casi al final del libro quinto, empieza planteando la pregunta más polémica y más tratada del siglo: «On demande s'il est bon que les jeunes gens voyagent, et l'on dispute beaucoup là-dessus». (Rousseau, 1762 [1966]: 590) Como Descartes, se queja de todo el tiempo que ha dedicado al estudio, a los libros, que solo aportan el aspecto teórico de la realidad. Sigue refiriendo que, aun cuando se dio cuenta de la inutilidad de basar el conocimiento en los libros, todavía pasó por una etapa en la que pensaba que las relaciones de los viajeros sobre sus experiencias en otros países serían capaces de proporcionarle el conocimiento que ansiaba, pero otra vez se estaba equivocando. Entonces Rousseau es tajante: «Il ne faut pas lire, il faut voir». (Rousseau, 1762 [1966]: 591) Con todo esto, continúa el filósofo, no es que no sea interesante leer libros de viajes, pero ellos sirven solo en la primera etapa del conocimiento, en el momento de la iniciación, para tener la base y la aproximación inicial a la materia; en cuanto se ha superado este estadio la única forma de progresar es salir a conocer la realidad por uno mismo:

Je tiens pour maxime incontestable que quiconque n'a vu qu'un peuple, au lieu de connaître les hommes, ne connait que les gens avec lesquels il a vécu. Voici donc encore une autre manière de poser la même question des voyages: Suffit-il qu'un homme bien élevé ne connaisse que ses compatriotes, ou s'il lui importe de connaître les hommes en général ? Il ne reste plus ici ni dispute ni doute. (Rousseau, 1762 [1966]: 591)

Por lo que hemos dicho hasta ahora se podría sacar la conclusión de que los viajes de los grandes descubridores y los que propugnan estos teóricos se diferencian solo desde el punto de vista cuantitativo. En el fondo, quienes iban a descubrir tierras nuevas, lo que pretendían era conocerlas ellos mismos y darlas a conocer al mundo, con lo cual, la única diferencia sería que si antes eran unos pocos los que decidían asumir el riesgo, ahora que este riesgo se había hecho más pequeño porque los caminos ya estaban explorados, había barcos y posadas preparadas para acoger a los viajeros. Lo único que estos nuevos tenían que hacer era, prácticamente, su maleta. Y sin embargo no es así; hay una diferencia sustancial que no es de índole cuantitativa sino cualitativa y que afecta a la mentalidad con la que el hombre debe emprender el viaje y a lo que debe sacar de él. El aventurero viajaba para conocer mares, pueblos, ciudades, para contar las maravillas de este o aquel templo y el oro que podía encontrarse en un determinado enclave. Para el hombre del siglo XVIII todo esto es accidental, o debe serlo: no se viaja para conocer cosas, se viaja para conocer personas, para saber cómo son y cómo viven otras gentes y sacar de ello una enseñanza sobre cómo vivimos nosotros mismos.

Aunque son innumerables los ejemplos de este tipo de motivación que podríamos dar a partir de los textos de viajeros y pensadores del siglo XVIII, vamos a recurrir a uno contemporáneo que trabaja como ninguno sobre el concepto de que los viajes son fuente principal de conocimiento. Pero ¿conocimiento de qué?, o mejor dicho, ¿conocimiento para qué? Los viajes proporcionan el conocimiento del mundo, de lo otro, de los otros, pero todo esto ¿de qué vale; qué sentido tiene? Nos podríamos preguntar, como el Kublai de Calvino a Marco Polo: «A che ti serve, allora, tanto viaggiare?». (Calvino, 1972 [1993]: 25) Si el libro de Marco Polo lo habíamos puesto como ejemplo de viaje como descubrimiento del mundo, de lo desconocido, la reelaboración que Italo Calvino hace de él, *Le città invisibili,* tenemos que ponerla como paradigma de viaje como conocimiento. Pero este conocimiento no es válido en sí mismo, no lleva a nada. Kublai se da cuenta de que cada ciudad que Marco describe no es sino una recreación, la expresión de un aspecto nuevo y distinto de Venecia, de su propia ciudad. El conocimiento de otras realidades se vuelve entonces inútil, Marco podría haberse quedado en Venecia, si eso era todo lo que iba a describir, y habría conseguido los mismos resultados. Y entonces la pregunta de Kublai y la respuesta de Calvino a lo largo de la obra: los viajes proporcionan, a través del conocimiento del mundo exterior, el conocimiento de nuestra propia ciudad, y a través del conocimiento de los otros hombres, el conocimiento de nosotros mismos. Mediante el objeto percibido el viajero llega a sí mismo, se transforma en sujeto discerniente y descubre su propia realidad. Solo la experiencia de la alteridad hace visible la identidad: «Marco: L'altrove è uno specchio in negativo. Il viaggiatore riconosce il poco che è suo, scoprendo il molto che non ha avuto e non avrà.» (Calvino, 1972 [1993]: 27). Y más adelante: «D'una città non godi le sette o le settantasette meraviglie, ma la risposta che dà a una tua domanda.» (Calvino, 1972 [1993]: 44).

8 El libro

No obstante todo esto, y a pesar de que los motivos arquetípicos podrían ser muchos más, nosotros vamos a dejarlos aquí porque, en el fondo, estamos convencidos de que estos siete engloban cualquier otra forma de impulso. Pero no podemos cerrarlo sin mencionar brevemente uno que, si no puede considerarse universal, hizo viajar a un buen número de escritores. Es un motivo económico, de búsqueda de fama y de fortuna, y en ese sentido no se diferencia mucho del de los comerciantes que ampliaban sus mercados buscando nuevas rutas o nuevas tierras; pero esta vez la fama que se busca es la literaria y la fortuna la que puedan producir las ventas del libro que salga de las experiencias del viaje. A partir del siglo XVIII, como hemos visto, la moda de los viajes había alcanzado no solo a los hijos de las familias acomodadas, que veían en ellos un requisito para su entrada en la sociedad de los adultos, sino también a una innumerable cantidad de personas que no podían afrontar los gastos o las incomodidades del viaje. Para satisfacer esta demanda, los editores encargaban a cualquiera que tuviera una pluma más o menos suelta que les escribiera un libro de viajes, sabiendo que se vendería sin ninguna dificultad, entero o por entregas, o que aseguraría una buena tirada a sus revistas durante las semanas –que a veces llegaban a cumplir años– que durara su publicación. Ante esta demanda y este público ansioso de literatura sobre países lejanos, los escritores no podían resistirse, de forma que hacían los viajes sin otro motivo, al menos en un principio, que el de poder contarlos cuando hubieran terminado, de vuelta en sus casas.

Como ejemplo de esta octava motivación para iniciar un viaje daremos el ejemplo de Giuseppe Baretti, uno de los italianos más enamorados de España y de su gente y también uno de los que más intensamente gozaron con las experiencias de su viaje. Su sentido «ilustrado» de la importancia de decir la verdad sobre las intenciones que le movieron a actuar, no le permitió ocultar que el viaje se hizo por encargo de su editor, quien le había pagado por adelantado la cantidad de quinientas Libras Esterlinas –toda una fortuna para un escritor de la época– por un libro que describiera cuidadosamente la Península Ibérica. La cantidad que menciona Baretti puede darnos una idea de lo que «se cotizaba» la literatura de viajes en la Inglaterra del siglo XVIII (y probablemente también en otros países de Europa), si la comparamos con las cien Libras que cobró Henry Fielding por una de sus novelas.

Había otro motivo más para que Baretti hiciera su viaje a España, esta vez de carácter más personal. Las *Lettere familiari* debían haber tenido cuatro tomos, de los que los dos últimos dedicados a nuestro país. El escritor empezó a publicarlos en Venecia, pero al llegar a la carta 47, justo a la entrada en Madrid, tuvo problemas con los censores y la obra quedó reducida a los dos primeros volúmenes que hablaban fundamentalmente de Portugal, por cierto no con mucha pasión. Por ello, cuando varios años después su nuevo editor, esta vez londinense, le propuso escribir una obra sobre España, que centrara la mayor parte de la atención en su capital, Baretti sintió que podía quitarse el sinsabor de no haber podido utilizar el material que recogiera en su primer viaje. A pesar de ello, de que tenía material de sobra para escribir este libro sin moverse de su sillón, simplemente editando las notas que nunca pudo publicar, Baretti decidió hacer un segundo viaje a España para completar y actualizar lo visto ocho años antes.

Motivos de fama literaria y de fortuna económica, como habíamos dicho, motivos que no le moverán únicamente a él, sino que estarán presentes, en mayor o menor medida, en la mente de todo el que decida emprender un viaje durante el Siglo de las Luces y sucesivos. Y sin embargo, no debería juzgarse el deseo de dar a la luz una obra que será leída por un público ansioso de ella menos elevado que el de descubrir nuevas tierras, buscar a una persona amada o pretender conocer mejor el mundo de los hombres; y ni siquiera tiene menos valor que el deseo del aventurero de cruzar mares y tierras persiguiendo un ideal de autorrealización que se encuentra en la travesía misma. El interés del escritor de adquirir las experiencias necesarias para poder crear una obra leída por un público muy amplio es tan válido como cualquiera de los anteriores, aunque solo sea porque satisface la necesidad de viajar de aquellos a quienes no les está permitido hacerlo, ofreciéndoles a través de sus palabras cruzar el océano, correr por tierras insospechadas, ver ciudades y hablar con habitantes a los que nunca podrán conocer personalmente.

REFERENCIAS BIBLIOGRÁFICAS

Adams, P. G. (1983): *Travel Literature and the evolution of the Novel.* Kentucky: University Press.

Alfieri, V. (1803 [1951]): *Vita di Vittorio Alfieri da Asti scritta da esso.* Asti: Casa d'Alfieri. Edición crítica de L. Fassò.

Baretti, G. (1773 [1970]): *A journey from London to Genoa through England, Portugal, Spain and France.* Fontwell Sussex: Centaur Press Ltd. Edición facsímil. I. Robertson ed.

Calvino, I. (1972 [1993]): *Le città invisibili.* Milán: Mondadori.

Casanova, G. (1960-62): *Histoire de ma vie,* Wiesbaden - Paris: Brockhaus - Plon.

della Valle, P. (1843): *Viaggi di Pietro della Valle il pellegrino descritti da lui medesimo in lettere familiari all'erudito suo amico Mario Schipano,* Tormo: Stabilimento tipografico di A. Fontana.

Descartes, R. (1637 [1947]): *Discours de la méthode*. Étienne Gilson ed., París: Librarie philosophique J. Urin.

Garin, E. (1976): *Rinascite e rivoluzioni. Movimenti culturali dal XV al XVIII secolo*. Bari: Laterza.

Gemelli, G. F. (1721): *Giro del Mondo*. Nápoles: Giuseppe Rosselli.

Gorani, G. (1936): *Mémoires pour servir á l'histoire de ma vie*. Milán: Mondadori.

Medam, A. (1982): *L'esprit au long cours. Pour une sociologie du voyage*. París: Méridiens-Anthropos.

Melville, H. (1851 [1988]): *Moby-Dick or the Whale*. Evanston and Chicago: Northwestern University Press and the Newberry Library.

Fernández de Navarrete, M. (1999): *Viajes de Cristóbal Colón*. Madrid: Espasa Calpe.

Petrarca, F.: *Itinerarium de Janua usgue in Hierusalem et Alexandriam*. (Manuscrito). A Altamura Ed. (1979): *Viaggio in Terrasanta*. Nápoles: Società editrice napoletana.

Polo, M. (2018): Le *Devisement du monde*. Venezia: Università Ca' Foscari.

Popeanga, E. (2018): *Viaje de vuelta. Estudios de Literatura rumana*. Santiago de Compostela: Andavira.

Rousseau, J.J. (1762 [1966]): *Émile ou de l'éducation*. París: Garnier Flammarion.

Tabucchi, A. (1984): *Notturno indiano*. Palermo: Sellerio.

Elisa MARTÍNEZ GARRIDO

Breves reflexiones sobre *Puñal de claveles* y *Bodas de sangre*. Un viaje andaluz hacia el amor y la muerte.

El 22 de julio de 1928 tiene lugar en un apartado cortijo almeriense de los campos de Níjar, en el Cortijo del Fraile, un crimen pasional que sacude la sociedad española de la época. Todos los periódicos se hicieron eco de aquel trágico suceso, del *raptus* de amor y del crimen en defensa de la honra ofendida de un novio, que ve huir a su inminente futura esposa con el otro, con el pretendiente anterior. El hermano del novio mata a navajazos, durante el viaje de huida, al "amante raptor".

Esta crónica de sucesos no tarda en convertirse en leyenda. Entra a formar parte del imaginario popular de los andaluces de finales de los años veinte y treinta. Como prueba del impacto provocado por el crimen de Níjar, aparte de la versión de un famosísimo romance de ciego (Naveros, 1991: 41), contamos con dos versiones literarias, radicalmente distintas entre sí. *Puñal de claveles* de Carmen de Burgos, publicada en 1931, y *Bodas de sangre* de Federico García Lorca, escrita en 1932, y representada por primera vez en Madrid en 1933.[1]

La primera es una novela breve, con importantes toques de realismo costumbrista, cuyo eje temático central gira en torno al análisis de la condición social y psicológica de las mujeres de la Andalucía rural de la época. La segunda es una tragedia poética en tres actos. El drama pasional representa el *clímax* estético de la visión mítica de la ancestral Andalucía lorquiana. En parte la misma de la "Andalucía gitana y mora", la que, desde Merimée y Bizet hasta la ensoñación musical de Isaac Albéniz, Manuel de Falla o Joaquín Turina, desarrolla el posromanticismo, el realismo verista (piénsese en *Cavalleria rusticana*,

---

1   Lorca se inspira, en parte, en la novela de Carmen de Burgos para la composición de su tragedia (Navarrete-Galiano, 1996: 112).

basada en la obra de Giovanni Verga) y el decadentismo en relación a las tierras del Sur de España y, más concretamente, con respecto a las que quedan al sur de Granada; el reducto vivo de la *hybris* trágica de los griegos, un viaje irracional al mundo salvaje de las sociedades más arcaicas.

Dado que ambos textos se inspiran en los mismos hechos, en la misma crónica de sucesos, obviamente plantean semejanzas temáticas indudables. Sin embargo, no son menores sus diferencias, sobre todo en razón de su adscripción poética y estética. En relación a las motivaciones últimas de carácter extraliterario que dan lugar a la huida de los amantes y a las razones del impedimento de un matrimonio por amor entre los dos jóvenes, las obras de Carmen de Burgos y de Federico García Lorca están más cercanas de lo que en principio se podría pensar; principalmente por la importancia obsesiva de la acumulación de bienes por parte de los personajes ricos de las familias de los futuros esposos. Se debe recordar que el motor último de la desgracia de los enamorados, en ambas obras, es la posesión y la acumulación de bienes; es decir, el deseo irrefrenable del aumento de la riqueza.

Puñal de claveles y *Bodas de sangre* son dos realidades estéticas, netamente diferenciadas y, sin embargo, paralelas al mismo tiempo. La primera puede adscribirse a la literatura popular y folletinesca, aun a pesar de su dignidad estilística y de su instintiva sensibilidad antropológica con respecto al estudio de los usos y de las costumbres de la Andalucía rural de la primera mitad del siglo XX. La segunda constituye por el contrario uno de los ejemplos teatrales paradigmáticos del sentir trágico de la contemporaneidad literaria de Occidente.[2]

La novelita de Carmen de Burgos busca la felicidad de las mujeres, por eso la obra acaba con el viaje feliz de los amantes a tierras lejanas, con el triunfo del amor y con la liberación del orden de las disposiciones familiares del patriarcado. Por el contrario, el drama del autor granadino, desde la misma elección poética y temática existente entre

---

2   Aunque George Steiner en su famoso ensayo *La muerte de la tragedia* (Steiner, 2011) opina que esta termina con Shakespeare y con Racine, la obra de Lorca demuestra lo contrario. En una línea semejante se sitúa la reflexión trágica y mítica de Cesare Pavese, sobre todo a partir de 1946, momento en que tiene lugar su famosa conversión al mito y a la poética del sacrificio.

176

Bodas de sangre y *Romancero gitano* (1928), ensalza fundamentalmente la belleza trágica y dionisíaca en sí misma; una belleza poética, anclada en la mística de la muerte (Josephs-Caballero, 1996: 57) y en el ritual del sacrificio; hecho que nos sitúa ante unos personajes del mismo calado trágico que los héroes clásicos.

Carmen de Burgos en cuanto que luchadora republicana y feminista quiere, a través de su obra, variar el sentido común de su época, en relación a la felicidad de las mujeres y denunciar la violencia claustrofóbica que se les impone dentro de los matrimonios de convivencias. Por eso *Puñal de claveles* representa, con el viaje final de los amantes, una defensa del gozo y del placer, un triunfo del amor y de la libertad; es decir, estamos ante un manifiesto político en defensa de la dignidad de las mujeres. Sin embargo, García Lorca va más allá. Su condición de gran poeta así lo exigía. El dramaturgo de Fuente Vaqueros, en *Bodas de sangre*, rehace el imaginario del mundo rural andaluz y extrae de este su visión trágica y mítica. El escenario de su infancia le brinda la savia de la poesía, para él erótica y trágica por excelencia, y él la enriquece con los sucesos del Cortijo del Fraile, con las imágenes impactantes de las cuevas de Guadix, ya cercana al desierto de Tabernas, en una de sus visitas a Almería, acompañado por su amigo Manuel de Falla.

La obra lorquiana es, por tanto, una pieza poética que nace de las determinaciones telúricas de su tierra ancestral, de la Andalucía profunda en la que aún pervivía el sacrificio de las sociedades tribales. Por ese mismo motivo, el viaje último de los amantes, la huida de Leonardo y la novia, los dos jóvenes protagonistas, es truncada por la venganza. Estamos, pues, ante un viaje irracional y mítico a la sensualidad del sacrificio y de la muerte. Del sacrificio emana gran parte de la belleza poética de la obra del dramaturgo. Lorca, en la tragedia de 1932, como antes en *Romancero Gitano* o en las composiciones teatrales de su trilogía: *Yerma* (1934) o *La casa de Bernarda Alba* (1936) ensalza el instante trágico en el que el misterio del vivir se pone en juego: la muerte.

Federico queda subyugado por el ritual del morir, por el tránsito casi imperceptible que se produce entre la vida y lo *o/Otro*. El viaje al reino de la Muerte (doble telúrico del *fatum* sexual) es, en consecuencia, el verdadero protagonista de la creación literaria lorquiana. Con todo lo dicho hasta aquí, se puede afirmar que el autor andaluz, como muchos de los grandes escritores del siglo XX, sabe aunar la tradición literaria española con la de los clásicos griegos, tanto en su rama popular como en su vertiente más culta. Así Sófocles, Esquilo, Eurípides, junto con el Romancero, Lope, Góngora, transitan, a través de los grandes resultados trágico-poéticos de Europa, Shakespeare en primer lugar, para aunarse con la poesía de su tiempo. A las tradiciones de la alta cultura, Lorca ha sumado su profundo conocimiento de la mejor poesía española y francesa de finales del XIX y principios del XX, Juan Ramón y Valéry, entre otros. Por eso, el autor de *Bodas de Sangre* se mueve entre la tradición y la innovación, entre los clásicos y los contemporáneos y, a partir de unos parámetros estilísticos inmutables, Lorca recrea el imaginario andaluz arcaico, renovándolo a la luz del simbolismo modernista y de todas las corrientes irracionales que dictan el arte contemporáneo de la primera mitad del siglo pasado. Federico atiende, pues, a la llamada del duende andaluz e introduce en sus obras las constantes obsesivas de su mito personal, ubicándolo en la intersección creadora de sus propias contradicciones antropológicas, míticas y fantásticas.

Pero debemos preguntarnos, ¿por qué razón Carmen de Burgos y Federico García Lorca eligen los sucesos del Cortijo del Fraile para estas dos obras, por otra parte, tan diferentes?, ¿qué encuentran en el crimen pasional de Níjar para la inspiración de sus dos textos literarios? La respuesta es compleja y excede los límites reflexivos de este trabajo. Sin embargo, cabe decir que, a pesar de las diferencias de poética y de estética de los dos intelectuales españoles, ambos tienen como procedencia originaria las tierras orientales andaluzas, la Almería y la Granada de los años veinte; es decir, un escenario geográfico, mítico y fantástico, exótico, pintoresco y arcaico, marcado por la tragedia y la fatalidad, de las que se intenta escapar o en la que, por el contrario, se desea ahondar e incluso de manera contradictoria echar raíces.

De esas condiciones telúricas míticas, desea huir Carmen de Burgos, ella quiere dejar atrás la esclavitud y el encierro de las mujeres, el matrimonio de conveniencias, la voluntad obsesiva de acaparar y amasar los bienes y la riqueza patrimonial a costa de la felicidad de las mujeres. Por eso, la escritora almeriense rehace la historia del crimen de Níjar y termina su obra con el viaje libre de Pura y Joseiyo. Su fuga, su viaje final constituye una salida ejemplar hacia la realización del amor, donde el deseo se erige en meta final y en liberación última, con respecto a la Ley. En consecuencia, en *Puñal de claveles*, la autora se suma a una precedente genealogía textual *al femminile*, a una línea literaria de género, que empezando por Jane Austen y su novela *Juicio y sensibilidad* (1811), pasa por Charlotte Brönte y su famosa *Jane Eyre* (1847), hasta llegar a buena parte del naturalismo y del verismo escrito con pluma de mujer, tanto en España como en Italia, baste recordar a Emilia Pardo Bazán y su *Viaje de novios* (1881) e *Insolación* (1889), o a Neera (pseudónimo de Anna Radius Zuccari) con su famosa novela *Teresa* (1886) o *El día después* (1890).

Es decir, Carmen de Burgos, al conocer la fuerza de la leyenda del crimen por amor del Cortijo del Fraile, se sirve de este, en primer lugar, con la finalidad pragmática de denuncia política y feminista. En segundo, con la voluntad catártica de obtención inmediata del placer de sus lectoras. La escritora se empeña en dar un final feliz a la historia de los dos enamorados de Níjar, seguramente para resarcirse además, mediante la escritura, de su propia y amarga infelicidad sentimental. A lomos de una yegua joven, a galope de su indomable vitalidad, Carmen de Burgos hace viajar a sus protagonistas hasta el reino del amor libre. Los amantes huyen unas horas antes de la boda, dando rienda suelta a su pasión, vista y descrita en forma melodramática. Pura y José emprenden su viaje hacia una tierra prometida, fecunda, rica y próspera, la que en boca del mismo José, es la representación mítica de El Dorado. En la novela de Colombine, se lleva a cabo, por tanto, una forma ancestral de casamiento, el matrimonio por rapto, vigente hasta bien entrada la segunda mitad del siglo XX, en muchas zonas del Mediterráneo más meridional. Pura y Joseiyo, obedeciendo a las leyes de la Madre Naturaleza, en plena efervescencia juvenil, hechizados por el perfume de los claveles rojos, cuyo color es solo símbolo de pasión fogosa y no de la sangre ni de la tragedia, contravienen las normas socioeconómicas de la época (el protagonista es más pobre que Pura), desafían la ley del aumento del patrimonio mediante el casamiento, desobedecen los dictámenes del patriarcado y se convierten, como muchos de los personajes de los romances y de las leyendas, en el prototipo de los viajeros-amantes libres, los que en el viaje y en la aventura buscan la realización de sí mismos, del propio amor y del propio deseo. Carmen de Burgos, con su final feliz abre las puertas a la esperanza y a la felicidad de las mujeres. Pura, por tanto, en *Puñal de claveles* es capaz de huir de su destino trágico, el de moza casadera, y por esa misma razón el "puñal de claveles", símbolo presente a lo largo de toda la novela, se muestra como un elemento fálico dador de vida; un puñal que conmueve las entrañas y que acrecienta el deseo.

En *Bodas de sangre*, sin embargo, nos situamos en las antípodas. Lorca se conmueve con el crimen de Níjar, pero no desea cambiarlo, sino ahondar, a través de él, en el destino trágico de sus personajes, representación humana de la pasión sexual, del dolor y del sufrimiento de todo un pueblo, del andaluz. Por este motivo, la tragedia está presente en la obra desde el mismo título, donde ya se nos habla de sangre y de muerte; es decir, ya el título nos anticipa lo que será la historia de un sacrificio anunciado. De manera que la tragedia de los protagonistas del drama lorquiano está dibujada desde su mismo comienzo. Todo en *Bodas de sangre* está predeterminado hacia la muerte; la rivalidad de los dos clanes enfrentados (unos nuevos Capuletos y Montescos), el doble casamiento de Leonardo y de la novia, hecho que la convierte en una adúltera doncella. La novia está emparentada con la familia de los Félix, los asesinos del padre y del hermano de su novio; ella es además prima de la mujer de Leonardo. No hay escapatoria, el círculo familiar asfixiante y la rivalidad entre los clanes se cierne sobre el triángulo enfrentado por amor, en una dirección doble.

Nada más abrirse la escena en el primer acto, la madre del novio, en el primer diálogo con su hijo, da entrada a la navaja, instrumento fálico, fatal, imprescindible en el sacrificio y en la tragedia final del drama. El derramamiento de sangre último, el que interrumpe el viaje real de los amantes, para culminar en el viaje hacia la otredad definitiva, representa el culmen del anuncio de la sangre, presente, ya desde la apertura del drama. La sangre de los dos hombres al término de la tragedia se erige, por tanto, en la culminación de un ritual litúrgico, usado en modo obsesivo desde el comienzo del drama; las navajas, los cuchillos, los puñales, la luna, el caballo, las flores cortadas y muertas siembran *Bodas de sangre* de símbolos fatales de muerte y anuncian, como el coro en la tragedia griega, desde el comienzo de la misma su inevitable trágico final. Es decir, en el texto lorquiano la presencia obsesiva de la sangre y de la muerte irá actuando progresivamente en un *crescendo* continuo hasta llegar a su máximo *clímax*, a la apoteosis final del coro de los personajes alegóricos: los leñadores, la luna y la mendiga, antes del sacrificio final y antes de los epitalamios de la clausura, a cargo de las dos mujeres solitarias, como en *Cavalleria rusticana*; aquí la madre y la novia, están condenadas al odio recíproco y al culto a sus muertos.

Se debe recordar además que García Lorca reelabora la poesía de su texto trágico a partir de la sangre misma, a partir de una visión fatal del erotismo doliente, el que conduce inexorablemente a la muerte. El *fatum* sexual se muestra en *Bodas de sangre*, por tanto, como una pasión casi demoníaca, como una fuerza irresistible que arrastra a la novia, contra su propia voluntad, a huir con Leonardo. Ante el poder de una sexualidad salvaje y primitiva, solo queda el sacrificio de los jóvenes y aguerridos. Con el derramamiento de su propia sangre, al cumplir con su propio destino, los personajes masculinos darán de beber a la tierra sedienta, a la hembra telúrica de la tragedia lorquiana, que verá así satisfecho su deseo de hombres en la flor de la edad.

La muerte de Leonardo y del novio es además la vía para adentrarnos en otro de los grandes temas lorquianos: el destino fatal de todas las mujeres de su teatro. Ellas constituyen un reflejo de la poesía y de la tragedia a la vez. Los personajes femeninos de Lorca encarnan, por consiguiente, el dolor físico y psíquico del amor negado, la pasión sexual y su fogosidad, siempre mortificada e insatisfecha, reprimida, vivida a escondidas y a hurtadillas. La madre, la mujer y la novia de *Bodas de sangre*, al igual que Yerma, Angustias, Magdalena, Amalia o la misma Adela, en *La casa de Bernarda Alba*, son mujeres de sangre y de carne, mujeres reales que se consumen en el amor de un hombre siempre ausente; en él toma cuerpo la doble llama de la felicidad y de la desgracia, de la vida y de la muerte, y su liturgia sacrificial más estéril.

Federico García Lorca, en el camino opuesto al elegido por Carmen de Burgos en su *Bodas de sangre*, extrema, a partir de la misma tensión poética, la tragedia de los dos amantes de Níjar; la rehace, la dignifica, la ennoblece, al privarla de la sordidez vulgar que acompaña a los comunes hechos de crónica. Lorca redobla además en su tragedia el coraje y la resistencia de las mujeres andaluzas, y las acerca aún más a las heroínas clásicas; las aboca a un destino de soledad y de desesperanza, a un sino perpetuo de luto, de encierro y de dolor, ante el que solo la espera de la propia muerte se convierte en la liberación de las otras víctimas sacrificiales de los dramas lorquianos: las mujeres. Las protagonistas de la trilogía de Federico García Lorca, a excepción de Adela, muerta suicida, pero sin derramamiento de sangre, quedan, pues, condenadas al infierno en vida de sus sufrimientos devastadores. Una condena y una culpa que deben expiar por el hecho de haber nacido mujeres.[3] Que la conmoción que ofrece la obra lorquiana con respecto a la denuncia del dolor trágico de las mujeres andaluzas sea menor que la voluntad liberadora de Carmen de Burgos, en relación a la condena de la esclavitud femenina, parece absolutamente rechazable. Lo que sí es cierto, en cualquier caso, es la opuesta vía electiva de los dos autores, a la hora de plasmar literariamente un mismo suceso de crónica. La primera está más cercana a la literatura y al periodismo, mientras que García Lorca se convierte con este texto dramático en uno de los mayores representantes de la Literatura europea del siglo XX.

En el caso del poeta granadino, la potencia de su poesía marca la pauta, y esta es inminentemente dionisíaca y, por tanto, trágica. Sin embargo, conviene recordar que tal hecho no es incompatible con el compromiso de Federico con la causa de los humildes, con la libertad e incluso con el socialismo. Es por el contrario su manifestación más fehaciente. Pero el gran poeta andaluz no podía, ni sabía, ni quería tampoco plasmar su compromiso fuera de la poesía. Evidentemente el don que recibió y al que debió responder lo sitúa en las antípodas de Carmen de Burgos. El camino emprendido por el genio de Lorca, marcadamente irracional y trágico, obedece a una pasión de belleza poética que le exige avanzar en la sombra, más allá de los límites de la consciencia; en la determinación de los sentidos, en la sensualidad de la música y de la palabra del propio cuerpo poético. Como Cervantes, como Lope o Calderón, Velázquez o Goya, el arte lorquiano se resiente de las esencias españolas más creativas, a las que trasciende y consolida al mismo tiempo.

La vida, a Federico, se le fue en eso, en la poesía, en el teatro, en la música, en los diseños de los vestuarios para sus personajes, en el peregrinaje errante de La Barraca, en las charlas y el compañerismo con los amigos de la Residencia de Estudiantes, en la ensoñación de su Andalucía natal, en la confesión silenciosa de su deseo, siempre oculto y tantas veces camuflado, en el fin de sus propios días, en su mismo sacrificio cruento, a manos de la violencia más trágica del espíritu español más

---

3   En *La casa de Bernarda Alba* se dice textualmente que nacer mujer es el mayor castigo (García Lorca, 1974: 836).

negro, en la envidia y en la venganza tribal de quienes ya le habían condenado de antemano por su inteligencia, por su genial libertad, por su deseo de vivir para la voz y para la palabra.

Si es cierto que lo más profundo del ser se revela en la muerte, de alguna manera Federico García Lorca, con la suya, asumió, hasta sus últimas consecuencias, su destino trágico de poeta. Lorca lo atraviesa y, mediante su muerte sacrificial, se deifica y se convierte en un mito por la libertad de España, así como en la genuina pasión expresiva de la poesía andaluza. La muerte de Carmen de Burgos también nos habla de su compromiso republicano y feminista.

Como cierre de estas reflexiones quisiera recordar ahora las palabras de María Zambrano, otra gran andaluza, comprometida también con la libertad de su tiempo, con el arte español y con la poesía. Siguiendo a la pensadora malagueña, podríamos decir que las dos obras y sus respectivos autores son fruto del drama de España. Por eso podríamos afirmar que *Puñal de claveles*, con su viaje feliz al mundo del amor y de la libertad, representa lo que la filósofa define, en la primera etapa de su pensamiento, como la "razón armada", mientras que *Bodas de sangre*, por el contrario, con el viaje sacrificial de los dos hombres al reino de la muerte, pero sobre todo con su belleza dionisíaca, continúa en el camino de la "razón poética", la que abre la puerta no solo al arte y a la poesía, sino además nos hace personas, por el sobrecogimiento piadoso en relación al padecimiento del otro, y sobre todo de las otras.

REFERENCIAS BIBLIOGRÁFICAS

Álvarez de Miranda, A. (1963): *La metáfora y el mito*. Madrid: Taurus.

Benavente, M. (1996): "Mito, folclore y realidad en la tragedia griega" en *Cuadernos de Filología Clásica*. 6, pp. 301–308.

Burgos, C. De (1991): *Puñal de claveles*. Almería: Editorial Cajal.

Burgos, C. De (1923): *La malcasada*. Valencia: Sempere.

Burgos, C. De (1931): *Quiero vivir mi vida*. Madrid: Biblioteca Nueva.

Dolfi, L. (ed.) (1999): *Federico García Lorca e il suo tempo*. Roma: Bulzoni.

García Camarillo, R. (ed.) (1999): *Teoria e gioco del duende*. Milano: Ubulibri.

García Lorca, F. (1974): *Obras Completas*. Vol. II. Del Hoyo, A. (ed.). Madrid: Aguilar.

Gibson, I. (1998): *Vida, Pasión y Muerte de Federico García Lorca*. Barcelona: Plaza y Janés.

Josephs, A. y Caballero, J. (2007): Introducción a García Lorca, F. *Bodas de sangre*. Madrid: Cátedra, pp. 5–47.

Josephs, A. y Caballero, J. (1996): Introducción a García Lorca, F. *La casa de Bernarda Alba*. Madrid: Cátedra, pp. 8–23.

Martínez Garrido, E. (1996): "Amor y feminidad en las escritoras de principios de siglo" en Naveros, M. y Navarrete - Galiano, R. (eds.): *Carmen de Burgos: aproximación a la obra de una escritora comprometida*. Almería: Instituto de Estudios Almerienses.

Navarrete Galiano, R. (1996): "Las Bodas de sangre *de Carmen de Burgos*. Puñal de claveles *o la esperanza de la rebeldía*" en Naveros, M. y Navarrete - Galiano, R. (eds.): op. cit., pp. 111–120.

Naveros, M. (1991): Introducción a Burgos, C. D. *Puñal de claveles*. Almería: Editorial Cajal, pp. 23–33.

Núñez Rey, C. (2005): *Carmen de Burgos Colombine en la Edad de Plata de la Literatura Española*. Sevilla: Fundación Manuel Lara.

Revilla, C. (ed.) (1998): *Claves de la razón poética. Un pensamiento en el orden del tiempo*. Madrid: Trotta.

Steiner, G. (2011): *La muerte de la tragedia*. Madrid: Siruela.

Zambrano, M. (1993): *El hombre y lo divino*. Madrid: Fondo de Cultura Económico.

Fernando CARMONA FERNÁNDEZ

Ambigüedad en el teatro de la ocupación alemana de Francia: *Les mouches* de J. P. Sartre

A Eugenia Popeanga en su jubilación[*][1]

1 Del teatro de la fatalidad al de la libertad

Las moscas se estrenó el 3 de junio de 1943. Se publicó en el abril anterior (Gallimard, 1943). Fue escrita entre el verano de 1941 y la primavera de 1942. Recoge el tema de *Las coéforas*, segunda pieza de la trilogía, la *Orestiada* de Esquilo. Orestes venga la muerte de Agamenón, su padre, matando, con ayuda de su hermana Electra, a Egisto y a Clitemnestra, convertida, tras el crimen, en esposa de Egisto. Esta, antes de morir, invoca a las Erinias que persiguen a Orestes.

El núcleo del desarrollo argumental puede considerarse el mismo y en tres movimientos en las piezas de Esquilo y de Sartre: la presencia de Orestes para vengar el asesinato de su padre llevado a cabo por su madre y Egisto; seguidamente, la ejecución y, finalmente, Orestes, es víctima de las Erinias que vengan, a su vez, a los ejecutados. La pieza se abre con una venganza (la de Orestes) para cerrarse, seguidamente, con otra (la de las Erinias). Estas representan la venganza convertida en fatalidad extendida a toda la familia ya que Agamenón, a su vez, había

---

1   *Este capítulo corresponde al desarrollo de mi intervención en una mesa redonda en el Congreso Internacional *Reflejos de la Guerra: Antecedentes y consecuencias de la Segunda Guerra Mundial en la literatura y en las artes* (Universidad Complutense, 17-20 de mayo de 2016) presidido por Eugenia Popeanga. Al pasar las notas de lo expuesto a la escritura, pretendo homenajear también a Jana, en su jubilación y en recuerdo de tantas actividades interdisciplinares con las que ha enriquecido nuestra institución universitaria.

sido víctima de Clitemnestra por haber sacrificado a su hija Ifigenia. Tanto aquella como Orestes son perseguidos y acosados por las Erinias.

El desarrollo es lineal y cerrado, trágico y sagrado en la pieza griega; mientras en la francesa se desdramatiza con tono de comedia al degradar a Júpiter a personaje de apariencia humana perdiendo su carácter sagrado, mientras que en el texto griego quedaba alejado e invocado como divinidad. El poder de las divinidades queda rebajado y desdramatizado al convertir también las Erinias en *moscas*. La siguiente obra de Esquilo, y última de su trilogía, lleva por título *Las euménides*, y *Las moscas*, para Sartre. El Orestes griego estaba sometido a la fatalidad y al destino. Como dice Electra, «el hombre vive sometido a la ley del Destino» (Esquilo, 1963: 117); o el Destino es señalado como motor de la conducta humana por el Coro (1963: 127). La pieza griega finaliza con las siguientes palabras del Coro: «¿Cuándo, adormecido al fin se calmará el furor de la Fatalidad?» (1963: 146). En *Las euménides*, el Coro se enfrentará a Apolo: «Soberano Apolo, óyeme a mi vez. Tú no eres cómplice del crimen: eres quien lo ha hecho: eres el único autor» (1963: 155); y Orestes reconocerá haber sido inducido por los oráculos de Apolo (1963: 166).

Sartre desarrolla el tema dándole inicialmente protagonismo a las Erinias, dedicándoles el título (*Las moscas*). Son instrumento de la divinidad; es decir, de Júpiter que aparece como antagonista de Orestes. El escenario está presidido por divinidades. Estatuas de Júpiter en los dos primeros actos; y de Apolo, en el tercero, ya que la acción tiene lugar en el templo de este dios. Júpiter interviene como personaje debatiendo con Orestes que amenaza su poder establecido y ha sometido a la población por medio de las *moscas*, sucesoras de Erinias o Furias, que personifican el arrepentimiento en la obra de Sartre.

Con el tema de la tragedia griega, reproduce el autor francés el complejo cristiano de culpa como pecado de origen y que solo el arrepentimiento de nuestros actos o faltas permite la salvación. El rey y la reina someten al pueblo a un estado continuo de arrepentimiento que se materializa en el acoso de las moscas a la población por el crimen cometido por Egisto y Clitemnestra. Orestes al final llevándose las moscas, libera a su pueblo de ellas, es decir, del estado de arrepentimiento y del sometimiento de la religión. Se convierte así en el héroe con una paradójica función mesiánica. Se sacrifica salvando a su pueblo de una falta inexistente; es decir lo libera del engaño en el que estaba sumido. Es un mesías antimesiánico y de una religiosidad antirreligiosa[2].

Las moscas se presentan como carroñeras que se alimentan del miedo, el horror y el arrepentimiento de toda la población. Júpiter que se hace pasar por un tal Demetrios, aconseja a Orestes, que, a su vez, dice llamarse Filebo:

> Podéis hacer algo mejor que reinar sobre una ciudad medio muerta, una carroña de ciudad atormentada por las moscas. Los hombres de aquí son grandes pecadores, pero, mire, han emprendido la vía del arrepentimiento. Déjelos, muchacho, déjelos, respete su dolorosa empresa, aléjese de puntillas. Usted no podría compartir su arrepentimiento, [...] Tienen mala conciencia, tienen miedo, y del miedo y la conciencia intranquila emana una fragancia deliciosa para las narices de los dioses. Sí, esas almas lastimosas agradan a los dioses. ¿Quisierais despojarlos del favor divino? ¿Y qué les daríais en cambio? (Sartre, 1970: 58–59)

Júpiter avisa a Egisto del propósito de Orestes. Pero el monarca no está dispuesto a poner resistencia. Le reprocha a Júpiter que lo hace en interés propio.

JÚPITER — Me odias, pero somos parientes; te hice a mi imagen: un rey es un Dios sobre la tierra, noble y siniestro como un Dios.

EGISTO — ¿Siniestro? ¿Usted?

JÚPITER — Mírame. *(Un largo silencio.)* Te he dicho que fuiste creado a mi imagen. Los dos hacemos reinar el orden, tú en Argos, yo en el mundo; y el mismo secreto gravita pesadamente en nuestros corazones.

EGISTO — No tengo secretos.

JÚPITER — Sí. El mismo que yo. El secreto doloroso de los Dioses y de los reyes: que los hombres son libres. Son libres, Egisto. Tú lo sabes, y ellos no (Sartre, 1970:104).

---

2   Pierre-Henri Simon ha señalado el papel de "anticristo" siguiendo un proceso de pasión redentora «libra a su pueblo del pecado negando el pecado». El psicoanalista André Green subraya que «Orestes, por su acto libre, deviene un héroe cristiano, el cordero pascual que quita los pecados del mundo [...]. Permanece bajo el peso de determinaciones inconscientes y no escapa a otra fatalidad, aunque rechace su marca indeleble: la cristiana» (cit. por Contat en Sartre, 2005: 1278).

Egisto le niega a Júpiter, a continuación, que sean «semejantes»; se considera una víctima más de la manipulación divina: «Pero mi primera víctima soy yo mismo; ya no me veo sino como ellos me ven; [...] ¿Qué soy yo sino el miedo que los demás tienen de mí?» (Sartre, 1970:104).

Cuando Egisto responde a Júpiter, que ha mostrado interés en que desaparezca Orestes, que utilice su poder para hacerlo, Júpiter responde, a su vez, que «cuando la libertad estalla en el alma de un hombre, los dioses ya no pueden nada contra él» (Sartre, 1970:105–6).

A continuación, Egisto, sin resistencia se deja matar por Orestes pero sorprendido aquél hasta el último momento de que este lo haga sin remordimiento. Para Orestes, su acto criminal es la realización de su libertad: «Soy libre, Electra; la libertad me ha caído encima como un rayo» (Sartre, 1970:109), acabando, así, el acto segundo.

En el tercero, refugiados en el templo de Apolo, Orestes confirma su libertad ante Electra que ha caído víctima de las moscas-Erinias afirmando: «Soy libre. Más allá de la angustia y los recuerdos. Libre» (Sartre, 1970:116). Y, en un extenso parlamento con Júpiter, Orestes se niega a mantener como rey la fiesta y liturgia del arrepentimiento. Como último argumento, Júpiter abre los muros apareciendo el cielo estrellado mostrándole con voz majestuosa su creación del cosmos y las leyes físicas y naturales sometidas al orden divino en el que no cabe la libertad humana. Orestes le responde que puede ser el rey del universo, «pero no el rey de los hombres». No dejará de ratificarlo: «No soy ni el amo ni el esclavo, Júpiter. ¡*Soy* mi libertad! Apenas me creaste, dejé de pertenecerte» (Sartre, 1970:122).

Finalmente Orestes sale del templo y se enfrenta al enfurecido pueblo de Argos. Invoca sus derechos como rey pero renuncia al trono porque su destino está, recordándoles la historia del flautista que se llevó las ratas, en llevarse las moscas devolviéndoles así la libertad.

Las moscas, representación del arrepentimiento, y la Fiestas de los Muertos con la que se inicia la pieza tienen un protagonismo central. Orestes y el público sentirán repugnancia de la manipulación de lo sagrado como forma de poder alienante siendo el punto de partida de la rebeldía de Orestes que Sartre intenta contagiar al espectador. Júpiter, especie de divinidad venida a menos, reconoce que es un personaje sin identidad que su existencia depende de los hombres. De forma semejante se ve Egisto a sí mismo: «¿Qué soy yo sino el miedo que los

demás tienen de mí?» (104). Júpiter responde ser una ficción semejante: «Ellos tienen que mirarme». De la mirada del hombre depende la
existencia del dios, viene a sugerir Sartre[3].

De la tragedia clásica de la *fatalidad* se pasa a la de la *libertad*;
Orestes (hombre) se libera de la servidumbre de Júpiter (Dios); si el
arrepentimiento y el miedo son las cadenas de los dioses, Orestes rom-
piéndolas desempeña una función redentora y mesiánica. Pero la *libertad* no es un acto gratuito sino un *compromiso*, un acto de responsabilidad[4]. Sartre dice lo siguiente de su personaje:

> He querido tratar de la tragedia de la libertad en oposición a la tragedia de la
> fatalidad. [...] He querido coger a un hombre libre en situación, que no se con-
> tenta con imaginarse libre, sino que se libera a costa de un acto excepcional, por
> monstruoso que sea, ya que sólo éste puede traerle esta definitiva liberación frente
> a sí mismo. [...] Libre en conciencia, el hombre que se ha alzado a este punto por
> encima de sí mismo, será libre en situación si restablece la libertad para otro, si su
> acto tiene como consecuencia la desaparición de un estado de cosas existente y el
> restablecimiento de lo que debería ser[5].

La pieza teatral responde de entrada, a un planteamiento mítico religioso entroncado en la filosofía de Nietzsche de la «muerte de Dios»
(Sartre, 2005: 1262), el laicismo francés y el existencialismo al que no
falta alguna alusión como la cosificación del *ser en sí* y *ser para sí*. Pieza
antirreligiosa en el sentido cristiano. Orestes renuncia a ser rey con tal
de recuperar para él y para su pueblo la libertad frente a Júpiter. Su

---

3   El paso de la frívola inconsciencia al miedo lo señala I. Némirovsky en 1942: «Los
     franceses estaban cansados de la República como de una vieja esposa. Para ellos,
     la dictadura era una cana al aire, una infidelidad. [...]Todo lo que se hace en
     Francia en cierta clase social desde hace unos años no tiene más que un móvil: el
     miedo» (2004: 418).

4   R. M. Albérès señala: «Cette notion va par la suite dominer la morale de
     M. Sartre: *le sens de la vie humaine est la responsabilité de l'homme*» [subra-
     yado del autor] (1964: 75). F. Noudelmann comenta sobre la función salvadora de
     Orestes: «Le héros vengeur n'est donc pas un sauveur. Car chacun est responsable
     de son salut. Fort de cette éthique exigeante, Oreste libère la révolte, mais il ne
     substitue pas à l'action nécessaire des hommes. [...] On ne peut se libérer que soi-
     même en assument pleinement ses actes» (1993: 26-27).

5   Las citas corresponden al interviú a Sartre publicado en *Comoedia* (24-04-1943);
     reproduzco del fragmento de mi libro *El teatro de J. P. Sartre* (1981: 81-82).

enemigo no es Egisto, sino Júpiter. G. Genette la designa como «fábula filosófica» (Sartre, 2005: 1261). La pieza se sitúa esencialmente en el conflicto entre el orden divino y la libertad humana. Un concepto de *libertad* que va a protagonizar su producción literaria posterior[6]; y que sobreviene por el hecho histórico de la ocupación alemana.

2 La ocupación alemana, Vichy y *Las moscas* de Sartre

Entre las fechas señaladas de 1941 a 1943, en las que tuvo lugar la escritura, publicación y estreno de esta pieza, Francia se encuentra en la profunda crisis a causa de la derrota militar y de la ocupación alemana. La derrota no pudo ser más traumática y la ocupación, supuso la conmoción mayor recibida por Francia en su historia. Tras unos meses de combate, el balance es aterrador: ochenta y cuatro mil soldados y ochenta mil civiles muertos; millón y medio de prisioneros de guerra y doscientos mil heridos. Cinco millones de personas huidas de sus domicilios. En la zona ocupada, los alemanes tienen que improvisar una administración. Francia cae en el mayor empobrecimiento[7].

La firma del armisticio (22 de junio de 1940) surge como un alivio. Pétain había quedado satisfecho pensando haber salvado gran parte de Francia y conservado su imperio y su flota. Incluso sus colaboradores piensan que el anciano general había superado a Hitler en astucia, llegando a calificar el acuerdo como «el Verdún diplomático» (Beevor, 2003: 21). En realidad, Hitler se encontró con un sometimiento voluntario que no solo lo liberó de fuerzas de ocupación sino que recibió colaboración para mantener el nuevo orden[8] con la creación de la Milice

---

6 Algunos estudiosos sartrianos han identificado en el título de sus trabajos a Sartre con la *libertad*, como *Sartre. L'invention de la liberté* de M. Contat o *Jean-Paul Sartre. La pasión por la libertad* de J. L. Rodríguez García.

7 «La France, à peine vingt ans après les années folles, est tout d'un coup devenue un pays pauvre» (Stevens, 2008: 82).

8 En el mensaje de Año Nuevo, el obispo de Arras hizo apología del colaboracionismo afirmando: «Colaboro y, por tanto, tengo derecho a contribuir con mi propio pensamiento y mi esfuerzo individual a la causa común». Este espíritu

Nationale (enero de 1943) y la deportación de judíos; adelantándose incluso a las exigencias alemanas en este punto[9].

En noviembre de 1942, la zona de Vichy perdió su escasa autonomía. El ejército alemán tomó el control directo aunque mantuvo las apariencias conservando el gobierno de Pétain y la administración francesa dirigida por colaboradores. Durante 1943, el gobierno de Laval sometió totalmente Francia al poder nazi, poniendo al frente de la gestión administrativa a antiguos fascistas y creando una fuerza paramilitar de apoyo a la represión alemana (*Milicia Francesa*). Por otra parte, el poder alemán empieza a perder su fortaleza, en estas fechas, la Resistencia consigue acentuar y extender su actividad[10]. El 31 de enero de este año había capitulado el ejército cercado en Stalingrado; en los meses siguientes al estreno de *Las moscas* (julio y agosto), tiene lugar la caída de Mussolini y el desembarco de los aliados en Italia, que desde mayo controlaban el norte de África.

La aparente fortaleza de la ocupación y el régimen de Vichy empieza a tambalearse a finales del 42 con la ofensiva británica en El Alamein (octubre del 42), desembarco de los aliados en noviembre en Marruecos y Argelia, con la derrota de Stalingrado, tres meses después. La pérdida de las colonias africanas desmorona la justificación del colaboracionismo. El 13 de mayo unas semanas antes del estreno de la pieza teatral capitula el ejército de África. Se estrena la pieza en un momento en el que empieza la ruptura de la llamada *dulce ocupación* alemana[11].

---

colaborador «resultó tan importante para el régimen de Vichy que, hasta 1942, los alemanes necesitaron poco más de treinta mil hombres (menos del doble de los efectivos con que contaban las fuerzas policiales parisinas) para mantener el orden en toda Francia». (Beevor, 3003: 22).

9   En julio del 42, 13 000 judíos fueron detenidos por la policía francesa para su deportación a campos de concentración.

10   La Resistencia se inicia fundamentalmente con los comunistas. Dos meses después de la invasión de Rusia (21 de agosto, 22-6-1941), un militante comunista mató a un joven oficial alemán en una estación de metro de París (Beevor, 3003:31). Posteriormente a cada atentado seguía el ajusticiamiento de decenas de comunistas.

11   Aludo al título del libro crítico y con voluntad desmitificadora de Joseph Gilbert, *Une si douce occupation.*

Se puede hablar de variedad de actitudes y grados de resistencia ante la ocupación; de la resignación a la colaboración. El gobierno de Vichy considera que la ocupación no ha sido totalmente negativa al haber facilitado la eliminación de los adversarios políticos a los que consideraba enemigos de la misma sociedad francesa ya que el Frente Popular de la 3ª. República, aliada con comunistas, masones y judíos había debilitado al país y facilitado su derrota y de la que puede surgir una renovación intelectual y moral y una «revolución nacional». Finalmente, en tercer lugar y fuera de Francia, quedaría la Francia Libre del general De Gaulle[12].

Con motivo de la representación en Berlín en 1947, en la zona de ocupación francesa, Sartre escribió:

«Después de nuestra derrota de 1940, demasiados franceses se abandonaban al desaliento o se abandonaban a los remordimientos. Escribí *Les Mouches* y traté de mostrar que el *remordimiento* [subrayado por el autor] no era la actitud que los franceses debían elegir tras el hundimiento militar de nuestro país». (Contat y Rybalka, 1973: 228)

En 1948, con motivo de la representación en Berlín y en el marco de un debate, al que asistió Sartre, sobre la culpabilidad del pueblo alemán en los crímenes del nacionalsocialismo, declara:

«Hay que explicar la pieza por las circunstancias de su tiempo. De 1941 a 1943, muchos deseaban vivamente que los franceses se sumergiesen en el arrepentimiento. Los nazis en primer lugar tenían un vivo interés, y con ellos Pétain y su prensa [...] el fin era sumergirnos en un estado de arrepentimiento, de vergüenza, que nos volviese incapaces de mantener una resistencia». (Contat y Rybalka, 1973: 230–1)

En 1943, Pétain escribió: «Vosotros sufrís y sufriréis mucho tiempo aún, pues no hemos acabado de pagar todas nuestras faltas»[13]. El gobierno

---

12 Se ha señalado «un accord tacite est conclu dès la Libération entre les divers courants d'opinion française pour faire le silence sur la défaite de 1940 et sur le régime de Vichy» y el escaso interés de los estudiosos franceses sobre estos años: «On observe de même que le Troisième Reich et le nazisme sont peu étudiés en France moins en tout cas que dans les autres écoles historiques en Europe occidentale» (Valensi, 1993: 491-2).

13 *La France nouvelle,* 1943, 167, cit. por Contat y Rybalka, 1973: 236.

de Vichy, que achacaba la derrota de Francia a la debilidad y decadencia moral de la 3.º República, imponía reconocer el pecado y las faltas de aquella como punto de partida de la nueva regeneración moral. La iglesia católica recuperó protagonismo social. Se devolvió el derecho a enseñar a las congregaciones religiosas así como los bienes de la Iglesia embargados desde 1905 se devuelven a asociaciones diocesanas. «La pieza revela al espectador cómo el régimen de Vichy utiliza cotidianamente el concepto católico de arrepentimiento para manipular a la población y consolidar su propio poder»[14].

La Guerra y sus consecuencias suponen una transformación vital, histórica y literaria para Sartre. *Las moscas* representa un giro en su producción literaria y su primera pieza teatral es representativa de la crisis que transforma su literatura en la ocupación y para los años siguientes. Lo confiesa él mismo:

> «A partir del 39, dejé de pertenecerme. Hasta esa fecha, yo llevaba, eso creía, la vida de un individuo absolutamente libre; elegía mi alimento, mis trajes, escribía mis cosas [...]. No veía que esta vida estaba totalmente condicionada por la presencia de Hitler y su ejército. De pronto estaba allí con uniformes militares que me caían tan mal en medio de otros que vestían como yo [...] desempeñando papeles impuestos desde el exterior [...]. La segunda y más importante toma de conciencia ha sido la derrota y la cautividad» (Berne, 2005: 80).

«La guerra ha dividido verdaderamente mi vida en dos», escribe Sartre[15]. Como también su literatura. La guerra supone para él, como para otros escritores, la salida de una especie de ensimismamiento. De la narración de un solitario, del sentimiento filosófico de un ensimismamiento aislante, de *extraño* a la sociedad que presenta *La náusea* (1938), pasa al teatro en el que la misma representación es un hecho social; y su narrativa siguiente, *Los caminos de la libertad*, expresa una voluntad semejante. Es análoga la transformación literaria de Camus en

---

14   Stevens, 2008: 82, La pieza teatral «abunda de elementos que pertenecen al campo léxico "arrepentirse/remordimiento/faltas"» (Galster, Ingrid, *Le Théatre de Jean-Paul Sartre devant ses premiers critiques*, Paris, L'Harmattan, 2001, cit. por Stevens 2008: 84).

15   *Situations X*, 1976:180. Sartre prosigue en esta página: «c'est là que je suis passé de l'individualisme et de l'individu pur d'avant la guerre au social, au socialisme; c'est ça le vraie tournant de ma vie».

su paso de *El extranjero* a *La peste*. Del relato reducido a la interioridad del individuo, se pasa al de dimensión social. En *Las moscas*, Orestes marca este tránsito; su acto criminal le da su identidad de ciudadano de Argos. En la última escena, Orestes reivindica su crimen como su «razón de vivir» y como título de ciudadanía: «Ahora soy de los vuestros». La pieza puede considerarse como manifiesto de la futura literatura «comprometida».

Las moscas se edita antes de su estreno y Sartre ruega insertar unas líneas: «La tragedia es el espejo de la Fatalidad. Me ha parecido imposible escribir una tragedia de la libertad» y, tras señalar la contradicción entre libertad y fatalidad, agrega: «pues la libertad no es no sé qué poder abstracto de sobrevolar la condición humana: es el compromiso más absurdo y más inexorable. Orestes proseguirá su camino, injustificable, sin excusas, sin recursos, solo» (Contat y Rybalka, 1973: 225). Es decir, el compromiso social no excluye la soledad absoluta.

3 Recepción, disfraces y ambigüedades

Se ha señalado una identificación política con los personajes de la pieza: Orestes sería la resistencia antinazi; Egisto, la ocupación alemana; y Clitemnestra, el colaboracionismo de Vichy. Si la interpretación hubiese sido tan evidente, difícilmente, la censura alemana hubiese permitido la representación. La obra ofrecida al público es percibida por los primeros críticos en su aspecto filosófico. Atrayendo su atención, a la vez, la puesta en escena y el interés por un ajuste de cuentas entre los mismos críticos[16].

---

16   «Los elementos visuales del montaje atrajeron de tal modo la atención del espectador, que hicieron desaparecer el texto: es lo que los mismos críticos señalan. [...] Las reseñas de Maulnier y de Merleau-Ponty *confirman* el hecho de que las intenciones políticas de Sartre no trascendieron efectivamente la escena» (Galster, 1988: 8 y 9). La unión de ideologías contrapuestas a favor o en contra de *Las moscas* hace pensar en las rivalidades personales entre críticos como señala el estudioso citado: «La défense de *Mouches* fut donc, d'abord, un règlement de comtes entre critiques» (Galster, 2005: 17).

El público de la primera pieza teatral del joven escritor de literatura filosófica no espera un teatro político a tenor de sus publicaciones anteriores[17]. Es por lo que Sartre va a concitar un fuerte rechazo tanto de la derecha católica como de la izquierda marxista. Es evidente ante el carácter ateo, o antiteísta, de la pieza, el lógico rechazo de la prensa confesional que se extiende a los años de la posguerra en los que un obispo católico señala esta literatura existencialista como un «vaho pútrido y nauseabundo de una materia corrompida por la nada» y G. Marcel, el filósofo católico, dice: «es preciso reconocer que el pensamiento de Sartre se revela radicalmente agnóstico, hasta nihilista»[18]. El pensamiento de la izquierda marxista no será menos crítico señalando a nuestro autor como «la más perfecta encarnación del intelectual decadente»; escribe Bobbio en 1944. Para Lukács, el existencialismo se convertirá en «le courant spirituel dominant les intellectuels bourgeois de notre temps»[19]. El existencialismo sartriano es esencialmente individualista y antidoctrinario revalorizando a un grado máximo la subjetividad; de aquí la incompatibilidad entre *saber* y *ser*; *idea* y *praxis*; *naturaleza* y *libertad; estructura* y *existencia*. Contraposición conceptual que mantendrá el debate en la segunda mitad del siglo XX[20].

Esta atención inicial al aspecto filosófico y a las innovaciones de la escenificación de la obra centran las consideraciones de la prensa alemana parisina, favorable a la obra teatral, que llega a calificarla de «una teología singular» y a Orestes, de «Nietzsche dramatizado»[21]. En cambio, fue mal recibida por la mayor parte de la crítica francesa,

---

17   *La nausée,* en 1938; *L'imaginaire,* 1940; en 1942, tiene lugar el estreno teatral y la publicación de *L'Être et le Néant.*

18   Cfr. Rodríguez García 2004: 16 y 17.

19   Citado por Rodríguez García 2004: 14.

20   Me refiero al debate con Lévi-Strauss que opone las *estructuras* a la *subjetividad* sartriana; de *subjetivismo* también calificará Althusser la obra de Sartre; se ha visto una actitud más cercana a Sartre en Foucault aunque tampoco acepta plenamente dicho subjetivismo; cfr. el resumen sobre este debate, Rodríguez García, 2004: 20-31.

21   La reseña de Albert Buesche apareció unos días después (9 de junio, 1943) en el *Pariser Zeitung,* señalando sobre el Orestes sartriano: «Ce n'est pas pour rendre le peuple heureux ou pour peut-être régner lui-même qu'il chasse les spectres des sombres insticts de masse, mais, au contraire, par la gloire du surhomme: on pense à un Nietzsche dramatisé» (Galster, 2005: 42).

particularmente la colaboracionista. Por su parte, la de la resistencia, lo señala como representante de la justicia frente a la opresión[22].

Las moscas no ha dejado de verse como «un drama metafísico y una pieza política encriptada, que no toma todo su alcance más que en los contextos políticos de fuerte tensión entre la sociedad civil y el poder político» (Sartre, 2005: 1280). Es un teatro que se entiende *en situación* pero, a la vez, trasciende el particularismo. De aquí que se presentase en Berlín en 1947 y 1948. Se representó en Praga en 1968, tras la ocupación por los tanques soviéticos, asistiendo también Sartre. No ha perdido actualidad. Como Sartre dirá más tarde, «la resistencia no es un proyecto para un hombre» y que pretende abarcar lo artístico, ético, político y social; lo que designa como «total». El tema no es el de la resistencia sino el de la libertad (Sartre, 2005: 1257).

El estreno encontró una circunstancia favorable. Aunque a la censura y a la prensa colaboracionista, no se le pasase el alcance de las intenciones de Sartre, en cuanto que el aspecto filosófico y religioso de la obra podía enmascarar otras intenciones, se unió la circunstancia de la voluntad política por parte del embajador del Reich en París, Otto Abetz, de aparentar que la vida cultural se mantenía como antes de la guerra; es decir, con aparente libertad y autonomía[23]. Por otra parte, se estrena en unas fechas en las que el teatro en París recuperaba auge y popularidad frente al cine. Las películas americanas dejaron de importarse, el público boicoteó espontáneamente el cine alemán y los teatros volvieron a llenarse de manera que aquellos años negros se convirtieron en «una edad de oro del teatro»[24].

Se ha señalado cierta ambigüedad o ambivalencia en la pieza de Sartre en cuanto permitió la doble lectura: la fascista de exaltación

---

22   Lionel de Roulet en *La France libre* de Londres (15 de marzo de 1944) escribe concluyendo en las últimas líneas: «La condition humaine est réhabilitée [...]. Il est temps que l'homme se consacre aux affaires d'homme, à faire regner la justice, à se délivrer de l'oppresion, même au prix de la violence» (Galster, 2005: 184).

23   En este sentido, Hitler prohíbe, para respetar la sensibilidad de los parisinos, el desfile conmemorativo de la entrada de las tropas alemanas en París.

24   Sartre, 2005: 1257. Recordemos que en los dos años siguientes a 1942 se estrenan *Sodome et Gomorrhe* de Giraudoux, *Le soulier de satin* de Claudel, *La reine morte* de Montherlant, *Antigone* de Anouilh, *Le malentendu* de Camus y *Huis clos* en 1944.

196

individualista y nietzscheana frente a la tradicional moral burguesa uniendo la sucia religiosidad de Argos a la asociada a la propaganda oficial de los judíos. Se ha dudado de las intenciones subversivas del autor como una obra polivalente que puede ser leída de diferentes maneras pudiendo encontrarse en la pieza un «fascismo existencialista» (Stoekl, 2003: 80). La ambigüedad es señalada también por Judaken (2006: 96). A. Ryder, en un artículo consagrado al tema contribuye a esta apreciación: «Sartre's theme is a violent, individual affirmation of freedom, a notion applicable to the extreme right as much as it is to the left» (2009: 80).

A la percepción ambigua de su obra pudo contribuir su imagen personal, ocupando una plaza de enseñante en París de un judío depurado; sus relaciones como autor teatral y el señalado clima parisino del momento. Además del estreno de *Bariona* en el campo de prisioneros para celebrar la Navidad y las buenas mediaciones para el estreno teatral de su primera obra teatral.

En la misma pieza predomina el disfraz y el ocultamiento. Los personajes se disfrazan para ocultar su identidad: Júpiter se presenta llamándose Demetrios, viajero que hace de mago prestidigitador. Orestes, por su parte, como Filebo, también viajero. Los personajes mitológicos se rebajan a una vulgaridad que permite su ridiculización. El mismo título, que reduce las Furias a moscas, alude a una sátira de Aristófanes; y *moscas* era, también, la forma de designar a delatores y confidentes de la policía. El disfraz trasciende a toda la pieza teatral. Sartre señala pasada la ocupación que no escribiría *Las moscas* ya que no necesitaría disfrazar bajo un mito el pensamiento fascista[25]. El disfraz se convierte en ocultamiento de las personas; y las palabras en obstáculo para la comunicación. Júpiter y Orestes no se interpelan como tales, sino con falsos nombres y personajes; y el lenguaje se convierte en otra forma de engaño[26].

---

25 Sartre 2005: 1263. En 1944, precisa: «El verdadero drama que yo hubiese querido escribir es el del terrorista que, abatiendo unos alemanes en la calle, desencadena la ejecución de cincuenta rehenes» (Contat y Rybalka, 1973: 225).

26 «Toutefois le langage est piegé. Il sert à tromper les autres, et il abuse parfois cuex-là mêmes qui s'en servent. En parlant la consciente se meut dans un univers de significations qu'elle ne controle pas d'emblée» (Noudelmann, 1993: 117).

Sin embargo, la señalada *ambigüedad*, facilitada al situar la acción en un marco mitológico, permite su representación en los años de la posguerra. Es evidente que no hay un ataque claro a la ocupación alemana ya que la pieza teatral se centra en su concepto de libertad para contraponerlo al *meaculpismo* de Vichy y desde el punto de vista alemán podía considerarse como un asunto entre franceses[27]. Con motivo de su representación en 1947 en la zona francesa, escribe un texto y declara en una entrevista al año siguiente la necesidad de superar cualquier remordimiento para encontrar un futuro de libertad y de trabajo (Contat y Rybalka, 1973: 228–231). En 1948, se representó en Berlín (Hebbel-Theater). Se escenificó con representación de campos de concentración, en forma expresionista y brutal lo que provocó el ataque de la prensa de orientación soviética. La revista *Verger* publicó un debate con Sartre y otras siete personas. El debate, como señala Sartre, giró entre el sentido de la representación que tiene en Berlín y la de su estreno anterior en París. Si en París se enfrentaba al arrepentimiento y mala conciencia con que querían someter al pueblo francés y a la Resistencia por las represalias de los atentados; en Berlín, no pretende reducir al pueblo alemán al negativo tormento por los crímenes nazis. Hay que convertir el arrepentimiento, dice Sartre, en un sentimiento de responsabilidad positivo, «es decir, en la rehabilitación necesaria, en la acción por un porvenir fecundo, positivo» (Contat y Rybalka, 1973: 233).

Después de la muerte de Sartre, se levantó la polémica sobre la falta de un compromiso personal y real con la resistencia. Optó por la actividad literaria y su mensaje político, aunque críptico[28], no fue ambiguo para buen número del público y de críticos que presenciaron su estreno. Albérès y Merleau-Ponty[29], entre otros, comprendieron la

---

27 «Es evidente que un ataque contra el invasor no hubiera sido publicado. Los críticos, sin embargo, hubieran podido aludir al "meaculpismo", pues, aún cuando prohibidos por la ley, los ataques contra Vichy eran tolerados en la prensa parisina» (Galster, 1988: 63).

28 «Il est frappant de constater que *Les Mouches*, drame métaphysique et pièce politique crytée, ne prend toute sa portée que dans des contextes politiques de forte tension entre la societé civile et le pouvoir politique» (M. Contat, 2005: 1280)

29 Albérès señala que frente a un público que no entendió el alcance de la obra teatral, Sartre supo seducir a jóvenes y estudiantes con la sutileza del profesor de filosofía «qui profite de cette supériorité intellectuel pour prêcher pour son saint, qui est ici celui de la révolte» (*L'Echo des Ëtudiants*, junio 1973); unos meses

finalidad política de *Las moscas*. En este sentido, pues, hay que valorar el compromiso de Sartre.

REFERENCIAS BIBLIOGRÁFICAS

Albérès, René-Marill (1964): *Sartre*. París: Editions Universitaires.

Beevor, Antony (2003): *París después de la liberación: 1944-1949*. Barcelona: Crítica.

Berne, Mauricette (2005): *Sartre*. París: Bibliothèque nationale de France: Gallimard.

Carmona, Fernando (1981): *El teatro de J. P. Sartre*. Murcia: Cuadernos de la Cátedra de Teatro de la Universidad de Murcia.

Contat, Michel (2005): *Sartre. L'invention de la liberté*. París: Collection Passion.

Contat, Michel y Rybalka, Michel (1973): *Sartre. Un theatre de situations*. París: Gallimard.

Esquilo(1963): *Tragedias* (ed. Jorge Montsiá). Barcelona: Obras Maestras.

Galster, Ingrid (1988): "Las moscas, ¿pieza de la resistencia?" *Ideas y valores* Nos. 76-77 Bogotá Abril-Agosto: 57–71.

Galster, Ingrid (2005): *Sartre devant la presse d'occupation. Le dossier critique des* Mouches *et* Huis clos. Presses Universitaires de Rennes: Rennes.

Hollier, Denis (2006): "Limelight", *Journal of Romance Studies*. 6 (1–2): 221–33.

Judaken, Jonathan (2006): "Jean-Paul Sartre and the Jewish Question: Antiantisemitism and the Politics of the French Intellectual". Lincoln: University of Nebraska Press.

Némirovsky, Irène (2004): *Suite française*. Barcelona: Salamandra.

---

después, Merleau-Ponty finaliza su reseña también señalando la necesidad de un nivel de cultura del espectador para que «peut "percevoir" [entrecomillado del autor] la grandeur d'un sujet et rejoindre d'un seul coup les intentions de l'écrivain» (*Confluences*, octubre 1943). Cfr. Galster, 2005: 86 y 165.

Noudelmann, François (1993): *Huis clos et Les mouches de Jean-Paul Sartre*. París: Gallimard.

Rodríguez García, J. L. (2004): *Jean-Paul Sartre. La pasión por la libertad*. Barcelona: Edicions Bellaterra.

Ryder, Andrew (2009): "Sartre's Theater of Resistance: Les Mouches and the Deadlock of Collective Responsibility", *Sartre Studies International: An Interdisciplinary Journal of Existentialism and Contemporary Culture*. 15 (2): 78–95.

Sartre, Jean-Paul (1970): *Obras completas*, t. I. Teatro (traducc. Alfonso Sastre et Alii). Madrid: Aguilar.

Sartre, Jean-Paul (2005): *Théâtre complet*. Édition publiée sous la direction de Michel Contat. París: Bibliothèque de la Pléiade, Gallimard.

Stevens, Nathalie (2008): "Résistance culturelle et "révolution nationale" pétainiste: Les mouches de Jean Paul Sartre comme dénonciation d'une religion aliénante sous la france de Vichy". Haol, 17: 81–86.

Stoekl, Allan (2003): "What the Nazis Saw: Les Mouches in Occupied Paris", *SubStance* issue 102, 32, 3. Madison: University of Wisconsin Press: 78–91

Valensi, Lucette (1993): "Présentation" en *Présence du passé, lenteur de l'histoire. Annales. Economies, sociétés, civilisations*. 48 année, 3: 491–500.

Pilar ANDRADE BOUÉ

Los viajes a Venecia de Paul Morand

Decir que en lengua francesa se ha escrito mucho sobre el viaje a Venecia es un lugar común tan manido como los propios estereotipos asociados a la ciudad. De hecho, la frase más citada de las *Venises* de Paul Morand es la que dice que los canales de la ciudad son negros como la tinta y que Rousseau, Chateaubriand, Barrès o Proust metieron su pluma en ellos, pero que al mismo tiempo es deber de todo francés hacerlo (1971: 33). Pero, hecha esta concesión al tópico, intentemos aportar algo nuevo al estudio de la obra de Morand más querida por su propio autor.

Escrita en 1971, podría encuadrarse en el género del relato de viajes, pero solo lo hace en parte. No se trata de un relato topográfico en el que abunden las descripciones del lugar visitado, de las costumbres de sus habitantes, o de sus comidas y demás elementos culturales, sino que es un relato retrospectivo y con cierto orden cronológico que a los recuerdos de las diversas estancias de su autor en la Serenissima añade una clara intención de fusión autobiográfica. Morand lo advierte desde el comienzo: su vida tiene tres visados: el de París, el de Londres y el de Venecia –afirmación verdaderamente relevante si tenemos en cuenta que, en realidad, el pasaporte de este diplomático y consumado viajero cosmopolita debió recibir miles de sellados. Añade Morand enseguida (1971: 9) que Venecia resume su paso individual por la tierra, entre el líquido amniótico (las «aguas fetales», escribe nuestro autor, esta vez con pésimo sentido del humor) y la laguna Estigia, y que todo le asquea ya salvo la ciudad italiana. Tiene entonces más de ochenta años y ha vivido las dos guerras mundiales, además de su exilio político por colaboracionista y el boicot a su obra literaria por la misma causa, de modo que quizá no le faltaran razones para opinar así.

Venecia es por tanto, metonimia de su vida, y esto explica que Morand no escribiera, como otros escritores de la tradición francesa, un libro sobre Italia, sino solo sobre aquella ciudad a la que se sentía unido por una sintonía especial. Únicamente otra urbe consiguió algo parecido: Londres, a la que dedicó dos libros completos, pero de cariz muy distinto, porque siguen el desarrollo clásico que recorre primero, la historia *ab urbe condita*, y se centra después en diversas peculiaridades consignadas desde la mirada del extranjero – aunque se trate de un extranjero amantísimo de lo descrito[1]. Por el contrario, en sus *Venises,* Morand no se posiciona como quien acude a visitar y recorrer, ni siquiera a desencriptar el lugar o a desvelar sus secretos, tentación esta –dicho sea de paso— a la que siguen cediendo escritores contemporáneos[2], sino como aquel que respira al mismo ritmo y vive a la misma cadencia que las calles y edificios por los que se mueve; como aquel, entonces, que se identifica íntima y plenamente con una ciudad: «J'ai donc pris Venise comme confidente; elle répondra à ma place» (1971: 33).

Los vaivenes de la biografía morandiana coinciden por tanto con los de la ciudad, y sus rasgos caracterizadores también. Entre estos se halla el más repetido: la tonalidad crepuscular. Los palacios que se hunden, las góndolas negras[3] e incluso el olor a próxima putrefacción anuncian, en los años sesenta, el fin de una larga existencia, como lo fueron la del escritor y la de la ciudad misma. Este canto del cisne contrasta, no obstante, con momentos anteriores, en los que «Venise était devenue la ville la plus brillante d'Europe, une sorte de prolongement estival des Ballets russes» (1971: 66). La frase describe el año 1913, fecha que remite a la juventud morandiana, por un lado; y por otro, a un momento anterior a la primera gran guerra, es decir, de cierto mocerío igualmente, previo al primer fracaso cataclísmico que pone fin al orgullo dominante europeo. En ese año, efectivamente, Europa

---

1 François Naudé subraya en efecto el esfuerzo explícito de Morand, en sus viajes a Nueva York, Londres y Bucarest, por observar desde fuera, puesto que se trata de relatos escritos para extranjeros (Naudé 1991: 156).

2 Véase la *Venise à Double Tour* (2019) de Jean-Paul Kauffmann. El ansia voyeurista de este autor, de la que se enorgullece, ha logrado *forzar* las puertas de cuarenta iglesias cerradas de la capital del Véneto.

3 Símbolo de la muerte ya desde la célebre *Corinne ou l'Italie* de Madame de Staël, si bien es cierto que la visita a Venecia, en esta novela, se produce cuando es inminente la partida del abobado escocés hacia su patria, abandonando a la protagonista.

no ha emprendido aún –según la lectura que hace Morand de la Historia, y que puede extenderse a nivel de lectura aceptada en general— su carrera hacia el desastre y hacia la pérdida de poder a nivel planetario. De hecho, la Venecia de Morand representa también el clímax de la civilización occidental y su progresiva decadencia. Y lo hace desde un punto de vista polivalente.

Porque de un lado, en aquella preguerra lejana la ciudad es lugar de veraneo de lo más granado de la aristocracia europea, y especialmente de la austrohúngara, es decir, de *la crème de la crème*. En aquellos momentos, afirma Morand, todos se esforzaban en imitar la indolencia, distinción y poder seductor de los austriacos; el Imperio era, en definitiva, «la Fleur de l'Europe» (1971: 47). Pueden sorprender estas palabras en boca de un francés, pero se entenderán mejor si recordamos la nacionalidad balcánica de su esposa, que sin duda influyó en este descentramiento de la mirada del escritor; Morand escribió un *Bucarest* (1934) para complacer a su princesa de Soutzo, y años más tarde dedicó una notable monografía a la familia de los Habsburgo (1963); se puede decir que su voz se une, pues a la de otros nostálgicos de entreguerras, relativamente alejados, sin embargo, de las vivencias y sensibilidad morandianas (Joseph Roth y Stephan Zweig en particular).

De otro lado, y a pesar de lo anterior, Morand no se acoge exactamente al cliché del decadentismo finisecular encarnado en Venecia. No dibuja, desde luego (aunque otros ya habían renegado antes de esta manía), un retrato a la manera de Thomas Mann o de Barrès, recogiendo las consabidas ideas de la ciudad-máscara, teatral, sin vida tras la careta, en la que la apariencia oculta la vacuidad o la enfermedad (Tabet 2015: 4)[4]. La Venecia de la Belle Époque no es un lugar agónico o que inspire la melancolía del artista sino un refugio (1971: 71) para un puñado de alegres disfrutadores, de estetas que veneran la belleza

---

4   En el libro *Venises*. No obstante el relato "La Nuit de Portofino-Kulm", incluido
     en el célebre *Fermé la Nuit* (1993), sí apoya la lectura de una Venecia simbólica
     del fin de Europa. Su protagonista, el poeta O'Patah, acude a la ciudad tras una
     estancia en Nueva York, para hacer dinero, y en Dublín, para intentar inútilmente
     reencontrar los orígenes. La estancia en la ciudad espejo es metonimia de la enfer-
     medad y muerte, tanto como la de la ciudad americana lo fue de éxito y fortuna, y
     la de la ciudad irlandesa de libertad.

como absoluto. El grupillo «de los bigotes largos» son capaces de enumerar los once palacios Grimaldi de la ciudad y pueden precisar en qué museo se encuentran el más recóndito cuadro de Carpaccio, pero también conocen los nombres de todas las hosterías de la ciudad y las direcciones de tiendas con la mejor relación calidad-precio para comprar tejidos (1971: 69). Se trata de un conjunto de dandis poco pudientes, honestos y antimodernos, agrupados en torno a Henry de Régnier o Mariano Fortuny (mejor dicho, en torno a la casa de la madre de este, que daba ricos banquetes) y ajenos a la política. Pero como decimos, bajo su aparente fragilidad se oculta una gran fuerza vital y un potente deseo de fruición, como bajo la indolencia de los *lazzaroni* se agazapaba, según Stendhal, esa energía tan admirada. De modo que el decadentismo muestra a través de ellos la faceta vital y creativa que anunció Verlaine en sus *Poetas malditos*; Venecia a su vez es mostrada en armonía con esa vitalidad latente, anunciando su vertiente activa y revigorizadora que inspirará a Proust.

El autor de *La Recherche* inspira sin duda en buena parte esta concepción posfinisecular de la ciudad, que acentúa el poder inspirador y anamnésico sobre los demás aspectos. Morand sigue el rastro de Proust[5] desde el convento de los armenios de la isla San Lazzaro, descubriendo su firma en el libro de visitantes no muy lejos de la de Byron, hasta las páginas de la obra proustiana, hallando en ella una búsqueda de la libertad que cristaliza precisamente en Venecia (1971: 124). Según Morand, el narrador de *La Recherche* se libera de su madre mediante paseos solitarios por la ciudad en los que se interesa por las clases laboriosas. Y también se libera así de su propia pasión amorosa por Albertine, que obliteraba esa otra pasión, más auténtica, por la belleza artística y la creación literaria.

A su vez, en Morand se dará un proceso similar. En principio, para nuestro autor Venecia está marcada por la impronta del padre, puesto

---

5   Morand entró en contacto con Proust por iniciativa de este, en 1915, y mantuvo con él una amistad que duró hasta la muerte del autor de la *Recherche*. Los ensayos y artículos morandianos citan con frecuencia a Proust, quien a su vez escribió el prefacio de *Tendres stocks*. En fin, en su *Ode à Marcel Proust* (incluida en Delvaille 1966: 89-91), Morand evoca el sufrimiento del escritor recluido en su habitación.

que este le introduce en ella simbólicamente[6] y físicamente. Esta marca paterna es bifronte, porque aunque el joven Paul disfruta de la compañía y del entorno paterno, que determinarán muchas de sus propias creencias e inclinaciones, también sufre por la actitud rabiosamente escéptica y fatalista de su progenitor (1971: 13), y por ciertas palabras que descalificaban al hijo[7]. La maduración del joven se realizará por tanto solo cuando la ciudad deshaga las adherencias paternas, es decir, en las visitas posteriores al fallecimiento del padre, y en la experiencia de los profundos cambios históricos a través del paisaje urbano.

En segundo lugar, la pregnancia proustiana queda patente al vincular Morand el paisaje veneciano con el surgimiento de su inspiración como escritor – del mismo modo que las losas de San Marcos abrieron epifánicamente a la experiencia del tiempo puro en Proust. De este modo, Morand concibe precisamente en Venecia sus célebres *Nuits,* que describen el clima de entreguerras, amargo y desenfrenado, como un memorial en recuerdo de las víctimas de la Primera Guerra Mundial:

> Peut-être, dans cette gare sinistre, dans Venise obscure, mes *Nuits* naquirent-elles ? Ce serait ma façon d'annoncer que des signes apparaissaient dans le ciel. Mes *Nuits* parleraient, non pas au nom des morts, mais pour eux, pour les distraire, pour les plaindre, pour leur dire que je ne cessais de penser à eux, et surtout à ces classes 1908-1913, si bien décimées (1971: 76).

La estación vieja en la que Morand, de vuelta de una misión diplomática, espera de noche a un tren que se demora, al final de la Gran Guerra, ilumina la concepción de los relatos morandianos como homenaje a quien entró en combate y murió. La cita se entiende plenamente si se sitúa en la reflexión poética de nuestro autor, según la cual no es la obra historiográfica, sino la de ficción, la que condensa el valor de verdad de los acontecimientos (1971:79).

---

6   Una aguada de la basílica San Marcos, y también un óleo de la iglesia de La Salute pintados por su padre (1971:9) presidían su habitación infantil, como el cuadro del emperador Francisco José tutelaba los hogares austriacos de la época.

7   «Dans mon enfance, mon père résumait ainsi l'opinion qu'il avait de son fils :
     – Tu est bête, laid et méchant.
     (…) Plus tard, mon père l'atténua un peu:
     – Non, tu n'es pas méchant» (1931: 14).

Volviendo ahora a los significados atribuidos al decadentismo antes mencionados, debe prolongarse la reflexión con uno de los ejes temáticos más sustantivos, y también más denostados, de Morand. Pues si bien rehabilita el valor estético del término, en el sentido antes explicado, no obstante lo sumerge también, con otro de sus matices, en la problemática racialista-racista de su momento histórico: Morand habla muy a menudo de decadencia refiriéndose a la de la raza blanca. Es sabido que nuestro autor vivía con la angustia de la desaparición de esta misma. Él atribuía esta obsesión a la absorción de una mentalidad plenamente extendida en su época y, en su caso personal, difícil de erradicar —o que difícilmente querría erradicar, si se quiere. Sea como sea, Morand fue asiduo lector de Gobineau y siempre temió la disolución de los rasgos caucásicos en lo que en su opinión sería un horrendo mestizaje. La Historia y el sentido común han condenado ya este tipo de pensamiento, de modo que no vamos a abundar en él, pero sí en su tematización en *Venises*. Morand lo explica a través de la personalidad de Joseph Caillaux, Jefe de Gobierno entre junio de 1911 y enero de 1912. Caillaux, germanófilo, intentó evitar la guerra, pero no se le escuchó; Morand, pacifista convencido, le defiende a pesar de la explosiva personalidad de ese personaje público, porque la conflagración mundial aplastó a las dos grandes potencias europeas enfrentadas, eliminando una parte importante de su población y aniquilando con ello la posibilidad de establecer unas bases poblacionales sólidas en el Maghreb. Eso, según Morand, habría permitido frenar la invasión de los inmigrantes, especialmente árabes y asiáticos (Asia es la pesadilla de muchos pensadores nacionalistas de entreguerras, como sabemos) y conservar la sangre europea libre de injerencias (1971: 83–84). Esta lectura concierne igualmente a Venecia en tanto que, como decíamos antes, fue especialmente herida de muerte en la primera Guerra Mundial y por tanto queda vulnerable ante los inmigrantes; el Morand de los setenta se siente «viudo de Europa» (1971: 14) y de Venecia también en el sentido de que ambas han sido expugnadas por extranjeros. Los temores de Morand alcanzan dimensiones apocalípticas que hoy resurgen en algunos foros y en muchas ficciones del fin de los tiempos (no focalizadas, ciertamente, en la lucha de razas, pero sí en la lucha por la supervivencia): «Alors les Chinois et les nègres viendront nous disputer les bonnes terres; il y aura une lutte de races pour les meilleurs

climats comme il y a une lutte des classes pour la possession des riches-
ses» (Morand, 1926: 11–12). El combate marxista se reconvierte, en
la pluma de Morand, en combate climático. El tono profético se puede
volver no obstante tan obsesivo que raya lo patológico y se tiñe de puro
racismo: «L'Institut Pasteur, les fondations Rockefeller, en empêchant
de mourir les gens que la Providence, en sa sagesse, avait condamnés
dans des proportions utiles, auront plus fait contre notre race que les
engins de guerre» (Morand, 1926: 12). Ni estas palabras, escritas en
los años veinte, ni este tono, van a prolongarse más allá de la Segunda
Guerra Mundial, aunque se encuentren ciertos ecos de ellos en el relato
de 1971 que analizamos aquí. Eco como el deseo de que lo estético
prime sobre lo ético, y que se atienda a la belleza antes que a las necesidades básicas del ser humano: «La beauté seule comptait [en la Belle
Époque]; exactement le contraire d'aujourd'hui, où la beauté sera exilée
tant qu'un homme aura faim» (1971: 20). El argumento opone, como es
habitual en Morand, el antes y el ahora, y se incluye en una evocación
del respeto paterno por las obras de arte; como expresión de filialidad,
puede aceptarse, pero como manifestación de una voluntad de evic-
ción de la ética social, resulta falso e inaceptable. De hecho, se inscribe
en una mitología urbana personal generada en torno a la amoralidad
de Venecia: la sublimidad de la ciudad exime de pensar en la moral
(1971: 32), y en la Venecia de fin de siglo no existía mala conciencia,
sentimiento de culpabilidad o remordimiento social, como tampoco
era necesario el pasaporte, no había presión demográfica y el valor de
cambio de la moneda no fluctuaba (1971: 18). El simple hecho de poner
en paralelo, como hace Morand, cuestiones morales y de tipo administrativo o económico, indica una ocultación o relegación voluntaria de la
responsabilidad social, como si esta fuera una piedra en el zapato de la
Modernidad naciente.

Retomemos el tema de Venecia como cabeza de Europa y de su
vulnerabilidad a la "invasión" de otros pueblos en tanto que puerta
abierta a Oriente. La apertura sirve a Morand para desarrollar, en otro
texto (1989) este aspecto muy apuntado pero poco desglosado. En
efecto, si numerosos son, en la literatura francesa, los comentarios tipi-
ficados sobre el aspecto bizantino de San Marcos, el olor especiado de
la comida veneciana, o los aires moriscos de sus telas y tapices, nuestro
autor ofrece una reflexión de diplomático más amplia y más visionaria

de la *orientalidad* (vocación hacia Oriente) de la Serenissima. En concreto, inserta a Venecia en el sueño de la conquista de las Indias (refiriéndose a la India y no a las Américas); la ciudad es el primer escalón de las viejas aspiraciones continentales, en parte concretadas con Alejandro Magno y –faltaría más— resucitadas con Napoleón. Oriente designa, en este sentido, tanto el Medio como el territorio situado entre el Medio y el Lejano: la rica península indostánica[8]. El *eros* occidental aspira a poseer su té, su café, sus medicinas y sobre todo sus drogas, además de su luz, color o sensualidad. «Pendant trois siècles, les Blancs n'ont eu d'autre désir, d'autre intinct – impressionante continuité de cet effort concentrique, émouvante justification du gain et de l'aventure commerciale» (1989: 11). La India es El Dorado que buscaron Colón, Vespucio, Vasco de Gama, Cook y tantos otros exploradores… fundamentalmente para enriquecerse, más que por un puro deseo de aventura o por buscar un origen. En la interpretación de Morand, Occidente se arruinó por la India (1970: 9), y Venecia, cuyo amplio poderío talasocrático sometía a árabes, egipcios y eslavos, cayó también por haber apostado todo a una misma carta oriental. Venecia que en el medioevo dominaba el mar, que era el puerto de la Europa central, que vendía esclavos búlgaros a Egipto y etíopes a Europa, comenzó a declinar al abrirse la ruta occidental por el Atlántico, y cayó en manos extranjeras con Napoleón: la paz de Campoformio la entregó a Viena a cambio de ampliar las fronteras francesas en el Rhin[9]. La apertura del canal de Suez no logró tampoco reavivar su antiguo poder. No obstante, el golpe de gracia se lo asestó la Primera Guerra Mundial, como hemos dicho antes, por el tránsito y llegada masiva de gentes foráneas, y con Venecia cayó Occidente entero, puesto que ella es el ojo de Italia en la cabeza de Europa (1989: 37). «Puis un jour la Grande Guerre éclata; l'Orient, comme un raz de marée, déferla vers sa porte et, depuis, l'Asie inonde l'Occident » (1989: 27). Ya hemos visto el temor a las oleadas raciales foráneas, en este caso mezcladas con la inquina que manifiesta Morand contra el bolchevismo. Porque en efecto, la asociación entre el Oriente

---

8   Para la polisemia del término "Oriente" en Morand, cf. Andrade 2018.

9   Es de hecho esta muerte política la que origina la imagen romántica de una Serenissima difunta (Martinet, 1996: 105), imagen que recoge Madame de Staël (ver nota 3).

asiático y la URSS es común en la época. Henri Massis ya se explayó abundantemente sobre el tema en su exitoso *Défense de l'Occident,* y muchos escritos morandianos vuelven a la carga. En *Venises* se define Asia como un suelo estatalizado en que el individuo se anula («qui boit l'individu comme la plaine suce le sable», 1971: 213). Trieste, en cuyo cementerio quiere Morand que reposen sus restos, es la ciudad fronteriza que hace frente al océano estepario: «Trieste est cerné, comme l'est notre petit monde, comme Berlin, comme Israël, comme Madrid, comme l'Occident, la marée montante n'attaque pas de front (...); le flux de la mer slave, poussée elle-même, par l'océan mongol (...) avance au galop » (1971: 214). Nótese no obstante[10] que ahora Israel se coloca del lado de Occidente. Los eslavos, herederos de los tártaros, observan codiciosamente la Europa occidental; los latinos deben resistir, empezando por el rumano, evidentemente, que es de sangre sureña, como explica Morand en un texto de los años treinta, en el que opone el soldado ruso al soldado rumano:

> L'homme [ruso] n'avait rien de latin. Avec sa barbe d'un blond roux qui remontait jusqu'aux yeux bleus, ses mains gourdes, ses genoux soudés, ses pieds immobiles dans de vieilles botes de guerres, il représentait le barbare du Nord, l'ancêtre sibérien, le Mongol roux. Mille ans le séparaient du soldat roumain, au regard brillant, à la grâce frêle (Morand, 1932: 92–93).

No pueden encontrarse aquí restos del odiado mestizaje y de la obsesión por la pureza racial, pues el eslavo es de raigambre directamente asiática, sin mezcla. Lo que denotan estas líneas es simplemente ideología mezclada con la estrategia geopolítica propia del pensamiento diplomático de Morand. Además de un profundo conservadurismo general al que volveremos más adelante.

Nuestro autor no simpatiza, no obstante, con el mensaje fascista, como tampoco con el nazi. En el libro que analizamos este matiz se aprecia claramente en el capítulo en que se narra el intento de revivir la Serenissima realizado por Mussolini. Se trata de un tiempo de esperanza para algunos, en que a partir del pasado ilustre de la "grande Venezia" se quiere proyectar la ciudad hacia un futuro prometedor. De

---

10 Al margen de la mención de Madrid como espacio fronterizo, que se explica por la visión morandiana de Andalucía como avanzadilla de África (Andrade, 2018: 71).

haber tenido éxito, el mito de la ciudad moribunda habría sido descartado y quizá las góndolas hubiesen desaparecido a favor de la presencia absoluta de los *vaporetti*. Claro que también habrían sucedido muchas cosas más importantes que el fin de las góndolas.

Morand habla en *Venises* con cierta extensión de los años mussolinianos, que no le son, como decimos, simpáticos, ni por las ideas que barajaban ni porque el Duce quitó a su esposa sus acciones en Bolsa para preparar la guerra (1971: 153). Tampoco le complace en absoluto ver cómo desde 1930 vuelven a amarrar acorazados, torpederos e hidroaviones en torno a la ciudad (1971: 144). Además, en esta época resurge con fuerza la manía grafittera de los latinos, y la carne arquitectónica de la ciudad se llena de inscripciones; sobre ellas fantasea Morand, intentando descubrir su alcance en cuanto a la organización político-social del país (¿qué esperan los ciudadanos del Estado al dirigirse así a él?), o el misterio acerca del acto mismo de la inscripción (¿a qué hora pinta la gente en los muros? ¿quién exactamente los pinta, y quién los dicta?). Venecia se vuelve, literalmente, un libro abierto para el paseante (1971: 152). Y los desfiles de las huestes fascistas y su séquito ponen música a la letra de las inscripciones. Por último, Morand no se priva de dar su personal y característico toque hermenéutico a la grandeza veneciana: el lado bueno del mussolinismo es que sirvió para contener a los eslavos (1971: 155). Sin duda la expresión "Venecia la Roja" que empleó el romántico Alfred de Musset debía entenderse, según Morand, exclusivamente referida al colorido de la ciudad en el ocaso o al de la antigua flota imperial.

Muchos años antes, un texto morandiano había empleado la metáfora geopolítica para dar cuenta de otra oposición conceptual fundamental en la Europa de entreguerras. Se trata del ensayo "Genève ou Venise? Le lac et les torrents" (1931), en el que establece una polaridad entre Ginebra, símbolo de la paz y el universalismo, y Venecia, ahora conquistada por los fascistas que le imprimen su sello bélico. Junto a Ginebra descansa el lago pacífico y amplio de la concordia (recordemos que en esos años la ciudad fue sede de la Sociedad de Naciones), «réservoir de paix, mare de pardon, nappe de bonté, bain de justice où les nations sont immergées» (1931: 263). Por el contrario, hacia Venecia corren los ríos *puros* de los Alpes, trayendo los minerales arrastrados desde la Alemania nazi, es decir, las juventudes hitlerianas que anuncian, con su líder, un vasto renacer espiritual y una guerra que lo inicie: «des guerres véritables, qui font cesser toute espèce de plaisanterie» (1931: 267). Morand, profundamente pacifista bajo sus capas antibolchevista y racialista, deplora este giro político y llega incluso a matizar sus opiniones, sacando su veta micheletiana y criticando la exaltación de la raza en perjuicio del «pueblo» (1931: 266).

Como vemos, los extremismos de entreguerras modifican las opiniones morandianas y ayudan, desde nuestra perspectiva actual, a desdibujar un retrato excesivamente maniqueo de Morand. En el propio ensayo se asocian a cada extremo de la polaridad Ginebra /Venecia varios nombres, algunos esperados y otros menos: a Ginebra corresponden Jean-Jacques Rousseau, evidentemente, por filiación y por la cadena que va desde la Razón hasta la Revolución pasando por la Naturaleza, y León Tolstoi, menos evidentemente pero citado por su pacifismo. Con la Venecia fascista se relacionan Nietzsche, leído con atención por Morand en la plaza de San Marcos (sobre todo *La Voluntad de Poder* y *Así habló Zaratustra*[11]), y también… Charles Maurras, sorpresivamente. Como contrapunto aparece la figura de Aristide Briand, paneuropeo (recordemos que estamos en la época de Coudenhove-Kalergi) y pacifista también (1931: 264).

Morand quiere ilustrar asimismo con este texto lo que considera como ritmo de la Historia y que consiste en un perpetuo movimiento pendular del universalismo al nacionalismo, y vuelta. Este ensayo, además, se inspira probablemente en el *Genève ou Moscou* (1928) del controvertido Pierre Drieu La Rochelle, quien a su vez oponía la pacífica e internacional urbe suiza al Moscú comunista y de una patriotería letal.

En fin, el texto muestra igualmente el parecer de Morand respecto a la polémica del compromiso del artista que había sacudido el principio de siglo. Curiosamente Morand coincide aquí con Romain Rolland, su antípoda en cierto sentido, apoyando la idea de que el artista debe colocarse por encima de la *mêlée*: «L'artiste vit de paix» (1931: 264) –lo cual es una respetable opinión—, y añade que el tiempo de los escritores políticos ha terminado – predicción que sin embargo no se cumplió.

---

11   Pero en *Venises* leemos que según Morand la democracia es el chantaje de los débiles, etc. (1971: 176).

Reanudemos con el tema de la decadencia de la Serenissima para avanzar en el tiempo junto con el relato *Venises*. Junto a la primera causa de la degradación de la ciudad, a saber, la conquista de América, y a la segunda, es decir, la pérdida de preeminencia de Europa, debe señalarse la última y más relevante: el advenimiento de la Modernidad, que en la mentalidad morandiana designa, además de lo anterior, sobre todo la masificación de la sociedad y lo que conlleva: ruido, estética *kitsch* y chabacana, suciedad, basura, humos, etc. La técnica y el maquinismo son apreciados cuando solo una élite educada disfruta de ellos: los vehículos de lujo (Morand contaba los años basándose en sus compras de magníficos coches), los hoteles renovados con los últimos *tuneos* para el confort de unos pocos, los barcos que solo algunos poseían… Cierto es, no obstante, que su lamento por el estado actual (años setenta, pero la descripción morandiana serviría para hoy) puede ser compartido con cualquier turista de nuestros días. Porque Morand se queja de que el cuerpo de la ciudad es desgarrado por la estridencia de los fuerabordas (1971: 198), el infierno de sirenas, los aviones a reacción que deshilachan el cielo; Venecia llamea, chilla y transpira sudor (1971: 197). Porto Marghera, terreno antes pantanoso, hoy son dos mil hectáreas de refinerías y fábricas de aluminio o de azote (1971: 189). El turisteo de la propia Europa invade Venecia más que los temidos asiáticos:

> Les eurobus, les trains sur roues de caoutchouc à quatre-vingt voyageurs s'y croisent avec des départs de minibus pour le Népal. Tout ce quatier Santa Croce fume de gaz, d'oxyde de carbone, de vapeurs de cinzano ou de marijuana. (1971: 184)

La insólita mención del Nepal en este párrafo remite indudablemente a los *hippies* que, habiendo hecho escala en Venecia, tienen este destino. De hecho, en un breve pasaje del libro, Morand intenta un acercamiento amistoso a un grupo de «hediondos» *hippies*, invitándoles a comer e incluso confraternizando con su espíritu bohemio y viajero. Pero pronto se percatará de la diferencia fundamental que le separa de ellos, sintetizada por la frase que una joven le dirige: «I shit on Venice» (1971: 196). Estos chicos rechazan lo que Morand aprecia más profundamente, es decir, la cultura occidental. Se reubican por ello, para nuestro escritor, en una barbarie moderna, similar a la barbarie nazi —la chica es comparada con una valkiria. Morand intenta sin éxito dar su lección de civilización: «On peut redevenir singe ou loup en six mois, (…) mais pour être un Platon, il aura fallu des millions d'années» (1971: 196). El cuidado acento inglés del grupo de *hippies*, tras la muerte de la valkiria por sobredosis, corrobora el origen aristocrático del grupo y, por tanto, la opinión implícita morandiana de que, en el fondo, se trata solo de una rebeldía juvenil pasajera – lo cual le permite a él reafirmarse en los valores occidentales.

Morand es pues un inmovilista y rechaza el cambio, tanto en el estilo de vida como en la estética; se alinea con cierto espíritu anti-democrático y con tesis como las consabidas de la Escuela crítica. Su *survivalismo* rechaza en bloque a la masa ignorante y bullanguera, sin distinguir en ella al individuo singular, porque lo singular es un con-cepto que pertenece a lo desaparecido, a la premodernidad.

Solo cuatro años más tarde, Michel Tournier, hablando de Venecia, va a intentar rescatar la figura del turista, y rehabilitar con ello la noción de ciudad-parque temático. Lo hace describiendo las hordas de visitan-tes de la ciudad espejo del siguiente modo:

> Venise n'est pas profané par cette foule (…). Venise répond à son génie éternel en accueillant le flot joyeux, bariolé –riche de surcroît! – des étrangers en vacances. Cette marée touristique fonctionne sur un rythme de douze heures, trop rapide au gré des hôteliers et des restaurateurs qui se lamentent de voir les visiteurs arrivés le matin repartir le soir, sans aucun profit pour la limonade, car ils trouvent moyen d'apporter leur casse-croûte (Tournier, 1975: 427).

El autor de *L'homme pressé* podría haber sido tentado por la rapidez de la visita media que menciona Tournier, puesto que, al lado de su anti-modernidad nostálgica, cantó las maravillas de la velocidad. Pero esto había sido en un momento de plenitud, y no al final de sus días, tras el amargo exilio posvichista. Ahora deplora sin ambages la multitud, el tiempo de la masa emancipada y, en definitiva, de la clase media que, como una marea imparable, derriba los parapetos de la última aristocra-cia. Esa clase media que –afirma el gremio de hosteleros – ni siquiera es *turismo de calidad*, porque se traen bocadillos («leur casse-croûte») y compran las bebidas en el supermercado.

Y hoy en día, aún hay quien canta las excelencias de los cargueros que pasan frente a Venecia:

> J'ai toujours trouvé très beau ce ballet des paquebots arrivant du monde entier: les plus beaux, du moins ceux qui, à l'époque, m'ont amusé le plus, venaient

évidemment de la Chine révolutionnaire, emplis de drapeaux rouges, gorgés de vociférations magnifiques, appelant le parti communiste italien, ou ce qu'il en restait déjà, à se révolter, et invitant les vrais révolutionnaires à se révolter contre lui. (Sollers, 2018)

En el polo opuesto de esta alabanza amistosa del comunismo, los avances técnicos y el bullicio, Morand ve en la Venecia de los setenta, una ciudad saturada y convertida en un parque temático multicultural, es decir, en dos realidades que siempre le espantaron. Realidades que, en definitiva, están colaborando al hundimiento físico de la ciudad con el que culmina el simbólico: la «ciudad nenúfar» (1971: 10) pronto se convertirá en ciudad alga. Aunque por los años setenta, en los que escribe Morand, ya estaban en proyecto unas esclusas que cerraran la laguna… hinchables (1971: 199).

Volvamos no obstante a nuestras afirmaciones del comienzo para concluir esta reflexión. Subrayamos en las primeras líneas que *Venises* solo podía adscribirse con reparos al género de la literatura de viajes. Esto era así porque el relato se tejía sobre un cañamazo cronológico, y no sobre una base descriptiva. La importancia de la topografía se reducía en detrimento de las referencias temporales; los detalles de la fisionomía urbana, de los rasgos culturales o del estilo de vida de sus habitantes quedaban postergados porque se acentuaban los recuerdos personales del autor, el matiz autobiográfico, la escucha de ecos urbanos de la propia vida. No ocurría, como en la mayoría de los relatos de viajes (y como en *New York, Bucarest* o *Londres*, por ejemplo, de Morand), que la ciudad natal actuara de referencia, y la visitada se tomara como alteridad por descubrir. Por el contrario, Venecia es para Morand un *alter ego* con el que se identifica, que encarna sus valores e ideales, y en la que contempla los mismos rasgos caracteriológicos y comportamentales que le definen a él. Y uno de los más sobresalientes es el pacifismo a ultranza.

Venecia es pacifista, y su actitud es coherente con este ideal. Tan coherente como lo fue el del propio Morand. Una interpretación behaviorista del texto nos muestra que, frente al invasor, y ante el riesgo de la destrucción, Venecia prefiere pactar que combatir. No se resistió ante Atila, Bonaparte ni los Habsburgo (1971: 33). Y se rindió a los aliados al final de la Segunda Guerra Mundial, porque lo importante era preservarse para la humanidad:

1797 ou 1945, pas plus aux soldats du Directoire qu'aux automitrailleuses néo-zélandaises du général anglais Freyberg, Venise n'a farouchement résisté; elle voulait éviter pillage et incendie ; le nom des généraux vainqueurs s'oublie en quelques mois, les traités jaunissent en dix ans, les empires ne seront jamais que des empires ; le devoir d'une ville unique est de survivre. (1971: 181)

La belleza de Venecia bien valía un armisticio. En este sentido, la ciudad se posicionaba en el polo opuesto a Bucarest, fea por resistir y por tanto ser destruida y reconstruida mil veces, aunque como consecuencia sus habitantes son austeros y alegres (Morand, 2001: 707–708). Pero Venecia tenía que preservar su vida, y esta capitulación convierte a la ciudad en evidencia, en prueba fehaciente, para legitimar el colaboracionismo del propio Morand, su participación en el régimen de Vichy[12]. Porque sobrevivir es también el deber más importante para el ser humano, sobre todo para el que escribe, y debe valorarse más que el combate o la resistencia, que llevan a la muerte. Resultará sin duda difícil encontrar una muestra más apasionada y más personal de la empatía y la identificación profunda (y sin duda subjetiva) de un escritor con una ciudad que no es la natal, y que, más que visitarse, se reviste como una segunda piel.

Referencias bibliográficas

Andrade, Pilar (2018): "El geotexto de Paul Morand: Europa y el Mediterráneo", en *Mediterráneo Inter/Transcultural: el Otro, el lugar del otro, la lengua del otro*. Vicens-Puyol, C. (coord.), Universitat de Les Illes Balears, pp. 65–79.
Delvaille, Bernard (1966): *Paul Morand*. París: Seghers.
Drieu La Rochelle, Pierre (1928): *Genève ou Moscou*. París: Gallimard.

---

12 Morand se justifica pues por la vía analógico-simbólica. Ya lo había hecho antes, en la novela *Le flagellant de Séville* (1951), donde el protagonista, un afrancesado en la guerra de Independencia, se alía con Napoleón no por interés propio, sino por "l'édification de l'Europe par la réconciliation de ses deux parties" (1951: 293).

Kauffmann, Jean-Paul (2019): *Venise à Double Tour*. París: Éditions des Équateurs.

Martinet, Marie-Madeleine (19916): *Le voyage d'Italie dans les littératures européennes*. París: PUF.

Morand, Paul (1971): *Venises*. París: Gallimard.

(1993) *Fermé la nuit*. París: Gallimard.

(1931) *Papiers d'identité*. París: Grasset.

(1963) *La dame Blanche des Habsbourg*. París: Robert Laffon.

(1932) *Flèche d'Orient*. París: Gallimard.

(1989) *La route des Indes*. París: Arléa.

(1926) *Rien que la terre*. París: Grasset.

(1951) *Le flagellant de Séville*. París: Fayard.

(2001) *Voyages*. París: Robert Laffont.

Naudé, François (1991): "Paul Morand, portraits de villes", en *Littératures* 24, pp. 155–163. doi: https://doi.org/10.3406/litts.1991.1548

Sollers, Philippe (2018) : "Venise n'est pas Venise. Entretien exclusif avec Philippe Sollers", http://www.pileface.com/sollers/spip.php?article2024 [última consulta 6 de septiembre de 2019]

Tournier, Michel (1975): *Les Météores*. París: Gallimard.

Tabet, Xavier (2015): "Venise dans la littérature française du xxe siècle", en *Laboratoire italien*, http://journals.openedition.org/laboratoireitalien/855 [última consulta 6 de septiembre de 2019]

Jean-Pierre CASTELLANI

Los viajes de Marguerite Yourcenar

Jean d'Ormesson en su discurso de recepción pronunciado en la Academia francesa, en 1982, afirmó que Marguerite Yourcenar «reste une espèce de mystère extrêmement célèbre, une sorte d'obscurité lumineuse» (Yourcenar, 1981: 62). Enfocar su relación con el viaje es una buena manera, entre otras, de entender ese misterio. Lo afirma ella misma: «Nous sentons qu'en dépit de tout, nos voyages, comme nos lectures et comme nos rencontres avec nos semblables, sont des moyens d'enrichissement que nous ne pouvons pas refuser.» (Yourcenar, 1991: 176).

Desde 1994, el medio cultural francés *La Quinzaine littéraire* y la empresa Louis Vuitton, famoso creador de bolsos de lujo de viaje, publican una original colección de obras literarias para promocionar viajes en compañía de un escritor conocido por su amor a los viajes. Ya se ha hecho con Simone de Beauvoir, Georges Simenon, Valery Larbaud, Claudio Magris, Paul Morand, Joseph Conrad, Rainer Maria Rilke, Marcel Proust, Virginia Woolf, Jünger… También han presentado un bolso Yourcenar en 2009 como homenaje original a esa gran viajera.

Datos biográficos

De hecho, toda la existencia de Yourcenar, desde la infancia, no ha sido más que una alternancia de viajes, de peregrinaciones, voluntarias organizadas, programadas. Hasta el final de su vida Yourcenar ha sido una nómada, siguiendo el ritmo de sus pasiones afectivas, intelectuales o estéticas. Lo reivindica en *Le tour de la prison*:

Recordemos unos datos cronológicos: Yourcenar nació en Bruselas en 1903, vivió en Europa hasta 1939, pasando los nueve primeros años de su vida en el Norte de Francia, en la zona de Flandes con una organización ritual: el invierno en Lille, y el verano en el Mont-Noir, en Bailleul, o en la costa belga.

Tres muertes de seres queridos han orientado su itinerario por el mundo y lo han modificado radicalmente: la muerte de su padre en 1929, la enfermedad y la muerte de su compañera americana Grace Frick en 1979, y la del último compañero de su vida, Jerry Wilson, en 1986. En cada ocasión, Yourcenar superará el choque emocional muy fuerte que había experimentado emprendiendo viajes y escribiendo nuevos libros. No parará nunca.

Podemos afirmar, por lo tanto, que el viaje siempre formó parte de la vida de Yourcenar: en una primera fase, conoció un nomadismo cómodo, junto a su padre que era un aristócrata bohemio, es decir, un ser vagabundo, errante que se dejaba llevar siempre por la casualidad. A su lado se formó con la lectura de libros clásicos y con la experiencia de viajes. Su erudición era impresionante, desde la adolescencia, la fue completando con la preparación minuciosa de sus desplazamientos como lo prueba su epistolario en el cual no para de imaginar y de organizar proyectos de viajes y la práctica del viaje, manifestando una curiosidad incansable, un gusto permanente por los encuentros inesperados y por la Naturaleza (fue una ecologista pionera).

El viaje fue, para Yourcenar, un modo de salir de la rutina, de dejar los prejuicios y los estereotipos, de descubrir otras culturas, mentalidades distintas, de conocer al Otro, a un Otro diferente. Era una búsqueda de lo universal más allá de lo local. Concebido así, el viaje resulta básicamente un principio de conocimiento. Afirma:

Durante la primera guerra mundial vivió con su padre en Inglaterra, París, Mentón, Montecarlo y luego durante diez años en Provenza. Yourcenar nunca estuvo en una escuela, siendo su padre Michel su preceptor y guía en los estudios. Emigraron juntos a Inglaterra, donde la joven Yourcenar se inició a la edad de once años en el estudio de las lenguas inglesa, latina y griega, y comenzó a leer por sus propios medios a los poetas italianos en su lengua original.

En 1922, se encontraba en Italia en el momento de la toma de poder de Mussolini y del fascismo, situación que denunciaría –era la primera vez que un escritor europeo lo hacía– en su libro *El denario del sueño*. A los 20 años visitó sola Italia, Holanda, y países de Europa central.

En una segunda fase, después de la muerte de su padre, en 1929, compartió su tiempo entre París, Bélgica, Holanda, Italia y los países de la Europa central. El descubrimiento de Grecia en 1934 la marcó profundamente. Fue una verdadera pasión para ella. En esos años llevó una vida sensual de juerga en Grecia: con amigos y amigas, tradujo a Constantin Cavafy, en Atenas. Conoció al atractivo André Embirikos, a la guapa Lucy Kyriakos. Formaba parte de una pandilla de jóvenes amantes de la vida, vivió el hedonismo antes de la Segunda Guerra mundial. Gozó del milagro griego muy intenso en aquella época. En el momento de la declaración de la Segunda Guerra mundial dedicaba su tiempo a sus viajes acostumbrados: año nuevo en el Tirol, estancia en Atenas.

En 1939 tomó la decisión de pasar el invierno en Nueva York con su nuevo amor, esa americana a la que había conocido en 1937. En octubre dejó Francia para ir a Estados Unidos, territorio en el cual va a residir hasta su muerte, en 1987. Primero, en Nueva York y a partir de 1951, en la Isla de los Montes Desiertos. Se fue pues de Europa a los 36 años y pasó 47 años en una tierra lejana. Digamos que escoge la libertad política mientras que había adoptado antes la libertad sensual. América se vuelve, de este modo, un refugio, después de haber sido una meta, o mejor dicho un destino, entre otros, en su existencia de nómada. Cuando dio esa nueva orientación a su vida, solo había publicado más o menos 6 libros. Entre ellos *Le jardín des chimères* poemario en el que escribió, ya en 1921 (tenía solamente 18 años), esos versos que anuncian su gusto por el viaje: el poema se titula: *Oh parcourir un jour les routes de la terre* y dice:

> Oh Parcourir un jour les routes de la terre!
> Fuir ce Labyrinthe habité
> Par le mystère!
> Et pauvre, ignoré, solitaire.
> Boire à ta source pure, ô froide Vérité!
> Voir Hélios, enfin! Vivre son rêve. (Yourcenar, 1921: 28)[1]

La isla donde veraneaba desde los años 40 y donde se instaló, con la compra en 1950 de la casa de Petite Plaisance, suponía e imponía soledad, tenía un nombre predestinado, la Isla de los Montes Desiertos, frente a Canadá. Y hablando de esa casa dice:

> Donner le sentiment que c'est une halte au bord de la route. Je n'aime pas l'idée d'être trop encombrée de possessions. (Yourcenar, 1980: 140)

A partir de entonces Yourcenar alternó una vida tranquila y retirada en su isla con incesantes viajes alrededor del mundo, contradiciendo la imagen que tenía a menudo de una mujer solitaria, que es una imagen totalmente falsa. Después de 1950, alternó estancias en la isla de los Montes Desiertos, donde leía y escribía, llevando una vida monacal, e incesantes estancias en Europa, con un ritmo regular que se adaptaba a las temporadas naturales: el verano y el otoño en su casa de Petite Plaisance donde trabajaba y el invierno para viajar, investigar para escribir sus novelas, dar conferencias y tomar contactos. Se quedó bloqueada en el continente americano que visitó de modo regular al principio hasta su regreso a Europa, en mayo de 1951, después de un paréntesis de 12 años. Volvió para presentar su libro *Mémoires d'Hadrien* en Francia. Cuando subió al barco "Mauritania", en 1951, rumbo a Europa, fue el final de una separación dolorosa por cierto pero no traumatizante. Más que hacia una tierra perdida, regresaba hacia una cultura, unos amigos, unos editores.

---

1   *Le Jardin des chimères* es el primer libro publicado por Yourcenar bajo el casi seudo de Marg Yourcenar. Son poemas escritos en 1919 y editados en 1921.

Así que en los años 50–60, ya son viajes distintos, como viajes de matrimonio con su compañera Grace Frick, y como escritora famosa, a raíz del éxito internacional de *Memorias de Adriano.* Ya no son viajes de hippy como en los años 30. Se instalaba por largas estancias en hoteles de lujo en Alemania, Austria, Suiza, Finlandia, Escandinavia, en Francia, Copenhague y Estocolmo. Financia sus viajes con sus conferencias. Para ella, el viaje es «una experiencia estética personal» (Yourcenar, 1991: 165) y un modo de ver a sus editores y lectores y de investigar para la documentación de sus libros en preparación. Entre 1951 y 1987, podemos enumerar más de 20 viajes en 30 países por toda Europa, América, Asia y África. Hasta 1964, se mueve mucho: Francia, Suiza, Italia, España. En 1953, durante 23 meses, recorre Gran Bretaña, Escandinavia, Bélgica, Alemania. Y así sucesivamente: de nuevo Bélgica, Holanda (1956), Canadá (1957), Italia (1958), España, Portugal (1959), Europa del Norte y Rusia (1962), Dinamarca, Polonia, Checoslovaquia y Austria (1964).

La enfermedad de su compañera Grace la inmovilizó durante 4 años hasta otra salida para Europa en abril de 1968: en Francia, con la publicación de *L'Œuvre au Noir* (*Opus Negrum*), y luego en noviembre en Inglaterra. En 1971, se quedó 3 meses en España, Holanda, y Canadá. La obligación de quedarse al lado de Grace la obligó a quedarse en Petite Plaisance desde 1971 hasta 1980. La muerte de su amiga/amante, en 1979, la libera en cierta medida, y a partir de entonces volvió a emprender viajes desde marzo hasta noviembre de 1980, compartiendo largas temporadas fuera con su nuevo compañero, el fotógrafo americano Jerry Wilson: un crucero en los Caribes, donde se enteró de su elección en la Academia Francesa, la isla Nassau, Jamaica, Guatemala, Méjico, Inglaterra, y luego Copenhague, Hamburgo, la isla de Texel, Ámsterdam, La Haya, Brujas, Bailleul y el Mont-Noir. Viajó a Marruecos en febrero-marzo de 1981. A continuación se fue a París para grabar el famoso programa cultural *Apostrophes* en enero de 1981, y luego pasó por La Rochelle, Royan, Toulouse, la Camargue, St-Paul-de-Vence, Argelia, Marruecos, España otra vez, Portugal, París, Brujas, y por fin regresa a Nueva York y Monts-Déserts. En octubre, volvió a París, visitando a continuación Ámsterdam y Brujas a sus 78 años. ¡Impresionante!…

En 1982 salió otra vez para Italia (Venecia, Verona), Egipto, (Alejandría, el Cairo), volviendo una vez más a sus ciudades queridas, Venecia y París. Regresó a Estados Unidos y pasó el verano en Petite Plaisance. Se quedó en Japón, desde octubre hasta diciembre de 1982. Desde enero hasta abril de 1983, recorrió Tailandia, la India, Grecia, y en mayo volvió a Petite Plaisance, vía Italia y Francia. En octubre, visitó Europa una vez más: Ámsterdam, Brujas, París, Nairobi donde sufrió un accidente de tráfico el 14 de diciembre de ese año. En abril de 1984 se fue a Marsella, Londres, Bélgica, Francia, Países Bajos. Desde enero hasta marzo de 1985 viajó a la India, con Jerry Wilson que murió en febrero de 1986, en París. Ya a partir del mes de abril, Yourcenar volvió a salir de viaje para Ámsterdam, Brujas, Bruselas, París, Austria, Italia donde quería entrevistarse con Paolo Zacchera, su amigo horticultor y Borges en Ginebra, a quien consideraba como un maestro. Ya había perdido a sus más fieles compañeros de ruta, pero a pesar de todo emprendió, en noviembre de 1986, su habitual viaje de invierno que la llevará a los Países Bajos, y sobre todo a Marruecos (marzo de 1987) con la ayuda de una enfermera. Su último viaje fue un viaje a Canadá desde septiembre a octubre de 1987, para pronunciar una conferencia sobre la naturaleza, la defensa de las ballenas y de los gansos de Virginia. Cuando leemos las cartas cruzadas con el joven italiano Zacchera nos asombra la intensidad del programa de viajes que iba montando una Yourcenar cansada y enferma, desde julio de 1986 y todavía en septiembre de 1987: Ámsterdam, Copenhague, Múnich, Zúrich, París, la India y el Nepal (Zacchera, 2013). Controlaba todos los detalles, se preocupaba por todo: fechas, alojamiento, contactos. La enfermedad le impedirá concretar un último y ambicioso proyecto: había pensado regresar a Ámsterdam, y luego emprender un recorrido por la India, Nepal, y por fin el Tíbet donde deseaba entrevistarse con el Dalai-Lama. Desgraciadamente el derrame cerebral que sufrió en noviembre de 1987 la obligó a aplazar ese viaje y murió el 17 de diciembre del mismo año en el hospital de Bar Harbor, cerca de Petite Plaisance, su residencia-refugio, en la isla de los Montes Desiertos, a la edad de 84 años.

Concepto del viaje de Yourcenar

En primer lugar, Yourcenar es una hija del Norte atraída por el Sur, Italia, Grecia primero, España, Marruecos, y luego países lejanos en Oriente Medio, Egipto, Japón, Tailandia, India al final. Volvía de modo obsesivo a los mismos lugares: se impuso incluso el regreso emocionante a las tierras de su infancia, a Flandes, al Mont-Noir donde estuvo de niña. Lo hizo en 1954 y sobre todo en 1968, ya mayor, cuando preparaba la redacción de sus Memorias familiares. Como siempre, como con sus obras de ficción, necesitaba documentación precisa lo que impuso ese regreso al Norte. Será el ciclo *El laberinto del mundo*.

Un testimonio nos lo aclara particularmente: se trata de *La promesse du seuil, un voyage avec Marguerite Yourcenar* (2002), texto en el cual el periodista Christian Dumais-Lvowisky cuenta algunos de sus encuentros con Yourcenar, primero en París, en diciembre de 1986, y en agosto de 1987, en Petite Plaisance lo mismo que una estancia en Marruecos con ella y un amigo fotógrafo marroquí, Saddri Derradji, en febrero de 1987. Durante ese viaje Yourcenar le explicó largo y tendido cómo y por qué quería regresar a los lugares que había conocido y recorrido con los seres amados, en este caso con Jerry Wilson en 1981.

Viajar vuelve inteligente decía Albert Camus. A modo de eco Yourcenar confiesa a Christian Dumais-Lvowiski:

> Apprendre dans les voyages et en dehors des voyages, est une grande raison d'être. Je me considère comme une perpétuelle étudiante dans toutes les conditions de la vie. (Dumais-Lvowski, 2002: 28).

En segundo lugar, viajar es, para ella, buscar una contestación a las grandes preguntas que nos planteamos. Cada viaje de Yourcenar era como una exploración interior, además de la exploración exterior: descubrir nuevos países, nuevos paisajes, ciudades, culturas, gentes nuevas. Viajar significa una aventura interior y un itinerario espiritual. No tiene nada que ver con el turismo banal. Se concibe el viaje no como un ocio frívolo sino como una obligación moral. Rechaza el viaje organizado, comercial, el programa impuesto. Prefiere descubrir las cosas sola, adoptando la fórmula de Montherlant: «un museo que se visita con su Director es un museo que no vemos». Observamos una vez más su preocupación testaruda por la libertad, la independencia, el dominio de sus actos y decisiones. Su concepto del viaje es un ejemplo claro de ese rasgo esencial de su personalidad. Mezclaba siempre en sus viajes motivos profesionales, culturales y antropológicos. Viajar, para ella, era un movimiento centrífugo hacia lo exterior (descubrimiento de lo nuevo) y centrípeto hacia su propia persona (regreso a su "yo"). Viajar era una actividad hermenéutica, o sea una manera de conocerse a sí misma, según el origen de la palabra (arte de explicar exégesis de los textos Bíblicos, de los mitos de la antigua Grecia).

> J'ai fait autant que j'ai pu le tour de ma prison, mais il y a bien des pays que je n'ai pas visités, pour des raisons accidentelles: l'Iran, par exemple, parce que l'ami qui m'y invitait est mort. Et beaucoup d'autres, pour lesquels l'occasion, au dernier moment, a manqué. J'ai toujours aimé surtout les pays frontières, ceux qui donnent sur un lointain plus sauvage encore: la Laponie suédoise et norvégienne, le Proche-Orient à l'endroit où il devient difficile d'aller plus loin, sinon par des sentiers de montagne, l'Alaska maintenant menacé…Quand j'ai fait parler Hadrien de son amour des pays barbares, c'est par moments mon propre goût pour eux qui fait écho au sien. Toute ma vie, j'ai été très sollicitée par le voyage; certains faits m'ayant à peu près immobilisée ici ces dernières années, j'ai eu d'abord un sentiment de contrainte. Je me suis dit pourtant que j'exagérais sans doute la valeur du voyage dans un monde de plus en plus uniformisé. J'ai compris aussi l'avantage de l'immobilité sur un point du monde: en regardant tourner les saisons sur un même lieu, on voyage toujours; on voyage avec la terre. (Yourcenar, 1980: 324).

Yourcenar usará a menudo esa metáfora de la cárcel para significar el mundo, para ella, pero pensaba que había que dar la vuelta a esa cárcel con viajes y experiencias permanentes con curiosidad. *Le Tour de la prison* era un proyecto de libro que presentaba relatos de viajes que había hecho durante los años precedentes. El manuscrito ha sido publicado en 1992, después de su muerte. Yourcenar evoca en ese libro el cruce de este a oeste del continente americano hacia Alaska y San Francisco, y sobre todo Japón. El editor tuvo la buena idea de añadir al manuscrito el texto completo de la conferencia pronunciada en Tokyo, con el título significativo: *Voyages dans l'espace et voyages dans le temps,* en la cual hablaba precisamente del tema del viaje. «Il y a toujours eu bien des raisons de voyager […] » (Yourcenar, 1991: 163). Evoca Tokyo, Kyoto y sus jardines, el budismo y el zen y autores que la marcaron. Escribe un texto sobre ese pastor errante del siglo XVII japonés, Bashô. Se interesó por el arte tradicional japonés, el arte teatral como el nô, el kabuki y el bunraku, con marionetas y la forma poética como el haiku. Para ella viajar es descubrir y aprender, y sumar material para sus próximos libros. De ninguna manera es ocio. La aventura del viaje se convierte, de esta manera, en una forma privilegiada de descifrar el mundo. A esto añade Yourcenar los otros dos medios de enriquecimiento respecto al conocimiento que circulan a través de su obra: las lecturas y los encuentros con los seres humanos. La biografía de Yourcenar es, por lo tanto, una biogeografía según la expresión muy acertada de Vicente Torres (Torres, 2008). Por otra parte, su bibliografía es una bibliogeografía: a pesar de la gran diversidad espacial, dos ejes geográficos destacan en esta obra prolífica: Grecia y Oriente. Junto al universo griego, la otra gran fuente que nutre el pensamiento y la escritura yourcenarianos es el Oriente, al cual la autora accede de joven mediante traducciones de textos de la India y del Extremo Oriente. El Oriente de Yourcenar es ante todo un Oriente imaginario. Penetra en él a través de la literatura (la lectura) y las artes (la visión). De las 6876 obras que se han contabilizado en su biblioteca de Petite Plaisance, 500 textos están dedicados al Oriente. Solo en 1982 —cinco años antes de su muerte—, la académica descubriría el Oriente en compañía de un joven de 30 años, Jerry Wilson.

Los lugares donde transcurren sus obras se sitúan bajo el signo de la universalidad espacial: *El Denario del sueño* se desarrolla en Italia; *El tiro de gracia*, en los países bálticos; los *Cuentos orientales* se localizan en la antigua China, Japón, los Balcanes, en la Grecia contemporánea. Europa, África septentrional y el Medio Oriente son los escenarios, en el siglo II, de *Memorias de Adriano*; *Opus Negrum* se desarrolla en Flandes, Italia y Alemania durante el Renacimiento. En *Un hombre oscuro* Natanaël es un marinero que, en el siglo XVII, viaja desde Inglaterra a Jamaica y a las Barbados antes de regresar a la Nueva Inglaterra. Yourcenar es una escritora viajera que crea a personajes viajeros. Muchos de ellos se caracterizan por el gusto por el viaje, experimentan ese impulso hacia lo de fuera, lo lejano.

El emperador Adriano pasa 12 años sin tener casa fija, es un griego que quiere dejar la rutina romana. Sube al Monte Cassius en Siria o al volcán Etna por placer científico y estético. Sueña con dar la vuelta al mundo para conocerlo y conocerse a sí mismo. Zenon, médico, alquimista y astrólogo viaja, por oficio pero también es para huir del orden religioso, moral y político de su época. Es un *globetrotter* del Renacimiento, un antepasado de los *hippies* y de los amantes de la *road*, como los contemporáneos de *On the road* de Jack Kerouak, en 1951. Cruza todo Europa y afirma, desde el principio de su Conversación, a su primo Henri-Maximiliano: «Qui serait assez insensé pour mourir sans avoir fait au moins le tour de sa prison. Vous le voyez, frère Henri, je suis vraiment un pèlerin. La route est longue, mais je suis jeune » (Yourcenar, 1958 : 18). Se define como un errante en ese capítulo titulado "El Gran Camino".

Recorre Europa durante 40 años como Natanaël, *el hombre oscuro* libro dedicado de modo significativo, a Jerry Wilson, que se desplaza entre Inglaterra, Jamaica y regresa a Holanda para morir. Camina hacia la sabiduría refugiándose en una isla donde se entrega a la luz, al agua, a la tierra, se protege en el silencio. En ese espacio llega al estado de iluminación según los místicos orientales.

Los relatos de Yourcenar tienen, a menudo, esa estructura circular adoptando en el movimiento cíclico del destino humano, como es el caso de Zenon o de Natanaël. No solo es una deambulación física por el espacio, sino que es además una búsqueda: viajar enseña la diferencia y a la vez la uniformidad. Como siempre en Yourcenar tenemos una dualidad aparentemente contradictoria: el movimiento urgente y la inmovilidad necesaria que asumió a lo largo de su vida, logrando a veces un equilibrio entre los dos.

Un caso significativo: Leningrado

Desde el 11 de junio al 9 de julio de 1962, Marguerite Yourcenar, con Grace Frick, realizó un largo crucero en Islandia, Escandinavia, Finlandia, URSS, Alemania, Países Bajos. Durante breves paradas, visita varias capitales. Es la ciudad de Leningrado la que provocará más comentarios en ella, en una carta que envió, en la Navidad de 1962, a Lidia Storoni Mazzolani, traductora de *Memorias de Adriano* al idioma italiano (Yourcenar, 1995: 168–177 y 219–220). Yourcenar

226

presenta a su destinataria un largo relato de su estancia en Leningrado, como suele hacerlo al regresar de sus viajes. Ella misma juzga esta carta como "interminable", "estas páginas son demasiadas" y estas "memorias demasiado personales, demasiado primitivas". Sin embargo, no se contenta con algunos comentarios anecdóticos, sino que, por el contrario, entrega a su receptora impresiones muy detalladas y un análisis auténtico del destino y el significado de la ciudad en el mundo soviético. Por cierto, ella informa sobre las visitas obligadas para un visitante: el Museo del Hermitage con sus tesoros de la época de los zares, la fortaleza S. Peter y Paul y las tumbas de los antiguos emperadores. Pero busca, sobre todo, destacar el alma de esta ciudad paradójica que, según ella, lleva "el legado de otro mundo" entre el poder de los zares y la dominación soviética entonces muy fuerte. Ella percibe el doble carácter de la ciudad, un escenario lujoso y miserable, un reinado de "trompe l'oeil" (o sea con anamorfosis) con el "sentimiento abrumador de una fachada de ciudad infinita". Enfatiza la "rutina burocrática", el "silencio o la propaganda", es decir, la mentira, la indiferencia aburrida de las personas, el color gris del conjunto, la dudosa organización de los servicios oficiales. Sin embargo, conserva en su memoria un servicio religioso en la Catedral de San Nicolás en el que siente una emoción religiosa bastante rara en su caso. Ella es conquistada por la belleza de la liturgia ortodoxa que le recuerda las oficinas en la Rue Daru en París, junto a su padre. Yourcenar le negará dos veces el permiso a su amiga para publicar esta carta porque pensaba que toda la correspondencia sigue siendo personal y solo puede ser revelada póstumamente, demostrando así su preocupación constante por preservar su privacidad. Añade que no quiere estar encerrada en un discurso primario anticomunista. Por lo contrario, saca una lección universal de esta experiencia que convierte a Leningrado en una sinécdoque del mundo de la misma manera que Roma o París. Sus comentarios superan el sencillo relato de una visita a una ciudad extranjera.

Conclusión

Se puede hablar de una escritura del viaje en Yourcenar, que escribía sus libros en lugares muy distintos durante sus viajes (habitación de hotel, estación de tren, casa de alquiler). Poco importa el espacio físico donde vive, lleva el universo en su mundo interior. El viaje nutre su escritura y su fantasía. Su vagabundeo es estudioso, testarudo, obsesionado por su creación literaria. Como lo dice el emperador Adriano: «[…] le voyage, ce bris perpétuel de toutes les habitudes, cette secousse sans cesse donnée à tous les préjugés.» (Yourcenar, 1951: 137). Yourcenar concibe el viaje como una posible y deseable ruptura de las costumbres, una manera de luchar contra los prejuicios, de afirmar su libertad. Lo sintetiza perfectamente ella misma en su conferencia pronunciada en el Instituto Francés de Tokio, el 26 de octubre 1982, a propósito del Emperador Adriano:

> […] pour qui le voyage est aussi goût et passion personnels, et ce qui est le cas, même de nos jours, de tout voyage intelligemment accompli, une école d'endurance, d'étonnement, presque une ascèse, un moyen de perdre ses propres préjugés en les frottant à ceux de l'étranger. (Yourcenar, 1991: 164)

Referencias bibliográficas

Blanckeman, B. (dir.) (2017): *Dictionnaire Marguerite Yourcenar*, Paris: Honoré Champion.

Castellani, J. P. (2011): *Je, Marguerite Yourcenar, d'un «Je » à « L'Autre »*, Paris: Editions EST.

Cheab, M. (dir.) (2015): *Le (s)style(s) de Marguerite Yourcenar*, Clermont-Ferrand: SIEY.

Dumais- Lumais-Lvowski, C. (2002): *La promesse du seuil*, Paris: Actes Sud.

Goslar, M. (1998): *Yourcenar, « Qu'il eût été fade d'être heureux »*, Bruxelles: Racine.

Morello, A. (dir.) (2009): *La lettre et l'œuvre, correspondance de Marguerite Yourcenar*, Paris: Honoré Champion.

Rosbo De, P. (1972): *Entretiens radiophoniques avec Marguerite Yourcenar*, Paris: Mercure de France.

Sarde, M. (1995): *Vous, Marguerite Yourcenar, la passion et ses masques*, Paris: Robert Laffont.

Savigneau, J. (1990): *Marguerite Yourcenar, L'invention d'une vie*, Paris: Gallimard, Nrf biographies.

Torres Mariño, V. (2008): *Marguerite Yourcenar, entre Grecia y Oriente*, Bogotá: CESO, Ediciones Uniandes.

Yourcenar, M. (1928): *Le Jardin des chimères*, Paris: Perrin et Cie

Yourcenar, M. (1980): *Les Yeux ouverts*, entretiens avec Matthieu Galey, Paris: Le Centurion.

Yourcenar, M. (1981): *Discours de Réception à l'Académie Française.* Paris: Gallimard.

Yourcenar, M. (1995): *Lettres à ses amis et quelques autres (de 1909 à 1987)*, Paris: Gallimard.

Yourcenar, M. (2004): *D'Hadrien à Zénon, correspondance 1951-1956*, Paris: Gallimard.

Yourcenar, M. (2007): *Une volonté sans fléchissement, correspondance 1957-1960*, Paris: Gallimard.

Yourcenar, M. (2011): *« Persévérer dans l'être », correspondance 1961-1963*, Paris: Gallimard.

Zacchera, P. (2013): *Une amitié particulière,* correspondance et rencontres avec Marguerite Yourcenar, (éd. Françoise Bonali Fiquet), Apeiron: Minima.

Juan M. RIBERA LLOPIS

Josep Pla, ¿tan solo un *passavolant continental*?

1 Viajar y escribir por horizonte

Abordar una secuencia de la biografía y de la obra de Josep Pla (1897-1981) para incidir en los años, viajes y textos de aprendizaje del escritor, nos obliga a un preámbulo bajo encuadre cronológico y de corte biográfico. No obstante, esta premisa no nos excluye de la lectura más comúnmente acogida por críticos y lectores a propósito del corpus construido por el escritor ampurdanés. Atender a la secuencia que pasamos a focalizar –con márgenes de transición en ambos casos flexibles, entre 1920 y 1936– hace por situarnos en el tiempo en que la maquinaria de su escritura y su propio perfil humano toma el impulso previo y necesario para acceder a su plenitud.

Situados ante tal progresión, el planteamiento elegido no es ajeno a una serie de asumidas nociones acerca de la literatura de Josep Pla. Se da por críticamente consensuado que, de su mano y pluma, vida y obra se nos escriben y reescriben en las páginas propias a modo de un todo del que emerge el individuo y el escritor Pla como protagonista literario de las mismas. Abordable desde las premisas de Ph. Lejeune acerca del *pacto autobiográfico* para encarar un yo intensamente literaturizado que se acoge –al tiempo que se abre de modo tentacular hacia lo genealógicamente fronterizo– a las consideraciones sobre el discurso debidas a G. Genette, esta base teórico-literaria divulgada y bien acogida desde la década de los setenta del novecientos, se acomoda tan adecuadamente a la obra aquí tratada como viene a encontrarse con acercamientos críticos al conjunto de la propuesta del escritor catalán, y que, ya percibieran su praxis biográfica como acto literario. Cuando en la actualidad cada solapa necesita arropar el consiguiente volumen con la categoría de *auto ficción* para recibir una buena acogida crítica y una mejor circulación y venta, los títulos de Josep Pla, sus propias advertencias acerca de una literatura memorial caleidoscópicamente esparcida a lo largo y ancho de su corpus (por ej. Pla, 1949: 15) y también sus comentaristas, uno y otros se ofrecen como una temprana, gradual y original aportación al respecto entre nuestras letras (Ferraté, 1952; Manent, 1973; Castellet, 1978; Vergés, 1984; Gustà, 1987; Pla, 1997). Son estas, en suma, las fuentes que progresan hacia la asunción de los volúmenes del autor como permeables a un continuo «joc ambigu» o a «l'ambigüitat entre testimoniatge i ficció narrativa» (Gustà, 1987: 134, 139) que se hace fuerte en «[…] la intersecció de dues trajectòries, la de l'autobiografia i la de l'autoficció» (Pla, 1997: 49), siempre en medio del magma que supone la escritura autobiográfica.

Será en el avance hacia esa modulación de la propia escritura donde entendemos que las experiencias viajeras del joven Pla que sustentan buena parte de sus primeros escritos, suponen, unas y otros, la urdimbre donde cabe reconocer iniciales y crecientes puntadas favorables a la consecución del tejido final. Y si bien debemos recordarnos que el escritor no solo corrige sino que hace y rehace sus propias páginas, y que por tanto los textos que llegaremos a abordar, de acuerdo con las ediciones utilizadas, son casi un puerto de llegada de las páginas primeras acerca de los caminos transitados en aquellos años, así mismo entendemos como útil ubicar la secuencia temporal enfocada a modo de tríptico a lo largo del cual crece el individuo Josep Pla.

En los extremos de tal ordenación se sitúan las dos tablas que de modo respectivo acogen los años de sus orígenes y de su plenitud. Una primera, entre 1897 y 1919, desde su nacimiento, infancia y formación escolar que le lleva de Palafrugell a Girona, hasta su instalación en Barcelona a partir de 1919; seis años que acogen sus pasos por la Facultad de Derecho que no satisface sus intereses, por tertulias como la del Ateneu y por exposiciones y presentaciones de libros más cercanas a sus intereses: es el tiempo que nutrirá *El quadern gris (1918-1919)*, volumen iniciático no editado hasta 1966 y que, hasta hoy, una rica documentación confirma que se configuró a lo largo de las décadas intermedias. Y otra tercera tabla que, en el interregno de 1936-1939, le lleva a salir de España, a instalarse en Italia y Francia, a retornar vía San Sebastián y Burgos y a regresar finalmente a Barcelona: este es el umbral de su último trayecto y en el que, a partir de 1940, ordena su reubicación en la España ahora franquista, en el nuevo estado donde recodifica por escrito el sistema cultural catalán, y cincela la definitiva forja del personaje-Pla. Perfilado entre su reducto ampurdanés y los viajes intercontinentales, el propio escritor, de modo definitivo y tras dos proyectos previos, consumará su figura mediante la revisión-edición de su obra completa desde 1965 en la editorial Destino. Es en las páginas de sus volúmenes (cuarenta y cuatro de producción propia, convenientemente autoprologados, más uno de estudio, con material fotográfico, epistolar y apéndices, debido a Josep Vergés) y nunca en documentación ajena donde el lector debiera informarse sobre Pla en caso de desear apreciarlo en su más justa medida. Esa es la contrapartida del mencionado pacto que se nos exige. Otra cosa, Pla *dixit*, son la historia y la crítica literarias.

Vueltos a la representación del aludido tríptico y entre los flexibles márgenes del acceso a los años veinte y la segunda mitad de los años treinta, la tabla central nos sitúa en la secuencia temporal que apreciamos como de aprendizaje. Experiencia que el Josep Pla que se nos documenta desde sus propios textos vive humana y *escripturalmente*; es decir, íntimamente y, parejo al ejercicio lector, lanzado a la búsqueda de su propia voz literaria, de la exigencia de un discurso que concediera identidad a ese yo en crecimiento. Es en esa encrucijada donde el viaje se ofrece como componente catalizador de esa doble andadura al tiempo que posibilita el arranque del proyecto en ciernes. Práctica viajera más allá de sus fronteras nacionales que, cierto es, facilitará su acceso al periodismo.

Su incorporación al mundo de la prensa a partir de 1919, de *Las Noticias* a *La Publicitat*, y desde 1928 hasta 1936 a *La Veu de Catalunya*, supone la lanzadera de quien se va a forjar definitivamente como escritor. Al cruce de ese umbral se añade el encargo de las corresponsalías, en París desde 1920 y en Madrid durante dos largos períodos a partir de 1921 y 1931. También que –ante la función primordial del corresponsal debiendo atender las grandes noticias, de modo particular las de orden político– el periodista allí desplazado debía nutrir de más material las páginas de sus rotativos. Josep Pla lo ha rememorado al menos en dos ocasiones, recuperando voz y palabras de sus empresarios:

[…] vostè podria viatjar, fer article del que vagi veient, a la seva manera, i així irem emplenant els buits de la calma. Hi ha dies que els diaris es fan sols, altres que no hi ha res a posar-hi. (Pla, 1967b: 10)

> Vaig anar a Paris, vaig anar a Madrid, com hauria pogut posar-me a copiar
> escriptures notarials.

> – Vostè mateix –em deia Jori–, escrigui el que vulgui... Tracti d'escriure clar... Això
> és un bon consell, però és insuficient.
> Hauria, potser, estat més convenient que m'hagués dit:
> – Sigui correcte, treballi, però no badi! Qui bada cau...! (Pla, 1966: 482)

¡Escriba, claro! como consigna favorable al buen resultado del compromiso contraído, orden que venía a facilitar un idóneo itinerario, allí donde la conjunción viajar y escribir catapultaba el crecimiento del escritor:

> L'origen autèntic dels meus viatges es troba en aquesta concepció ferotge i assenyada del periodisme diriem normal. En el període anomenat d'entre les guerres, vaig viatjar molt. Afegiré, perquè tot quedi clar, que vaig viatjar per irrisòries sumes monetàries. [...] Jo vaig fer, durant molts anys, aquesta vida, i en el curs d'aquells anys vaig prendre les notes de què parlava el director, és a dir, les notes encarregades. (Pla, 1967b: 10)

Desde ambas plataformas capitalinas y desde Barcelona en las fechas intermedias, Josep Pla viaja de modo radial –continentalmente hacia Inglaterra, Escandinavia, Rusia, centro europeo y mundo eslavo, Italia, Grecia, hasta Estambul; peninsularmente por el centro mesetario y hasta Portugal– y escribe cuadernos de viaje, páginas periodísticas y textos con este origen que se recomponen en libros inmediatos; también notas y crónicas revisadas e incorporadas a volúmenes posteriores, ya en el momento de concebir su obra completa.

Ante el final resultado editorial y sin olvidar la revisión y hasta la labor de re-facturación a las que Josep Pla somete sus textos, más aún al prever el alcance de ese proyecto definitivo (para sus textos sobre viajes v. Garolera, 1998: 157–160), podemos pensar en su doble configuración genealógica, a la par de su ordenación:

– Títulos más cercanos a primeras formulaciones objetivas:
  • como reportaje se aborda *Rússia (Notícies de l'URSS. Una enquesta periodística)*, de 1925 [*Viatge a Rússia, OC*, v.5, 1967]
  • como diario revisado y publicado por primera vez ocho años después se presenta *Madrid 1921. (Un dietari)* (1929) [*OC*, v. 3, 1966]

234

- como crónica política se encara *Madrid. L'adveniment de la República* (1932) [*OC*, v. 26, 1974]

– Títulos más literariamente configurados, abordables como muestra de lo que el autor considera sus textos más «lírics» –ese que dirá fuera su «[…] gran error d'escriure papers lírics, en lloc d'haver fet sistemàticament un periodisme de carta comercial» (Pla, 1967b: 8)–, al menos práctica evidente de cómo Josep Pla lleva el registro literario a la escritura periodística:
  - *Notes sobre París i França* (1920-1921) [*OC*, v. 4, 1967]
  - *Cartes de lluny* (1928) [*OC*, v. 5, 1967]
  - *Cartes de més lluny* (1929) [*OC*, v, 5, 1967]
  - *Cartes meridionals* (1929) [ampliado y redistribuido en *OC*, v. 13, 1969]
  - *Cartes d'Itàlia* (1955), ordenando textos de los años veinte junto a los debidos a viajes posteriores [*OC*, v. 13, 1969]
  - *La vida amarga*, recuperación de notas y crónicas varias [*OC*, v. 6, 1967]
  - *Records del meu primer viatge a Portugal el 1921* [*OC*, v. 28, 1975]

2 Epifanía del viaje y del viajero que escribe

En los prólogos escritos desde finales de los años cincuenta para los citados volúmenes de la edición de Destino, Josep Pla memorializa aquellos años y experiencias. Vuelve sobre los *cómo* y los *a dónde*, las *expectativas* y las *derivaciones*, en suma sobre las cartografías espacial e íntima de aquel yo viajero y escritor. Es en esa fuente donde el propio autor nos afirma en las pautas de lectura ofrecidas por el Dr. N. Garolera, vuelto el estudioso a presentar su literatura, viajes y escritura como un todo, para acabar por incidir en que Josep Pla «sempre viatjava com a escriptor», *siempre viajaba como escritor* que encarara el viaje como tema (Garolera, 1998: 122, 127, 128–132, 160–162). Josep Pla informa, así pues, acerca de lo que él fuera alcanzando, también de cómo va haciendo suyos los motivos literarios que, desde ilustrados y románticos, fueran ordenando una enciclopedia del viaje favorable a hacer de la misma una materia literaria, empezando por contárnoslo en primera persona.

De este modo comenzamos por acceder a la referencia al uso preferente del medio ferroviario para sus desplazamientos, transporte puesto a su servicio que alcanza otra dimensión. Objetiva como el escritor focaliza su mirada sobre el plano de la realidad que le va a interesar:

> Confesso que sóc un viatger de via fèrria gairebé perfecte. D'els vagons m'han interessat més aviat poc les converses que es poden produir amb els altres viatgers i els llibres que hom transporta generalment en aquests indrets. He estat un viatger de finestreta –tot i que en aquells anys les finestretes eren petites. M'ha agradat de mirar les coses o les persones o els pobles o els paisatges que anaven passant davant de la vista– de vegades apassionadament. Això deu voler dir (potser) que sóc un visual… Pel meu gust, hauria valgut més posseir unes altres característiques –un raonament més sostingut, una memòria més precisa. La visualitat és massa superficial, se satisfà excessivament de les coses externes. Per fortuna, el fet d'haver-me descobert tan d'hora les excel·lents condicions que tinc de ser un indubtable viatger de ferrocarril em portà a malfiar-me de mi mateix i a no engrescar-me massa amb la meva visualitat instintiva. (Pla, 1967a: 12)

La ventanilla del vagón ocupado por Josep Pla apreciada como foco u objetivo fotográficos: esa será la herramienta que en manos del escritor ampurdanés actúa como el ventanuco del carruaje por donde Johann W. von Goethe percibe a su paso el aire, los perfumes, los colores, las vides y las vendedoras de melocotones de los caminos y las aldeas que le reciben en su acceso a Italia. Mirada útil si se es exigente –recuérdese el título y la práctica de su primer libro publicado el año 1925, *Coses vistes (1920-1925)* y la aplicación del sentido de la mirada a un universo inmediato–, esta es la función que le concede a dicha capacidad sensorial y mediante la que Josep Pla materializa en literatura el mundo por él viajado.

Llegados a París y a la sede del periodismo más innovador, Josep Pla toma el pulso a su nuevo medio de instalación, centrándose en su músculo esencial y apreciando su alcance en el nuevo orden político establecido tras la I Guerra Mundial:

> La «Maison de la Presse» marca un punt en la història del periodisme en aquestes latituds. Abans de la seva institució, el periodisme fou una activitat deixada a la llibertat i al sentit del ridícul, o sigui al bon sentit de la persona que la portava a

cap. Després, fou un periodisme inspirat o suggerit o, si voleu (parlant hiperbòlicament), negociat. En temps de guerra, potser no hi havia altra manera d'organitzar les coses amb una certa eficàcia. Però el cas és que el sistema continuà després d'haver-se establert la pau. Quan s'iniciaren els règims totalitaris –Mussolini es trobava en aquell moment en plena lluita del poder i Rússia s'anava organitzant enmig d'impressionants dificultats– sobre el sistema de la premsa suggerida foren creats enormes baluernes, administratives de control que duren –més aviat *in crescendo*– en països determinats. (Pla, 1967a: 18)

El joven escritor atiende a su experiencia periodística que se enmarca en la doblemente viajera como oportuna escuela de observación y de escritura; así mismo como esfera forjadora de hábitos y de conductas personales; esto último por parte de un individuo que se aprecia a sí mismo como ser «errívol», *errante*, y que adentra sus textos en la modulación autorretratística:

El periodisme té una cosa bona: obre un camp vastíssim a l'observació i provoca contactes humans molt variats, alguna vegada plens d'interès. A les persones propenses a vagabundejar i a sentir-se una ombra tènue i inconsistent que passa, un moment, sobre la terra –i aquest és el meu cas – els permet [...] desplaçar-se *ad libitum*. En algunes èpoques de la vida he sentit el desplaçament en forma gairebé morbosa –he estat un home errívol–. [...] En aquest període [entre la primera guerra mundial i la guerra civil], el periodisme em permeté un vagabundejar candorós i infatigable, resistent al ambients més diversos. Vaig convertir-me en un passavolant continental i això em portà a tastar moltes cuines, a dormir en innombrables llits, a parlar amb molta gent. Durant aquest etapa vaig escriure moltíssim. (Pla, 1967c: 7–8)

Ese es el Josep Pla que cobra conciencia de haber entrado en un «ofici», *oficio*, que le hace mirar, valorar y escribir. Cadena no exenta de disciplina en la que uno crece como aprendiz y que deja hábitos de por vida, esa es la célula madre de la Literatura, en mayúsculas:

Per fortuna, però, tot el que he fet fins ara amb una ploma a la mà ha estat pràcticament d'encàrrec. Tinc la convicció que treballant, en aquest ofici, d'aquesta manera és útil, higiènic i molt sa. Tota la gran literatura antiga i la més gran part de la moderna és una literatura d'encàrrec. Quan s'ha parlat de tot, els homes i les dones passen per la vida d'aquest món amb un encàrrec bàsic: el de subsistir i anar tirant. (Pla, 1967b: 8)

Siguiendo ese itinerario educativo, al tiempo que cumple la máxima recibida para llevar a cabo mientras viaja, opta por un modelo de escritor y en cuyo patrón se ejercita. Josep Pla se instala en la tradición y en la enciclopedia de los motivos literarios codificados por ilustrados y románticos. Parejo al François R. de Chateaubriand que vorazmente callejea por Roma tras su inmediato acceso al paraíso itálico o que toma notas tras hacer lo propio en Jerusalén, reescribiendo sus páginas durante la noche en su albergue. Siempre con conciencia de ejecutar una acción que es inalienable, la de su propio viaje, tal y como el escritor francés expresa en el preámbulo a su aventura americana, por igual el joven ampurdanés hace su revelación al acceder a su propia tierra virgen. Eso sí, revistiéndose de un halo acorde con su tiempo:

> Ho he escrit altres vegades: m'ha agradat i m'agrada encara d'anar pel món. Arribar a una ciutat desconeguda, baixar a l'hotel, prendre un bany, vestir-me i sortir al carrer a l'atzar, a badar i a fer de franc foraster ha estat per mi una de les coses agradables de la vida. A Itàlia el mètode es pot aplicar sense perill de perdre temps, perquè la quantitat de meravelles que conté –en els llocs més insospitats, més impensats i més fora de mà– és incomptable. Després, al vespre, penso en el que he vist i ho escric de la manera més clara i senzilla que m'és possible –com aquell qui escriu a un amic o a la família. I veu's-ho aquí... (Pla, 1969: 10)

Apreciado ya por nosotros como perspicaz *voyeur* de acuerdo con otro sangrado anterior, Josep Pla se nos acaba de pronunciar en este más inmediato como abocado a la «flânerie», al callejeo y vagabundeo urbanos que le categoriza, a modo de individuo paseante, como «flâneur» con aureola baudelairiana. La experiencia urbana, la ciudad como espacio que propicia el trabajo de campo del que han emergido tan grandes páginas literarias contenedoras de tantos perfiles humanos, se las apropia Josep Pla como componentes de la esfera idónea donde dar oxígeno y horizonte a su creciente universo literario:

> De les ciutats, el que m'agrada més són els carrers i les places, la gent que passa davant meu i que probablement no veuré mai més, l'aventura breu i meravellosa com un foc d'encenalls, els restaurants, els cafès i les llibreries. En un mot: tot allò que és dispersió, joc intuïtiu, fantasia i realitat. (Pla, 1967b: 12)

Con las ciudades como destino preferible de los viajes y con el viaje como acicate de la escritura que crecerá ante el multiforme espectáculo de los seres humanos, a este urbanita vocacional, difícil le iba a ser desestimar esa especial conjunción entre viajar y escribir. Tejido irresoluble en el que además, algo dijimos con anterioridad, irá trenzándose el perfil de la propia personalidad, el ser un yo para quien resultará tan congénito viajar como escribir, prácticamente en los límites de la convulsión:

Viatjar és molt pesat, però arribà un moment que esdevingué per a mi una veritable necessitat. L'època d'aquest llibre [...] fou la del tren, i aquest mitjà de locomoció em donà una gana meravellosa, la maleta m'excità l'optimisme i la curiositat; el millor remei per no patir d'insomni, el vaig trobar sovintejant el canvi de llit. Vaig constatar, a més a més, que anant pel món tenia temps de tot i treballava amb regularitat. Probablement he nascut per escriure papers sobre les taules fredes i indiferents dels hotels i establiments de pas. És un fat ben estrany. (Pla, 1967b: 11)

El perfil de viajero-escritor que se desprende de este fragmentario ejercicio de rememoración nos resitúa a Josep Pla como partícipe de los modelos que remiten a la red tejida durante el período de entreguerras por los jóvenes nombres que evidenciaron una *generación* a la que solo líricamente –o de modo expreso para el nomenclátor norteamericano– cabría adjetivar de *perdida*. Su aportación, crecida en las crónicas de sus viajes por Europa, norte de África y Oriente Medio, no se pierde en absoluto. Es el eslabón precedente sobre el que se han constituido individuales corpus autoriales de la máxima relevancia. Es, además, el documento explícito de un tiempo crucial para la consolidación de la modernidad del novecientos. Mujeres y hombres, escritores y escritoras en movimiento físico e intelectual –entre ellos, de nuestra biblioteca Dos Passos, Gellhorn, Hemingway, Hughes, Kazantzakis, Kessel, Leigh Fermor, Reed & Bryant Scott Fitzegrald, Swarzenbach, Zweig…, siguiendo la estela de los Joseph Conrad, André Gide o Edith Warthon–, no pocos desde el patrimonio literario peninsular –en castellano Julio Camba escribiendo desde Londres, París y Nueva York, en gallego Alfonso R. Castelao desde París, Berlín o Moscú, en catalán Aurora Bertrana desde Ginebra y después desde Tahití y Marruecos–, todos ellos viajan a través de una geografía al tiempo que literaturizan una cartografía donde crecen humana y artísticamente. Esa es la red a la que accede y donde se forja el joven escritor Josep Pla.

3 Las ciudades y sus gentes

En justa correspondencia con esa promoción de firmas a las que les fue dado vivir la euforia que supuso el armisticio de 1918 y el vitalismo que les confirió –«Cuando llegaba la primavera, incluso si era falsa, la única cuestión era encontrar el lugar donde uno pudiera ser más feliz.» (Hemingway, 1985: 47)–, para verse abocados de nuevo al abismo bélico en algo menos de dos décadas –«Ciudades y pueblos son devastados; hombres, mujeres y niños toman las armas y se matan.» (Kazantzakis, 1998: 205)–, Josep Pla transita por las ciudades que pronto arrasarán los bombardeos e incluso augura indicios del drama venidero, siendo como era conocedor del antisemitismo que contaminaba a la sociedad europea (por ej. Pla, 1967b: 397).

En el paréntesis histórico que va de aquel París efímeramente primaveral y añorado por Ernest Hemingway al Madrid retratado por Nikos Kazantzakis, antaño la ciudad «encantadora, la señora despreocupada y voluptuosa, [que ahora] arde en llamas», el joven periodista ampurdanés va y viene por entre las urbes que buscara como epicentro de su deambular continental: el Londres que invita a pasear durante las mañanas dominicales porque «El diumenge és un bon dia per a perdre's pels carrers deserts i pels *squares* lívids», cuando «La gent només es troba, en grumolls, a les portes de les esglésies o de les tavernes. Pels carrers del centre es pot trobar algun músics ambulant [...]» (Pla, 1967b: 66); el Berlín donde calles y casas orientadas hacia el jardín interior conceden « [...] a la vida berlinesa un aire íntim, una mica llunyà, apagat» (Pla, 1967b: 376); el Leningrado monumental que le hace rememorar las diferencias sociales en el país donde se erigió su magnificencia pues «Vull fer constar l'artificiositat d'aquesta ciutat i dir només que era com un barret magnífic posat sobre el cos miserable de Rússia» (Pla, 1967b: 625); la Varsovia particularmente neoclásica y barroca que sorprende al viajero por la ausencia de elementos bizantinos o mongoles, carencia justificada por la historia del país, y donde los naturales del barrio judío bajan a las orillas del Vístula y con la mirada nublada parecen soñar la huida ante su corriente:

¿Cerquen, potser, en el soroll profund i greu de l'aigua que s'escola, un narcòtic a la seva inquieta febre que els rosega? ¿Pensen que ja és tard per a marxar i que es moriran en aquest clot sense sol i sense esperança? Qui sap! (Pla, 1967b: 400)

Crónica hoy de un tiempo irremisiblemente perdido, a lo largo de ese mapa pronto masacrado Josep Pla aún puede establecer su literaria rosa de los vientos. Circunferencia del horizonte que, revisada tiempo después para la ordenación de su corpus definitivo, el escritor aprecia como homenaje a un mundo desaparecido pues la escritura que «[…] fou un impuls d'efusió, ha esdevingut una elegia» (Pla, 1967b: 12). Así mismo representación simbólica en la que, yendo mediante sus textos a sus correspondientes extremos, se nos permite leer cómo encara el autor la escritura de la ciudad. Hagámoslo contando con cuatro lógicas ciudades ubicadas en sus correspondientes puntos cardinales y, si nos permitís, una más:

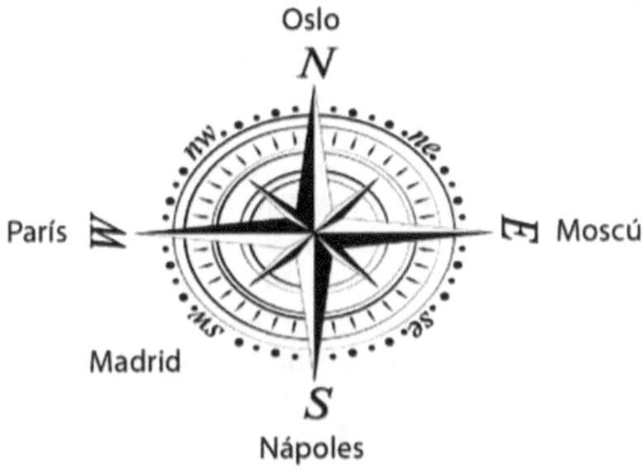

En el extremo oeste y empapado de la urbe que es plataforma iniciática de sus periplos, Josep Pla aborda sus «Hores de tardor» parisinas haciéndonos partícipes de que la atmósfera de la ciudad no es mero factor meteorológico. Luz y aire son el filtro que nos desvela la naturaleza de sus habitantes. Intersección entre medio y habitantes formulada como parte de la retórica del autor ahora en ciernes, es este un procedimiento que no sorprenderá a los lectores más avezados de Pla que conozcan sus posteriores cuatro series de *Homenots* (*OC*, vs. 11, 16 21, 29) y de sus *Retrats de passaport* (*OC*, v. 17). Desde tal pauta literaria cabe apreciar la fusión entre las urbes y los pobladores que pasamos a visitar, de entrada su París y sus parisinos:

> La tardor no és una convalescència; és un empitjorament, una davallada general progressiva. En el nostre país tenim una paraula molt precisa per a aquests dies. Diem, comparant el dia amb la vida habitual de les persones: el dia s'aixeca, el dia no s'aixeca. A París, hi ha dies que no s'aixequen, que semblen pressionats per una força meteorològic d'invisibilitat còsmica, que els manté cadavèrics i grocs sobre la terra. Els francesos són matiners. Accepten el seu clima. Salten del llit amb la curiositat que dóna la gana i encara que més enllà de la finestra hi hagi la llum morta del puré de pèsols. És el poble que jo conec que accepta amb més bonarietat el seu clima. El troben excel·lent i, dintre de les seves naturals alternacions, un do de la naturalesa. Segurament és el millor del món. Per alguna cosa ha de servir el racionalisme... (Pla, 1967a: 206)

El clima como tamiz, el aire como espejo en el que se modela la psique parisina; en el polo opuesto del este, en Moscú, por entre un urbanismo aquí sí reconociblemente oriental, son sus habitantes quienes contaminan de una inesperada y blanca luminosidad la impresión del viajero:

> Tot i que el taxi us dóna una visió cinematogràfica de la capital, sentiu, però, que les comparacions que podrieu fer amb les coses d'Occident us fallen. Primer hi ha les esglésies. [...] Hi ha alguna església barroca, però la majoria són d'estil bizantí, amb aquelles inflors que té el bizantí lleugerament monstruoses.
>
> Hi ha després l'aspecte dels carrers. El fet que els russos no portin ni americana ni armilla ni coll ni corbata, i vagin amb la brusa clara i la cintura de cuiro, canvia tot l'aspecte occidental que podria tenir la ciutat. Sempre em sembla que sóc –mirant el carrer ple d'homes vestits de clar– en una ciutat d'estiuejants o de persones que prenen les aigües. I, si això no fos prou, hi ha les cases. Certament: hom ha vist tantes imatges de Moscou amb neu, que espera trobar una ciutat nòrdica, fosca i d'aire hivernal. Res d'això. (Pla, 1967b: 479)

Ya en el norte de esta cartografía literaria y aunque para Josep Pla la capital escandinava por excelencia sea Estocolmo, un poco más arriba, Oslo nos rememora nuestro propio imaginario vikingo. Allí donde incluso la imponente geografía puede humanizarse, el tiempo extremo y una luz helada perfilan la belleza y la vitalidad de sus habitantes:

> El fiord d'Oslo s'acaba d'una manera majestuosa davant un amfiteatre de valls i de pujols coberts d'avets. La ciutat s'alça sobre aquest amfiteatre i segueix les ondulacions del terreny, s'ajeu i sobreïx sobre els seus ventres i convexitats. Les cases arriben, trescant per entre els pins, fins a dalt de les muntanyes adormides entre les

242

boires. A Oslo plou gairebé sempre cada dia i la part baixa de la ciutat es veu dins d'una grisalla fina Al pendent hi ha clapes d'un verd tendríssim, els teulats i parets de les cases posen entre els pins fresques pinzellades de tota mena de colors. [….]

El mal temps, però, que en molts països desfavoreix les persones, aquí augmenta l'encís de les dones. És fàcil de comprendre-ho: tota dona necessita per a fer el ple el temps que li és propi, i la dona noruega necessita una punta de mal temps. […] Hi ha una llum que va especialment bé a aquest dona forta i selvàtica: és la llum vagament boreal del crepuscle del nord. Amb aquesta llum els ulls se li desfan, la cara es torna d'un color de crema i els cabells massa rossos es dauren de canyella.

En els homes la rudesa encara s'accentua més i la gent té uns colors de salut a la cara que fan enveja. Quina raça més fresca i jove! (Pla, 1967b: 211–213)

Donde luz y vientos boreales cincelan la prestancia de los oslenses contra el tapiz por el que asciende su ciudad; en el polo opuesto voces, gestos, miradas, olores y colores son la circulación sanguínea que corre por las calles-venas del organismo llamado Nápoles:

Nàpols és una ciutat posada, per llarg, davant de la mar, seguint un perfil sinuós. Els carrers són negres de gent. L'arquitectura és gairebé sempre grandiosa. Quins carrers! Estrets, bruts, fent alts i baixos, carregats de balcons i de roba que penja, amb els mil forats negres de les botigues de tota mena, plens nit i dia d'un poble xerraire, gesticulador, de pell torrada, d'ulls brillants i negres, moblats de tota classe de trastos i d'escorrialles domèstiques, perfumats d'olor consumida de la fruita del temps –meló, taronja, raïms, castanyes– adherida l'olor constant del peix fregit i de llegum agre… Els carrers de Nàpols són una imposant formiguera clapejada d'esglésies. La vivacitat de la vida hi és extrema. La gent parla amb tot el cos i sobretot fent l'ullet, ja ho hem dit, i movent la parpella de l'ull poden tenir una conversa entera. (Pla, 1969: 130)

Con la mirada hecha fina observación por batuta rectora, las composiciones de Josep Pla se pautan entre los escenarios visitados y sus ejecutantes o en la proyección de estos últimos sobre la atmósfera de aquellos espacios. El esquema vale para su estampa madrileña, la que nos lleva en orientación S. O. a la quinta ciudad antes incorporada a su literaria rosa de los vientos. Así será cuando el escritor enfoque uno de los componentes de la capital mesetaria que llegó a apreciar, la luz y el cielo tenidos por velazqueños. Ese es el tamiz por el que pasa la ciudad que él mira como un natural más desde el café-granja El Henar, punto por entonces de nutridas tertulias, en la cuesta de la calle Alcalá:

De la Terrassa estant, sota una llum que sembla de luxe de Madrid, es veu al fons del carrer, la Puerta de Alcalá, i a l'esquerra el verd tendre i primaveral dels arbres del Palau de Godoy, o sia del Ministeri de la Guerra. El jardí d'aquest palau ens ha fet pensar moltes vegades en els jardins tancats que hi ha davant de certes cases senyorials de París –jardins que ara en aquest temps fan un olor de muguet, de lilàs i de flor d'acàcia.
De darrera els vidres es veu passar Madrid.
C'est à travers les vitres du café
Qu'il faut voir le siècle qui passe!...
També es veu com s'eleven aquestes nuvolades blanques i roses, inofensives de Castella. S'eleven verticalment i pugen dretes, i això ajuda a comprendre aquella vella observació que s'ha fet sobre el cel d'aquest país, això és, que el cel baixa a cercar la terra, que allarga el braç i l'hi passa per sota la cintura. En altres contrades, la terra s'alça en un impuls cap al cel. El color i la forma d'aquests núvols i de la llum de Madrid és una mica de postal il·luminada i estilitzada, d'una finor delicadíssima, una mica artificial, escenogràfica, filtrada, neta, precisa. Aquesta llum, aquest cel, aquests núvols, són el luxe de Madrid, la seva cosa més fina. L'aire hi és pur, aire de muntanya, séc, tònic, d'una cristal·linitat diamantina. (Pla, 1966: 564–565)

Recordémoslo, acorde con su primer libro publicado, Josep Pla escribe sobre *cosas vistas*. Acerca de esa opción y concretando su poética, el joven escritor ya proclamaba que su obra solo contendría «[…] algunes de les coses que he vist; alguns del homes que he conegut i tractat; algunes de les innumerables històries que m'han succeït» (Soldevila, 1925: 184). Práctica que viene llevando a cabo desde sus primeras páginas, cuando iniciara su viaje doblemente humano y literario, la Dra. M. Gustà (1987: 131) puede afirmar que su experiencia periodística fue la «pedrera dels llibres», la *cantera* de sus libros. Y aún más, desde ese umbral es desde donde el propio Josep Pla ha cimentado su factura de escritor:

El fet d'escriure –el periodisme més rutinari, si volen– m'ha permès de viatjar per tot el món i he viscut anys fora del país, cosa necessària per a tirar una mica d'aigua al vi de l'energumenisme nacional i local i saturar-me d'Itàlia, de Vermeer i fer llargues singladures marítimes. (Pla, 1979: 8)

El caso es, además, que tal práctica a partir de lo que presencia, mira y procesa, pudiera haber dado paso a una escritura estrictamente descriptiva, meramente fotográfica. Pero Josep Pla afina esas armas para adentrarse en un discurso que va de lo expositivo a lo interpretativo, para instalarse en lo que él ha podido considerar *lírico*. De un *lirismo*, cierto es, «[…] molt terra a terra, elaborat amb una preocupació permanent d'intel·ligibilitat i de connexió amb un públic més imaginablement vast, és també un lirisme encarregat» (Pla, 1967b: 9). Muy *Pla*, muy expositivo, por tanto, a la vez que discernitivo. Este es el punto de inflexión en que el escritor viajero deja de ser el automencionado «passavolant continental»: para nada *ocasional* transeúnte del viejo continente. Nos deja, en primer lugar, una personalísima literatura de viajes que, en justa correspondencia con el corpus de su promoción de escritores, trasciende los espacios visitados y las gentes vistas; y, en segundo lugar, se forja en los escritos de ese tiempo como el artífice que consumará el logro del *universo Pla*.

4 El viaje acaba

Josep Pla sabe bien de dónde viene y hacia dónde ha logrado avanzar. Cuando con los años ochenta por delante dejó escrita su despedida bajo el título *El viatge s'acaba* y con la que nosotros también nos despedimos, rememora y asevera Josep Pla:

> Aquest llibre té […] un títol exacte. He corregut tot el món diverses vegades; he viscut en ciutats adorables llargues temporades: París, Estocolm, Londres, Roma, Atenes, i ara és hora de dir adéu al meu passat i de recordar, somiant Conrad, Goethe, Stendhal, Txékhov o Valery, per citar alguns noms que m'han acompanyat al llarg dels anys […]. No ha estat un mal viatge. (Pla, 1981: 7–8)

REFERENCIAS BIBLIOGRÁFICAS

Fuentes primarias

Hemingway, E. (1985): *París era una fiesta*, trad. G. Ferraté. Barcelona: Seix Barral.
Kazantzakis, N. (1998): *España ¡Viva la muerte!*, prólogo E. N. Kazantzakis, trad. G. Flores Leira. Madrid: Ediciones Clásica.

Pla, J. (1949): *Coses vistes*. Barcelona: Editorial Selecta.

Pla, J. (1966): *Primera volada*. Barcelona: Edicions Destino, *OC*, v. 3 [*Madrid, 1921. Un dietari*, 462–685].

Pla, J. (1967a): *Sobre París i França*. Barcelona: Edicions Destino, *OC*, v. 4 [*Notes sobre París (1920-1921)*, 7–322].

Pla, J. (1967b): *El Nord*. Barcelona: Edicions Destino, *OC*, v. 5 [«Pròleg general als dos primers llibres», 7–13; *Cartes de lluny*, 15–279; *Cartes de més lluny*, 280–451; *Viatge a Rússia el 1925. Notícies de l'URSS. Una enquesta periodística*, 453–633].

Pla, J. (1967c): *La vida amarga*. Barcelona: Edicions Destino, *OC*, v. 6 [«Prefaci», 7–10].

Pla, J. (1969): *Les escales de Llevant*. Barcelona: Edicions Destino, *OC*, v. 13 [*Cartes d'Itàlia*, 7–234].

Pla, J. (1979): *Per passar l'estona*. Barcelona: Edicions Destino, *OC*, v. 36 [«Unes paraules», 7–9].

Pla, J. (1981): *El viatge s'acaba*. Barcelona: Edicions Destino, *OC*, v. 39 [«Introducció», 7–9].

Soldevila, C. (1925): «Conversa Parí-Barcelona», en *D'Ací i d'Allà*, n° 90, p. 184.

Fuentes secundarias

Castellet, J. M. (1978): *Josep Pla o la raó narrativa*. Barcelona: Edicions Destino.

Ferraté, J. (1952): «*El carrer blau*, novela», en *Laye*, n°7, pp. 41–48.

Garolera, N. (1998): *L'escriptura itinerant. Verdaguer, Pla i la literatura de viatges*. Lleida: Pagès editors.

Gustà, M. (1987): «Josep Pla», en Molas, J. (dir.), *Història de la literatura catalana. Part moderna*, v. 10. Barcelona: Editorial Ariel, pp. 129–198.

Manent, A. (1973): «Treinta mil páginas de memorias», en *Tres escritores catalanes: Carner, Riba y Pla*. Madrid: Gredos, pp. 293–330.

Pla, X. (1997): *Josep Pla, ficció autobiogràfica i veritat literària*. Barcelona: Quaderns Crema.

Vergés, J. (1989): «Records de Josep Vergés», en Vergés, J (ed.), *Obra Completa de Josep Pla*, v. 45. Barcelona: Edicions Destino, pp. 9–138.

Óscar FERNÁNDEZ POZA y Juan M. RIBERA LLOPIS

Martina Aragay (1920-2010) y Humbert Pardellans (1914-1968): viajes paralelos, diversas escrituras

1 Perfiles

La atención a Humbert Pardellans (1914-1968) y a Martina Aragay (1920-2010) nos concede situarlos biográficamente en el espectro histórico que fractura la Guerra Civil española. En ambos casos, se asiste a su incorporación a la vida pública y cultural catalana en los años inmediatos a la contienda y a su resituación en el difícil medio posterior, donde intentarán dar continuidad al proyecto cultural en el que habían crecido mediante actuaciones que a su vez les situarían en la clandestinidad.

A propósito de Humbert Pardellans, siempre a partir de la labor biográfica llevada a cabo por el Dr. F. X. Vall i Solaz ([2009]; 2000) y de las fuentes primarias por él consultadas, se le reconocen antecedentes literarios familiares –en particular el escritor Joan Pardellans i Roig (n. 1892)– así como una plural formación sobre la que se sustentaría la multiplicidad de trabajos profesionales ejecutados; deriva que pudiera estar en el origen de su intermitente actividad literaria, de acuerdo con la llamada de atención de su biógrafo, así como del propio escritor en un artículo suyo después mencionado (Pardellans, 1961: 319). No confirmada de modo definitivo su filiación comunista, sí su acercamiento al anarquismo a partir de sus colaboraciones en los años 30 en prensa política (Vall i Solaz, [2009]: 3, v. n. 4 y 6), se han recuperado así mismo otros artículos donde encara la cuestión de la identidad lingüística nacional, sin olvidar los enlaces políticos pertinentes (Pardellans, 1939a, 1939b, 1939c).

Sobre ese encuadre de su biografía –integrante cualificado del partido Estat Català y portavoz de su ideología durante su futuro exilio–, se aprecia su participación como militar en el conflicto, su reiterada hospitalización como herido en la guerra, sus encarcelamientos posteriores, seguidos del consejo de guerra que le llevaría a la Modelo barcelonesa, con una condena de veinte años que le sería conmutada en 1943. Desterrado en Mallorca, pasó a la lucha clandestina y acabó por emprender camino hacia París en 1946 (Vall i Solaz, [2009]: 4–5). La conjunción de intereses y de conocimientos de que hiciera gala desde sus inicios, incluso durante el tiempo de su prisión dando clases sobre literatura, arte, ciencia y filosofía catalanas (Pardellans, 1955a: s. p.; Vall i Solaz, [2009]: 4, 5 n. 19), se evidenciará durante su instalación parisina. Sobre las más diversas materias publicará artículos en revistas europeas y americanas del exilio entre los años cincuenta e inicio de los sesenta. Así mismo, de 1955 es su volumen de cuentos *Dotze hores*, en el que se reflejan experiencias personales y del cual siempre deberá destacarse su esbozo biográfico (Vall i Solaz, [2009]: 3; 2000: 492–493), al tiempo que se le deben actuaciones culturales y el proyecto editorial y la revista *Recull Literari* (1955 y 1957-1959).

Con estas fechas coincide la notificación de su actividad viajera que cabe presumir facilitada desde París y la progresiva aparición de artículos acerca de sus periplos. Según información cedida por X. Vall i Solaz, una carta a Víctor Alba de 1949 informa del viaje del autor por diversos países del viejo continente; episodios viajeros que volcaría en «Carta a un amic sobre un viatge per Europa» (Pardellans, 1955b), texto inaugural de la serie *cartes* que abarca de 1955 a 1963, publicadas en la citada revista mexicana del exilio.

De acuerdo con la mencionada fuente, ese primer viaje ya se realiza en pareja con Martina Aragay, a quien debería haber conocido hacia 1940. Marido y mujer hasta 1968, fecha de fallecimiento de Humbert Pardellans, entre el año de 1949, ya citado, y 1963 realizan juntos una serie de viajes que ambos irán informando en respectivos textos publicados independientemente sobre los que habrá que volver, pues, son el motivo de estudio en estas páginas.

Con anterioridad a esas fechas, Martina Aragay ya se había incorporado a la escena cultural antes de la guerra. Al igual que Humbert Pardellans, también ella cuenta con relaciones artísticas familiares –nos referimos al pintor y poeta Josep Aragay (1889-1973), por la materia aquí tratada también autor de un *Diari de viatge a Itàlia del pintor Josep Aragay (1916–1917)*– y se forma como bibliotecaria y documentalista

248

en las instituciones académicas catalanas (Estivill, 2006), donde quizás fue alumna de Carles Riba; tras la guerra, en la clandestinidad, se acerca al *Grup Estudi* y, con la firma Maragai, publica en la revista *Estimats amics* (1942–1944) (Gassó, 1982: 30–31; vid. Gallén, 1987: 219), mientras que con su nombre y una vez instalada con Humbert Pardellans en París, publicará las mencionadas páginas de viaje, también narrativa, tanto lo uno como lo otro en *Pont blau* (1952-1963) y *Recull literari,* y ya a partir de los setenta volúmenes de literatura infantil que le harán merecedora de cierto reconocimiento, obra que ha sido recuperada editorialmente en la actualidad.

2 Viajes y textos

Gracias a la documentación cedida por el Dr. X. Vall i Solaz, contamos con una exhaustiva relación de los documentos y las noticias personales que notifican los viajes de Humbert Pardellans. En ocasiones nos permiten constatar que también participara en ellos Martina Aragay. En todo caso y si en ocasiones las citadas fuentes documentales no aluden a la escritora, eso no indica necesariamente que ella no participara. En alguna ocasión, serán los textos que firma sobre algunos desplazamientos lo que nos prueben su participación en el periplo. Por tanto, de cara a comparar cómo escriben uno y otra acerca de determinados espacios visitados, pasamos en primer lugar a constatar los textos de Humbert Pardellans que plasman literariamente según qué viajes suyos, previamente informados por el listado facilitado por el Dr. X. Vall i Solaz. Tras ello y en segundo lugar, confrontaremos con los textos de Martina Aragay, siempre y cuando coincidan con los destinos atendidos por Pardellans y que, por lógica, cabe entender como derivados, unos y otros, de experiencias viajeras compartidas.

Respecto de viajes y textos de Humbert Pardellans establecemos el siguiente juego de correspondencias, de acuerdo con los documentos ordenados por el Dr. X. Vall i Solaz:

a) Documentos personales (cartas, postales, facturas de agencia, datación de un cuento de *Dotze hores*) de 1949, 1951, 1952 y 1955 informan sobre el proyecto de un largo viaje europeo, partiendo desde Francia y que le llevaría a Italia y Grecia; itinerario que en esa u otra ocasión le hace alcanzar Viena y Yugoslavia. Con ese proyecto y la subsiguiente experiencia, consideramos que conecta el artículo de «Carta a un amic sobre un viatge per Europa» (1955b).

b) A partir de documentos de 1955 a 1959 se nos informa del propósito de pasar desde Italia al Mediterráneo oriental y a Egipto, se ambienta un relato de *Dotze hores* en Marrakech, se explica su estancia en Egipto, también su visita a Córcega y Cerdeña, sus recorridos por el Mediterráneo oriental-Oriente Próximo y la participación en un crucero por Grecia. Consideramos que esos viajes nutrirán los contenidos de «Carta a un amic sobre un viatge per l'Africa del Nord» (1956) y la posterior «Carta a un amic sobre un viatge a Orient» (1960a).

c) Así mismo se nos notifica en documentos de 1958 la estancia en India, anunciándonos además la próxima aparición en *Pont blau* de «Carta a un amic sobre un viatge a Orient» (1959). Cabe la hipótesis de que un texto posterior con formato epistolar, fechado en septiembre de 1959, «Cartes a un jove català» (1961c), remita a la misma experiencia viajera.

d) En documentos de 1959 y 1960 se pasa del anuncio de un viaje a Sudamérica a la constatación de su actuación como conferenciante en el Cercle Català de Mendoza y su regreso a Barcelona. Este viaje debe ser raíz de «Carta a un amic sobre un viatge per l'Amèrica del Sud» (1961a). Añadamos que el anuncio del viaje se da en una de las cartas internas que se reúnen en el texto anteriormente mencionado de 1961.

   Añádase que en un documento de 1961 se informa sobre un segundo viaje a México y Estados Unidos, quizás relacionado con un texto posteriormente mencionado en que se contrastan los sistemas capitalista y socialista.

e) Una de las epístolas de 1962, contenida en el texto con formato epistolar «Cartes a un jove català» (1962b), anuncia un largo viaje por Eurasia, itinerario con el cual cabe relacionar «Carta a un amic sobre un viatge pel mon 'comunista'» (1963). El texto podría aprovechar una primera estancia en un país socialista dado que un documento personal de 1955 alude a un viaje hasta Viena y Yugoslavia.

En correlación con esos viajes y los textos de Humbert Pardellans que se derivan, podemos relacionar la siguiente producción firmada por Martina Aragay, de entre la que se deduce que, a propósito de los viajes d y e, no escribió ningún texto, no los hemos podido localizar o quizá no participara en ellos. Las siguientes letras de encabezamiento marcan la correspondencia con los citados viajes de su pareja:

a) «Per la Mediterrània. Semíramis» (1958a) y «Visions gregues» (1958b)
b) «Visions egípcies» (1957a, 1957b) y «Visions d'Orient» (1962)
c) «Visions indies» (1959)

3 Opciones literarias

Ante la factura de los textos de Humbert Pardellans hay que contar con la dedicación del escritor a actividades didácticas. Como profesional de la educación y de acuerdo con lo notificado anteriormente, ya durante la guerra se había ocupado de cuestiones de lengua y enseñanza, al tiempo que durante su prisión había impartido cursos; en esa línea, durante su instalación francesa fue docente en Lycée Carnot, lector en la Sorbona y redactor de manuales de lengua y de literatura españolas (Vall i Solaz, [2009]: 4, n. 14; 5, n. 15). En ese marco y en la línea que aquí interesa, destáquense las series de artículos –de los cuales hemos logrado recuperar cinco (Pardellans, 1957b, 1958, 1960b, 1961b, 1961d)– encabezadas por el título «Cogitacions pedagògiques». Versan sobre sistemas educativos, modelos de escolarización, valor nacional de la enseñanza… En uno de ellos aborda la cuestión nacional y lingüística catalana bajo el específico subtítulo «Esbós d'una filosofia etnopedagògica catalana» (Pardellans, 1961b). El Dr. X. Vall i Solaz aprecia que contenidos de su formación académica marcan así mismo la producción teatral por él recuperada ([2009]: 5). En esa dirección, atendemos a que una configuración didáctico-filosófica alcanza a las formas sincréticas a modo de aforismos que componen su texto «Del meu carnet d'aspirant a home d'acció» (Pardellans, 1957a), cierto es que se trata de unos textos que cobran a nuestros ojos el valor de una íntima enciclopedia literaria.

Consideramos que la formación y el bagaje que todo ello implica no son ajenos al modelo de orden didáctico y ensayístico que proyecta sobre aquellos artículos que, en su caso y como queda ordenado con anterioridad, conectan con concretas experiencias viajeras. Y esto hasta el punto que, en sintonía con lo primero, la factura de esos textos geográficamente relacionados con sus periplos, en ocasiones nos ha hecho pensar en una información libresca previa a los mismos y acorde con la sólida formación intelectual de Humbert Pardellans.

Apreciamos además que, la denominación de *carta* de tales textos dirigidas según los casos a un *amic* o a un *jove català* como receptores no es extraña a la raíz mencionada, al tiempo que instalan sus escritos en la tradición de la literatura epistolar, género de marcada naturaleza educacional. Añadamos además que, en esa línea didáctico-ensayística, la escritura de Humbert Pardellans pudiera no atender a corrientes intelectuales que cabe apreciar en el desarrollo de sus contenidos. Es así como X. Vall i Solaz (2000: 498–507; 2003: 292, n. 2; 2010: 4, 6, 7: 2018: 225, n. 9) lo contempla entre los autores catalanes no ajenos a la influencia y al cotejo de los referentes del existencialismo francés. Su estudio lo hace a partir de la lectura de sus ensayos y de los relatos de *Dotze hores*.

Contemos con que las citadas prosas derivadas de los viajes tampoco se distancian de ese espectro intelectual. Por ejemplo en la *carta* sobre el viaje a Oriente, directamente relacionada con su estancia en India (viaje c), no escapa a esa factura. Texto que versa sobre la comparación oriente/occidente, se presenta como un *diálogo*, al igual que ocurre en la *carta* derivada del viaje a Sudamérica (viaje d) (Pardellans, 1959: 16; 1961a: 69), formulaciones de ancestral reminiscencia platónica. Por su parte, en el segundo caso mencionado, se enfrentan regímenes socioeconómicos. Añadamos todavía la *carta* «pel món 'comunista'» (viaje e) que contrasta sociedades y sistemas comunistas y capitalistas. En los tres casos, el autor se apoya en autoridades filosóficas, científicas y artísticas (Pardellans, 1959: 17, 19; 1961a: 70, 74; 1963: 116, 117). Para tales discursos y sobre la base de sus desplazamientos reales, el autor menciona las naciones visitadas – India, Argentina, Perú, URSS, Hungría, Checoslovaquia, Polonia–, pudiendo focalizar topónimos –Bombay, Buenos Aires, Mendoza, Moscú, Zagorsk– como espacios donde acontece el correspondiente diálogo o como urbes con una determinada identidad. Pensamos ante tal tratamiento que los itinerarios viajeros del escritor se proyectan de modo fundamental en las nociones del discurso que van estableciendo sus ensayos, cierto es, acogidos a formas y ecos de orden literario, pero donde lo que le interesa es el desarrollo de orden discursivo. De hecho, los tres artículos mencionados ordenan, *in crescendo*, su atención y el desarrollo de su meditación a propósito de los modelos políticos históricos. En esta línea, la de estar confeccionando un ensayo a modo de *work in progress* y para recabar la información necesaria, leamos cómo en una determinada fecha contaba con la realización de otro viaje que finalmente le llevaría en 1961 a México y a Nueva York (viaje d): «Em sembla que ens cal fer un viatge detingut per l'Amèrica Central i per l'Amèrica del Nord, abans de concloure definitivament…» (Pardellans, 1961a: 73). Abundando en esa consideración del crecimiento y también la complementariedad entre sus ensayos, nos atrevemos a opinar que una larga meditación titulada «El món llatí i Catalunya» (Pardellans, 1957–1959) no ha de ser leída al margen de su discurso sobre ideas políticas y culturales.

Por su parte y aun contando con menos información a propósito de la actividad literaria de Martina Aragay, es factible reconocer en la escritora su inclinación y práctica a favor de la narrativa. De acuerdo con lo resumido con anterioridad y como muestra de su registro literario valga como ejemplo uno de aquellos relatos publicados en *Pont blau*, «Entre aquest dia i aquell altre» (Aragay, 1954). La escritura por la que opta Martina Aragay, por tanto, se inclina hacia una factura de orden más creativo. Ubicada en tal registro, la escritora se acoge a la ordenación del dietario para informar sobre su viaje «Per la Mediterrània. Semíramis» (Aragay, 1958a) (viaje a), con líneas no exentas de ciertos párrafos que tienden a la meditación sobre el viaje. De esa misma fecha se desgajan unas «Visions gregues» (Aragay, 1958b) (viaje a), donde condensa las impresiones que determinados topónimos también habrían animado las líneas anteriores, centrándose además en según qué monumentos como el Partenón o en un viejo del Peloponeso, una muchacha de Ática o una hilandera en Epiro. Esa última fórmula literaria la había practicado ya en sus «Visions egípcies» (Aragay, 1957a, 1957b) (viaje b), con la particularidad de que ahora se inclina más por elementos de diversa índole del espacio visitado antes que por los nombres de lugar. En cambio, en el caso de sus «Visions d'Orient» (Aragay, 1962) (viaje b), su interés se reparte entre urbes, paisajes y una única figura de su geografía humana, la del beduino. Por último y por lo contrario «Visions índies» (Aragay, 1959) (viaje c) se inclinan más por diversos elementos integrantes del espacio visitado y sus divinidades –Buda y Xiva– mientras que ciudades y monumentos allí ubicados se reducen a tres únicas menciones. De todo ello y como premisa para las siguientes líneas, afrontamos las dos diferentes vertientes de la escritura por la que optan sendos autores, copartícipes no obstante de experiencias viajeras coincidentes.

4 Aragay vs. Pardellans

Solo guiados por el ánimo de confrontar las dos formas de escribir sobre visitas coincidentes, enfrentamos textos de una u otra firma, en absoluto con la intención de priorizar ni valorar un resultado sobre el otro. Así, reconociendo que a propósito de Grecia y del mundo helénico solo hemos encontrado una mención específica y además como elemento de contraste en su texto sobre la India, nos valemos de Pardellans cuando afirma que «La cultura grega *clàssica*, per ella sola, no hauria mai desembocat a la nostra. L'univers hel·lènic es vol i resulta idealment estàtic, idealment, racionalment formal, d'una temporalitat corpòriament tancada» (Pardellans, 1959: 18). Pero no dejamos de apreciar que realizado el viaje a tierras griegas y vertido su conocimiento en una comprensión globalizadora como es el concepto de cultura greco-latina y la misma noción de mediterraneidad –aquella en la que se aprecia como copartícipe la presencia islámica—, acorde con ello leemos:

> ... l'esperit llatí ha nascut a la Mediterrània, en un món que és un sistema dinàmic estructurat d'una successió de composicions bivectorials actuant sobre un subsistema: unes valors-forces de nervi semítico-camític i unes altres de nervi indoeuropeu, actuant sobre un substràtum paleomediterrani; entenent els conceptes de semítico-camític, indoeuropeu i paleomediterrani com a complexes biològico-culturals [...] De manera que el llatí ofereix afinitats amb l'*occidental* i amb l'islàmic. (Pardellans, 1956: 351)

De tal juicio cabe derivar en palabras de Pardellans que la herencia clásica nos ha dejado la combinatoria entre un «[...] racionalisme vitalista i afectiu llatí, com a posició intermediària entre el racionalisme mecanicista dels *occidentals* i el vitalisme afectiu més o menys geomètricament simbolitzat dels islàmics» (Pardellans, 1956: 351).

Ese crisol mediterráneo, en manos de Aragay, se nos visibiliza en prosas de muy diverso orden. Si la nave de su crucero, «[...] el Fidel Simíramis, que no perdia mai el temps, es posava en marxa cap a Míconos, on arribàrem poc després d'haver dinat» (Aragay, 1958a: 335) y el texto correspondiente suscita una inmediata y ya lírica consideración de los molinos de la isla, dicha primera impresión alcanza las siguientes cuotas:

254

Els teus molins — ales al vent — agafen almostes d'aire. L'ase pacient — carreró
amunt — gronxa, manyac, com si fossin bressols, les feixugues alforges. Fa segles
que la mar — maragdes i safirs — no es mou d'aquí per veure't; però ets tan
blanca, Míconos, que quan prova d'obrir els ulls els ha de tornar a cloure, enlluer-
nada (Aragay, 1958b: 26–27).

Donde para Pardellans, Egipto, Israel, Jordania, Siria, Líbano y Turquía
conforma «[…] el mosaic polític actual del nostre Orient» (Pardellans,
1960a: 88), y además encara esos países como exponentes determinados de sociedad y de estado (Pardellans, 1960a: 88–89, 92), Aragay
puede plasmar sus respectivas identidades focalizando, en primer lugar
y tratando sobre Egipto, las figuras de sus hombres y mujeres, también
de una muchacha y, en el caso que sigue, de una niña:

Amagues, esquerpa, el balloteig de les teves manetes darrera la camisola espa-
rracada, i fuges entre drings de penjolls batent la pols del camí amb el saltironeig
enjogassat dels teus peuets (Aragay, 1957a: 43).

Siguiendo en esa dirección para considerar lo simbólicamente trascendente y acerca de Turquía, Siria e Israel, la autora nos transmite las
siguientes comprensiones acerca de Estambul y, respectivamente, del
desierto sirio y del de Judá:

Desert
Per heure-ho Tot, la teva mà abrusada s'ha desprès de tot, i estén al cel la seva
palma rasa, àvida de Tot...
Istambul
L'alba desclou la mà, i els teus minarets opal·lins s'escapen, frisosos, del nacre de
la seva palma.
Desert de Judà
Primordial — com si fossis origen de tot — definitiu — com si haguessis de
cloure el cicle de les coses, la fam t'ha rosegat l'epidermis i la set t'ha exhaurit la
pupil·la del teu únic ull orb (Aragay, 1962: 342).

En correspondencia con esos diferenciadores registros de escritura,
donde para Pardellans la India puede abordarse como un sistema cultural dotado de unas características emblemáticas, a Aragay le cabe la
libertad de inclinarse ante una deidad y transmitir su hechizo:

L'Índia se m'afigura també a mi simbolizant l'Orient. Els elements dels seus
complexos social, religiós i artístic em semblen, si no vinguts de tots els punts

d'aqueix món, les seves creacions més característiques. Fins i tot, estèticament i religiosament sobretot, es pot dir que s'hi troben tots els grans sistemes orientals, començant per l'islamisme. (Pardellans, 1959: 16)

Xiva

Dansa, dansa, déu rutilant, ascèctic i sensual, principi generatiu que per recrear aniquila. Gira, gira amb les teves multiples mans, la roda al·lucinant de la mort i de la vida (Aragay, 1959: 31)

Amarrados en sus respectivos puertos literarios tras los mencionados periplos coincidentes, tanto Martina Aragay como Humbert Pardellans no han dejado de hacernos partícipes de su comprensión del propio concepto de viaje y de lo que de esa experiencia debe emanar. El autor que a los receptores de sus *cartes* comunica ser «[…] un home lligat directament a l'acció o al pensament, i molt poc decantat a donar tombs sentimentals o anecdòtics o mítics entorn dels incidents quotidians o dels estats d'esperit o de les idees» (Pardellans, 1962b: 208), no podrá dejar de expresar a propósito de la experiencia viajera y lo que ella le suscita como escritor, sino la confesión que sigue:

Però, què hauria pogut fer durant el viatge? ¿Enviar-te alguna postal dels llocs por on anava passant (que entre parèntesis et diré que en certs països hauria estat ben desgraciadeta per cert, tant des del punt de vista estètic como tècnic), per tal d'assenyalar-te alguna anècdota visual? ¿O escriure't algunes línies per contar-te algun incident, o comunicar-te la impressió d'un moment? Ja saps el poc cas que faig de les anècdotes, siguin de la mena que siguin; d'altra banda, això dels incidents i de les impressions d'un moment, en certs països, a part de representar un cert perill de confiar-ne la descripció a la dubtosa discreció del correu, aqueixa descripció, colorada per l'inevitable subjectivisme, moltes de vegades hauria implicat alguna apreciació inexacta, injusta. (Pardellans, 1955b: 441)

Donde el Pardellans intelectualmente trotamundos descarta subgéneros epistolares y amagos de descripciones, la Aragay viajera se sumerge en el placer de la navegación. Donde el primer juicio solo deja como posible escritura la meditación, el segundo posicionamiento que pasamos a documentar por parte de la autora será el acicate de sus impresiones literarias.

¿Per què és que el vaixell dóna al viatge un atractiu especial que cap altre mitjà de transport no li sap procurar? ¿És perquè aquesta sensació d'esdevenir que proporciona la navegació —evocadora de la vida navegant per aquest imponderable que els homes, per entendre'ns, anomenem temps— ens fa viure una segona vida amagada dins els plecs de la primera, més perfeta que aquesta, puix ens és donat un cop escolada de poder-la considerar? Embarcats tots en una mateixa aventura, a la qual ningú no es pot sostreure ni de la qual ningú no es pot recular, hom fa taula rasa del que s'ha deixat enrere, i es viu dins una equitat que fa que els esperits justos s'hi trobin a gust. (Aragay, 1958a: 331)

Referencias bibliográficas

Fuentes primarias

Aragay, M. (1954): "Entre aquest dia i aquel altre" en *Pont Blau*. 19, pp. 140–140.

Aragay, M. (1957a): "Visions egípcies" en *Pont Blau*. 52, pp. 42–43.

Aragay, M. (1957b): "Visions egípcies" en *Recull Literari*. 3, pp. 10–11.

Aragay, M. (1958a): "Per la Mediterrània. Semíramis" en *Pont Blau*. 72, pp. 331–336.

Aragay, M. (1958b): "Visions gregues" en *Recull Literari*. 7, pp. 26–28.

Aragay, M. (1959): "Visions indies" en *Recull Literari*. 8, p. 31.

Aragay, M. (1962): "Visions d'Orient" en *Pont Blau*. 118, p. 342.

Pardellans, H. (1939a): "La nostra llengua i la nostra historia" en *Full oficial de l'Ajuntament de Vilanova i la Geltrú*. 848, [p. 1].

Pardellans, H. (1939b): "Cursets de català" en *Full oficial de l'Ajuntament de Vilanova i la Geltrú*. 851, [p. 1].

Pardellans, H. (1939c): "Cursets de català" en *Full oficial de l'Ajuntament de Vilanova i la Geltrú*. 852, [pp. 1–2].

Pardellans, H. (1955a): *Dotze hores*. París: Ediciones Hispano-americanas.

Pardellans, H. (1955b): "Carta a un amic sobre un viatge per Europa" en *Pont blau*. 38, pp. 441–444.

Pardellans, H. (1956): "Carta a un amic sobre un viatge per l'Àfrica del Nord" en *Pont blau*. 49–50, pp. 348–353.

Pardellans, H. (1957a): "Del meu carnet d'aspirant a home d'acció" en *Pont blau*. 52, pp. 47–48.

Pardellans, H. (1957b): "Cogitacions pedagògiques" en *Pont blau*. 61, pp. 367–368.

Pardellans, H. (1957-1959): "El mon llatí i Catalunya" en *Recull Literari*. 2, pp. 6–7; 3, pp. 11–12; 4, p. 13; 5, pp. 19–20; 6, pp. 21–22, 24; 7, pp. 25–26, 28; 8, pp. 29–32.

Pardellans, H. (1958): "Cogitacions pedagògiques" en *Pont blau*. 67, pp. 156–158.

Pardellans, H. (1959): "Carta a un amic sobre un viatge a Orient" en *Pont blau*. 75, pp. 16–21.

Pardellans, H. (1960a): "Carta a un amic sobre un viatge a Orient" en *Pont blau*. 89, pp. 88–94.

Pardellans, H. (1960b): "Cogitacions pedagògiques" en *Pont blau*. 95, pp. 292–293.

Pardellans, H. (1961a): "Carta a un amic sobre un viatge per l'Amèrica del Sud" en *Pont blau*. 100, pp. 69–74.

Pardellans, H. (1961b): "Cogitacions pedagògiques. Esbós d'una filosofia etnopedagògica catalana" en *Pont blau*. 104, pp. 212–214.

Pardellans, H. (1961c): "Cartes a un jove català" en *Pont blau*. 107, pp. 319–321.

Pardellans, H. (1961d): "Cogitacions pedagògiques (segona sèrie)" en *Ressorgiment*. 535, pp. 8618–8617.

Pardellans, H. (1962a): "Cartes a un jove català" en *Pont blau*. 111, pp. 70–72.

Pardellans, H. (1962b): "Cartes a un jove català" en *Pont blau*. 115, pp. 208–209.

Pardellans, H. (1963): "Carta a un amic sobre un viatge pel món 'comunista'" en *Pont blau*. 123, pp. 111–118.

Fuentes secundarias

Estivill Rius, A. (2006): "Una mirada retrospectiva: de l'Escola Superior de Bibliotecàries a la Facultat de Biblioteconomia i Documentació (1915-2005)" en *BiD: textos universitaris de biblioteconomia i documentació*— [En línea]. Nº 16, disponible en: http://bid.ub.edu/16estivi.htm [Último acceso el 2 de abril de 2019].

Gallén, E. (1987): "La literatura sota el franquisme: de l'ostracisme a la represa pública" en Riquer, M. de & J. Moles (dir.), *Història de la literatura catalana. Vol. 10, Part Moderna*. Barcelona: Ariel, pp. 213–241.

Gassó, Ll. (1982): "Petita història de l'Estudi del carrer de Sant Pau" en *Serra d'Or*. 274–275, pp. 29–33.

Vall i Solaz, F. X. (2000): "L'existencialisme en l'obra d'Humbert Pardellans" en Manuel Aznar (ed.), *Sesenta años Después. Las literaturas del exilio republicano de 1939*. Barcelona: GEXEL, vol. II, pp. 491–508.

Vall i Solaz, F. X. (2003): "La *temptació* religiosa a l'*etranger* i en la literatura catalana de postguerra" en Zimmermann, Marie-Claire & Charlon, Anne (eds.), *Actes del Dotzè Col·loqui Internacional de Llengua i Literatura Catalanes. Universitat de París IV-Sobonne, 4-10 de setembre de 2002 [i. e. 2000]*. Barcelona: Publicacions de l'Abadia de Montserrat, vol. 2, pp. 291–309.

Vall i Solaz, F. X. ([2009]): "Humbert Pardellans, dels camps i les presons 'de l'Absurd' a París" en *Institut Ramon Llull—* [En línea]. Disponible en: https://www.llull.cat/IMAGES_2/Xavier_par_cat.pdf [Último acceso el 25 de febrero de 2019].

Vall i Solaz, F. X. (2010): "L'existencialisme en la literatura catalana durant el franquisme" en *Catalònia*. 7, pp. 1–7.

Vall i Solaz, F. X. (2018): "La fonamentació existencial de la col·lectivitat" en *eHumanista/IVITRA*. 13, pp. 223–247.

Paula COUSILLAS PENA y Carmen MEJÍA RUIZ

El camino de Santiago: un viaje imprescindible

1 Introducción: la literatura de viajes y el relato de viajes

El viaje como elemento narrativo ha sido y es una constante dentro de la producción literaria universal, puesto que, como afirma Luis Alburquerque García, «el viaje forma parte de la condición humana, pero no sólo como producto de la curiosidad, sino como verdadera necesidad vital» (2011: 16). Así, este navega incansablemente a lo largo del espacio y del tiempo, ofreciéndonos un panorama de textos diversos y heterogéneos, que complican la labor de delimitación y definición de un género escurridizo, pero que la mayoría conocemos con el membrete general de *literatura de viajes*.

En consonancia con esta primera aproximación eminentemente superficial, la literatura de viajes se define, pues, desde la propia etiqueta, en la que precisamente se «indica uno de los tres parámetros que permiten delimitar, según G. Genette, un género, el temático (Champeau, 2004: 19), conformándose como el motivo de unión más evidente en este tipo de obras, donde el espacio cobra mayor relevancia, en detrimento de otros elementos presentes en el texto (López Sández, 2011: 32).

De este modo, para Geneviève Champeau, la literatura de viajes se sustenta, además de en «esta base temática común», que es el viaje; en compartir la modalidad enunciativa, la narración, el segundo parámetro de Genette. Para Champeau, estos se conforman como los únicos elementos que permiten definir el marco en que se engloba el corpus textual de la literatura de viajes (Champeau, 2004: 16), puesto que el tercer parámetro, el formal, problematiza la regularización del género, lo que provoca «la integración de gran variedad de géneros y tipos de discursos» (Champeau, 2004: 17).

No obstante, es precisamente la diversidad formal, la más frecuente dentro del corpus, lo que permite establecer dentro del propio género de la literatura de viajes diferentes subgéneros, necesarios para hacer una clasificación taxonómica más concreta del fenómeno. En este sentido, tal y como describe Alburquerque en su artículo *El 'relato de viajes': hitos y formas en la evolución del género*, creemos muy acertado el sintagma acuñado por Carrizo Rueda de *relato de viajes*, que sirve para delimitar un conjunto concreto de textos dentro del género de literatura de viajes (Alburquerque, 2011: 16). Así mismo, cabe señalar que Champeau prefiere denominar al relato de viajes no como un subgénero, sino como un verdadero "género fronterizo", debido a que para el investigador este tipo de relatos se sitúan en "una zona de intercambio e interferencias" (2004: 30), que si bien responden al motivo del viaje, su variado carácter formal, tanto genérico como discursivo, lo distancian de los moldes preestablecidos del género, situándolo en los márgenes.

Concretamente, Alburquerque distingue dentro de la literatura de viajes dos tipos de textos: las "novelas de viajes" y los "relatos de viajes", diferenciados esencialmente por la presencia o ausencia del componente ficcional dentro de las obras (2011: 21). De este modo, mientras que la novela de viajes se caracteriza por la ficcionalidad, el relato de viajes se basa en la factualidad de los acontecimientos, puesto que los hechos que se narran fueron realmente vividos por el viajero. Por su parte, tal y como defiende el autor, esta primera característica no implica que este tipo de textos no comporten ciertos elementos propios de la literariedad, y por tanto, que no se trate igualmente de textos literarios.

De este modo, la segunda característica del relato de viajes tiene que ver con la narratividad del texto, que si bien está presente, en estos predomina la modalidad puramente descriptiva, actuando como «configurador discursivo» (2011: 17), puesto que lo importante no es narrar un desenlace de los acontecimientos, sino que es describir el camino recorrido, deteniéndose en los lugares, el paisaje, las gentes, los modos de vida o el patrimonio material e inmaterial, que el viajero se encuentra en el camino. Estos motivos son, pues, el verdadero eje sobre el que gira la historia del relato.

Por último, este subgénero o género fronterizo, está marcado por su carácter testimonial, puesto que la objetividad de lo trascurrido se impone ante la subjetividad, debido al compromiso directo entre el narrador y el autor. De todas formas, cabe matizar que Alburquerque nos recuerda que el grado de subjetividad presente en este tipo de relatos cobra mayor o menor presencia dependiendo de la época histórica en la que nos situemos (2011: 19).

Además de estos tres aspectos, el autor apunta aún la paratextualidad y la intertextualidad como los otros dos elementos esenciales del relato de viajes, a los que volveremos más detalladamente en el desarrollo del análisis de la obra cunqueiriana, titulada *Por el camino de las peregrinaciones* (2004), texto que encaja perfectamente dentro de los parámetros descritos por Alburquerque y que se acaban de exponer.

Teniendo esto en cuenta, el objetivo del presente trabajo consistirá en analizar esta obra de Álvaro Cunqueiro desde un punto de vista temático, pues intentaremos extraer los temas principales que Cunqueiro expone en *Por el camino de las peregrinaciones*, un viaje de peregrinación que el autor realiza en su coche y en compañía del fotógrafo Magar por el camino francés, desde Pedrafita de O Cebreiro hasta Santiago de Compostela.

Así, teniendo en cuenta nuestro objetivo y la obra que va a ser analizada, nos vemos en la necesidad de contextualizarla, hablando primeramente del fenómeno de las peregrinaciones y, en consecuencia, del propio camino de Santiago.

2 Las peregrinaciones y el camino de Santiago: el *Codex Calixtinus* o guía de viajes y el *Liber peregrinationis* o relato de viajes

Según el filólogo y antropólogo Manuel Barea Patrón, el ser humano poseyó desde siempre una condición itinerante intrínseca (2013: 195). De este modo, las peregrinaciones, tanto desde un sentido más literal, pues etimológicamente significan "andar por los campos"; como desde un sentido más metafórico, pues la vida es un camino de experiencia y conocimiento (2013: 196–199), siempre se han realizado desde el principio de los tiempos, motivadas por las más diversas razones.

Sin embargo, muy pronto, en el umbral del período antiguo, la filosofía religiosa acabó por entender el concepto de peregrinación desde una óptica eminentemente espiritual. En este sentido, su principal exponente, San Agustín, amplió el significado de *homo viator*, entendiendo al ser humano como «un caminante o peregrino hacia un destino superior» (2013: 197), puesto que entendía la vida como un camino fugaz, que tenía como principal meta y único sentido la llegada al cielo. Así, además de emprender un viaje por la aventura de conquista o por la del descubrimiento de un mundo desconocido, el viaje también se dota de un significado puramente espiritual, entremezclándose unos y otros motivos en el camino.

Consecuentemente, podemos afirmar que la historia de la religión influyó decisivamente en el concepto, dotándolo de una connotación marcadamente sacramental y así, pues, se entiende normalmente por peregrinación «un viaje emprendido solitaria o colectivamente para visitar un lugar santo en el que se manifiesta de una manera particular la presencia de un poder sobrenatural» (Goicoechea, 1972: 47).

En relación con la tradición cristiana, las peregrinaciones se conocen desde el Antiguo Testamento, pero no es hasta la Edad Media cuando Santiago de Compostela, nuestra ciudad de interés, se erige como uno de los grandes centros de peregrinación, compitiendo con los otros dos grandes núcleos cristianos: Roma, junto con Santiago, en Occidente y Jerusalén, en Oriente (Mejía, 2012: 195).

Las peregrinaciones a Compostela se empezaron a hacer populares gracias al descubrimiento del sarcófago del apóstol Santiago en el siglo IX, en una localidad próxima llamada Iria Flavia. Esta *inventio* respondió en aquel momento a una clara estrategia político-religiosa, pues la monarquía cristiana del norte peninsular quería independizarse de la iglesia toledana y hacer frente así al poder del Islam.

El norte peninsular, tierra lejana en la que el pueblo musulmán no llegara a instalarse, era el territorio perfecto para que Teodomiro, diocesano de Iria, pudiese hallar el cuerpo del apóstol, produciéndose así un nuevo y alternativo culto, el jacobeo, que se empezó a extender rápidamente por toda Europa. Esta estrategia ayudó decisivamente en el desarrollo de Santiago, pues pronto llegó la prosperidad económica a este lugar, convirtiéndose en una de las primeras y más desarrolladas urbes del occidente románico, a la que llegaban y siguen llegando cientos de peregrinos de todas partes del mundo. Así, y tal y como afirma el historiador Ramón Villares «o apóstolo fixo posible Compostela» (2004: 92–96).

Desde este hallazgo, aún se sigue discutiendo sobre la veracidad de lo que se sabe acerca del cuerpo del apóstol y, aunque quizás no lleguemos a saber la verdad, lo cierto es que el milagro supuso el despertar de una ciudad y el surgir de Santiago como un espacio mítico (Mejía, 2012: 95).

Por lo que respecta a la literatura de viajes, las peregrinaciones a esta ciudad mítica, tocada por el milagro, han sido y son fuente inagotable de guías, relatos, novelas o diarios, que permiten al lector conocer de una u otra manera el camino jacobeo. Así, el primer libro que trata sobre la peregrinación a Santiago es el *Codex Calixtinus* y, en su interior, el libro V, llamado *Liber peregrinationis* o *Guía de los peregrinos*. Concretamente el *Codex Calixtinus* es una fuente manuscrita del siglo XII, que tiene como objetivo principal dar a conocer el mundo de las peregrinaciones, a través de las hazañas, la historia y los milagros del apóstol Santiago, convirtiéndose en la primera guía de promoción turística del camino jacobeo. Desde esta perspectiva, cabría definir a este género principalmente por su finalidad, ya que, tal y como menciona la investigadora Eugenia Popeanga «las guías y los itinerarios son […] textos que ayudan al neófito en el proceso de iniciación y textos recordatorios para los iniciados» (Popeanga, 2005: 33), pues estos tienen un carácter promocional. En este sentido, Popeanga nos recuerda precisamente su propósito en la Edad Media, pues cumplían una función clara: «incitar al creyente a realizar su aventura, a emprender su peregrinación, repitiendo los pasos de todos los peregrinos» aumentando, así, la sensación de ritualización del proceso y simbolismo del viaje a lugares santos (Popeanga, 2005: 33). Por otro lado, el *Liber peregrinationis*, la parte más popular del códice, podría ser considerado no como una guía sino como un relato de viajes, ya que se trata de un conjunto de historias, en las que el viajero Aimery Picaud nos proporciona su visión del camino de Santiago, ofreciéndonos información útil para la peregrinación, y recomendándonos respeto para el peregrino, al mismo tiempo que se detiene en las descripciones, como por ejemplo la que le dedica a la catedral en su llegada, admirándola en su inmensidad.

3 La peregrinación de Álvaro Cunqueiro en *Por el camino de las peregrinaciones*

3.1 Influencias y antecedentes: los narradores sociales de posguerra y el *Grupo Nós*

Setecientos años después de Aimery Picaud y su *Liber peregrinationis*, Álvaro Cunqueiro realizará su particular viaje peregrino a Santiago y reflejará su propia visión del camino en una serie de artículos que iría publicando en los años sesenta, mas que finalmente se editaron conjuntamente en el 2004 en una obra recopilatoria titulada *Por el camino de las peregrinaciones*.

En la época de posguerra en que fueron escritos estos artículos, era habitual que los denominados "narradores del realismo social" viajasen por España, con la finalidad de denunciar la situación de abandono que sufrían muchas zonas del estado. Los libros de viajes surgidos en este contexto responden normalmente a un modelo concreto, pues el eje principal que los caracteriza es su visión crítica y documental de todas esas zonas en las que existe una clara marginación tanto social, económica, medioambiental y/o patrimonial. Además, desde el punto de vista narrativo, se definen no solo por la contemplación cultura-lista y reflexiva, sino también por el lirismo y su ritmo pausado (López Molina, 2004: 39–42). En este sentido, la existencia de estas caracte-rísticas que definen a un posible modelo en circulación con respecto a la literatura de viajes, va a ser una influencia clara en el desarrollo de los artículos y posterior obra de Cunqueiro, pues, tal y como veremos, muchos de los rasgos ahora mencionados brevemente van a estar pre-sentes en *Por el camino de las peregrinaciones*. Sin embargo, esta no será la única influencia en nuestro autor, puesto que no debemos olvi-darnos del impacto que generó en el panorama intelectual y literario a principios del siglo XX la irrupción del *Grupo Nós*, cuyos miembros, preocupados por la situación de la nación gallega, dedicaron su vida a la recuperación y puesta en valor de todo lo relacionado con esta. El grupo, conformado por personalidades tan importantes como Castelao, Otero Pedrayo o Vicente Risco, experimentó desde su fundación una transformación ideológica, que acabó provocando en ellos la revelación de la nación gallega (Piñeiro, 1978: 8–9). Esta catarsis fue reflejada en diferentes textos en los que precisamente se usa el viaje como camino de redescubrimiento de lo propio, como por ejemplo en *Pelerinaxes I* (1929) o en *Arredor de si* (1930), ambas de Otero Pedrayo. Podemos concluir, entonces, que además de ser relevante el contexto histórico y literario en el que se generó la obra, también lo fue como claro antecedente la influencia que proyectó el *Grupo Nós*, pues la visión de Galicia que surge tras su auge repercutirá en el pensamiento y en la producción literaria posterior de aquellos autores igualmente comprometidos.

3.2 ESTRUCTURA Y ANÁLISIS TEMÁTICO DE *POR EL CAMINO DE LAS PEREGRINACIONES*

Además de los textos que conforman la ruta de peregrinaje, la obra está compuesta por una segunda parte en la que se reúnen artículos que Cunqueiro escribió entre los años 50 y 70 en relación con el apóstol, agrupados bajo el título de "Otros textos jacobeos". De estas dos partes, nos centraremos en la propia peregrinación que realiza desde Pedrafita hasta Santiago, y de la que, como ya hemos anunciado, trataremos de extraer los temas principales. A estas dos partes del texto hay que sumarle aún los elementos paratextuales, que ayudan a completar y a enriquecer la obra, porque además del prólogo y las notas de edición del historiador Francisco Singul, el texto se completa con una serie de fotografías, realizadas por Magar en diferentes puntos del viaje. En ellas, podemos ver a un Cunqueiro en blanco y negro, admirando desde lo alto la panorámica de O Cebreiro; o en otra la parte posterior de su coche seiscientos, que deja atrás un cartel donde se indica que por ahí, por Triacastela, pasa el camino de Santiago; o un primer plano de unos hombres en la feria de Arzúa comprando una vaca.

Por lo que respecta al propio prólogo, Francisco Singul tras calificar a esta obra como una «crónica literaria» o «guía personal», alaba el «profundo conocimiento» —artístico, literario e histórico— del autor.

Además, destaca de su narratividad el «lirismo nostálgico por los peregrinos de antaño» y finaliza definiendo esta obra como «una ayuda al lector [para] comprender un poco mejor [...] el inefable misterio que encierran el hecho jacobeo y el camino de Santiago» (Cunqueiro, 2004: 11–16). Es, precisamente, esta definición la que nos hace considerar ya desde aquí que, desde el punto de vista del análisis temático, es evidente que los temas principales que coronan ambas partes son el propio camino de Santiago y el culto jacobeo.

En este sentido, no resulta rara la temática de este texto, pues si hiciésemos un análisis de la producción literaria y periodística del autor, podríamos concluir, de la misma manera que lo hace el profesor Henrique Costas, que la obra cunqueiriana está impregnada de estos dos elementos. Así, por una parte, la temática jacobea se refleja tanto en relatos que nos cuentan leyendas jacobeas a lo largo del camino francés, como en otros donde se narran los milagros del camino de Santiago. Por otra parte, y directamente relacionado con esto, se percibe un habitual uso del recurso literario de la *peregrinatio* incorporado tanto en sus textos que hablan de Santiago, como de otros lugares considerados mágicos (Costas, 2010: 38).

Cunqueiro, definiéndose a sí mismo como «fingido peregrino», realiza el viaje desde O Cebreiro hasta Santiago de Compostela, intentando sentir lo que un peregrino de antaño experimentaría, reviviendo para eso la memoria del glorioso pasado —sobre todo — medieval de las peregrinaciones, lleno de espiritualidad y misticismo. En consecuencia, la memoria, las leyendas y la historia de ese rico pasado de las peregrinaciones son una constante en este trayecto, pues el objetivo principal es mostrarnos la riqueza material e inmaterial del camino en un intento por ayudar a recobrar el espíritu del peregrino antiguo. Con todo, podemos decir que existe otro objetivo paralelo a este, ya que también a lo largo del camino existe un propósito claro y explícito de constatar el estado en el que este se encontraba y, en definitiva, abogar por su recuperación. Desde esta perspectiva, el autor lamenta el estado de degradación del camino y el poco cuidado en la recuperación de espacios valiosos y/o útiles para los peregrinos, una palabra ya extraña para muchos de los habitantes que vivían a lo largo del camino francés, pues hacía mucho tiempo que no pasaba ninguno (26). Concretamente, por lo que respecta al patrimonio material, Cunqueiro sintetiza en el colofón de este viaje, todas las horrendas acciones que pudo haber visto a lo largo del camino, recordando que es imprescindible su recuperación:

> El viajero hubiese querido que la riqueza monumental del camino estuviese un poco más cuidada. ¡Los camposantos con horrendos panteones de cemento ante las iglesias de Triacastela y Vilar de Donas! Y la iglesia de Hospital con la entrada cegada por cien años de escombros, o la tan mal tenida Iglesia de San Pedro de Melide. Y he de volver a insistir en la triste impresión de las obras de restauración del santuario de O Cebreiro, en aquel feo muro que sustituye al antiguo humildemente campesino […] (123–124).

Todos estos agravios contra el patrimonio y, en definitiva, contra el recuerdo de un pasado medieval glorioso, producen en Cunqueiro cierta frustración y dificultad para tener la experiencia del verdadero peregrino, ya que el autor, al finalizar el viaje hubiese querido:

> Visit[ar] todas las iglesias románicas del camino, buscando en las aldeas perdidas en la ruta las piedras que queden de los hospitales de antaño. Quisiera, en fin, haber sentido en la mano diestra el peso del bordón y haber bebido agua de la rotunda calabaza, llenada al amanecer en una fuente en Fonfría o en Marzá, en el Miño o en el Iso, al cruzarlos. (122)

En estas líneas, Cunqueiro pone de manifiesto sus deseos por haberse encontrado un camino mucho más cuidado y sugiere ciertas mejoras, con el objetivo de ofrecer al visitante un mejor peregrinar, es decir, ayudar al viajero a sentirse más peregrino o, lo que es lo mismo, que este pueda revivir el esplendor del camino medieval en toda su riqueza y espiritualidad. Dichas mejoras pasan por una «generosa señalización del camino», ya que el peregrino debe disponer de información no solo indicativa sino también de tipo cultural, principalmente en relación a los lugares de interés para visitar a lo largo de la ruta. Junto a esto, el autor también señala la necesidad de abrir y reconstruir hospederías, donde el peregrino pueda reponerse del camino. Finalmente, llama la atención a la clase política, pues insiste en que esta debe hacer hincapié en una cuidada promoción del camino, donde se ponga el esfuerzo en ofrecer una experiencia de viaje no solo espacial sino temporal, pues el turista actual debe acabar sintiéndose como el peregrino de antaño (122–123). No obstante, y a pesar de la situación de abandono que sufre el camino, Cunqueiro, quien hace el viaje acompañado de la mano de la imaginación, la memoria y la esperanza, acaba sintiendo en su interior el gozo de la plenitud, y así nos lo cuenta al llegar a la ciudad santa:

> Bajo una dulce y suave lluvia ha terminado este viaje, comenzado una mañana al nacer el sol en Pedrafita de O Cebreiro, saludando las hermosas cumbres galaicas [...]. Iba el viajero fingiendo ser peregrino, viendo lo que quedaba del Camino [...], pero es un camino este que no se hace en balde, y al final había posado en el corazón del viajero una extraña y profunda emoción. Y cuando ya piso rúas compostelanas camino de la catedral, y en la Quintana me acerco a la Puerta Santa y pongo mis manos en los hierros de la verja que la mantendrá cerrada hasta el Año Santo de 1965, soy ya un humilde y fatigado peregrino del Señor Santiago, que descubre en su espíritu el gozo de la llegada... (121).

En esta llegada, nuestro autor siente como el camino jacobeo posee la capacidad de transformación y aprendizaje, pues Cunqueiro, quien empezó el viaje simulando ser un peregrino, acaba considerándose como tal, completando así un viaje verdaderamente iniciático.

Otro de los temas que destaca a lo largo de la peregrinación es el recurso constante a la intertextualidad, pues Cunqueiro a través de la memoria se acuerda de acontecimientos históricos, ya sean estos reales o imaginarios, haciendo un viaje de ida y vuelta desde el presente hasta el pasado confundiendo en ocasiones al lector, pero con la finalidad clara de enriquecer el camino y devolverle el prestigio que parecía haber perdido en aquella década de los sesenta. Podemos decir que la incorporación de lo real y de lo imaginario, es uno de los tópicos cunqueiranos más representativos. Concretamente, la narración de acontecimientos históricos de carácter ficticio se encuentra en la incorporación de leyendas, que llevan pareja casi siempre el suceso de un milagro, y que Cunqueiro relata en un ejercicio justificativo del indudable misterio que encierra el camino. De entre estas, podemos destacar en primer lugar la aparición en el texto del mito de don de lenguas o el milagro políglota, pues quien se viese tocado por él tendría la capacidad de entender y hablar diferentes lenguas que en principio desconocería:

> El peregrino se llamaba Germain Nouveau, y era un gran poeta, lleno de amor y fantasía. Llegó a Triacastela y encontró albergue en una casa, en la que le permitieron sentarse en la cocina, donde ardía un gran fuego. Germain Nouveau, en su escaso castellano, se hizo entender, contestando a las preguntas de los huéspedes, que era a veces, poeta, y hacía canciones. Un viejo que estaba sentado a su lado

le pidió que recitase alguna. Y Germain Nouveau las dijo, varias, mirando para el fuego que ardía ante él. Las dijo en su francés, claro está, pero los que estaban allí, el viejo, otros dos hombres, unas mujeres, unos niños, lo entendieron. Lo entendieron sin saber francés, porque el Camino de Santiago, concluía Germain Nouveau, tiene el don de lenguas… (49).

Cunqueiro incorpora esta característica milagrosa propia del Espíritu Santo, pues la capacidad de lenguas es uno de los carismas que caracterizan a este personaje, como un elemento propio del camino jacobeo, relatando lo sucedido de la mano de Germain Nouveau, poeta peregrino en Triacastela. En este sentido, cabe destacar que el nombre de este personaje no es baladí, ya que este poeta francés del siglo XIX y asiduo peregrino es real, lo que le ayuda a Cunqueiro a dar verosimilitud a su relato. En relación con las lenguas, no podemos omitir el propio uso de estas por parte del autor, ya que, y si bien la obra está escrita en castellano, Cunqueiro incorpora el uso del gallego en el diálogo que mantiene con los habitantes que encuentra a lo largo del camino, mandando un mensaje implícito pero claro de que Galicia tiene una lengua propia y de que su uso debe ser visibilizado y normalizado.

En segundo lugar, otra de las leyendas que podemos encontrar en el texto es el milagro eucarístico, muy conocido y practicado en la misa por la religión cristiana. El hecho de transustanciación: el pan que se convierte en carne y el vino que deriva en sangre, se relata en este viaje, puesto que el milagro aconteció en el Santuario de O Cebreiro. El historiador Fray Antonio de Yepes recogió este milagro en su *Crónica General de la Orden de San Benito*, fuente histórica del siglo XVII, de la que se acuerda Cunqueiro al llegar a la tumba de Juan Santín, quien propició dicho milagro:

Nos acercamos a la encalada tumba de Juan Santín. Los obreros la utilizan para colocar allí cemento y unas botellas. Por la fe de Juan Santín se obró el milagro, ese que hizo soñar a algunos con el Santo Grial […].

Lo cuenta P. Yepes en su *Crónica* […]. "Cerca de los años mil y trescientos, había un vecino y vasallo de la casa de O Cebreiro […] el cual tenía tanta devoción con el Santo Sacrificio de la Misa que por ninguna ocupación ni inclemencia de los tiempos faltaba de oír Misa…". Un día de horrible tempestad, en el que la nieve cubría la tierra e impedía los caminos, Juan Santín logró subir al santuario y entró en la ocasión en el que misaba un "clérigo de los capellanes". Ya había consagrado la Hostia y el Cáliz cuando el hombre llegó, y espantándose el clérigo cuando le vio, menosprecióle […], diciendo: "Cual viene este otro con una tan grande tempestad, y tan fatigado a ver un poco de pan y vino…" El Señor, que en las concavidades de la tierra y en partes escondidas obra sus maravillas, la hizo tan grande en aquella iglesia a esta sazón, que luego la Hostia se convirtió en carne y el vino en sangre, queriendo Su Majestad abrir los ojos de aquel miserable ministro que había dudado" (31).

De esta manera, Cunqueiro continúa la labor de Yepes y se encarga de propagar el milagro eucarístico, dando a conocer la historia que hay detrás de los restos que descansan en la tumba de Juan Santín, quien con su fe y esfuerzo pudo derrotar la vanidad de un párroco descreído. Allí, en lo alto de O Cebreiro, camino de Santiago, se obró el milagro.

Debemos, en tercer lugar, hacer referencia al romance de Don Gaiferos, pues si bien Cunqueiro no nos proporciona demasiada información sobre este, menciona su nombre un par de veces. Destacamos de estas, la primera por ser tan significativa:

- ¿Estades soios? [pregunta Cunqueiro a unos niños]
- Papá vai no monte.

Al más pequeño le cae un trocito de pan entre as xestas y lo busca. Calzan zuecas de rosado abedul, y el corto pantalón de pana deja ver las medias de lana, de fabricación casera. Lo piensan antes de contestar. El más pequeño me pregunta cómo se llama el coche.

- Don Gaiferos- le digo mostrándole el "Seat 600".
- ¿E bon?
- Vai correndo.

Le pido que me dejen probar el pan, que es un centeno duro y salado (33).

Como se puede apreciar, no en vano, Cunqueiro denomina a su coche con el nombre de Gaiferos, un personaje histórico real que se acabó identificando con el duque Guillermo X de Aquitania. Este personaje lo podemos encontrar dentro de los relatos pertenecientes al ciclo carolingio, más concretamente dentro del *Codex Calixtinus* en el libro de Turpín, donde se dice que fue caballero del rey franco Carlos I, de finales del siglo V. Don Gaiferos fue un personaje que se hizo popular a través del romance de *Don Gaiferos de Mormaltán*, que, como resulta evidente, Cunqueiro conocía y recoge en su viaje, pues, como su coche, Don Gaiferos también va de peregrinación a Santiago y, como cuenta el romance, muere ante el altar de la catedral. Actualmente, y aunque este texto siga siendo considerado el romance por excelencia de la tradición oral gallega, existen estudiosos que desde hace un par de décadas desmienten su autenticidad. En este sentido, el profesor José Luis Forneiro, estudioso de la literatura oral y el romancero gallego[1], nos advierte de que se trata realmente de un texto apócrifo escrito por el historiador Manuel Murguía, autor que, además, pertenece al siglo XIX, una época en la que eran frecuentes las manipulaciones y falsificaciones del material perteneciente a la tradición oral. En consecuencia, el análisis que hace Forneiro de las características lingüísticas y estilísticas le hacen concluir que el romance de Don Gaiferos es un texto apócrifo que ha sido aceptado acríticamente por una parte mayoritaria del ámbito académico.

En cuarto y último lugar, nos parece pertinente resaltar ahora una leyenda de carácter pagano, pues además de los milagros también están presentes este tipo de historias a lo largo del relato. Incorporamos, pues, una leyenda perteneciente a la comarca de Ulloa, más concretamente a Palas de Rei, dejando atrás el monasterio románico de Vilar de Donas, donde se encuentra O castelo de Pambre. Esta fortaleza medieval, una de las pocas que resistieron a las *Revoltas Irmandiñas* de finales del siglo XV, se hizo conocida con la denominación de "O Castelo", tras la publicación de la obra gallega *O Castelo de Pambre* de Antonio López Ferreiro en 1895, y en él se encierran diferentes leyendas, como la que nos cuenta Cunqueiro, en consonancia con la concepción del amor en la época medieval:

El último rayo del sol hiere allá lejos, entre unos árboles, algo blanco.

— ¡O Castelo de Pambre!

Toda la ancha y feraz Ulloa se sumerge en la noche. Ha volado a su nido la última paloma de la tarde. Eduardo me cuenta historias del camino:

— En Fontecuberta había un castillo, y en él se hospedó un caballero francés, quien se enamoró de la más joven de las dos hijas del castellano, y al volver de la

---

1 Por si el lector o la lectora tuviese interés en profundizar sobre la cuestión del romancero gallego, recomendamos la lectura del artículo de José Luis Forneiro *El romancero tradicional de Galicia. Estado de la cuestión* (2017) en BLO, volumen extraordinario nº1, pp. 105-130.

> peregrinación se casó con ella. Pero la hermana mayor también estaba enamorada
> del francés…
>
> — ¿E foise monxa pra Vilar de Donas?
> — Non, sempre estaba no alto da torre mirando o camiño, por si o francés volvía
> peregrino.
> — ¿E volveu?
> — Non. I-ela morreu de amor. […]
>
> El camino se pierde, con unas piedras gastadas, en la noche oscura (104–105).

Finalmente, no podemos acabar este análisis sin hacer una breve mención al carácter lírico, mencionado ya con anterioridad, de la obra de Cunqueiro, ya que, como se pudo haber apreciado en los diferentes ejemplos que aquí se recogieron, la descripción, muy frecuente en el texto, y en general la narración de este es condición propia de un poeta, faceta fundamental del autor. Así, Cunqueiro nos regala una prosa delicada y sensitiva, en la que predomina la experiencia de un camino vivo, que habla, siente, y que, en definitiva, se resiste a desaparecer bajo la losa del olvido:

> El camino llega, polvoriento, a las últimas jornadas. Ha dejado la dulce Francia
> por bajar a Puente de la Reina, donde el "chori", un ave coloreada de suave acento,
> hace competencia al más feliz txistu de los vascones, y se adentra a buscar el
> Ebro, esa agua caudal, el río de España, y escucha el gallego del prodigio en Santo
> Domingo de la Calzada antes de pasar a las tierras cereales (21).
>
> […] Astorga, Ponferrada, Vilafranca do Bierzo… Aquí los ojos del peregrino
> saludan por vez primera las galaicas montañas que corona la niebla. Lenta es la
> subida a Pedrafita. Desde el camino se ven verdes prados en estrechas vallinas en
> las que crece gentil el chopo y por las que bajan aguas claras y sonoras. Cuando
> el peregrino corona el áspero puerto, contempla un dilatado océano de montes,
> combadas y antiguas cumbres desnudas (22).

4 Conclusión

A lo largo del presente trabajo hemos comprobado cómo el texto *Por el camino de las peregrinaciones* de Álvaro Cunqueiro es una obra que dentro de la literatura de viajes podría encajar perfectamente con los parámetros descritos por Alburquerque en relación con el relato de viajes, ya que la factualidad de los hechos que se narran, la predominancia de la modalidad descriptiva, el carácter testimonial del viaje y la incorporación de elementos paratextuales e intertextuales están presentes en ella, por lo que nos hacen situarla dentro de este subgénero o género fronterizo.

Tras esta categorización genérica, centramos el trabajo en analizar desde el punto de vista temático la obra de Cunqueiro, marcada por los dos grandes temas que cruzan gran parte de su obra: el culto jacobeo y el recurso a la *peregrinatio*; y caracterizada por su doble objetivo: por un lado, constatar y denunciar el estado en el que se encontraba el camino, y, por otro, la insistencia en recobrar el carácter místico que poseía el camino en el pasado, cuando las peregrinaciones a Santiago estaban en pleno apogeo. En este sentido, Cunqueiro hace un viaje no solo espacial sino también temporal, ya que a través de los datos históricos y el relato de diferentes leyendas, como los milagros del don de lenguas o el de Juan Santín que acabamos de analizar, se transporta hacia el pasado, con la finalidad de vivir la misma experiencia que experimentaría un peregrino de antaño, pues solo así, con la recuperación de la memoria, el camino jacobeo recobraría su condición de esplendor y misterio.

Todo este caudal intertextual incorporado de manera consciente demuestra el profundo conocimiento de un autor que, preocupado por la situación del camino, intenta revivir en cierto sentido ese mismo pasado que siglos atrás recogía Picaud en su *Liber Peregrinationis*, cuando el camino era un río místico y abundante de peregrinos. Sin embargo, y a pesar de que las coordenadas histórico-temporales de estos dos autores hicieron que sus relatos fueran diferentes, en ellos se alberga el mismo espíritu trascendental del camino, pues la llegada a Santiago hace que este sea, en definitiva, un viaje imprescindible.

REferencias bibliográficas

Alburquerque García, L. (2011): "El "relato de viajes": hitos y formas en la evolución del género" en *Revista de Literatura*, vol. LXXIII, nº 145 Madrid: CSIC pp. 15–34.

Barea Patrón, M. (2013): "Peregrinaciones: una aproximación desde la antropología" en *II Congreso Internacional Camino Mozárabe de Santiago*. Badajoz: Tecnigraf, pp. 195–204.

Champeau, G. (2004): "El relato de viaje, un género fronterizo" en *Relatos de viajes contemporáneos por España y Portugal*. Madrid: Editorial Verbum, pp. 15–32.

Cunqueiro, A. (2004): *Por el camino de las peregrinaciones. Y otros textos jacobeos*. Barcelona: Alba Editorial, s. l. u.

Forneiro, J. L. (2010): "Gaiferos de Mormaltán. Cantiga medieval? Romance tradicional?" en *Xornal Dixital Vieiros* [en línea]. Disponible en: http://www.vieiros.com/columnas/opinion/1198/gaiferos-de-mormaltan-cantiga-medieval-romance-tradicional [última consulta: 11.05.2019]

Goicoechea Arrondo, E. (1972): *Rutas Jacobeas*. Navarra, Los amigos del Camino de Santiago.

Henrique Costas, X. (2010): "O camiño de Santiago e outras peregrinacións en Álvaro Cunqueiro" en *Revista de Estudios Gallegos Madrygal*. Madrid: Universidad Complutense de Madrid, pp. 37–43.

López Molina, Luis (2004): "Hacia un perfil genérico de los libros de viajes" en *Relatos de viajes contemporáneos por España y Portugal*. Madrid: Editorial Verbum pp. 32–43.

López Sández, M. (2011): "A viaxe inacabada da literatura de viaxes: paradoxos, cuestionamento e transformación dun xénero" en *Viaxes e construción do pensamento. Viaxes e viaxeiros na Galiza anterior a 1936*. A Coruña: Universidade da Coruña, pp. 29–43.

Mejía Ruiz, C. (2012): "Viajar a la ciudad del Milagro", en Popeanga, E.: *Ciudades mito. Modelos urbanos culturales en la literatura de viajes y en la ficción*. Berna: Peter Lang, pp. 193–206.

Piñeiro, R. (1978): "Importancia decisiva da Xeneración Nós" en *Grial. Revista galega de cultura*, nº 59. Vigo: Galaxia, pp. 8–15.

Popeanga, E. (2005): *Viajeros medievales y sus relatos*. București, Cartea Universitară.

Villares, R. (2004): *Historia de Galicia*. Vigo: Editorial Galaxia.

Elios MENDIETA RODRÍGUEZ

El doble viaje de Primo Levi. *La tregua* (1963) y el camino hacia la escritura y la vida

Primo Levi (Turín, 1919 – Turín, 1987) narra las dificultades que tuvo su familia para reconocerle cuando llegó demacrado y muy delgado a su casa el 19 de octubre de 1945. En esta jornada otoñal el italiano puso el punto y final a un periplo desgraciado que había empezado dos años antes, cuando se echó al monte con un grupo de partisanos, ya instaurada la República de Saló, ante el antisemitismo cada vez más creciente en el país. Pero pronto fue capturado por una milicia fascista y, tras pasar dos meses preso en Fossoli di Carpi, en febrero de 1944 fue enviado a Auschwitz, donde estuvo hasta la liberación del campo de exterminio por el Ejército Rojo, lo que se produjo el 27 de enero de 1945. Tras pasar unos días en cama, Levi comenzó el viaje de regreso a casa que, de forma insospechada, se prolongó diez meses. En *La tregua* (1963), la segunda pieza de su conocida *Trilogía de Auschwitz*, el quí-mico relata las aventuras y las vicisitudes que vivió desde que salió del *Lager* hasta su llegada, prácticamente un año después, a su ciudad natal. Levi atravesó infinidad de territorios de Europa central, en trenes des-tartalados y en condiciones físicas precarias, pero, sobre todo, afianzó su idea de que lo primero que haría al llegar a Turín sería testimoniar, contar todo lo que él y otro grupo de seres humanos había padecido en el infierno nazi:

> A medida que el tren se acercaba a Turín, Levi sentía la necesidad irresistible de aportar su testimonio, pues por sus venas corría el veneno de Auschwitz junto a la sangre. Esa necesidad fundamental hizo de él un escritor. La voluntad de tes-timoniar por todos los que no habían regresado fue lo que dio a Levi la energía necesaria para seguir viviendo (Anissimov, 2001: 337).

El objetivo de este capítulo es estudiar el doble viaje que se impone en Primo Levi, esencialmente durante sus nueve meses de errancia por los diferentes territorios de parte de Europa, por lo que se parte, especialmente, de *La tregua*. Por una parte, considero que en el italiano se fragua un viaje hacia la escritura objetiva, hacia la importancia del testimonio frío y directo para combatir el olvido y hacer hablar a todos aquellos que han perecido en los campos. Es una idea que emergió en el propio seno del campo pero que se afianzó en su regreso a casa. «En en *Lager* luchó no para sobrevivir, sino para testimoniar» (Mate, 2007). Y, por otra parte, su travesía europea se puede entender como un regreso del averno, un viaje órfico que es mucho más existencial que físico, en el que el propio Levi regresa de la muerte para comprender, de nuevo, qué es la libertad. En este segundo punto emerge también como texto importante la traslación al cine que Francesco Rosi hizo del texto de Levi *La tregua* (*La tregua*, 1997), de forma homónima y en la que, pese a decisiones discutibles, se muestra el progresivo renacimiento del que había sido el prisionero –*häftling*– 174517.

Tanto el filme como el texto en que se basa comienzan con el avistamiento de Levi de un escuadrón soviético en el mediodía del 27 de enero de 1945:

> Eran cuatro soldados jóvenes a caballo [...] Cuando llegaron a las alambradas se pararon a mirar, intercambiando palabras breves y tímidas, y lanzando miradas llenas de extraño embarazo a los cadáveres descompuestos, a los barracones destruidos y a los pocos vivos que allí estábamos (Levi, 2018b: 254).

Tras un mes de sufrir enfermedades derivadas del extenuante año transcurrido en el campo anexo a Auschwitz de Buna-Monowitz, a finales de febrero Levi deja el campo y comienza su odisea. La cercana Katowice es la primera parada, donde permanece en un campo de refugiados, en frágiles condiciones, hasta el 1 de julio: "No era en absoluto la liberación soñada por Levi" (Anissimov, 2001: 290). De ahí parte a Cracovia, pero no tarda en abandonar Polonia e introducirse en los vastos territorios de la URSS. El 15 de julio llega a la pequeña población de Staryje Doroghi, en la actual Bielorrusia, donde está dos meses y empieza a sentirse libre, coincidiendo con su mejoría física. Posteriormente, el tren que les lleva de regreso pasa por Rumanía, Hungría, Checoslovaquia, Austria y Alemania. «Vagando por las calles de Múnich invadidas por las ruinas fue cómo en el interior de Levi tomó cuerpo la necesidad urgente y sagrada de testimoniar; esa necesidad que una vez de vuelta 'en casa' ocuparía todo su tiempo» (Anissimov, 2001: 334). Tras dejar atrás Alemania y realizar una breve parada en Innsbruck, el tren se detiene en su última parada, Verona, el 17 de octubre, donde Levi toma otro convoy que lo lleva a Turín: «La casa estaba en pie, toda mi familia viva, nadie me esperaba. Estaba hinchado, barbudo y lacerado, y me costó trabajo que me reconociesen» (Levi, 2018b: 469).

Analizando este doble viaje de Primo Levi, los dos caminos que emprende –hacia la escritura objetiva, por una parte, y hacia la vida, por otra– se puede comprender la importancia que la temática del viaje tiene en la obra de uno de los grandes representantes de la escritura *concentracionaria*. Además de *La tregua*, las dos piezas principales en las que el italiano relata el horror nazi son *Si esto es un hombre* (1947) y *Los hundidos y los salvados* (1986). Además, dejó constancia de sus recuerdos y reflexiones sobre la barbarie en cuentos y ensayos, acudió a instituciones educativas para contar su experiencia y pronunció numerosas conferencias. Nunca quiso olvidar. Solo su triste suicidio, en abril de 1987, privó a la humanidad de más reflexiones de lo que él consideró «el mayor delito que jamás se haya cometido en la entera, y de hecho sanguinaria, historia del género humano» (Levi, 2011: 50).[1]

1 El viaje hacia la escritura objetiva: vivir para testimoniar

Una de las grandes señas de identidad de la escritura de Levi reside en la ausencia de artificios retóricos y literarios que puedan distanciar el testimonio del horror de su veracidad, la sobriedad de su lenguaje y la frialdad de sus oraciones, con el propósito de que no aparezca ninguna tramposa sentimentalización. El químico practicó la estética de la claridad y la precisión, pues supo desde el primer instante que las cotas de

---

1   Con motivo del centenario de Primo Levi, en 2019, se han dedicado numerosos artículos, conferencias a su obra y vida. En este sentido, he redactado un texto sobre el autor en la revista cultural "Jot Down Magazine", *Primo Levi: El indispensable testimonio de las tinieblas* https://www.jotdown.es/2019/08/primo-levi-el-indispensable-testimonio-de-las-tinieblas/

barbarie habían sido tan altas que el horror no necesitaba «ser enfatizado ni subrayado» (Muñoz Molina, 2018: 17). Esto se muestra ya en las primeras páginas que constituyen su primer relato sobre su experiencia en la Polonia ocupada, *Si esto es un hombre*. Frente al dramatismo de la obra de Jean Améry –con el que coincidió en Auschwitz– se impone la precisión quirúrgica y la frialdad de un narrador del que pide ser leído y, especialmente, creído. Para que nadie dude de la veracidad de lo narrado se aleja de cualquier prerrogativa de lucidez literaria. Se trata de narrar sin artificio, en pos de alcanzar la irrefutable verdad. Así lo deja patente en el inicio de *Si esto es un hombre*:

> La necesidad de hablar a 'los demás', de hacer que 'los demás' supiesen, había asumido entre nosotros, antes de nuestra liberación y después de ella, el carácter de un impulso inmediato y violento [...] Me parece superfluo añadir que ninguno de los datos ha sido inventado. (Levi, 2018a: 28)

Por tanto, se deduce de este gesto, de esta pretensión de alcanzar una escritura objetiva, que Levi asume una implicación ética. Frente a la parcialidad del yo individual y pasional adscrita a tantos relatos de los supervivientes, el turinés decide apostar por la universalidad del yo racional. Como expone Arnold Davinson, «la potencia dramática de la escritura de Levi reside en el intento de tener presente esta perspectiva universal, en la voluntad de alcanzar, a través de su propia experiencia, una perspectiva que supere al individuo Levi» (Davinson, 2011: 17). Y para ello, el escritor llegado de las tinieblas decide realizar un enorme esfuerzo de claridad. Es una imposición propia que no abandonará, al menos en sus tres piezas centrales sobre el Holocausto.

Con esta sobriedad del lenguaje, además, Levi pretende dos claros propósitos: ofrecer los documentos y testimonios necesarios a los lectores para que estos puedan actuar como jueces y, a su vez, hacer hablar a aquellos que no pueden, ya que fallecieron en el campo: los hundidos. Aunque no perdona a los culpables, asume su imposibilidad de emitir un juicio condenatorio de lo ocurrido por su ausencia de odio:

> Lo considero un sentimiento animal y torpe, y prefiero en cambio que mis acciones y mis pensamientos, dentro de lo posible, nazcan de la razón: por ello nunca cultivé en mí mismo el odio como deseo primitivo de revancha, de sufrimiento infligido a mi enemigo real o presunto, de venganza privada. (Levi, 2018a: 215–216)

Una actitud serena que le granjeó numerosas críticas. Un foco de estas procedió de los comentarios del que había sido su compañero de cautiverio, Jean Améry[2]. En su ensayo de 1966, *Más allá de la culpa y la expiación*, el vienés retrata con gran resentimiento su estancia en el infierno. En sus palabras existe el dolor, el desarraigo por la inmensidad de la tortura sufrida. Es un tono muy diferente al de Levi, por eso considera sus memorias como conciliadoras: «Ve en él a un 'perdonador', alguien que busca comprender y huir de la acusación» (Roscales Sánchez, 2018: 180). El italiano no estaba de acuerdo con Améry. Veinte años después de la publicación del ensayo de este, Levi seguía considerando que era incapaz de perdonar. Se trata de una cuestión de justicia: «No tengo tendencia a perdonar, nunca he perdonado a ninguno de nuestros enemigos de entonces [...] pido justicia, pero no soy capaz personalmente de liarme a puñetazos ni de devolver los golpes» (Levi, 2018c: 590). Por tanto, Levi entiende que en el viaje pretendido hacia el testimonio más objetivo posible, a él no le compete la acción de juzgar, ni siquiera se arroga el derecho o no a perdonar. Se trata de relatar los hechos, de hacerlo de la forma más sobria y fidedigna posible, para que sea el lector quien pueda juzgar y comprender.

El otro propósito de Levi, como se ha apuntado, es el de dar la palabra al hundido. Al iniciar su viaje de regreso contado en *La tregua*, desarrolla la idea de que el testimonio ha de servir para recordar a aquellos que, asesinados, no pueden contar lo que han visto. Al llegar a Turín, en su ópera prima incluye un capítulo que luego dará título a su tercer volumen de la trilogía: *Los hundidos y los salvados*. En esta última categoría –en la cual se incluye el propio Levi– se encuentran los afortunados en salir con vida de las tinieblas y, también, los *prominenz* o privilegiados en el campo, como el *Kapo*, los directores de los barracones o los guardas nocturnos[3]. Por su parte, los hundidos son «la masa anónima, continuamente renovada y siempre idéntica, de no hombres que marchan y trabajan en silencio, apagada en ellos la llama divina,

---

2 Ambos habían coincidido en Auschwitz, y Améry recuerda haber visto a Levi. Si bien, no establecieron ningún contacto en sus días como prisioneros del régimen nazi.

3 Es decir, todos aquellos que, de un modo u otro, hicieron carrera en el campo, a costa del sufrimiento de los demás.

demasiado vacíos ya para sufrir verdaderamente» (Levi, 2018a: 121) y, entre estos, Levi reflexiona sobre la figura del *muselmänner* o musulmán, término con el que «los veteranos del campo designaban a los débiles, los ineptos, los destinados a la selección» (Levi, 2018a: 119). Tratar de conseguir una voz templada y juiciosa para hacer hablar al musulmán es una aporía, ya que el fallecido ya no puede contar, por lo que se trata de dar voz al que no puede, de hacer hablar al silencio. Como recuerda Mate, el musulmán es el «testigo integral»: «Es el que realmente sabe pero no nos lo puede comunicar. Esa es la gran paradoja del testimonio: quien ha apurado la experiencia del campo no puede dar testimonio porque ha perdido la palabra al perder la vida o ha quedado mudo si aún vive» (Mate, 2007).

Con este concepto de Mate entra en escena un término fundamental como es el del testigo. En *Lo que queda de Auschwitz. El archivo y el testigo*, Giorgio Agamben considera a Primo Levi el testigo perfecto: «Cuando vuelve a casa, entre los hombres, relata sin cesar todo lo que le ha tocado vivir» (Agamben, 2002: 14). Y si es perfecto es porque no descansa en proporcionarle la palabra a aquellos que la perdieron al morir en la Shoah. Durante el periplo europeo narrado en *La tregua*, conforme avanzan los meses –al igual que le ocurre a otros tantos supervivientes– al testigo Levi se le agudiza lo que se conoció como «deber de memoria», esto es, el uso de esta herramienta para «centrarse en recordar y tratar que no haya olvido» (Roscales Sánchez, 2018: 173).

La importancia de dar testimonio sobre lo acontecido en los campos de exterminio nazis no se justifica solo como una manera de dar voz al hundido, como una forma de vencer al pasado, sino que Levi piensa en el presente y en el futuro. La única manera de que no se vuelvan a repetir estos horrores es luchando contra el olvido, y para ello hace uso de la memoria, la que considera «un instrumento maravilloso» (Levi, 2018c: 485). El propósito del italiano es que se comprenda el pasado para comprometerse con la actualidad y los tiempos venideros. Y en este sentido, la mejor fuente mnemónica es el testimonio de los supervivientes (Levi, 2018c: 480). Es una teoría que supo aplicarse, y a lo que dedicó su vida desde que llegó a Turín y publicó *Si esto es un hombre*.

No todos los supervivientes del horror que decidieron contar por escrito sus experiencias decidieron narrar con la celeridad y urgencia que sí mostró Levi. Es este el caso de Jorge Semprún, que tras regresar de

Buchenwald decidió no escribir, pues contar lo que había sucedido le acercaba a la muerte. Pasaron dieciocho años desde que los americanos liberaron el campo de concentración nazi hasta que publicó su primer libro, *El largo viaje* (1963). No obstante, es en *La escritura o la vida* (1994) donde Semprún explica que optó por la estrategia del olvido voluntario si quería alejar, momentáneamente, los recuerdos traumáticos para así poder sobrevivir:

> Decidí optar por el silencio rumoroso de la vida en contra del lenguaje asesino de la escritura. Lo convertí en elección radical, no cabía otra forma de proceder. Escogí el olvido, dispuse, sin demasiada complacencia para con mi propia identidad, fundamentada esencialmente en el horror −y sin duda, el valor− de la experiencia del campo, todas las estratagemas, la estrategia de la amnesia voluntaria, cruelmente sistemática. (Semprún, 2018: 244)

Aunque no haya más que repasar la obra completa del escritor madrileño para descubrir la inusitada importancia que lo mnemónico tiene en su relato, lo cierto es que el "deber de memoria", tal cual lo concibió Levi durante su estancia en el infierno y en el posterior viaje de vuelta a Turín, no está presente en Semprún con la urgencia con que consideraba el italiano que se debía transmitir la tragedia. A este respecto, el propio Semprún compara su necesidad con la del autor de *La tregua*: «Así como la escritura liberaba a Primo Levi del pasado, apaciguaba su memoria [...], a mi me hundía otra vez en la muerte, me sumergía en ella» (Semprún, 2018: 268).

Y es que son muchas las maneras en que se ha relatado el horror desde las liberaciones de los campos a inicios de 1945. Semprún, además de esperar varios años para poder contar sus vivencias, también se alejó de Levi en la manera de contarlas: él creía en el arte, lo literario, que veía necesario para cultivar la memoria del lector: «Contar bien significa de manera que se sea escuchado. No lo conseguiremos sin algo de artificio ¡El artificio justo para que se vuelva arte!» (Semprún, 2018: 140).[4] En este punto, lo que no soportó Levi es que un creador banalizase su relato o su representación de la Shoah. Algo que hizo, en su opinión, la cineasta Liliana Cavani:

---

4   Esto no solo ha ocurrido en la literatura, sino que, prácticamente, en todas las artes se han generado polémicas en cómo se debería contar y representar el Holocausto.

Frente al olvido, la necesidad de contar para Levi es un mandato, un "deber de memoria". Y frente a los productos que banalizan la barbarie, Levi se erige en uno de los principales legatarios del testimonio, aquel que ha vivido y que decide contarlo todo con la mayor claridad posible como única posibilidad de alcanzar la verdad. Es la forma que el testigo perfecto, como lo denomina Agamben, da voz al "testigo integral", al hundido. Y por todo lo referido, el viaje a la escritura objetiva del italiano es fundamental. No hay otro propósito que vivir para testimoniar.

2 El viaje órfico y existencial: volver de los infiernos

Tras haber sobrevivido a más de un año de torturas y penurias en Buna-Monowitz y al posterior mes de enfermedad en la cama de la enfermería del campo, empieza la odisea del joven químico. No fue la liberación deseada. Además de pasar los siguientes meses en el campo de refugiados de Katowice, descubre poca bondad en sus compañeros de expedición. Incluso, llega a estar prácticamente supeditado a las decisiones de su primer acompañante en el extenuante periplo de regreso a casa, el griego Mordo Nahum. Enjuto, demacrado, con una gran barba, Levi sigue encontrándose realmente solo durante sus primeras semanas de libertad. Se asemeja, de este modo, a la escultura *El hombre que camina* –emblema universal, para muchos, del ser humano

---

Pensadores, creadores y otros supervivientes como Jean-Luc Godard, Claude Lanzmann, Elie Wiesel, Laszlo Nemes, Jacques Rancière o Georges Didi-Huberman, han mostrado su conformidad o disconformidad ante la publicación de distintos productos contextualizados en la *Shoah*. Primo Levi, gustoso de estar al margen de cualquier tipo de polémica, también llegó a mostrar su rechazo ante aquellas manifestaciones que trivializaban, literaria o estéticamente, la experiencia de los campos.

y sus padecimientos tras la devastación acaecida en la Segunda Guerra Mundial–, realizada por Alberto Giacometti. En esta pieza frágil, excesivamente delgada y alargada, en la que se muestra a un hombre que camina pero que, a su vez, no puede despegar los pies del suelo, con la cabeza en dirección al pavimento y meta desconocida es, como expone Franck Maubert: «la idea de que Giacometti ve al hombre como un ser único enfrentado al mundo y solo ante él» (Maubert, 2019: 116). Es una descripción que se ajusta al estado de ánimo de Levi, como él mismo escribe en los primeros capítulos de *La tregua*: «Frente a la libertad nos sentíamos desvanecidos, vacíos, atrofiados, incapaces de desempeñar nuestro papel» (Levi, 2018b: 257).

De este modo, el viaje órfico de Levi, su vuelta al mundo de los vivos tras ser habitante del averno durante doce meses no es un camino sencillo. Pese a reconocer que no es suerte pequeña haber sobrevivido, asevera que le es imposible reconocer la libertad, ya que el hombre en Auschwitz es un ser «vacío, reducido al sufrimiento y a la necesidad» (Levi, 2018a: 48), por lo que encontrarse a sí mismo no va a ser una tarea fácil para el joven de 26 años. Es por este motivo que el viaje de vuelta a Turín es un viaje existencial hacia el propio yo, hacia su propia personalidad pasada, aún a sabiendas que las heridas sufridas en los últimos tiempos son tan grandes que difícilmente cicatrizarán. Y no es una tarea sencilla, cuando todo lo que observa en las ciudades por las que pasa el tren son estaciones derruidas y edificios y poblaciones enteras en ruinas. «Polonia era un país de luto, un país de viejos o de viudas» (Levi, 2018b: 318). Por este motivo, *La tregua*, además de ser un viaje hacia el reconocimiento de la libertad es, como expone Carlos Luciano Dawidiuk, «una exploración de los límites de la condición humana» (Dawidiuk, 2014: 131). En el libro, publicado en el año 1963, el italiano expone un muestrario de los distintos sujetos con los que se topa. Las descripciones de estos son profundas, pausadas y, con una menor frialdad, Levi expone sus sentimientos, en diferentes ocasiones, respecto de sus compañeros de viaje. Aunque en *Si esto es un hombre* también aparecían diferentes personajes con los que Levi entraba en contacto de una forma u otra, en *La tregua*, ya liberado del esclavismo, puede mantener un mayor contacto con ellos y conocer a sus semejantes: a otros individuos que, como él, habían vuelto de las tinieblas. El italiano sabía, pese a todo, que aún seguía viviendo en un tiempo suspendido.

Esta sensación es especialmente notoria en Katowice, donde transcurre sus primeros cinco meses como ciudadano libre. Allí escucha las noticias del fin de la guerra, de la victoria de los aliados frente al nazismo. Es un momento clave en su viaje existencial: «Los meses que acababan de trascurrir, a pesar de su dureza, del vagabundaje por los márgenes de la civilización, se nos presentaban ahora como una tregua, un paréntesis de ilimitada disponibilidad, un don providencial pero irrepetible del destino» (Levi, 2018b: 469).

El viaje prosigue y el renacimiento del otrora prisionero 174517 es, cada vez más, una realidad. El primer día de julio abandona Katowice, lo que le sume en una gran felicidad, y pese a dos semanas erráticas llega a la pequeña localidad bielorrusa de Staryje Doroghi. Es este un punto de inflexión decisivo en su viaje existencial.

> Habíamos resistido, después de todo: habíamos ganado. Después del año de *Lager*, de sufrimiento y paciencia; después de la oleada de muerte que siguió a la liberación, después del hielo y el hambre, del desprecio y la feroz compañía del griego; después de las enfermedades y las miserias de Katowice; después de los insensatos cambios de lugar que nos habían hecho sentirnos como condenados a gravitar por toda la eternidad atravesando los espacios rusos, como inútiles astros apagados; después del ocio y la nostalgia amargos de Staryje Doroghi, estábamos saliendo a flote, viajando hacia la superficie, camino a casa. El tiempo, después de dos años de parálisis, había adquirido otra vez vigor y valor, otra vez trabajaba a nuestro favor, y esto ponía fin al torpor del largo estío, a la amenaza del invierno próximo y nos volvía impacientes. (Levi, 2018b: 441–442)

Poco más de un mes después, tras atravesar Rumania, Checoslovaquia, Hungría, Austria y la derruida Alemania, el tren llega a la estación de Verona. Es una sensación terrible la que siente Levi cuando el medio de transporte se detiene en Múnich. Al ver el rostro de los alemanes, aquellos que habían vivido felices bajo el ala del Tercer Reich, sentía más aún la necesidad de comprender. No se trata de venganza, pues no hay odio en el discurso de Levi, pero sí de hallar una explicación mínimamente satisfactoria:

> El hecho de sentir por primera vez bajo nuestros pies un trozo de Alemania, no de la Alta Silesia o Austria, sino la verdadera Alemania, superponía a nuestro cansancio un estado de ánimo complejo, en el que se mezclaba la impaciencia, la frustración y la tensión. Nos parecía que teníamos algo que contar, cosas enormes que contar a cada uno de los alemanes, y que cada uno de los alemanes tenía

que contárnoslas a nosotros: sentíamos la urgencia de echar cuentas, de exigir, de explicar y de comentar, como los jugadores de ajedrez al final de la partida. ¿Sabían 'ellos' lo que había ocurrido en Auschwitz, las matanzas silenciosas y cotidianas, a un paso de sus puertas? Si lo sabían ¿cómo podían ir por la calle, volver a sus casas y mirar a sus hijos, cruzar el umbral de una iglesia? Si no lo sabían, tenían que escucharnos religiosamente, enterarse por nosotros, por mí, de todo y rápidamente: sentía el número tatuado sobre mi brazo gritar como una herida. (Levi, 2018b: 466-467)

Ya en Verona, esa misma noche Primo Levi toma otro convoy, ya dirección a su ciudad natal. «En el vagón que le llevaba a Turín contó su experiencia de deportado a unos compañeros de viaje desconocidos que lo escuchaban en silencio, incrédulos, en la penumbra del compartimento de tercera clase» (Anissimov, 2001: 338). Sin planteárselo, Levi ensaya lo que, al poco de volver, será su máximo mandato: contar sin descanso al desconocido, mediante el testimonio objetivo, su padecer en Auschwitz. El 19 de octubre, la odisea por la Europa en ruinas había llegado a su fin. Es justamente lo que escribe en *La tregua* que quiere hacer con los alemanes que se encuentra en Múnich y que no saben lo que ha pasado: contarlo y, además, hacerlo rápidamente.

Levi comprenderá que los alemanes, de una forma u otra, no podían no estar al tanto de lo que ocurrió durante los doce años de terror de Hitler al frente del país. Trece años después de publicar *La tregua*, en el apéndice que añade a *Si esto es un hombre*, asevera que «la mayor parte de los alemanes no sabía porque no quería saber o, aún más: porque quería no saber» (Levi, 2018a: 221). La pequeña parada en Múnich del tren es, por todas estas reflexiones, tan importante en su viaje de regreso de las tinieblas.

La secuencia muniquesa comentada no podía faltar en *La tregua* (1997), el filme que Francesco Rosi rueda sobre la base de las narraciones del libro homónimo. Poco antes de suicidarse, en 1987, el cineasta italiano –conocido por sus películas de contenido político y social, prestando atención en algunas de ellas a la mafia– se había reunido con Levi y le había comentado el proyecto de hacer una película sobre el segundo volumen de su trilogía, algo que el turinés concibió con buenos ojos, según recoge Anissimov en la respuesta de este: «La idea de hacer una película sobre *La tregua* es la única noticia que estos días me proporciona un poco de felicidad. Es una gran alegría en un momento de tristeza» (Anissimov, 2001: 527).

El gran acierto de Rosi es el de saber mostrar mediante las imágenes el periplo existencial del protagonista desde que los campos son liberados por el Ejército Rojo.

El viaje, sinuoso y teñido de incertidumbres, se constituye asimismo como un proceso de concienciación de la nueva libertad, de la nueva relación con el mundo, que lo separa del campo, pero que ya no permite ver la realidad del mismo modo que antes de Auschwitz (Dawidiuk, 2014: 138).

Esto es, si Levi pretende evidenciar con su testimonio la naturaleza del viaje en su propio yo, cómo este se constituye como un desplazamiento órfico en el que el propio personaje asciende hacia redescubrir su libertad, la película de Rosi lo consigue. Pero, pese a ello, la obra se aleja de la forma en que Levi concibió la tragedia. Como se refirió, el químico avisaba de que existían diferentes productos en los que había que diferenciar cómo fueron las cosas realmente y cómo se contaban. En primer lugar, la cinta apuesta por un uso de la música que tiende a la sentimentalización, a la empatía. De este modo, Rosi introduce un elemento subjetivo que se distancia del espíritu objetivo esencial a Levi. En el plano argumental, aparecen un exceso de diálogos y explicaciones forzadas que alejan a la obra cinematográfica de la fuente base, mucho más lenta y profunda en sus descripciones y reflexiones. Más irritante aún parece la inclusión por parte del cineasta del componente amoroso, encarnado en el personaje de la prostituta Flora. De la lectura de las tres piezas de *La trilogía de Auschwitz* de Levi se desprende que en la barbarie no había espacio para el amor. Todos estos componentes ayudan a generar una sensación de final feliz cuando Levi llega a Turín, algo que es muy diferente si se leen las últimas líneas de *La tregua*. «La película genera en los espectadores una impresión engañosa, casi romántica, de lo que significó el retorno desde Auschwitz» (Dawidiuk, 2014: 138).

La euforia desatada que se percibe de las imágenes finales de la película de Rosi no se adecúa al relato que hace Levi en las páginas finales de *La tregua*. Nadie le esperaba y costó trabajo que le reconociesen (Levi, 2018b: 469). Además, el cineasta no introduce nada del triste desenlace onírico del libro, de la pesadilla final:

Y, efectivamente, al ir avanzando el sueño, poco a poco o brutalmente, cada vez de modo diferente, todo cae y se deshace a mi alrededor, el decorado, las paredes, la gente; y la angustia se hace más intensa y precisa. Todo se ha vuelto un caos: estoy solo en el centro de una nada gris y turbia, y precisamente sé lo que ello quiere decir, y también sé que lo he sabido siempre: estoy otra vez en el *Lager*, y nada de lo que había fuera del *Lager* era verdad (Levi, 2018b: 470).

3 Conclusión: el triste final de viaje

La pesadilla con la que el italiano concluye su relato actúa como triste alegoría de su propia vida. Auschwitz, como sinécdoque que engloba todo el Holocausto, fue una enfermedad que Levi padeció en los campos y de la que nunca se curaría, causando su muerte por suicidio más de cuarenta años después. El *Corriere della Sera* publicó, el 10 de abril de 2007, un texto inédito de Primo Levi que consistía en un guion radiofónico propuesto en 1963 a la RAI, la radiotelevisión pública de Italia. En este narra sus últimos días en Auschwitz, los de la liberación, y Levi ofrece la idea de que ningún prisionero escapó nunca de aquel campo de exterminio[5].

¿Llegó Primo Levi a abandonar Auschwitz? Es irrefutable que, de forma física, sí, pero como tantos otros supervivientes, los traumáticos recuerdos del *Lager* se enquistaron en su memoria. Como expone José Antonio Zamora, «vivir en Auschwitz significa no vivir en vida» (Zamora, 2008: 289). Así, como si de un lamentable vaticinio se tratase, el triste final de *La tregua*, constata que, pese a que el viaje se haya completado y esté en casa de nuevo, su yo ha quedado definitivamente dañado. El 11 de abril de 1987 Levi puso final a sus días arrojándose por el hueco del ascensor de su casa. Un terrible desenlace para uno de los protagonistas del pasado siglo, que para la posteridad deja el testimonio claro, sobrio y decidido de quien ha sido el testigo de la mayor de las barbaries. Como concluye en *Los hundidos y los salvados*: «Ha sucedido y, por consiguiente, puede volver a suceder» (Levi, 2018c: 648).

---

5   Un extracto de este guion inédito se puede leer en: https://elpais.com/diario/2007/04/11/cultura/1176242404_850215.html

Referencias bibliográficas:

Agamben, G. (2002): *Lo que queda de Auschwitz. El archivo y el testigo. Homo Sacer III*. Valencia: Pre-Textos.

Anissimov, N. (2001): *Primo Levi o la tragedia de un optimista*. Madrid: Editorial Complutense.

Davinson, A. (2011): "Los ejercicios espirituales de Primo Levi" en Levi, P. *Vivir para contar. Escribir tras Auschwitz*. Madrid: Diario Público, pp. 11–25.

Dawidiuk, C. L. (2014): "La tregua de Primo Levi: un viaje entre el decir y el mostrar", en *Revista Sans Soleil. Estudios de la imagen*, vol. 6, nº 1, pp. 130–139.

Levi, P. (2011): *Vivir para contar. Escribir tras Auschwitz*. Madrid: Diario Público.

Levi, P. (2018a): "Si esto es un hombre" en Levi, P. *Trilogía de Auschwitz*. Barcelona: Península, pp. 25–245.

Levi, P. (2018b): "La tregua" en Levi, P. *Trilogía de Auschwitz*. Barcelona: Península, pp. 246–470.

Levi, P. (2018c): "Los hundidos y los salvados" en Levi, P. *Trilogía de Auschwitz*. Barcelona: Península, pp. 471–652.

Mate, R. (2007): "Primo Levi: el testigo", en Letras Libres [en línea] Publicado el 31/07/2007. https://www.letraslibres.com/mexico-espana/primo-levy-el-testigo [último acceso: 01/09/2019]

Maubert, F. (2019): *El hombre que camina*. Barcelona: Acantilado.

Muñoz Molina, A. (2018): "Primo Levi: el testigo sin descanso" en Levi, P. *Trilogía de Auschwitz*. Barcelona: Península, pp. 9–21.

Roscales Sánchez, M. (2018): *Primo Levi. La inextinguible memoria de las cenizas*. Santander: Editorial de la Universidad de Cantabria.

Rosi, F. (1997): *La tregua* [DVD]. Italia.

Semprún, J. (2018): *La escritura o la vida*. Barcelona: Austral.

Zamora, J. A. (2008): "Estética del horror. Negatividad y representación después de Auschwitz" en Mate, R. (ed.): *La filosofía después del Holocausto*. Barcelona: Riopiedras Ediciones, pp. 277–300.

Leonardo VILEI

Pasolini en Oriente Medio: el fecundo aprendizaje de un viaje frustrado[1]

1 Coordenadas de un viaje

> Come in un velo giallo, ricamato di polvere,
> spessa, fatta mota, Gerusalemme – la valle
> dell'Ebron – impalcature di fanghi screpolati
> e induriti su altri fanghi – sterco bianco
> come zucchero, graffito di chine e villaggi,
> sopra chine e villaggi (lievi come ossa) – [...]
>
> (Pasolini, 2003: 1229).

Con estas palabras se abre el largo poema *L'alba meridionale*, que, junto con otro de tema anejo, *Israele*, compone la nueva sección que integra en 1969 la obra *Poesia in forma di rosa*, publicada ya en una primera edición en 1964[2]. Los dos extensos poemas componen uno de los cuatro elementos germinados alrededor de una misma experiencia, un viaje a Oriente Medio que Pier Paolo Pasolini realizó en 1963 y que, por diferentes razones, tuvo una gran influencia en su estética cinematográfica, en el contenido y la forma de su poesía y en su papel público como intelectual comprometido.

---

1   Para la preparación del presente trabajo ha sido indispensable la colaboración del Centro studi-Archivio Pier Paolo Pasolini de la Cineteca di Bologna, de su director, Roberto Chiesi, y de todo el personal que me ha ayudado con amabilidad y profesionalidad. De momento, el documental *Sopralluoghi in Palestina* no se halla en circulación y solo es posible su visión en aquellas instituciones que conservan una copia autorizada.

2   Se citará siempre de la recopilación del *Meridiano* de toda la poesía del autor (Pasolini, 2003), obra en la que se encuentra, además, un fragmento no publicado en 1969 del poema *Israele* (pp. 1421-1425).

Las cuatro germinaciones son, según su orden cronológico, la película *Il Vangelo secondo Matteo* (1964), el documental *Sopralluoghi in Palestina* (1965), una carta abierta a los intelectuales italianos en la revista *Nuovi Argomenti*, en ocasión de la guerra de los Seis Días[3] (1967), y los dos largos poemas mencionados. El diversificado recurso a medios expresivos tan diferentes a partir de una misma experiencia de viaje es un hecho que refleja y confirma la compleja personalidad de Pasolini y su extraordinaria familiaridad con todo lenguaje adoptado. Alrededor de un viaje real, por lo tanto, tenemos cuatro obras diferentes, pertenecientes cada una a un medio expresivo distinto y en diferente grado cercanas o alejadas de lo factual: la película vira hacia lo ficcional en grado máximo, mientras que se puede clasificar como relato de viaje solo el documental, acorde a la definición ofrecida por Luis Alburquerque-García (2011: 16):

> Los 'relatos de viajes' responden a mi entender a tres rasgos fundamentales [...]: (1) son relatos factuales, en los que (2) la modalidad descriptiva se impone a la narrativa y (3) en cuyo balance entre lo objetivo y lo subjetivo tienden a decantarse del lado del primero, más en consonancia, en principio, con su carácter testimonial.

Antes de centrarnos en las obras derivadas, es preciso situar al autor y al lugar en su contexto específico, para así mejor comprender las circunstancias y las razones de un tan fructífero viaje inútil.

En 1963 Pasolini tenía cuarenta y un años y se encontraba de algún modo en el límite entre dos etapas de su trayectoria artística, justo en el umbral hacia un salto cinematográfico definitivo que en muy poco tiempo lo iba a convertir en uno de los directores más interesantes y controvertidos de su época. Su anterior obra poética, al contrario, había tal vez ya alcanzado su cumbre en 1957[4], con la obra *Le ceneri di Gramsci*, un poemario que había sido aclamado y debatido por su refinamiento estético y

---

3   Entre el cinco y el diez de junio de 1967 Israel se enfrentó en un conflicto con una coalición de países árabes compuesta por Egipto, Siria, Iraq y Jordania. Al finalizar la guerra, Israel había modificado por completo su situación geográfica y política, habiendo conquistado la península del Sinaí, la Franja de Gaza, Cisjordania, Jerusalén Este (incluyendo la Ciudad Vieja) y los Altos del Golán.

4   Aunque Pasolini siguió escribiendo versos durante todo el resto de su vida, al crecer su importancia como novelista primero, y director de cine después, poco a poco sus poemas se acomodaron en un lugar secundario frente al público italiano

por su valor civil y político. El poeta y crítico ya colaboraba, además, y como muchos otros intelectuales de su entorno, con la industria cinematográfica de *Cinecittà* en diferentes labores que lo estaban preparando a la escritura de guiones, oficio que supo llevar a cabo posteriormente con esmero y maestría. Debido a su inquieto afán de medirse en un espectro de lenguajes cada vez más amplio, en 1955, después de una producción exclusivamente poética[5] y crítica, había publicado su primera novela, *Ragazzi di vita* –causante del primer gran escándalo de su carrera, que le valió un juicio por obscenidad y el secuestro de la obra– a la que siguió *Una vita violenta* (1959) ambas ambientadas en los suburbios de una Roma moderna y prehistórica, impregnada por un dialecto veraz y marcado, diafásicamente, en la esfera sociocultural más baja de la sociedad. Del amalgama lingüística, política y artística de todas esas experiencias proceden *Accattone* (1961) y *Mamma Roma* (1962), sus dos primeras películas situadas en el mismo mundo lumpen y marginal de la periferia romana, con las que estrenó su peculiar lenguaje fílmico, basado en el uso expresivo de un blanco y negro lírico y meridiano[6] (Siti, 1989), y la mezcla de algunos pocos actores profesionales con un nutrido reparto compuesto por gente del pueblo, portadora de una corporeidad anticonvencional y estéticamente arcaizante[7]. A esas dos primeras películas

---

y en muchos casos ni siquiera fueron conocidos en otros países, donde el éxito de sus películas lo dio a conocer como cineasta sin más.

5 Los dos relatos largos *Amado Mio* y *Atti impuri*, escritos en los años cuarenta, se darán a conocer, de manera póstuma, solo en 1982.

6 La colaboración entre Pasolini y el director de la fotografía Tonino Delli Colli produce inmediatamente, ya desde *Accattone*, un resultado fuertemente expresivo, en tanto que los dos eligieron un tipo de película peculiar, de la marca Ferrania, que acentuaba los contrastes y otorgaba un mayor dramatismo.

7 El director elabora una propia teoría actoral, según la que en una película es el cuerpo del actor su principal herramienta de trabajo, mientras que, en su opinión, un perro o un niño pueden ser actores formidables en el cine, algo que no ocurre con el teatro, donde es imprescindible saber actuar. Mezclando, además, su refinada formación en historia del arte, con la elección de unos cánones de belleza pre-modernos, Pasolini recrea a menudo en sus películas composiciones pictóricas, directamente inspiradas en maestros de la pintura, donde sobresale siempre la imperfección de algunos detalles físicos, frente a la belleza del conjunto. El autor está por ello interesado en personas imperfectas, sobre todo en su dentadura, síntoma de la corporeidad de un mundo precapitalista, en contraposición al culto del cuerpo sano y performativo que se evidencia justamente en los dientes blancos

se sumó un sorprendente mediometraje, *La ricotta*[8] (1962), uno de los cuatro episodios de la película colectiva *Ro.Go.Pa.G.* –acróstico de los cuatro cineastas, Rossellini, Godard, Pasolini, Gregoretti– en el que un abúlico director, interpretado por Orson Welles, intenta rodar una escena de la crucifixión, rodeado por la muchedumbre hambrienta y canalla de los figurantes y molestado por un periodista sabiondo y petulante.

A la vigilia de su viaje, por lo tanto, Pasolini ya era un poeta afirmado, un intelectual reconocido, un novelista escandaloso, un singular y primerizo director de cine y, desde hace algún tiempo, un incansable viajero[9]. Además, en ese momento poseía una estética reconocida por el público –la del poeta y cantor de los suburbios de Roma– y su elección por el Evangelio de San Mateo resultaba sorprendente. Añadimos, para terminar con el cuadro artístico-personal del viajero, que el escritor experimentaba por aquel entonces un procedimiento de migración de temas y motivos entre los diferentes géneros que abordaba[10], un hecho que se intensificará con el paso del tiempo.

---

y perfectos. En Oriente Medio, por lo tanto, no busca solo paisajes, sino también cuerpos y rostros que remitan al tiempo bíblico.

8 *La ricotta* representa un giro fundamental para entender el giro estético de Pasolini que madurará por completo en *Il Vangelo*, en tanto que el proyecto *Ro.Go.Pa.G.* reúne a tres de sus maestros, cuya labor cinematográfica está en la base de su formación como director: Rossellini, que a través de su clase magistral neorrealista le ha brindado el léxico de su primer cine, aunque reinterpretado; Godard, que le ha abierto una nueva vía de construir una sintaxis fílmica diferente, a través del montaje; Wells, emblema de toda crisis identitaria del director-autor frente a las reglas de la producción, un tema por otro lado que evoca *Otto e mezzo* de Federico Fellini, cuya resonancia se advierte en el personaje de *La ricotta* interpretado por el director de *Citizen Kane*.

9 Como recuerda Gordon (2012), en parte debido a su nueva carrera cinematográfica, en parte por un impulso de conocimiento, Pasolini visitó, entre 1960 y 1963, antes del viaje a Oriente Medio, la India, Kenia, Zanzíbar, Egipto, Sudán, Ghana y Guinea.

10 Valga el caso del poema *Io sono una forza del passato*, que migra desde el guion de la película *Mamma Roma* (1961), sin aparecer en la versión final de la película, al mediometraje *La ricotta* (1962), recitada por Orson Wells frente al atónito periodista, y, finalmente, termina en la recopilación de poemas *Poesia in forma di rosa* (1964).

296

Después de haber aclarado la situación del viajante, volvamos la mirada a aquella del lugar, cuya complejidad histórica y simbólica, y perdónese lo superfluo de la aclaración, aporta por sí sola una estratificación poderosa. Sería imposible dar cuenta en esta sede de la inmensa producción odepórica que tiene en Jerusalén, la Tierra Santa, la Palestina e Israel un polo de atracción ineludible, tratándose, además, de lugares que han ido ofreciendo, según las épocas, experiencias y horizontes potentemente marcados por el paso de la historia y la complejidad mística que las tres grandes religiones han ido superponiendo. Puesto que el viaje de Pasolini se realiza con la intención de ambientar allí el Evangelio de San Mateo, tenemos que inscribirlo en primer lugar en la tradición del viaje religioso[11] aunque, como veremos a continuación, con finalidades artísticas y consecuencias políticas, que tiene ilustres antecedentes, a partir del culto de Santa Elena, madre de Constantino, la que, según la tradición, fue la iniciadora del peregrinaje a Jerusalén. Pero, el viaje de nuestro autor tenía, como se ha dicho, una finalidad artística y supuestamente se distancia de la experiencia religiosa, aunque, como es sabido, el ateo Pasolini tenía un profundo sentimiento de lo sagrado que encontramos en toda su obra (Verbaro, 2017 y Gri, 2013) y que, fusionado con el otro polo telúrico de su sentir, el mito (Bazzocchi, 2011), compone justamente con *Il Vangelo* una síntesis entre lo sagrado y lo mítico «sotto il segno della poesía» (Fantuzzi, 2016: 316). Además, como posteriormente ha recordado el cardenal Loris Francesco Capovilla (Guidi, 2014), el autor se encontraba en Asís en 1962, debido a su amistad con Don Giovanni Rossi, fundador de la asociación *Pro civitate christiana*[12], para hablar de su cine, en ocasión de una proyección de la película *Accattone*. Ese día, una repentina visita del Papa Juan XXIII interrumpió el programa previsto y el poeta se quedó en la habitación ofrecida por la asociación, donde leyó el primer

---

11 Empezando por el célebre *Peregrinatio Aetheriae*, texto del siglo V en el que la peregrina Egeria cuenta su viaje a la Tierra Santa (Cardini, 1991), siguiendo las huellas de San Jerónimo, durante la época medieval son innumerables las crónicas de viaje a los lugares que acogieron la vida y la pasión de Jesús, con especial acopio durante las épocas de las cruzadas (Graboïs, 1998).

12 Se trata de una asociación de voluntarios de inspiración cristiana también conocida como *La cittadella di Assisi*, que promueve encuentros y diálogos, y patrocina publicaciones de temas bíblicos, teológicos o pastorales bajo el sello homónimo.

libro con el que se encontró, que era justamente el Evangelio según San Mateo. Relata Guidi (2014):

> «Pier Paolo, spero che ti faccia piacere saperlo, quando il Papa ci ha dato la sua benedizione abbiamo pensato a te» disse all'amico don Rossi al suo rientro in sede, dopo cena. «Grazie. In realtà oggi anch'io ho pensato a voi — rispose Pasolini — farò un film sul Vangelo di Matteo. L'ho deciso dopo aver letto, sdraiato sulla branda, il libretto che ho trovato sul comodino. Però dovete aiutarmi, io non sono un credente».

Pasolini viaja por lo tanto por inspiración artístico-religiosa, o acaso por una epifanía, aunque, como era inevitable dado su perfil de intelectual comprometido, no puede ignorar las circunstancias de los lugares que está a punto de visitar. Brevemente, en 1963 la situación político-administrativa del área se encuentra en los albores de una larga crisis que desembocará en la guerra de los Seis Días de 1967. El autor viaja en el mes de junio, poco después de la caída del gobierno de David Ben Gurión, el prócer que desde su Polonia natal había fundado el Partido Laborista Israelí, en 1930, para luego convertirse en el líder de la lucha política y militar que llevó a la proclamación del Estado de Israel en 1948, cuya presidencia mantuvo de manera casi ininterrumpida hasta el año de nuestro viaje, determinando las principales decisiones que conformaron, interna y externamente, el perfil del nuevo país surgido después de la tragedia de la Segunda guerra mundial y del holocausto. La dimisión de Ben Gurión y la escisión del laborismo israelí representaron un trauma, internamente, para un estado sediento de unidad y fortaleza, y, externamente, acentuó la amenaza que Israel sufría desde su nacimiento, debido a la ausencia de reconocimiento de su existencia por parte de sus vecinos árabes. En ese momento, Siria y Jordania eran los vecinos más conflictivos, junto a un Egipto siempre hostil, y todavía no existía la Organización para la liberación de Palestina, que nacerá en 1964; de alguna manera, la cuestión palestina era ancilar y desdibujada con respecto al macroconflicto de vecindad con el mundo árabe.

Jerusalén era, en 1963, una ciudad dividida en dos por una alambrada: la parte oeste era israelí, la parte este, jordana. Israel, además, se encontraba en una situación internacional de relativo aislamiento; la península del Sinaí estaba bajo el control egipcio y desde las alturas del Golán los ataques sirios eran repetidos. El espíritu primerizo de las jóvenes generaciones, animadas en muchos casos por un proyecto de vida utópica que se expresaba en el sueño de los Kibutz, era todavía pujante, aunque, conforme iban pasando los años, la cruda realidad de una supervivencia basada en la movilización militar constante se hacía cada vez más acuciante.

2 El relato factual del viaje y la recreación del lugar

Aunque cronológicamente la película preceda el documental, empezaremos nuestro análisis por el segundo, en tanto que relato factual del viaje realizado por el poeta-director. *Sopralluoghi in Palestina* tiene una duración de cincuenta y dos minutos y se compone de unas grabaciones realizadas con una cámara tomavistas, entre junio y julio de 1963, en los siguientes lugares, nombrados aquí según su situación administrativa de aquel entonces: el lago de Tiberíades, el Monte Tabor, Nazaret, Cafarnaúm, Jerusalén oeste (Israel); Baram, Jerusalén este, Beerseba, Belén (Jordania); Damasco (Siria). En fase de montaje y posproducción, Pasolini añadió unos comentarios líricos, políticos o descriptivos en forma de voz en *off*, así como unas músicas de racor. La mayoría de las escenas presentan lugares, paisajes, rostros, pequeñas escenas cotidianas en las calles, en el campo y en un Kibutz, además de los diálogos entre el autor y su acompañante, don Andrea Carraro, un risueño cura que viaja con él enviado por la *Pro Civitate Christiana* de Asís, en tanto que experto biblista y conocedor de los lugares de la narración evangélica.

Por lo general, asistimos a las perplejidades del autor frente al aspecto de los lugares y de la gente encontrada, en un creciente desconcierto por la distancia entre la Galilea imaginada y la Galilea real, debido a la presencia de un desarrollo urbanístico que hace imposible la ambientación del Evangelio o por las proporciones sorprendentemente diminutas de algunos rincones, tal y como ocurre con el río Jordán. Predominan dos niveles de desilusión:

– la enorme transformación acaecida en el territorio y en el paisaje
debido a un descontrolado progreso edilicio y tecnológico, especialmente acuciante en Belén y Nazaret, tanto que el antiguo mundo
bíblico «appare, ma riaffiora di tanto in tanto come un rottame» (Pasolini, 2001: 657). Estamos, pues, frente a unas claves de lectura que
el autor venía desarrollando hacía tiempo, estética y políticamente,
con respecto al mundo moderno, el mundo de la mutación antropológica determinada por un desarrollo sin progreso, que transforma a las
sociedades campesinas, y a su solemnes y seculares modos de vida,
en fósiles apenas visibles por fragmentos, en un panorama general
homogéneo y aplastante;

– los cuerpos, los rostros, las sonrisas o la ausencia de ellas, la ropa, el
pelo se han transformado consecuentemente y se asemejan a aquellos que se ven por doquier, tanto con los "modernos" judíos, como
con los árabes proletarios.

El viaje se anuncia como una derrota:

> Non ho trovato nulla che mi possa servire per il film. Né paesaggi, né personaggi: i
> paesaggi sono quattro declivi spelacchiati, e i personaggi sono degli Ebrei…dalle
> facce estremamente moderne. Che hanno subìto…tutta la cultura contemporanea
> […] e hanno perduto tutti i caratteri […] arcaici, che io vorrei cercare per il mio
> film (Pasolini, 2001: 665).

Sin embargo, algo revelador se va gestando, como consecuencia de las
conversaciones con don Andrea que, frente al desolado director, mantiene una integridad de mirada y de pensamiento que logra transmitir a
su interlocutor con serena compostura:

> Direi che lo scopo particolare dovrebbe essere questo: riassumere, assorbire lo
> spirito di questa situazione. Poi magari riviverlo, poi magari ricostruirlo, inven-
> tarlo forse anche, in qualche altro ambiente, in qualche altro posto. […] Questo è
> il mare, qui c'è la sinagoga, qui ci sono tutti quanti i monti dove Gesù ha cammi-
> nato e dove Gesù ha parlato. C'è una specie di geografía della Palestina, una geo-
> grafía della Terra Santa. E credo che bisogna camminarci, pensando, riflettendo,
> meditando, per assorbirne lo spirito. Allora poi si potrà anche reinventarlo in qual-
> che altro posto […] adattarlo anche alla propria sensibilità […] perché realmente
> credo che non si possa parlare di una fotografía dei posti; credo che sia una cosa
> completamente fuori posto (Pasolini, 2001: 657–58).

Lo que don Andrea está ofreciendo es, de hecho, una propuesta estética en toda regla, para que el director supere definitivamente el programa, derivado en parte por la gran experiencia neorrealista –aunque Pasolini ya había desarrollado, con sus dos primeras películas, un estilo propio al respecto– de establecer una correspondencia semiótica directa entre los lugares reales y los lugares cinematográficos. De tal calado es la propuesta del cura, que el director declara: «Quindi più che adattare i posti alla mia immaginazione, dovrò adattare la mia immaginazione ai posti» (Pasolini, 2011: 658).

Estamos ante un vuelco estético que, de hecho, produce un giro inesperado en la consecuente adaptación cinematográfica. El escritor va madurando unas reflexiones acerca de lo infinitamente modesto, humilde y pequeño que el lugar de la vida de Jesús manifiesta frente a la grandeza de su legado. La historia evangélica se le revela así en toda su grandiosidad, en contraste con las diminutas dimensiones del escenario de los eventos; una vez más, es don Andrea quien le ayuda a profundizar con la reflexión y a superar la simple mirada, en una conversación que se desarrolla frente al modesto río Jordán:

> Come il Giordano attraversa tutta la Palestina, così ancor di più attraversa tutta la storia. […] È un fiume piccolissimo, bisogna prendere forse il paragone con molta delicatezza e ambientarlo alla storia e alla religione degli Ebrei, ma non si può paragonare al Nilo, non si può paragonare al Gange. Una cosa misera, piccola (Pasolini, 2001: 659).

La revelación de la ausencia de proporciones se traduce en un giro de poética, como vemos por las palabras del propio director: «Per me spirituale corrisponde a estetico, non religioso. La mia idea che le cose quanto più sono piccole e umili, tanto più sono grandi e belle nella loro miseria, ha trovato uno scossone estetico, un'ulteriore conferma» (Pasolini, 2001: 667). Además, el poeta-director va notando continuamente la semejanza entre el mundo periférico de Oriente Medio con ciertas periferias del sur de Italia, de Calabria, Apulia o Sicilia, lugares donde los olivares y la vida campesina están interrumpidos por los signos del desarrollo económico, que se revela con sus autovías, con el hormigón desnudo de las nuevas construcciones, siempre en vilo entre la pujanza de la modernidad y un ineludible aire inconcluso, como de elementos postizos y trágicos, que los nuevos edificios imponen al paisaje. Nazaret se sobrepone así a Taranto, Tel Aviv a Bari: se acentúan unas correspondencias que unen a todos los lugares sureños y periféricos del mundo, temas estos que volveremos a encontrar en los poemas dedicados a Israel. Aunque el autor admita su desconcierto –«Finora non ho trovato nulla, in Israele, che possa sostituire Nazareth in senso sia filologico che poetico» (Pasolini, 2011: 663)– va tomando cuerpo la intuición de la que procede *Il Vangelo* tal y como lo conocemos, el resultado más importante, artísticamente hablando, de la frustración experimentada. Sugiere al respecto Serafino Murri (1995: 48):

> Il viaggio in Terrasanta fallisce nel suo scopo principale, quello di individuare alcuni luoghi intatti, così come doveva vederli Cristo durante la sua vita, ma diviene per il regista un tuffo suggestivo tra le macerie di una storia inconclusa e irriconoscibile, da cui trarrà linfa l'ispirazione antiretorica del Vangelo.

Es del todo cierto. A partir de su viaje *inútil*, Pasolini decide reconstruir los lugares evangélicos de la película en el centro-sur de Italia, donde emprende un segundo viaje, esta vez en solitario y sin otro relato factual como testimonio intermedio. Con ese segundo viaje, elige los siguientes lugares:

- En la región de Basilicata, las localidades de Barile, Lagopesole y sobre todo el casco antiguo de la ciudad de Matera, transfiguración de Jerusalén como vemos en la foto tomada durante el rodaje.
- en Calabria, las localidades de Cutro y Le Castella;
- en el Lacio, Tuscania y Chia, ambas en la provincia de Viterbo;
- en Apulia, Ginosa della Gravina, Massafra, Manduria, Castel del Monte, Gioia del Colle, Santeramo in Colle (dice en *Sopralluoghi*: «i luoghi dei miracoli di Cristo saranno un po' come questi, che del resto [...] somigliano molto a certi luoghi pugliesi, non so, Massafra o Bari vecchia [...]» Pasolini, 2011: 660)
- en Sicilia, el valle del Etna, tal y como se plantea ya en *Sopralluoghi* frente al desierto: «Eh, l'unico problema vero se io dovrò girare il film in Italia [...] è ricostruire questo deserto. [...] Conosco dei luoghi abbastanza simili in cima all'Etna, ma certo quest'immensità d'orizzonti non si potrà mai ottenere» (Pasolini, 2011: 664).

Foto 1: Enrique Irazoqui y Pier Paolo Pasolini en el casco antiguo de Matera. Fuente: Wikicommons, cc

La elección de los actores[13], que, como se ha dicho, el Pasolini director prefiere en función de sus rostros y cuerpos, involucra como de costumbre a figurantes campesinos autóctonos. Jesús es, del todo casualmente, el joven sindicalista catalán Enrique Irazoqui, un militante antifranquista que por azar se presentó en casa del director pidiendo apoyo contra la dictadura española y se encontró con el único papel cinematográfico de su vida. La virgen, de joven, es Margherita Caruso, una muchacha calabresa ajena al mundo del cine, cuyo rostro se impone por su gracia y humildad de *Madonna* popular.

---

13 Aparecen, además, amigos intelectuales, como es el caso de la escritora Natalia Ginzburg (Maria de Betania), el poeta Alfonso Gatto (Andreas), el escritor Enzo Siciliano (Simón), y un joven Giorgio Agamben (Felipe), además de, por primera vez, Ninetto Davoli, que acompañará a Pasolini en casi toda su posterior obra cinematográfica.

Foto 2: Margherita Caruso en el rol de la virgen. Fuente: Vimeo, cc

La virgen adulta es Susanna Colussi, madre del director, también ajena a la profesión de actriz, cuya expresión de dolor frente al calvario es una de las imágenes más conocidas de la película y adelanta trágicamente la imagen del funeral del propio Pasolini.

El relato sigue casi fielmente el Evangelio de San Mateo, con los episodios de la Anunciación y el nacimiento de Jesús, la boda entre la joven María y José, la huida a Egipto, la edad adulta, con las pruebas en el desierto, la predicación con los Apóstoles, los milagros y, finalmente, el juicio de Pilatos, la condena, la crucifixión y la resurrección. Es sabido que en la primera versión de la película Pasolini había omitido este último episodio, así como los milagros, para dar una dimensión exclusivamente terrenal a la vida de Cristo; fue otro cura, don Francesco Angelicchio, director del *Centro Cattolico Cinematografico*, quien lo convenció de la oportunidad de volver sobre sus pasos.

La epifanía de un proyecto cinematográfico sobre el Evangelio, acaecida en Asís en 1962, se realiza así dos años después, con un lenguaje y una poética que tienen como origen un viaje frustrado pero poderosísimo en cuanto a su posterior reflexión estética. Además de su notable difusión y apreciación –la película fue la primera que otorgó a Pasolini un amplio reconocimiento internacional– *Il Vangelo secondo*

Matteo ha sido declarado por *L'Osservatore Romano*, diario oficial del Vaticano, «probabilmente il miglior film su Gesù mai girato. Sicuramente, quello in cui la sua parola risuona più fluida, aerea e insieme stentorea. Scolpita nella spoglia pietra come i migliori momenti del cinema pasoliniano» (Ranzato, 2014: 5).

La consagración por parte católica no debe sorprender, aunque haya tomado su tiempo en consensuarse, puesto que, al comienzo, ese juicio no fue en absoluto unánime; curiosamente, del mismo modo fue incierto el juicio del lado intelectual marxista, que se quedó descolocado frente a la elección, por parte del director, de un tema religioso. El tiempo ha servido para reconocer que con esta película, y con el ensayo general de *La ricotta*, Pasolini supera de forma definitiva el neorrealismo y su legado de un contacto directo y desadorno con la realidad, puesto que los elementos de la realidad misma, aun estando presentes en los rostros y en los lugares del *Vangelo*, se transfiguran en una síntesis entre mímesis, mito y sagrado, proyectando el cuento cristiano por excelencia en un nuevo marco de fuerza y verdad.

3 La reflexión poética y política

El legado del viaje a Oriente Medio no termina aquí. Además de la reflexión acerca del hiato que separa el viaje imaginado del viaje real, tenemos una maduración con respecto a la cuestión del papel del intelectual frente a la sociedad, un tema acuciante a comienzos de los años sesenta, que coincide con una profunda angustia en cuanto a la disciplina de pensamiento exigida por los ambientes de izquierda y a su rigidez dogmática. El fenómeno es parecido en Italia y Francia, en cuanto ambos países tienen un partido comunista pujante y con fuerte arraigo en el mundo cultural; pese a sus diferencias –pensemos en la cuestión poscolonial, que Italia desconoce de forma directa– dos obras maestras del cine de aquellos años, *Otto e mezzo* (1963) de Federico Fellini y *Pierrot le fou* (1965) de Jean Luc Godard, se enfrentan con el tema de la crisis de identidad del intelectual y del artista, que se sienten atrapados por unos esquemas ideológicos sofocantes, conforme los años se van

alejando de la inmediata posguerra, época más proclive a las contra-
posiciones netas en asuntos morales y éticos. Si Pasolini se enfrenta
a la crisis de la conciencia intelectual ya en el '62 con *La ricotta*, con
el *Vangelo* se emancipa por completo de los condicionantes culturales
del *gremio* marxista y explora el relato evangélico con total libertad
expresiva.

Las posiciones netas, los dogmas, los esquemas maniqueos se
le hacen insoportables, aunque él mismo practique esa tendencia en
sus escritos políticos, pero siempre con la introducción en el espacio
público de un elemento disonante, elemento que, con el paso de los
años, se va constituyendo como el verdadero perno de sus razonamien-
tos: Pasolini se va haciendo cada vez más herético y hacia el final de su
vida será corsario[14] y luterano[15]. Una de las primeras llamativas herejías
públicas del autor se gesta, de hecho, con respecto al conflicto entre
Israel y los países árabes, en ocasión de la guerra de los Seis Días. El
escritor publica una carta abierta a los intelectuales italianos, junto con
un adelanto del poema *Israele*, en la que expone su absoluta y profunda
identificación con el sufrimiento de los árabes y, sin embargo, aborrece
las posturas maniqueas y ciegas frente a la complejidad de la historia en
su devenir. Escribe:

> Giuro sul Corano che io amo gli arabi quasi come mia madre.[...] Ho vissuto
> dunque, nel '63, la situazione ebraica e quella giordana di qua e di là del confine.
> Nel Lago di Tiberiade e sulle rive del Mar Morto ho passato ore simili soltanto a
> quelle del '43, '44: ho capito, per mimesi, cos'è il terrore dell'essere massacrati in
> massa. Così da dover ricacciare le lacrime in fondo al mio cuore troppo tenero alla
> vista di tanta gioventù, il cui destino appariva essere appunto solo il genocidio. Ma
> ho capito anche, dopo qualche giorno ch'ero là, che gli israeliani non si erano affa-
> tto arresi a tale destino. [...] È dunque da un misto di pietà e di disapprovazione,
> di identificazione e di dubbio, che sono nati quei versi del mio diario israeliano.
> (Pasolini, 1999: 144–145)

---

14 *Scritti corsari* es la última obra de escritos políticos y culturales publicada por
    Pasolini, en la que recopila sus más controvertidos artículos de los años setenta.
    Encontramos, por ejemplo, su posición en contra del aborto o su polémica con
    los chicos que llevan el pelo largo, ambos síntomas, según su visión, de la falsa
    libertad del hedonismo consumista.

15 *Lettere luterane* es la obra póstuma del autor, en la que ahonda en sus incursiones
    corsarias.

Piedad y disconformidad; identificación y duda. De las complejas emociones suscitadas por el viaje del 63, el poeta escribe un artículo y unos versos en los que recoge algunos de los temas ya apreciados en el documental, incluido su instintivo amor hacia los árabes pobres, según su conocida trayectoria populista en el sentido clásico del término, pero también una interrogación profunda con respecto a la historia y al destino de los judíos, con los que termina identificándose justamente a raíz de las contradicciones que con ellos comparte. Israel se convierte para Pasolini en el lugar donde la tragedia europea se hace más patente y donde, a la vez, vislumbra una nostalgia no redimible hacia Europa, que él percibe con un procedimiento que califica, con término psicoanalítico, de *transfert*:

> Tornate, ah tornate nella vostra Europa.
> Un transfert tremendo di me in voi,
> mi fa sentire la vostra nostalgia
> che voi non sentite, e a me dà un dolore
> che sconvolge ogni rapporto con la realtà.
> L'Europa non è più mia! Varsavia,
> Praga, Roma sono laggiù tolte per sempre
> alla mia vita a continuare una vita
> di cui fui figlio e protagonista
> e che ora pian piano mi sfugge
> nei colori dei giorni d'Occidente
> fatti estranei ai miei occhi! (Pasolini, 2003: 1219)

El poeta se expresa, en la segunda parte de esta estancia del poema, «as a Jew» (Gordon, 2012) y como un judío llora el abandono de Europa, pero también como un judío del moderno estado de Israel percibe la vida en un día cualquiera en Tel Aviv «come in Piazza del Popolo o Montmartre» aunque los chicos son «imberbi, in vesti militari» y tienen tras de sí «quanto amore per i padri mitemente morti» (Pasolini, 2003: 1225) y como único porvenir el de ganar la apuesta de su propia existencia, «La vita/ che va avanti, avanti, sempre/ *degli altri*, come in tutto il mondo» (Pasolini, 2003: 1423).

La experiencia de la alteridad, que un verdadero viaje debe de provocar, ha llevado al poeta a verse reflejado como europeo en tierra de

Israel, como judío entre dos mundos, como conciencia de un mundo nuevo dentro de un mundo antiguo, sin dejar por ello de participar del sufrimiento de los que han muerto y de los que morirán o que a su vez serán echados y derrotados por la decisión de ser y de existir de los judíos.

Ese *transfert*, esa experiencia profunda, lo empuja a oponerse firmemente a los juicios netos de los comunistas italianos y a tratar con respeto a ese nuevo y antiguo estado y, sobre todo, a abandonar la inhumana postura de las razones inapelables de la izquierda dogmática, tradicionalmente hostil al estado de Israel.

> Ora, in questi giorni, leggendo l'Unità[16] ho provato lo stesso dolore che si prova leggendo il più bugiardo giornale borghese. Possibile che i comunisti abbiano potuto fare una scelta così netta? Non era questa finalmente, l'occasione giusta per loro di «scegliere con dubbio» che è la sola umana di tutte le scelte? [...] Forse perché Israele è uno Stato nato male? Ma quale Stato, ora libero e sovrano, non è nato male? E chi di noi, inoltre, potrebbe garantire agli Ebrei che in Occidente non ci sarà più alcun Hitler o che in America non ci saranno nuovi campi di concentramento per drogati, omosessuali e ebrei? O che gli ebrei potranno continuare a vivere in pace nei paesi arabi? [...] E che aiuto si dà al mondo arabo fingendo di ignorare la sua volontà di distruggere Israele? Cioè fingendo di ignorare la sua realtà? Non sanno tutti che la realtà del mondo arabo, come la realtà della gran parte dei paesi in via di sviluppo – compresa in parte l'Italia – ha classi dirigenti, polizie, magistrature, indegne? E non sanno tutti che, come bisogna distinguere la nazione israeliana dalla stupidità del sionismo, così bisogna distinguere i popoli arabi dall'irresponsabilità del loro fanatico nazionalismo? (Pasolini, 1999: 145–46)

Para concluir, podemos afirmar que el viaje de Pier Paolo Pasolini a Oriente Medio ha sido una experiencia perturbadora en su trayectoria de artista polifacético e intelectual herético. Su intención estaba quizá en las antípodas con respecto a aquellos peregrinos medievales que intentaban «reforzar su fe, allí mismo en los lugares de la revelación, a través de un contacto más directo con la divinidad en los espacios sacralizados por la encarnación» (Popeanga, 1991: 27) y, sin embargo, con ellos comparte la inspiración de las Sagradas Escrituras que, desde una tarde de soledad en Asís, y a través del diálogo con don Andrea, lo lleva

---

16   Diario oficial del *Partito Comunista Italiano*.

finalmente a unos resultados poéticos, cinematográficos y políticos que rompen definitivamente algunos moldes establecidos, inspirado por la inclusión de la duda y de la contradicción como partes constitutivas de su actividad artística.

REFERENCIAS BIBLIOGRÁFICAS

Gri, P. (ed.) (2013): *Pasolini e l'interrogazione del sacro*. Venezia: Marsilio.

Alburquerque-García, L. (2011): "El 'relato de viajes': hitos y formas en la evolución del género" en *Revista de Literatura*. Enero-junio, vol. LXXIII, n.145, pp. 15–34,

Alburquerque-García, L. (2006): "Los libros de viajes como género literario" en Lucena Giraldo M. y Pimentel J. (eds.): *Diez estudios sobre literatura de viajes*. Madrid: CSIC, pp. 67–87.

Barnavie, E, (1988): *Une histoire moderne d'Israël*. Paris: Flammarion.

Bazzocchi, M. A. (2011): "Pasolini e il mito" en *Doppiozero*, 21 de noviembre, (https://www.doppiozero.com/materiali/fuori-busta/pasolini-e-il-mito visto el 10/08/2019)

Calvo Galán A, (2016): "Pasolini en Matera: Una poética del paisaje italiano" en *Quaderns de Versàlia*. VI, pp. 11–17.

Cardini, F. (1991): "Egeria la peregrina" en Bertini F. (ed.): *La mujer medieval*. Madrid: Alianza Editorial, pp. 35–62

Fantuzzi, V. (2016): "Pasolini e il sacro" en *La civiltà cattolica*. Quaderno 3976, Vol. I, pp. 316–331.

Guidi, S. (2014): "Quell'incontro mancato fra Pasolini e Roncalli" en *L'Osservatore Romano*. 30 de agosto (http://www.osservatoreromano.va/it/news/quellincontro-mancato-fra-pasolini-e-roncalli visto el 14/08/2019)

Gordon, R. S.C. (2012): "Pasolini as Jew, Between Israel and Europe", in Di Blasi L, Gragnolati M, and Holzhey C. F. E. (eds.): *The Scandal of Self-Contradiction. Pasolini's Multistable Subjectivities, Traditions, Geographies*. Wien: Turia + Kant, pp. 37–58.

Graboïs, A. (1998): *Le pèlerin occidental en Terre Sainte au Moyen Âge*. Paris-Bruxelles: De Boeck Univers.

Montefiore, S. S. (2008): *Gerusalemme. Biografia di una città*. Milano: Mondadori.

Murri, S. (1995): *Pier Paolo Pasolini*. Milano: Il Castoro-l'Unità.

Pasolini, P. P. (1999): *Saggi sulla política e sulla società*, Siti W. y De Laude S. (eds.), Milano: Mondadori, Coll. I Meridiani.

Pasolini, P. P. (2001): *Per il cinema*, Siti W., Zabagli F. (eds.), 2 vol. Milano: Mondadori, Coll. I Meridiani.

Pasolini, P. P. (2003): *Tutte le poesie*, Siti W. (ed.), 2 vols. Milano: Mondadori, Coll. I Meridiani.

Popeanga Chelaru, E. (1991): "El viaje iniciático: Las peregrinaciones, itinerarios, guías y relatos" en *Revista de filología románica*. N° Extra 1, pp. 27–38.

Popeanga Chelaru, E., Fraticelli B. (2006): *La Aventura de viajar y sus escrituras*. Madrid: Servicio de Publicaciones Universidad Complutense.

Ranzato, E. (2014): "Scolpito nella pietra", en *L'Osservatore Romano*, 21–22 luglio, p. 5.

Rohdie, S. (1995): *The passion of Pier Paolo Pasolini*. London: British Film Institute.

Siti, W. (1989): "Il sole vero e il sole della pellicola, o sull'espressionismo di Pasolini" en *Rivista di letteratura italiana*. N° 7, pp. 97–127.

Verbaro, C. (2017): *Pasolini. Nel recinto del sacro*. Roma: Giulio Perrone.

Filmografía

Pasolini, P. P. (1964): *Il Vangelo secondo Matteo*.

Pasolini, P. P. (1965): *Sopralluoghi in Palestina*.

María ÁLVAREZ DE LA CRUZ

Escala en Rusia en la poesía de Álvaro Mutis: representación del propio viaje a través de la tribulación ajena

Álvaro Mutis, escritor colombiano, nacido en 1923, poeta antes que novelista, es bien conocido por presentar una obra exigente que se entreteje en sus propias interdependencias, destinada a un lector alejado del nobelmarquismo, como lo califica Francesco Varanini (2000) en referencia al estilo característico de García Márquez. Al tener que resumir en pocas palabras la trayectoria de Mutis recurrimos de nuevo a la mirada de Varanini, sobre todo, en lo que aporta como lector, para quien «Mutis mantiene una fidelidad a su recorrido de búsqueda, que es, en última instancia, búsqueda de sí mismo, de su propio equilibrio» (2000: 29). Un autor tan fiel a sí mismo, tan poco dado a concesiones, que, sin embargo, no ha dudado en adentrarse en otras culturas, desde España a la poesía báquica persa. Justamente, el presente análisis se centra en la construcción de su poética en dos poemas de temática rusa. En estos dos textos, uno en prosa, otro en verso, el autor no recurre a la mirada de Maqroll, su álter ego, sino que parece evaporarse y alejarse, pero en realidad está muy dentro de las escenas que retrata.

Para explicar mejor esta escala en Rusia que hace Mutis, este capítulo resume, en primer lugar, los grandes temas o referentes de la poética mutisiana, que permitan situar al autor en el conjunto de su obra. A continuación, se ofrece un análisis temático de los dos poemas en cuestión, "La muerte de Alexandr Sergueievitch" y "En Novgorod la Grande". Para ilustrar la importancia de Pushkin o la significación de la ortodoxia se ha recurrido a estudios de eslavistas, que aparecen en breves menciones o en anotaciones, ya que son temas por sí mismos que dan para muchos debates y ensayos. Ya que este estudio ahonda en cómo Mutis trata el viaje a otras realidades, las menciones a acontecimientos reales sirven para entender el profundo conocimiento que ha adquirido el poeta sobre Rusia y cómo lo utiliza dentro de sus propias claves poéticas. Finalmente, se pretende aunar los elementos utilizados por el poeta en ambos poemas y cómo entroncan con el resto de su poesía para adentrarse en este viaje espacio-temporal en clave rusa. Cabe reseñar que, en la transcripción de los topónimos y nombres de origen ruso, Mutis emplea una romanización influida por la lengua francesa (en las que el sonido "ch" se escribe "tch"), que cuando se cite el texto de Mutis, se respetará. Sin embargo, al hacer referencia directamente a personas o topónimos rusos, se irá a la fuente y se transcribirá directamente según las normas de la RAE. Por tanto, Pushkin aparecerá con su nombre y patronímico como Aleksandr Sergueievitch y la ciudad del poema siguiente como Nóvgorod.

Constantes en la poética de Álvaro Mutis

Antes de analizar los poemas que versan sobre una temática relacionada con Rusia, en su vertiente histórica o literaria, conviene reflejar cómo se articula la poética de Álvaro Mutis en su conjunto, de modo que permita comprender y analizar cómo se insertan estos dos poemas dentro de su obra poética. Decir que la obra de Álvaro Mutis transita libremente entre verso y prosa, que es un escritor de narrativa fuertemente lírica y un poeta que ha explorado ampliamente la "narratividad" y el poema en prosa resulta un tópico. Para Trinidad Barrera, de hecho,

> La pluma de Álvaro Mutis se desliza conscientemente por la prosa y el verso, ayuntándolos sin problemas, difuminando las fronteras entre los géneros, practicando intencionadamente desde sus inicios la creación de un mundo unitario donde la poesía y la novela puedan convivir sin fricciones. (1999: 473)

Sin embargo, conviene recordar que este ir y venir de Mutis entre narrativa y poesía, ocurre desde su primer poema, "La creciente". No nos encontramos frente a un poeta canónico, sino ante un explorador de nuevas formas de expresividad lírica y esto va a caracterizar el resto de su producción posterior: formas narrativas en poesía, verso libre, ausencia de rimas (con la notable excepción del tono epitáfico que se imprime a través de las rimas en "Cada poema") y otras constantes que se detallan a continuación.

La obra de Álvaro Mutis se encuentra recogida en *Summa de Maqroll el Gaviero*, obra que ha tenido varias ediciones, en que se han ido añadiendo los últimos poemarios a un conjunto ya de por sí interrelacionado y en cierta medida continuado que se inició en 1948. El mismo título nos da la indicación de que la obra, *Summa*, pertenece a ese extraño personaje, llamado Maqroll, sin patria, ni apellidos. Gaviero, su apodo, único apelativo, que remite indudablemente al viaje por mar y al cuidado de la dirección que la gavia, la vela del mastelero mayor. Marca y cuida de la dirección que va tomar el periplo. Es una primera y acertada señal del papel central que desempeña Maqroll en la obra de Mutis. De hecho, la crítica ha visto en Maqroll a menudo al álter ego de Mutis, «constante personaje de Mutis» lo llama la hispanista uruguayo-italiana Martha Canfield (1998: 411), a su vector de transmisión, su constante presencia, nítida o más difuminada, que se esparce de poemario en poemario y que da buena cuenta de la manera en que el autor se sirve del personaje ficcional para desarrollar su propio devenir poético. Aquellos que se han acercado en un aspecto u otro a la obra de Mutis, se han topado con la tarea de definir el rol de Maqroll en Mutis o de Mutis en Maqroll. Así según Trinidad Barrera, Maqroll es:

> ese heterónimo que comparte celebridad con su creador, Maqroll el Gaviero, persona más que personaje, máscara en continuo desplazamiento y devenir, ave fénix que sostiene el pensamiento y la visión del mundo y de las cosas que tiene el poeta. (1999: 473)

Maqroll es una pieza central para Álvaro Mutis; sin embargo, a partir del poemario *Caravansary*, Mutis explora otros territorios, y Maqroll convive poéticamente con otros temas y personajes, y no siempre su mirada es la que refleja el poema, como es el caso que nos ocupa. También resulta fundamental reseñar el rol que juegan personajes históricos, como Felipe II, el monarca gastado, u otros personajes literarios, como Marcel Proust, (que aparece en *Los trabajos perdidos*) o más adelante otros poetas franceses, como Arthur Rimbaud.

Entre los principales temas o constantes poéticas en Álvaro Mutis, la más evidente sería el viaje, el peregrinaje, Maqroll va de un lugar a otro, no permanece, no pertenece. Maqroll es un ser errante, como expone Gómez de González:

> La errancia de Maqroll, su aventura, no lo conduce al seguro puerto de Ítaca y debe encontrar en la escritura el sentido de la vida en el eterno retorno al puerto que lo vio partir. [...] Es un héroe que viene de regreso de las grandes ilusiones para emprender una y otra vez el camino de la búsqueda y la indagación metafísica. (2004: 119)

Maqroll podría en cierta medida recordar a la figura de *Macunaíma* de Mário de Andrade, por la falta clara de orientación hacia un lugar concreto, aunque en el caso del brasileño, el "héroe sin ningún carácter" proviene de los "indios", es un "otro" dentro de Brasil, mientras que Maqroll no tiene ninguna proveniencia. El personaje faro de Mutis se puede enfocar, tal vez, como un antihéroe, aunque es discutible, pero sobre todo como personaje no es el espejo de ninguna tribu, no muestra ningún origen, ni porta ningún estandarte más que su propia humanidad[1]. Sigue embarcado en un viaje, como representación esencial de la vida y por antonomasia de la literatura de su autor.

Sin embargo, los inicios de Mutis se caracterizan por una búsqueda de la tierra propia, de ese paisaje exuberante, de rescatar los recuerdos de los cafetales de sus abuelos, donde transcurrió parte de su infancia. La otra parte de esta etapa, serpentearía por ciudades europeas, esencialmente Bruselas, hito esencial en la biografía del autor, que siente y nos transmite el desarraigo, cierto "transterramiento" y la división entre lo europeo y lo colombiano. Los temas que aparecen, cual bucle que se desarrolla sin cerrarse completamente, van a ser la muerte, los trópicos y la naturaleza, tan frondosa como destructora, el tiempo, la desesperanza y la inutilidad del lenguaje, la insuficiencia de la palabra para plasmar toda la realidad, un mundo que oscila entre lo onírico y el completo deterioro, de ahí la pervivencia de símiles tan citados y acertados como «una fértil miseria» (Mutis, 1997: 44-45). Esta cosmovisión ha llevado a Consuelo Hernández (1996) a concluir que la poética de Mutis se caracteriza por reflejar una estética del deterioro,

---

1   Para ampliar información sobre la concepción de Maqroll se recomienda ver Mutis (1997: 163-165).

como el vector que guía todas las sendas transitadas por Mutis y sobre el que se señala:

La obra poética y narrativa de Mutis revela el mapa de las fuerzas deteriorantes que trabajan en el ser humano, en la naturaleza y en la sociedad. [...] El deterioro es una fuerza resultante de la usura del tiempo que va trabajando sin medida ni término a hombres y mujeres, desgastando no sólo su cuerpo sino sus más preciosas esencias emocionales y espirituales. (1996: 196)

Otro aspecto importante que ha estudiado Hernández (1996: 63–84) es la influencia de otras literaturas, en particular la inglesa y la francesa en Álvaro Mutis. En lo referente a la literatura rusa, Hernández cita a los dos grandes "monstruos sagrados" de la literatura rusa, Tolstói y Dostoievski. Por su parte, el propio Mutis (1997: 82) no deja de citar a autores como Gógol, Chéjov o Maiakovski. Pocos escritores y pocos lectores interesados en la literatura rusa acaban eludiendo el aproximarse de un modo u otro a estos autores, por mucho que luego se alejen de su estilo. Posteriormente, Mutis ampliará el horizonte de su búsqueda de referentes estéticos y líricos, ya perceptible desde el poemario *Los trabajos perdidos* (1965); pero fundamental para imbuirse en *Caravansary* (1981) o *Los emisarios* (1984). Precisamente es en estos dos tomos, en los que se encuentran respectivamente los poemas analizados. La ampliación no se limitará a lo geográfico, sino que Mutis se sumerge en otras épocas, no solo la España de Felipe II, sino también la época medieval andalusí, el Renacimiento o recurre a las reminiscencias de tiempos de la Antigüedad. Tanto deambular en forma de distintos cronotopos, que se engarzan unos a otros, hace que Ernesto Volkening afirme que en «la poesía de Álvaro Mutis [...] late el corazón del mundo» (2002: 12). La *anima mundi* aparece representada en sus dimensiones espaciales, temporales y significativas, donde «el tiempo que, describiendo sus círculos eternamente iguales, mantiene al universo en marcha» (Volkening, 2002: 12). Así, no es de extrañar que la presencia de la muerte lo inunde todo y que los referentes que Mutis ya había experimentado en el entorno de la infancia, de Colombia y de Europa, se extiendan por toda la geografía del planeta por la que el poeta hace escala.

"La muerte de Alexandr Sergueievitch"

El primer poema en que claramente Mutis utiliza una temática rusa es "La muerte de Alexandr Sergueievitch", poema en prosa incluido en *Caravansary* (1981), poemario en que el Gaviero aparece, pero en el que empiezan a incluirse diversas latitudes en la exploración poética de Mutis. El mismo título hace referencia al lugar donde se resguardan las caravanas, por lo que se perfila una insistencia en el recorrido, el viaje y un reposo muy temporal, antes de seguir una ruta incierta hacia un puerto desconocido y posiblemente inalcanzable. El poema que nos ocupa hace referencia naturalmente a la muerte de Pushkin. Aleksandr Serguéievich Pushkin (1799–1837) tuvo una vida tan corta como intensa. El propio Mutis tiene un texto dedicado a trazar su semblanza (1997: 81–84), donde expone claramente su admiración por el poeta ruso:

> Se encierra la fabulosa semilla de las letras eslavas. La voz de Pushkin ha sido la más vigorosa, la más alta, la más armoniosa de toda la poesía eslava. Es una de las tres o cuatro universales y eternas. El trabajo está hecho y el destino toma en seguida la revancha.

Destaca la apreciación de Mutis sobre el carácter eslavo de Pushkin, que abarcaría mucho más que lo ruso, o bien, se podría interpretar que lo ruso representaría a lo eslavo. Para Helena Vidal:

> Hablar de Pushkin a un ruso significa aludir a valores sólidos adquiridos desde la infancia, evocar versos que forman parte de la vida cotidiana y a los que se acude en momentos difíciles, citar un nombre que acompaña durante toda la vida. [...] Es un punto de referencia para cualquier escritor ruso. Es un tesoro ineludible para cualquier amante de la poesía, de la prosa, de la lengua en general (1997: 1068).

Tradicionalmente, los biógrafos de Pushkin se han decantado bien por trazar los grandes hitos de su existencia, bien por su vertiente lírica (Bethea y Davydov, 2006), otros como Jodasevich y Ajmátova, poetas ellos mismos, se dirigen más hacia la sustancia interior que explique el proceso creativo, bordeando el terreno de la psicología (Bethea y Davydov, 2006). Sea como fuere, destaca que «One of the central elements of Pushkin's poetic world and personal myth-making is his muse, that incarnation of female beauty, warmth, and generosity, the very ena-bler of his poetry» (Bethea y Davydov, 2006). Otras circunstancias que marcan su existencia no son otras que la muerte prematura y bastante inútil, en un duelo, la búsqueda y la transformación de la palabra en verso. La tensión entre el vitalismo de Pushkin, sus afanes ideológicos y libertarios, que le valieron el exilio de la capital y su fin, deja en el aire todo lo que pudo ser y no fue. Mutis termina su recorrido biográfico por la figura de Pushkin con la cita de Dostoievski:

> Pushkin murió en el pleno florecimiento de sus fuerzas creativas y es seguro que se llevó consigo a la tumba un gran secreto. Lo único que podemos hacer ahora es tratar de adivinar ese secreto sin él. (2007: 79)

Esa es la materia con la que Mutis entreteje un poema en prosa para escenificar la agonía del poeta ruso. Va a recoger ese testigo de desci-frar (o al menos exponer su propia aproximación) el enigma que deja la muerte de Pushkin. No es la primera vez que Mutis rinde homenaje a un escritor, evocando su fallecimiento; ya lo hizo en "Poema de lástimas a la muerte de Marcel Proust" (incluido en *Los trabajos perdidos*, título de evocación proustiana de por sí). Tampoco es la primera vez que apa-recerá la muerte en su poética, baste como ejemplo, entre otros mucho, "Canción del Este" (también incluido en *Los trabajos perdidos*), que trata bellamente el tema de la muerte, los hechos que no se materializan y el desencuentro con uno mismo, ese otro que se esconde dentro de lo que se deja de lado o se pierde mientras se vive. En el poema mutisiano que nos ocupa, el otro poeta, el ruso, se encuentra en su agonía, supues-tamente tras el duelo, elemento que se nos dice a través de «lo trajeron desde el lugar del duelo» (Mutis, 1992: 153), pero no se nos explica más, ya que la poesía de Mutis es un buen ejemplo de poesía a capas, que se van desvelando tras muchas lecturas y muchas interrelaciones y alguna intertextualidad por descubrir. Mutis se centra en el posible atur-dimiento de Pushkin ante la escena de su propia muerte, ¿existe mayor desesperanza que esa? El poeta que no acierta a vislumbrar a su mujer, el poeta que no comprende, sino demasiado tarde, quién es esa mujer que se acerca a él, el poeta, al que no le sirven las palabras. Así, Mutis se apropia de uno de los patrones de Pushkin sobre la mujer, la musa; pero en el momento final de su existencia, aparece como la desolación de no poder discernirla claramente. La evocación de la mujer permite perfilar la línea de la imagen de la mujer que va desde la exaltación de Pushkin, que hace de ella todo un símbolo de su fuerza creadora al deterioro de esa vitalidad en Mutis, donde ya no sirve para crear. La percepción final por parte de Pushkin en el poema de Mutis refleja la inutilidad de la palabra de un poeta que nada puede hacer ante la muerte. El tema de la enfermedad y el dolor, la postración y los hospitales, que ya había experimentado en el conjunto de *Reseña de los hospitales de Ultramar*, vuelve a aparecer aquí, en la recreación de la muerte del poeta. Y el enfermo, en este caso, Aleksandr Serguéievich, no puede nada contra la enfermedad, es impotente:

> con la punzada feroz, persistente, en la ingle y la fiebre, invadiéndolo como un rebaño de bestias impalpables, que empezaban a tomar cuenta de sus asuntos más personales y secretos, de sus sueños y de sus caídas más antiguos y arraigados en los hondos rincones de su alma de poeta (Mutis, 1992: 153).

Aquí, Pushkin se muestra asediado por la dolencia física, que le llevarán a su descomposición final, el deterioro de la materia que tan bien se encuentra descrito en "Pregón de los hospitales", donde también se ahonda en la desesperanza del enfermo, en su despedirse de los signos vitales, en su paso hacia otra dimensión, en su no pertenencia a la vitalidad.

La figura del tiempo y su inquebrantable y destructor paso, también aparecen en "La muerte de Alexandr Sergueievitch": «El tiempo pasa en un vértigo incontrolable» (Mutis, 1992: 153). A Pushkin se le acaba su tiempo, y el poema lo refleja, pero la agonía de Pushkin es la de todo ser viviente, es la desesperanza que transmiten muchos de los poemas de Mutis, es la percepción de que no hay salida, que el tiempo es inasible e indetenible y que nos arrastra a todos, como un río que no deja de fluir, y que es una figura natural que aparece a menudo en la poesía de Mutis, tal y como muestra Fernández Granados (2006). Otro de los temas recurrentes y caros al autor colombiano, la inutilidad de la palabra, tampoco falta en este poema. Pushkin no solo se pregunta quién es la mujer de increíble belleza, no solo cree verse confundido, sino que es incapaz de comunicar con ella, su propia mujer, ya que: «El dolor taladra sus entrañas y no le permite entender palabras que tal vez traen la clave de todo lo que está ocurriendo» (Mutis, 1992: 154). Así, se esfuma la posibilidad de comprensión, la palabra, el decir poético, lo único que podría ayudarle y asistirle en su necesidad de entendimiento, también se esfuma, la degradación física no se lo permite. La aparición de la mujer a su vez le conecta con su propia historia y con la historia de Rusia, ya que su visión se le antoja imposible en la realidad, y solo concebible «en las leyendas de su inmensa tierra de milagros y de hazañas y de bosques interminables e iglesias de cúpulas doradas» (Mutis, 1992: 154). El dolor continúa, al poeta le queda poco aliento de vida y solo en el último instante descubre quién es esa aparición femenina, su mujer, Natalia Goncharova (Pushkina), «irrumpe el nombre que buscara en el desesperado afán de su agonía» (Mutis, 1992: 154). Esta epifanía *in extremis*, ya inútil para la vida de Pushkin puesto que el conocimiento le llega momentos antes del fallecimiento refleja un tema esencial en Mutis, la muerte y la aceptación de la muerte por parte del personaje sin esperanza, como señala Blanca Inés Gómez de González (2004: 126):

> Cuarta condición de la desesperanza es su estrecha y peculiar relación con la muerte. Si bien lo examinamos, el desesperanzado es, a fin de cuentas, alguien que ha logrado digerir serenamente su propia muerte, cumplir con la rilkeana proposición de escoger y moldear su fin (Mutis, 1985: 191s).

Mutis culmina la epifanía de Pushkin, que al igual que ocurre con la de Marcel Proust en su monumental obra, *A la búsqueda del tiempo perdido*, llega tarde. El joven Marcel necesita mil páginas y toda una vida mundana de desesperanza, para entender aquello que le sugiere aquella magdalena, que enlazará con el final. Tras todo un recorrido vital, en que el joven Marcel parece haberse alejado de su vocación literaria y que cobrará sentido y plenitud en su final, para cerrar un bucle que, en realidad, nunca se acaba. Lo mismo sucede con la obra de Mutis, que va tejiendo bucles que se abren de poema en poema, de novela en novela, no solo por la repetición de personajes, sino sobre todo por anidar temáticas y conceptos. Por ello, Consuelo Hernández, en su magnífico estudio de este aspecto de Mutis, concluye:

> Mutis logra descubrir la desesperanza de la existencia humana, la desesperanza del mundo y por ende la desesperanza que como poeta demuestra la eficacia del poema. De allí su tono escéptico, pleno de la inseguridad de la vida, con un completo conocimiento de la nostalgia y del poder que tiene el tiempo de desgastarlo todo. (199: 266)

A Pushkin, en el poema de Mutis, tal y como afirma Consuelo Hernández, aunque no para este poema, no le queda sino:

> El único exorcismo posible, el descanso que busca de esta fatal desesperanza, constante como sus trashumancias, es la muerte. […] La hora de la muerte sería pues la 'suma de todos los errores' que borra todo sentido a la 'vana existencia'. (1996: 273)

A través de un análisis temático, si bien escueto y limitado, no solo encontramos, sino que reencontramos todo el universo poético y creativo de Álvaro Mutis en la figura de Pushkin. De hecho, Mutis no ha versado sobre Pushkin, sino que se ha apropiado de la figura de Pushkin para sus propios temas recurrentes. Así la figura de la mujer, tan esencial en Pushkin, la importancia de la palabra, Mutis la lleva a su terreno, donde de nada sirve para enfrentarse al desorden del mundo, a la desesperanza, a la futilidad del tiempo, a la propia desaparición. La inútil epifanía y la irreversible muerte, que no trae ni consuelo, ni renovación, ni nada, hacen de Pushkin "un personaje mutisiano". Mutis fagocita a Pushkin, lo despoja sin traicionar sus referentes propios, para mostrar cómo en el poeta ruso, a pesar de su vitalismo, también late la poética del deterioro.

"En Novgorod la Grande"

Este poema, escrito en verso libre, se encuentra recogido en *Los emisarios* (1984). Aquí vamos a tocar varios temas esenciales, por un lado, la llamada semilla originaria del Estado ruso, simbolizada por la ciudad de Nóvgorod la Grande, por otro, la liturgia ortodoxa, de marcado simbolismo y la figura de Aleksandra Fiodorovna, la última zarina de todas las Rusias. Es bien conocido el aprecio de Mutis por la monarquía y cómo se ha servido de otros personajes regios en sus poemas, especialmente de Felipe II. La ciudad de Nóvgorod es uno de los centros religiosos de la ortodoxia rusa, pero es la ciudad que invitó al príncipe varego (conocidos en Occidente como vikingos) Riúrik a gobernar[2]. Se dice que los

---

2   Se presentan únicamente pinceladas sobre la fundación del Estado medieval de Rus'. El texto que refleja estos hechos es la crónica del siglo XII llamada en ruso

gobernantes rusos proceden de la estirpe de Riúrik, que se asentó en los territorios de la antigua Rus' y cuyos descendientes gobernaron sus designios hasta Iván IV, cuando se produjo, tras muchas convulsiones, un cambio de dinastía y el poder recayó en la familia Románov, cuyo último representante es Nicolás II.

El poema recoge muchas claves de la historia rusa, el nacimiento de la futura dinastía imperial en «la muy santa, la tres veces bendita capital de Rúrik» (Mutis, 1992: 191), los «descendientes de Rúrik» (Mutis, 1992: 191) no son otros sino los zares. Todo el poema está plagado de referencias a la historia de la ciudad, como su lugar destacado en la ortodoxia (junto a Serguiev Posad), lo que se conoce en Rusia como "sacralidad" de algunas de sus ciudades. Baste recordar la invasión de los mongoles a partir del siglo XIII, que sometió a la antigua Rus' durante siglos y de la que Nóvgorod se salvó. La importancia de la religión[3], y sus luchas durante toda la Edad Media y los siglos XVI y XVII también aparecen en el poema «largas peregrinaciones guiadas por los 'hombres de Dios'» (Mutis, 1992: 191), en efecto, en toda Rusia, incluso en la actualidad, son famosas las peregrinaciones a los lugares sacralizados de la ortodoxia. Mutis se hace eco de todo ello para identificarlo con su propia creación poética. La monja que ejerce de hilo conductor del poema, María Mijailovna o María Mihailovna tiene carácter de atemporalidad, «pasó hace mucho de los cien años» (Mutis, 1992: 191), a la vez tiene visiones y van a escucharla[4]. No se conoce su origen, al igual que sucede con Maqroll, ni su devenir, tan solo se intuye

---

moderno *Повесть временных лет* (antiguo eslavo: *Повѣсть врємѧнныхъ лѣтъ*), conocida en español como *Primera crónica eslava* o *crónica de Néstor*, que narra los principales hitos de la Rus´ de Kiev de los siglos IX a XII. Para mayor información sobre la historia de la fundación del primigenio embrión del Estado ruso se puede consultar Ziegler (2009: 9-20) y Bushkovitch (2011: 1-36).

3   La relación entre las distintas formas del Estado ruso (principados, Imperio, Unión Soviética y actualmente Federación) ha sido tumultuosa. Sobre las relaciones entre el Imperio ruso y la Iglesia ortodoxa se puede consultar Szeftel (1974: 127-141).

4   Los santones en Rusia tienen una larga tradición. El monje Rasputín es uno de los más conocidos y ejerció notable influencia sobre la zarina Aleksandra Fiodorovna hasta ganarse el odio de pueblo llano y aristócratas a partes iguales.

su recorrido, en el caso de la religiosa, dentro del monasterio y de carácter espiritual, sus visiones pueden verse también como los viajes del Gaviero. Se sabe que la zarina Aleksandra Fiodorovna visitó la ciudad de Nóvgorod, próxima a Petrogrado durante el invierno de 1916, en plena contienda[5]. En el poema, irrumpen los cosacos, en su típica formación, la *sotnia*, es decir, un centenar, término que se aplica únicamente a las divisiones de cosacos y el regimiento Preobrazhenskiy, es decir, lo más insigne del antiguo ejército imperial ruso, por lo que la visita que anticipan debe ser de alcurnia. Sin embargo, el poema bifurca hacia la evocación de la liturgia ortodoxa, la invocación directamente hacia Dios, *Gospodi, pomilyu*[6], otro elemento fundamental de la simbología y cosmogonía rusa, la nieve, también aparece, es invierno y en el poema, la ciudad ha vivido «una intensa nevada» (Mutis, 1992: 191) y aparece en una «transparente mañana invernal» (Mutis, 1992: 192). La figura de María Mijailovna, además, se encuentra en una antesala a la muerte, «en la que agota los últimos signos de su existencia terrena» (Mutis, 1992: 192), como en el caso del poema sobre Pushkin, tenemos un personaje al que no le queda mucho para fallecer y precisamente en esta religiosa, su próxima desaparición no le resta un ápice de su aura de santidad. Precisamente, Mutis (1992: 193) no da ninguna salida a su personaje que transita entre la religiosidad y los estragos del tiempo que la arrasan físicamente y sin vuelta atrás, es en efecto:

> Una monja corcovada, con el rostro devastado
> Por la rutina de las penitencias,
> Abre con dificultad la puerta y se postra sollozante
> A un lado del dintel.

Una vez más nos encontramos con temas muy propios de la poética mutisiana, como el paso ineludible y devastador del tiempo, la muerte, el deterioro físico como anticipo del completo deterioro del ser. Justo después de estos versos, ante una monja decrépita, hace su aparición la zarina; personaje al que, aunque ella lo ignore, le queda menos de

---

5   El recorrido exacto de la zarina se encuentra detallado en la biografía de Erickson (2001).

6   También conocido en la liturgia ortodoxa griega como el Κυριε ελεησον [*Kyrie eleyson* (¡Oh, Señor!)].

un año de vida. También se encuentra en las puertas de su fin, que llegará en 1917. Así que nos hallamos ante otro personaje que carece de salida o siquiera de esperanza. ¿A dónde podría ir la zarina de todas las Rusias, cuando el poder cambie de tornas en esas mismas estepas? Pero en el poema el contraste entre ambas, la zarina, con su blancura, y su «hermosa regularidad de sus facciones» (Mutis, 1992: 193), y la monja, esquelética y casi una aparición, no hace sino presagiar el fin de la nívea regente. La religiosa es un espejo en el que se va a mirar la zarina, aún sin atisbar su profundo significado, que, al contrario, no escapa al conocimiento atávico de la monja, que la llama «Tzarina Mártir» (Mutis, 1992: 193). La muerte se extiende en toda la escena, ninguna de las dos escapará, como ninguno de nosotros. Al final como sucede en el poema dedicado a Felipe II, "A un retrato de su católica majestad Don Felipe II a los cuarenta y tres años de su edad, pintado por Sánchez Coello", los estragos del tiempo se manifiestan primero en el físico, en este caso en el de la religiosa, pero ese completo deterioro de la persona subyace en todo el poema. No quedará nada de la zarina, y menos aún de la religiosa, salvo una historia, un poema, una palabra que viaja hasta Colombia, y que, siguiendo la poética de Álvaro Mutis, tampoco ofrecerá ningún consuelo, ninguna salida, ninguna llama de esperanza ante su tragedia. Ni siquiera el conocimiento, en forma de predicción de la vetusta religiosa tendrá sentido, puesto que se pierde entre las paredes del monasterio, parafraseando el verso mutisiano. Todo lo que las rodea, ellas mismas, al igual que ya lo fuera el trópico en los poemas iniciales de Mutis, emerge en lo que William Ospina (2002: 11) ha calificado como «su voz se afirma en una meditación desolada». «Meditación desolada», y más incluso, desolación ante el mundo, ante los seres, ante la historia, y sin catarsis ni «purificación aristotélica», como señala Consuelo Hernández (1996: 274). La historia de Rusia, por el final dramático de su monarquía, por su propia inclinación hacia la tragedia o el sentimiento trágico de la vida, de cierta nostalgia indefinible que conduce hacia intentar vivir y encontrar solo desesperación, una vida siempre hacia un pozo, que tal vez únicamente encuentra su auténtico lugar en el arte, especialmente en sus escritores, es un mundo por explorar, en el que Álvaro Mutis ha podido encontrar muchos de sus referentes.

Conclusión

Como escribe William Ospina (2002: 12), con acierto y cierta ironía:

> Es sabido que los escritores de la América Latina suelen comenzar exaltando y venerando el ilustre mundo europeo para terminar descubriendo América. Mutis es el único caso que conozco de un poeta que comienza descubriendo apasionadamente su continente y que después opta por celebrar el mundo remoto y crepuscular de esas fatigadas culturas.

Pero Mutis no exalta el mundo europeo, más bien se sumerge en él para encontrar en otras latitudes su propio yo poético. El poeta no se traiciona, todos sus referentes, como la muerte, la decrepitud física, el ineludible y terrible paso del tiempo, los orígenes difusos, la inutilidad de la palabra e incluso el conocimiento atávico, la llamada del tiempo pasado, se encuentran muy presentes en sus dos poemas de temática rusa. Álvaro Mutis ha buceado por las vicisitudes de la literatura y la cultura de Rusia, las ha hecho suyas, ha vislumbrado su propia desolación en la del poeta ruso por excelencia ante su muerte, cuya epifanía, ese conocimiento esencial, llega tarde y no sirve para nada. Más aún, la historia de Rusia, que Mutis, además, nos expresa en español en todas sus dimensiones, sin alardes, pero ofreciéndonos un poema para que lo descifremos dentro de su contexto cultural estepario, mira al destino de un personaje real sin compasión, le imprime su poética para que a los lectores no nos quede duda de que estamos ante un poema pura y llanamente deteriorado, desolado, mutisiano. Mutis ha explorado los trópicos, Mutis nos ha hecho viajar junto a Maqroll por todos los peldaños de su poética, pero Mutis no se ha detenido en la ambientación tropical o latinoamericana, sino que ha llevado la "inutilidad" de su palabra hasta los confines del mundo, hasta uno de los países que más ha novelizado y poetizado su propio desamparo, como es Rusia. Y lo que ha encontrado Mutis es que su propio bucle del "deterioro", como lo ha definido Consuelo Hernández (1996) se puede reproducir en la terrible inmensidad y violencia de Rusia. El poeta no se deja influenciar ni imita lo que ha leído y conocido sobre este país, su historia y literatura, sino que se lo apropia y nos muestra su propia desolación. La pretendida lejanía cultural se desvanece ante la inquebrantable constatación de la pérdida, del deterioro de la *anima mundi*, que emparenta a Mutis y le hace encontrarse a sí mismo en las lejanas latitudes en las que atraca y en todas las épocas históricas por las que transita. El viaje de Mutis navega por la otredad para aspirar su inconfundible sustancia propia.

REFERENCIAS BIBLIOGRÁFICAS

Corpus primario

Mutis, Álvaro (1992): *Summa de Maqroll, el Gaviero: poesía 1948-1988*. Prólogo de Rafael Conte. Madrid: Visor Libros.

Mutis, Álvaro (2002): *Summa de Maqroll, el Gaviero. Poesía reunida*. Prólogo de Ernesto Volkening. México DF: Fondo de Cultura Económica.

Corpus secundario

Andrade, Mário de (1965 – 1ª ed. 1928): *Macunaíma: o herói sem nenhum caráter* (4ª ed., Obras completas de Mário de Andrade). São Paulo: Livraria Martins.

Barrera López, Trinidad (1999): "Álvaro Mutis o la poesía como metáfora". *Anales de literatura hispanoamericana*, Nº 28, 1, Madrid: Editorial Complutense, pp. 473–488.

Bethea, David M. et Davydov, Sergei (2006): "Pushkin's Biography" en *The Pushkin's Handbook*, David M. Bethea (ed.), pp. 3–23, Madison: University of Wisconsin Press.

Brumfield, William C. (1998): "Lord Novgorod the Great". *Russian Life*, Vol. 41, Nº 8, pp. 21–47.

Bushkovitch, Paul (2011): *A Concise History of Russia*, Cambridge: Cambridge University Press.

Canfield, Martha L. (1996): "Poesía onírica y sueños contados en la obra de Álvaro Mutis" *Atti del XVII Convegno [Associacione Ispanisti*

Italiani]: Milano 24-25-26 de octubre, Vol. 1, 1998 (*Sogno e scrittura nelle culture iberiche*), pp. 411–428.

Canfield, Martha L. (1994): "Álvaro Mutis: soñador de navíos". *Hispamérica: Revista de Literatura*, nº 23 (67), pp. 101–107.

Dickinson, Sara (2006): *Breaking Ground: Travel and National Culture in Russia from Peter I to the Era of Pushkin*, Ámsterdam: Editions Rodopi.

Dostoievski, Fiódor M. (2007): *Diario de un escritor*, trad. de Víctor Gallego Ballestero, Barcelona: Alba.

Erickson, Carolly (2001): *Alexandra: The Last Tsarina*, Londres: Constable & Robinson.

Fernández Granados, Jorge (2006): "Álvaro Mutis, el río y el encuentro". *Espéculo: Revista de Estudios Literarios*, Nº 32. Disponible en línea: https://webs.ucm.es/info/especulo/numero32/amutis.html [Última consulta: 21-06-2019]

Gómez de González, Blanca Inés (2004): "Epifanía y desesperanza en la obra de Álvaro Mutis". *Universitas humanistica*, Nº 57, pp. 115–127. Disponible en línea: https://revistas.javeriana.edu.co/index.php/univhumanistica/article/view/9545/7778 [Última consulta: 21-06-2019]

Hernández, Consuelo (1996): *Álvaro Mutis: una estética del deterioro*, Caracas: Monte Ávila.

Mutis, Álvaro (1997): *Contextos para Maqroll*. Introducción de Ricardo Cano Gaviria. Colección Igitur/Mito. Tarragona: Igitur.

Ospina, William (2002): "Álvaro Mutis", *Cuadernos hispanoamericanos*, Nº 619, pp. 7–14.

Proust, Marcel (1999 – 1ª ed. 1913–1927): *À la recherche du temps perdu*, París: Gallimard.

Szeftel, Marc (1974): "Church and State in Imperial Russia" en *Russian Orthodoxy under the Old Regime*, Robert L. Nichols y Theofanis George Stavrou (eds.), pp. 127–141. Minneapolis: University of Minnesota Press.

Varanini, Francesco (2000): *Viaje literario por América Latina*, trad. de Attilio Pentimalli, Barcelona: Acantilado.

Vidal, Helena (1996): "2.2. Pushkin y su creación literaria" en *Historia de las Literaturas Eslavas*, Fernando Presa González (coord.), pp. 1068–1080. Madrid: Cátedra.

Volkening, Ernesto (2002): "El mundo ancho y ajeno de Álvaro Mutis"
    prólogo en *Summa de Maqroll el Gaviero*, Álvaro Mutis, pp. 11–
    17. México DF: Fondo de Cultura Económica.
Ziegler, Charles E. (2009): *The History of Russia: Second Edition*,
    Santa Bárbara: ABC-CLIO.

Rodrigo GUIJARRO LASHERAS

Contra la ficción del viaje: *Trawl*, de B. S. Johnson

¿Qué hacía B. S. Johnson (1933–1973), escritor londinense que jamás había pisado la cubierta de un barco, dejando su vida de urbanita y subiéndose a bordo de un minúsculo y rústico pesquero que zarpaba para faenar durante tres semanas? ¿Qué actitud literaria se esconde tras este gesto? *Trawl* (1966), que podemos traducir como *Palangre*, es un caso muy singular dentro de la literatura de viajes por su manera visceral de ejemplificar la tensión entre lo ficcional y lo fáctico a la que el género se presta con tanta facilidad.

En las páginas siguientes, se irán desgranando las particularidades de la tercera novela de Johnson: la metáfora nuclear que rige el viaje, la cualidad propiciatoria y orientada hacia el yo del mismo, así como el problema de su veracidad. El objetivo es, por un lado, entender mejor el sentido de la estimable producción literaria del autor. Por otro, sin embargo, se pretende que las ideas que vayan apareciendo sirvan como motivo para la reflexión sobre uno de los significados que el viaje puede adquirir en la literatura, y pueda incorporarse así a las investigaciones sobre otros textos alejados del marco espacio-temporal de nuestro autor.

1 Presentación

Antes de dar pie a las consideraciones anunciadas, parece necesaria una contextualización del autor británico que nos permita entender mejor el sentido de su viaje, dado lo poco conocida que es su figura para el público hispanohablante y, también, para el lector inglés común. Esto no se debe, desde luego, a la falta de esfuerzos críticos. Prácticamente todas las historias de la literatura inglesa que cubren la década de los 60 glosan la obra de Johnson. La última de ellas que ha publicado Oxford University Press le dedica varias páginas —Boxall y Cheyette (eds.) (2016)—. Además, existe una decena de monografías sobre su obra, así como numerosos artículos, y cinco de sus siete novelas (salvo la primera y la última) han sido reeditadas varias veces y están actualmente disponibles en librerías. Además, Jonathan Coe, novelista inglés bastante popular en la actualidad, ha puesto a Johnson en el candelero con la publicación de *Like a Fiery Elephant* (Coe, 2004), acercamiento biográfico muy personal a la vida y posicionamientos estéticos de Johnson. Por su parte, el clásico y difundidísimo estudio de Patricia Waugh (1984) *Metafiction* —uno de los primeros que analiza en profundidad la deriva metaliteraria de la narrativa del pasado siglo— le dedica varias páginas y comienza justamente con una cita suya. El lector español, por su parte, puede encontrar dos de sus novelas traducidas: *Los desafortunados* (2015) y *La contabilidad privada de Christie Malry* (2012).

Tal vez todas estas publicaciones no hayan logrado popularizar la obra que presentan por la siguiente razón: si tuviéramos que elegir un único rasgo para dar a conocer a Johnson, este sería sin duda su experimentalismo, su deseo de continuar el camino emprendido por Joyce y Beckett y desbrozar un nuevo tramo en el sendero recorrido por estos autores. Ahora bien, lejos del intelectualismo, sus novelas combinan este prurito con la legibilidad y la amenidad. Johnson no tiene problema en agujerear las páginas del libro como forma de prolepsis (*Albert Angelo*), presentarlo sin encuadernar para que se lea en un orden aleatorio, al igual que la memoria desordena la cronología real de lo sucedido (*Los desafortunados*) o hilvanar una serie de monólogos caóticos de ancianos con diverso grado de demencia de tal manera que la ubicación de cada frase marque la simultaneidad con las respectivas frases en la página análoga del resto de monólogos (*House Mother Normal*).

Frente a estas peculiaridades, puede decirse que *Trawl* se sitúa entre lo más convencional (al menos en lo que se refiere a la presentación material del libro) de su producción. Escrita justo después de la novela que le supuso su primer éxito de crítica (*Albert Angelo*, 1964), esta obra se enmarca en el género del viaje marítimo, frecuente en la literatura inglesa por razones que pueden imaginarse fácilmente. A través de un cuasidiario que recoge lo sucedido y lo que el narrador piensa de forma cronológica desde el embarque —si bien no existen entradas

330

que señalen la fecha——, el texto puede emparentarse con obras de ese periodo como *Rites of Passage*, de William Golding, *The Voyage of Destiny*, de Robert Nye, o "Through the Panama", de Malcolm Lowry, tal y como Hassam (1988) propone.

Pero, ¿qué nos cuenta *Trawl*? Johnson, o un sujeto narrador que parece coincidir con él, nos cuenta las semanas que pasa a bordo de un palangrero que faena en alta mar sin más rumbo que el que la busca de pescado vaya dictando. La novela la constituye el flujo de monólogo interior del narrador, que se corresponde linealmente con el transcurso de los días, desde que el barco zarpa hasta que está a punto de arribar a puerto. En el texto, que a pesar del monólogo sujeto a las veleidades del narrador está estructurado de forma sumamente transparente, se distinguen tres tipos de pasajes que se van sucediendo sin solución de continuidad: 1) la narración de recuerdos del protagonista (de infancia, adolescencia, relaciones sentimentales pasadas y la presente); 2) la narración de las actividades que suceden en el barco (los mareos y la pesca sobre todo, también los contactos esporádicos con los pescadores y otros asuntos); 3) los metacomentarios sobre los recuerdos (la inutilidad de recordar, las conclusiones que el protagonista saca sobre su carácter o personalidad a partir de ellos).

2 La metáfora nuclear

La presentación anterior nos permite tener una noción aproximada del planteamiento general de la novela. Desde ese mismo momento, surge una pregunta ineludible que afecta al núcleo de cualquier interpretación del texto que podamos ofrecer: ¿para qué realiza Johnson este viaje? La respuesta más inmediata es que lo hace para recordar. O, de forma más exacta, para permitirse recordar y para propiciar el recuerdo: «pero el pensar sería bienvenido, puesto que por eso estoy aquí, para lanzar la estrecha red de mi mente en el vasto mar de mi pasado» (Johnson, 2013a: 9)[1]. Unas páginas después, el narrador se interroga: «¿por qué

---

1   La traducción de esta y de todas las citas de la novela es mía.

arrastro la delicada malla de mi mente sobre el suelo roto y descosido de mi pasado?» (Johnson, 2013a: 21).

Estas citas nos conducen directamente a lo que podemos considerar como la metáfora nuclear de la novela, a partir de la cual ha de configurarse cualquier interpretación del texto que quiera plantearse. Asistimos a un viaje (una autoexploración) por mar (por la mente) para pescar (para recordar) peces (recuerdos) mediante la técnica de palangre (arrastrando y sacando a la luz de la consciencia los recuerdos por accesorios o incómodos que sean). Johnson viaja, entonces, para hacer literal una metáfora. Lo interesante y más original de su propuesta es que, en su escritura, *literaturizar* la metáfora debe ser inexcusablemente *literalizarla*. A Johnson no le basta con una metáfora ficcional al uso, y ha de vivirla para poder contarla sin tener la sensación de estar engañándose en lo fundamental. Porque Johnson es un novelista que no cree en la ficción, y es de esta contradicción insalvable de donde emana su potencial creativo, su visceralidad y su inconformismo perpetuo, que busca siempre romper los límites del marco (e incluso la materialidad de las páginas del libro, como en *Albert Angelo*).

Tal y como estudia Guignery (2011)[2], *Palangre* es entonces una novela sin ficción y sin falsedades. Todo lo que narra ha ocurrido realmente, ya que, como reza uno de los mantras de Johnson, «contar historias es contar mentiras» (Johnson, 2013b: 167). Para él, el simbolismo y la metáfora son recursos falaces. Por eso, no le vale con narrar un viaje que, como todos los que ha narrado la literatura desde sus orígenes, posea una clave o una lectura simbólica, tal y como habría hecho cualquier otro escritor. Lo que hace es viajar, y así escribir una novela de no ficción (publicada de hecho el mismo año que el gran clásico pionero del género, *A sangre fría*). Johnson recuerda mientras viaja; los recuerdos emergen de su mente a la vez que los peces del agua. En este sentido, la mayoría de observaciones que el narrador realiza sobre el transcurso de la pesca pueden leerse como correlato y especie de metáfora vivida de su ajuste de cuentas con su pasado. Así, puede ampliarse

---

2   Se trata de un breve artículo que da las claves para entender la muy particular concepción de la ficción que tenía el autor. Aunque de gran pertinencia aquí, no reproduciré las ideas de este estudio, que supondrían una glosa excesivamente extensa. El artículo puede consultarse libremente en la web.

el marco simbólico y detectarse otras microanalogías. Por ejemplo, la mente que recuerda funciona igual que la pesca de arrastre o palangre, una vez puesta en marcha deja de estar por completo supeditada a nuestra voluntad, ya que uno no controla lo que pesca con este método. En palabras de Johnson: «Una vez activada, la memoria no se detiene, está solo parcialmente bajo control, borbotea encendida» (Johnson, 2013a: 70). La evisceración de los pescados puede identificarse con el análisis obsesivamente minucioso —y doloroso— de lo recordado, así como los ejemplares casi fantásticos de especies raras que eventualmente aparecen capturados en las redes tienen como correlato algunos recuerdos igualmente extraños para el yo actual del narrador.

Además, la pesca de palangre y el vómito (que continuamente sobreviene al narrador) tienen en común que ambos suponen expulsar violentamente algo de dentro afuera. Y los dos implican una purgación, una corporal, otra psicológica, para tratar de restablecer un equilibrio perdido. Eso es recordar para el narrador. El vómito es, por tanto, otro elemento análogo a la pesca y al ejercicio de la memoria que de algún modo parece concebirse como el precio a pagar por la actividad que quiere llevar a cabo, ya que uno y otro son actividades incompatibles. Igual que el mar propicia pero también obstaculiza la pesca, el viaje propicia pero también obstaculiza, con los mareos que genera, la tarea de pensar. Johnson reitera a menudo que, cuando el segundo se presenta, no puede darse el primero. Esta es la versión que crea Johnson de la idea glosada por autores como Onfray que concibe el viaje como trastorno para el cuerpo, que lo saca de sus ritmos biológicos habituales y lo convierte en «un sismógrafo hipersensible» (Onfray, 2016: 52). En este sentido, la identificación que algunos han planteado del mareo con la depresión (McGregor, 2013: vii) es totalmente extratextual. Solo la podemos hacer si conocemos la biografía de Johnson, ya que el texto no apunta la metáfora en ningún momento. Quedaría, además, fuera de ese *hacerse literal* que la obra tiene como principio poético irrenunciable, puesto que el narrador no está afectado por ninguna depresión mientras está a bordo.

Lejos del tono cómico que podrían tener, los mareos del novato marinero contribuyen a una sensación de claustrofobia en un espacio mínimo que la obra construye con pericia. Tal vez ello se deba a que el texto se contagia del único espacio en el que transcurre la acción.

La sintaxis de las más de doscientas páginas de la novela puede calificarse como movida, mareada, con muchas comas para separar oraciones cortas, con idas y venidas como los vaivenes del barco (Johnson, 2013a: 9, es un buen ejemplo de ello). Además, la disposición del texto en la página también es intencionadamente claustrofóbica: cualquier lector que eche un rápido vistazo a cualquiera de las páginas de esta obra se encontrará con unos márgenes notablemente más amplios que lo habitual, un texto apretado, constreñido, como si también estuviera en el barco sin espacio.

Estos recursos formales aprovechados temáticamente apuntan a otro de los problemas nucleares que la novela quiere poner encima de la mesa: la soledad inescapable en la que se encuentra el narrador (con la esperanza de que su proceso de pesca y evisceración de peces le ayude a entenderla mejor), hasta el extremo de plantear una visión solipsista sobre lo ineludible del pronombre personal "I", aprovechando que en inglés, al contrario que en castellano, no es suprimible y, además, consta de una única letra y fonema. No en vano, la obra se abre y se cierra con la misma profecía autocumplida: «I, always with I […] one always starts with I […] And ends with I» (Johnson, 2013a: 183)[3]. En otras palabras, el hecho de que el libro empiece y acabe con "I" es lo que le da la razón a la propia afirmación de que uno (y el propio libro que uno escribe) no puede sortear el único barrote de la cárcel que, como el minúsculo barco en el que se encuentra, lo atrapa y le impide entablar ninguna conexión o contacto satisfactorio o real con los demás. Es este sentido emocional, que no filosófico, el que Johnson confiere a la idea del solipsismo. Recordar no es tanto un medio para conocer las razones de lo sucedido como para quitar el daño, llegar a algún tipo de tregua con esa soledad ineludible y así poder afirmar «que he despejado mi vida del peso muerto de su pasado» (Johnson, 2013a: 180). Este propósito (que al final no parece lograrse) conduce a señalar el tipo de viaje tan poco habitual que la novela plantea. No es un viaje turístico, ni de descanso, ni de conocimiento de otros lugares, ni de disfrute: «Yo, que estoy aquí para trabajar tan duro como cualquiera, en mi propia tarea,

---

3   Mantengo esta cita en su idioma original por razones obvias, dado lo imposible de conservar su efecto y sentido usando un pronombre de dos letras que es suprimible cuando se emplea la primera persona.

y que sufro más que la mayoría, no siento ningún placer del que tenga noticia» (Johnson, 2013a: 28). Es cierto que se da el motivo del personaje que viaja para dejar atrás su vida (aunque sea momentáneamente), pero no para empezar de cero, ni para huir de nada, ni para olvidar, ni para escapar de una situación indeseada, sino para acceder a una especie de metanivel desde el que pueda reflexionar sobre lo que ha sido su vida hasta el momento, para alejarse de ella y poder verla a través del filtro exclusivo del recuerdo (Johnson, 2013a: 103) y entender «eso que me ha convertido en un solitario» (Johnson, 2013a: 117). Es el propio narrador, de nuevo, el que expresa de la forma más contundente la idea, y así afirma: «quiero darle una forma sustancial aunque simbólica a un aislamiento que he sentido la mayor parte de mi vida, y hacerlo aislándome de hecho, representando el aislamiento de un modo extremo, apartándome lo máximo que sea posible de todo lo que había conocido antes» (Johnson, 2013a: 105).

3 Un viaje del yo, un viaje propiciatorio

Por todo lo dicho anteriormente, podemos afirmar que no estamos ante un viaje iniciático en el sentido de que abra vías insospechadas o desconocidas para el sujeto. Más que iniciático, estamos ante un viaje propiciatorio: propiciatorio del recuerdo, de algo que ya estaba en el mar y ha sido capturado en la red. Al contrario que en la inmensa mayoría de viajes literarios, esta travesía no conlleva una relación entre los sucesos externos e internos. Es decir, lo que va sucediendo fuera (en el barco) no deja ninguna huella ni genera ningún cambio psicológico en el protagonista. Esta interrelación está rota, en consonancia con el carácter de metáfora literalizada que posee el viaje antes expuesto. Por eso, es un viaje del yo y solo del yo: el contacto con lo exterior es irrelevante.

La narración de cualquier viaje suele nutrirse de la diferencia entre el lugar de origen y el de destino o, en todo caso, los lugares de paso que el desplazamiento va haciendo descubrir. De aquí es, claro está, de dónde surge el carácter iniciático del viaje. Pero nada de esto hay en *Trawl*. No hay descripción ni planteamiento ni presentación del lugar de origen, no sabemos con precisión de dónde viene el narrador. Y el único lugar de destino es el propio barco: el medio para viajar se ha convertido en el fin y destino del viaje. Al narrador tampoco le interesa la microsociedad que genera el viaje. Apenas se detiene en el tipo de relaciones que se establecen a bordo con los pescadores. Estamos muy lejos, por tanto, del tipo de viaje en, pongamos por caso, un crucero que planteara un marco cerrado en el que van poco a poco desplegándose y evolucionando las relaciones entre los viajeros.

Es interesante también percatarse de la abundancia de pasajes en donde el narrador señala la falta de interés de lo que cuenta (esto es, recuerda), e incluso lo aburrido que le resulta hacerlo. Pocas veces se nos dice sistemáticamente esto en una novela, toda vez que no se trata de una *captatio benevolentiae*, ni de una ironía u otro recurso para generar un efecto contrapuesto al que se nombra. El narrador solo tiene interés en sí mismo, en llegar al fondo de sus recuerdos, y entretener al lector le da exactamente igual. Es, entonces, un mecanismo muy efectivo para hacer todavía más aguda su obsesión por la veracidad de lo recordado. No se recuerda por placer, sino como mecanismo para llegar al fondo de su sentimiento profundo de incomunicación y soledad. Así, es frecuente leer afirmaciones como «esto es tedioso, no tiene relevancia», o «este recordar no solo es tan doloroso, sino también aburrido para mí, no tengo ningún entusiasmo por ello» (Johnson, 2013a: 80 y 119), si bien el proceso siempre continúa, ya que «debe agotarse, el asunto, y sus posibilidades, en caso de que la clave, todo su sentido, esté ahí para que lo encuentre» (Johnson, 2013a: 123).

El mismo propósito es el que explica la pormenorizada narración de detalles que parecen irrelevantes. «¿Para qué sirven estas afirmaciones?» (Johnson, 2013a: 92), o, parafraseado, una vez más, ¿qué sentido tiene el viaje? La infancia recordada no tiene nada de particular, no hay ningún trauma ni hecho clave que sacar a la luz para explicar su vida de forma retrospectiva. Esto es lo que hace que la novela, si bien muy distinta, recuerde por momentos al planteamiento de libros como los respectivos *Me acuerdo* de Brainard (creador original del formato) y Perec. En todos ellos hay una sucesión de escenas cotidianas sin más propósito que lo que suponen para el sujeto que recuerda, recreándose en el dato exacto como si fuera una novedad recién descubierta (la marca de galletas de la infancia, el nombre de tal o cual compañero...).

La cuestión es que no necesitamos conocer la referencia o el contexto preciso en el que estos datos se inscriben para que se genere ese efecto de empatía hacia la rememoración de minucias cotidianas e incluso nos vengan a la mente algunas equivalentes de nuestro propio pasado. Es esta sensación de verdad y autenticidad que genera el texto lo que constituye su mayor logro.

En varios pasajes, se da asimismo una reinterpretación de los recuerdos conforme a la perspectiva adulta, a lo que sabe ahora que no podía saber o percibir entonces. Esto da pie a sacar conclusiones sobre lo recordado, como la influencia que tuvo pertenecer a la clase trabajadora en su infancia, sobre su carácter arrogante o su falta de espontaneidad (Johnson, 2013a: 51, 58 y 88, por ejemplo). La aspiración de Johnson queda así de manifiesto, y enlaza con otro de sus grandes temas, que ocupa la última sección de este capítulo: la ansiedad por alcanzar algo inequívocamente verdadero, en este caso acerca de su pasado como causa de su estado actual.

4 La verdad del viaje

Como he señalado, Johnson se sirve del viaje marítimo para plantear una de sus inquietudes más recurrentes. Concretamente, la preocupación y ansiedad por la veracidad de lo narrado y recordado. «Y existe una satisfacción en conocer la respuesta a las preguntas» (Johnson, 2013a: 98). Esta es la satisfacción que ha de procurar el viaje, si bien se ve continuamente abortada y cuestionada: «¿a dónde me ha llevado entonces todo esto [lo recordado]? [...] A ninguna parte. [...] Aquí» (Johnson, 2013a: 25). Muchas de las tribulaciones del narrador pueden explicarse desde esta perspectiva. Por ejemplo, se puede mencionar la preocupación por la imposibilidad de verificar los recuerdos, que, de nuevo, supone una tensión entre el adentro y el afuera: «Hay tanto de la propia infancia que debe asumirse por credulidad, visto por refracción a través de otros» (Johnson, 2013a: 36). La verdad, entonces, está siempre más allá, no es alcanzable, lo cual conduce a una profunda insatisfacción: «Debo tratar de analizar más, no simplemente pasar por encima de las cosas, del pasado, regodeándome, en vez de analizando» (Johnson, 2013a: 129).

Naturalmente, el narrador acaba desconfiando de su memoria, sufriendo por lo que percibe como su incapacidad de recordar verazmente. El género híbrido del libro, por su parte, refleja esta misma inquietud. No es un libro o diario de viajes (esto es, libros sin ficción), sino una novela de viajes que de algún modo incluye el carácter no ficcional del género de viajes. Johnson aprovecha temáticamente la novela de viajes como género híbrido que genera confusión sobre el estatuto que hemos de darle a los hechos referidos. De hecho, nuestro autor calificó el texto como «novela sin ficción» (Johnson, 1973: 14)[4], queriendo significar con ello que se trata de una obra que sigue los mecanismos narrativos propios de una novela (el monólogo interior, la búsqueda estilística, incluso los efectos visuales antes mencionados), pero que está en realidad constituida de hechos efectivamente verdaderos. Así, la sensación del lector es la de una indeterminación en cuanto a lo narrado, como si tuviera que atribuirle al mismo tiempo un estatuto ficcional (esto es, que pone entre paréntesis y hace improcedente la cuestión de si lo narrado es verdadero o falso) y verdadero (como si, conjuntamente con la puesta en suspenso anterior, fuera pertinente saber que a pesar de todo, los hechos sucedieron realmente). Esta ansiedad por el estatuto del texto es análoga a la que siente el narrador por discernir la verdad entre lo pescado durante el viaje.

Esta obsesión tiene varias consecuencias en cuanto al contenido del monólogo del protagonista, e incide especialmente en los metacomentarios sobre sus recuerdos. Por supuesto, una de ellas son las numerosas interpelaciones obligándose a poner más empeño en su tarea: «no, no era eso, es difícil recordar, inténtalo con más fuerza» (Johnson, 2013a: 23). Pero también un rasgo muy destacado de la novela que no se ha mencionado hasta ahora, como es la percepción del narrador como antihéroe. Mediante un tono descarnado y antirromántico, el narrador recuerda sus experiencias amorosas y sexuales con distintas mujeres, reflejando actitudes que generan rechazo en el lector (Johnson, 2013a: 20–21). Pero el narrador está obsesionado con sacar algo

---

4   Literalmente, Johnson afirma en la página referida de su autobiografía: «Es una novela, insistía yo, y podía probarlo; ficción es lo que no es».

338

de provecho de su viaje, y no tiene el más mínimo interés en generar simpatía o en guardar las formas. Hacerlo sería echar por tierra el viaje marítimo antes siquiera de embarcarse.

Dicho esto, «¿es el libro, entonces, un fracaso?» (McGregor, 2013: viii). Todas las novelas de Johnson buscan generar esta pregunta, y la respuesta siempre es equívoca. Para una mente como la suya, llevada a formular *ad nauseam* un metacomentario sobre cualquier idea expuesta, lo es en parte. Ante la extracción de ciertos recuerdos, el narrador se pregunta: «¿O es [el recuerdo que acaba de narrar] demasiado obvio, demasiado simple, demasiado ingenuo?» (Johnson, 2013a: 21). La paradoja es que el fracaso del narrador para llegar a un punto explicativo de su vida a través de sus recuerdos supone su éxito literario para mostrarlo, y plantear con profundidad y veracidad lo que tuvo que suponer la experiencia del viaje en tales condiciones y el papel que su lectura metafórica (el recuerdo y el análisis de los recuerdos) tiene para el autor.

Conclusiones

La narrativa de viajes y su subgénero marítimo se presta especialmente a tratar temas como la ecocrítica, el desarraigo y la identidad, los efectos de la globalización, la relación entre lo propio y el otro, la aventura y la acción, y también el viaje iniciático en donde el desplazamiento es metáfora de una transformación psíquica. Lo interesante de *Trawl* es que marca un rumbo totalmente distinto y teje su propio camino frente a los temas más habituales que su formato suele abordar.

Si bien hay algo parecido a lo iniciático en este viaje, en rigor se entiende mejor como un viaje propiciatorio (del recuerdo), ya que el viaje no genera ninguna transformación en el autor. La idea de hacer literal la metáfora como única fórmula legítima para el escritor conlleva que esa transformación es análoga al viaje pero independiente del mismo. Lo que determina el cambio psicológico o la introspección no son las etapas del viaje, ni lo vivido a bordo, ni los destinos conocidos.

En definitiva, *Trawl* desarrolla un aspecto de la literatura de viajes que encaja muy bien con las poéticas metaficcionales que tanto desarrollo han tenido en el último medio siglo. El viaje se concibe como indagación en la verdad: tanto desde la perspectiva temática como desde el estatuto que el lector ha de atribuirle a la obra y a la indeterminación que el texto plantea en este sentido. Por un lado, el texto se presenta como una novela, hace uso del monólogo interior y desarrolla fuertes marcas estilísticas. Esto hace que el lector lo perciba como una ficción. Pero a la vez proclama su no ficcionalidad, se ciñe escrupulosamente al yo, a lo único que el narrador puede conocer, y narra hechos que coinciden todos ellos con lo que sabemos de Johnson. Puede leerse como un diario de viaje autobiográfico no ficcional. Y esto es también una forma de jugar con la imposibilidad de comprobar la veracidad del recuerdo, con la sensación de verdad pero también de mixtificación que genera y que perturba por momentos al personaje. Por ello, es una novela contra el viaje como ficción metafórica que al final acaba llegando a esa metaforicidad por otros medios.

Son estas paradojas las que, de diversas formas, nutren la obra de Johnson. A fin de cuentas, lo que hace Johnson se corresponde con uno de los rasgos más característicos de la literatura: decir lo mismo de otra forma, de una forma no gastada que resulte auténtica. Esto es, para seguir diciendo lo mismo, hay que decirlo de otra forma. Johnson viaja porque no es capaz de hacer una metáfora. Porque para hablar de pesca ha de embarcarse realmente. Viajar es hacer literal la metáfora. Aun así, la metáfora, el símbolo o la analogía, presentados de forma extraña y autorreflexiva, persisten.

REFERENCIAS BIBLIOGRÁFICAS

Boxall, P. & B. Cheyette (eds.) (2016): *The Oxford History of the Novel in English Volume 7: British and Irish Fiction Since 1940*, Oxford: Oxford University Press.

Coe, J. (2004): *Like a Fiery Elephant. The Story of B.S. Johnson*, Londres: Picador.

Guignery, V. (2011): "B.S. Johnson ou l'équilibre de l'écart", *Sillages critiques* [En línea], n° 12, disponible en: http://journals.openedition.org/sillagescritiques/2237 [último acceso el 15 de agosto de 2019].

Johnson, B.S. (1973): *Aren't You Rather Young To Be Writing Your Memoirs?*, Londres: Hutchinson.

Johnson, B.S. (2013a): *Trawl*, Londres: Picador.

Johnson, B.S. (2013b): *Albert Angelo*, Londres: Picador.

Hassam, A. (1988): "Literary Exploration: The Fictive Sea Journals of William Golding, Robert Nye, B.S. Johnson and Malcolm Lowry", *Ariel* 19(3), pp. 29–46.

McGregor, J. (2013): "Introduction", en *Trawl*, de B.S. Johnson, Londres: Picador, pp. v–ix.

Onfray, M. (2016): *Teoría del viaje*, Madrid: Taurus.

Waugh, P. (1984): *Metafiction. The Theory and Practice of Self-Conscious Fiction*, Londres y Nueva York: Methuen.

Javier RIVERO GRANDOSO

El viaje a la utopía: Lanzarote en dos obras de Michel Houellebecq

Michel Houellebecq es uno de los escritores más aclamados de la narrativa francesa actual, una literatura que ha brindado algunos de los últimos Premio Nobel de Literatura, como Jean Marie Gustave Le Clézio (2008) y Patrick Modiano (2014) y otros galardones prestigiosos, como el reciente Princesa de Asturias de las Letras de Fred Vargas (2018), y que sigue generando nuevos grandes nombres, como Pascal Quignard, Leïla Slimani, Pierre Lemaitre, Jonathan Littell…

Houellebecq es uno de los grandes valores de la literatura francesa, tanto, que incluso ha aparecido como uno de los principales candidatos en las apuestas que se realizan cada año ante los Premios Nobel. No tendrá fácil la consecución de este galardón, ya que su personalidad polémica juega en su contra, especialmente su postura crítica e incisiva en contra de las religiones y, particularmente, contra el Islam. Este hecho ya le ha provocado demandas en su contra y una de sus últimas novelas, *Sumisión* [*Soumission*] (2015), causó gran revuelo antes de su venta en librerías[1], ya que la trama, de política-ficción, se centra en la situación que se produce en Francia en 2022 ante la llegada al poder de un partido de principios musulmanes.

Ganador de numerosos y prestigiosos premios, entre ellos el Goncourt por *El mapa y el territorio* [*La Carte et le Territoire*] (2010), uno de los más codiciados de la narrativa francesa, Houellebecq ha empleado en algunas de sus obras el espacio insular. La isla, lejos de ser mero marco, se convierte en espacio relevante que va a condicionar el desarrollo de la trama.

La aparición de la isla en la obra de Houellebecq es posible gracias al viaje, elemento recurrente en su producción narrativa que permite a

---

1   De hecho, la presentación de esta novela en París fue suspendida, porque coincidió con el día del atentado contra los trabajadores de la publicación *Charlie Hebdo*.

los personajes alejarse de su rutina y encontrar nuevos horizontes donde dar rienda suelta a sus pasiones y encontrarse a sí mismos. Como veremos, en no pocos de esos viajes los personajes buscan nuevas relaciones sexuales que les permitan alcanzar una felicidad que se termina demostrando como efímera o, incluso, ilusoria. Así sucede en *Plataforma* [*Plataforme*] (2001), novela en la que el protagonista, Michel, un funcionario parisino, para recuperarse de la muerte de su padre –que fue asesinado– decide viajar a Tailandia, donde puede escapar de la rutina en un destino conocido por el turismo sexual.

En este capítulo nos centraremos en la representación del espacio insular, concretamente de la isla de Lanzarote, en dos obras en las que el viaje se convierte en un elemento central de la trama narrativa: *Lanzarote* [*Lanzarote. Au milieu du monde*] (2000) y *La posibilidad de una isla* [*La Possibilité d'une île*] (2005). Si bien son dos novelas independientes, con muchas diferencias entre sí, existen ciertas conexiones entre ambas, pues, como se analizará, algunos elementos de *Lanzarote* se retoman, con mayor desarrollo, en *La posibilidad de una isla*.

Michel Houellebecq nació en La Reunión, una isla, aunque desde temprana edad se mudó primero a Argelia y después a París, donde cursó sus estudios de secundaria. Tal vez la admiración por Lanzarote pueda surgir de su origen, de donde perduraría su sensibilidad para describir y referirse al espacio insular. La Reunión es una isla situada en el océano Índico, cerca de Madagascar, que pertenece a Francia. Comparte con Canarias su condición de Región Ultraperiférica en la Unión Europea. Mientras que el clima de La Reunión es típicamente tropical, sí que se parece a Canarias en su origen volcánico, precisamente uno de los elementos que más destaca Houellebecq en estas novelas.

Lanzarote es una de las ocho islas Canarias –la octava de ellas, La Graciosa, situada al norte de Lanzarote y que pertenece administrativamente a esta, como parte del municipio de Teguise, fue reconocida como isla habitada el 26 de junio de 2018 por la Comisión General de Comunidades Autónomas del Senado–, situada en el océano Atlántico, a menos de 200 km de la costa africana y a más de 1500 km de Madrid. Lanzarote, como todo el Archipiélago, tiene en el turismo su principal sector económico. Esto ha sido posible gracias al buen clima que acompaña Canarias durante todo el año, a las obras artísticas y arquitectónicas de César Manrique y a los espacios naturales protegidos, entre los que destaca el Parque Nacional de Timanfaya.

Como ya se ha tratado en otros trabajos, como el de Curell (2007), el nuestro (Rivero Grandoso, 2014) y el de Oliver Frade (2017), Houellebecq ha mantenido una estrecha vinculación con Lanzarote, como se demuestra en su obra. El origen de *Lanzarote* se puede hallar en el poema "Playa blanca", como señala Curell (2007: 114–115), recogido en la obra *Renaissance* y donde se mencionan algunos de los temas centrales de la novela, como las playas, el viaje, los turistas, etc. Además, Houellebecq había publicado el relato "Rudi" para la revista *Elle*, donde ya se configuraba las características de uno de los personajes de la obra. A partir de estas primeras tentativas, Houellebecq publicó más tarde *Lanzarote* y *La posibilidad de una isla*. Además, es autor de un poema musicalizado sobre la isla y de una obra audiovisual grabada en el Parque Nacional de Timanfaya en colaboración con el colectivo italiano Masbedo, que fue presentada en la feria de arte ARCO en 2006. *La posibilidad de una isla* fue adaptada al cine por el propio Houellebecq, y aunque la crítica fue demoledora casi en su totalidad, Lanzarote aparecía de nuevo como espacio en el que se ambientaba la obra (Oliver Frade, 2017: 444).

Como habíamos adelantado, hay algunos elementos que aparecen en *Lanzarote* y se desarrollan con mayor profundidad en *La posibilidad de una isla*. El más importante es sin duda la referencia a las sectas. En *Lanzarote*, al final de la obra, se tiene constancia de que uno de los personajes pertenece a la secta azraeliana, que investiga la clonación y pretende construir en la isla de Lanzarote la futura «ciudad de acogida de los extraterrestres» (Houellebecq, 2000: 80). En *La posibilidad de una isla*, como profundizaremos, la trama en Lanzarote se va a centrar en el desarrollo de un congreso que va a celebrar la secta elohimita.

Hemos definido *Lanzarote* como «una obra posmoderna en la que se narra un relato en apariencia ficticio con muchos elementos de los libros de viaje, aunque estos no siempre aparezcan insertos definidamente en la historia» (Rivero Grandoso, 2014: 206). Esta novela podría ser denominada como texto híbrido, ya que, además del relato ficcional, se incluyen fotografías y un apéndice en el que se recoge el testimonio del padre Andrés Lorenzo Curbelo sobre la erupción de Timanfaya, que tuvo lugar en el siglo XVIII. La obra está protagonizada por un narrador homodiegético, un personaje, como todos los que suelen protagonizar las obras de Houellebecq, de clase media, de una edad aproximada a los 40 años –similar a la del autor en el momento de publicación de la obra–, desencantado de su vida que decide viajar para celebrar el cambio de milenio alejado de una rutina que no colma sus expectativas. Tras acudir a una agencia de viajes para buscar un destino turístico de su agrado –frente a lugares de religión musulmana, que rechaza–, la dependienta le ofrece Canarias y acto seguido le presenta un paquete vacacional para la isla de Lanzarote. El viaje se convierte, según el propio narrador, en el «material portador de sueños» (Houellebecq, 2000: 12). El personaje emplea esa metáfora para referirse a las esperanzas y a las ilusiones que el turista deposita en el viaje que piensa llevar a cabo.

No obstante, como ya hemos abundado en el trabajo mencionado (Rivero Grandoso, 2014: 207–211), el protagonista no se muestra especialmente atraído por la isla que visita. De hecho, apenas realiza las excursiones contratadas y sale del recinto hotelero para visitar algunas zonas en compañía de otros turistas, de diferentes nacionalidades, que se están alojando en el mismo establecimiento. De este modo, visita en excursión programada, sin que le cause una gran impresión, el Parque Nacional de Timanfaya y el Jardín de Cactus. Aunque el narrador muestra su hastío, el anexo fotográfico desmiente esa impresión, debido al gran número de imágenes que se presentan de estos lugares. Parece que, si bien al protagonista no le interesasen demasiado, al autor sí que le impactó el paisaje. Con Rudi, un luxemburgués afincado en Bélgica con el que se lleva bien, visita el mercado artesanal de Teguise, la playa de Famara, Tinajo y Geria, y al día siguiente se unirán a la visita dos turistas alemanas que querían ir la playa de Papagayo.

El protagonista no muestra interés por la isla y mucho menos por sus habitantes, con los que no tiene trato, achacable al «desinterés del hombre urbano, incapaz de resistir el aislamiento o el repliegue sobre sí mismo que implica su estancia en la isla» (Rodríguez Pérez, 2009: 298). En su lugar prefiere dar rienda suelta a sus instintos primarios y disfrutar del sexo grupal con las dos alemanas en la playa y en el hotel.

En este sentido, se confirma que «las islas son territorios fronterizos y abiertos, al mismo tiempo, en los que se produce el tránsito» (Zavala, 2010: 61): Lanzarote promueve la llegada de visitantes para potenciar el sector turístico y este tránsito es beneficioso para ambas partes. Las islas son espacio de entrada de viajeros y el contacto con el exterior, además de ser necesario, es constante. No obstante, el personaje de esta obra no muestra el mismo entusiasmo por la población ni por la cultura local.

La posibilidad de una isla presenta la historia de Daniel, un monologuista y artista francés de gran éxito, pero que tiene problemas de pareja. Como el personaje de *Lanzarote*, Daniel vive en una insatisfacción permanente, lo que lo obliga a llenar su vida con placeres y proyectos que puedan dar sentido a su existencia. Daniel viaja a España, primero a Almería, donde tiene una casa en Cabo de Gata, y después a Lanzarote, adonde se traslada para acudir a un evento de la secta elohimita, que basa sus creencias en que la creación del ser humano había sido posible por los Elohim, unos extraterrestres muy avanzados que podían hacer viajes a la Tierra. Los elohimitas escogen Lanzarote, debido a su naturaleza volcánica, como el espacio en el que crearán la embajada en la que esperan la llegada de los Elohim. Los elohimitas avanzan en la investigación sobre la clonación, para poder perpetuarse y conseguir la tan ansiada inmortalidad que conocen los Elohim.

La estancia de Daniel en Lanzarote se limita sobre todo a la residencia que han creado como embajada para la llegada de los Elohim, bien asegurada contra la mirada de curiosos. Sin embargo, Daniel aprovecha para conocer algo de la isla con Vincent, con quien sale del recinto durante unas pocas horas para que este pueda olvidarse de sus problemas amorosos. En la breve escapada van a la playa, donde coinciden con la celebración de un certamen de Miss Bikini. La mirada del protagonista, como ya sucedía en *Lanzarote*, se posa sobre las mujeres, convertidas en meros objetos sexuales. Lo que llama la atención del protagonista es el nudismo, los cuerpos femeninos, los concursos en bikini. La sexualización de la mujer es más importante para Daniel que conocer la isla en la que se encuentra.

La objetualización de la mujer también sucede en la secta, donde el profeta, aprovechándose de su estatus de líder de la organización, no solo tiene doce novias, sino que además puede tener sexo con cualquier mujer elohimita tan pronto lo desee. Las elegidas, debido a la manipulación y a la alienación que sufren, lejos de rechazar o de lamentar esas relaciones sexuales, se sienten halagadas de que el profeta las escoja a ellas.

Es precisamente esto lo que va a provocar que uno de los hombres, celoso después de que el profeta haya mantenido relaciones sexuales con su pareja, lo asesine. El crimen, en consecuencia, pone en peligro la existencia de la secta tras desaparecer su líder, pero el protagonista y otros elohimitas encuentran una solución para que no trascienda el suceso: utilizar a Vincent, que se revela como el hijo biológico del profeta, para hacerse pasar por el asesinado, como prueba de que las investigaciones científicas han funcionado y han logrado que el profeta ocupe un nuevo cuerpo. Para hacer desaparecer el cuerpo y poder construir un relato creíble, la secta anuncia que el profeta se suicidó para poder reencarnarse tres días más tarde, como la resurrección de Jesucristo. El cuerpo es arrojado a una grieta volcánica, donde la lava se ocupa de borrar las señales del crimen cometido.

El carácter volcánico de Lanzarote permite que se deshagan del cadáver de esta forma. Además, el componente telúrico de la desaparición del cuerpo otorga al episodio un claro primitivismo en el que el fuego es necesario para la destrucción de la identidad del profeta, pero también para la regeneración, para la reencarnación –aunque falsa– del personaje en otro cuerpo. Precisamente, esta idea aparecía al final de *Lanzarote*, cuando el protagonista abandona la isla y regresa a su casa:

> Al despegar el avión eché una última mirada a aquel paisaje lleno de volcanes, de un color rojo oscuro en el crepúsculo del amanecer. ¿Tranquilizaban…, o por el contrario, representaban una amenaza? No sabría decirlo; pero, en cualquier caso, eran el símbolo de la posibilidad de una regeneración, de un nuevo arranque. «Regeneración por el fuego», me dije. El avión ganaba altitud. Luego viró sobre un ala en dirección al océano. (Houellebecq, 2000: 79)

La conexión entre ambas obras, de nuevo, es evidente. La erupción de los volcanes significa la aparición de un nuevo sustrato y, por lo tanto, de un nuevo paisaje. De hecho, las islas volcánicas se originaron por la erupción submarina que fue emergiendo a la superficie. De la misma forma que se crea una nueva geografía, la desaparición del profeta a través de la grieta volcánica también supone una regeneración no solo del profeta, sustituido por otro –que sirve de coartada para hacer creer a los miembros de la secta y al resto del mundo que han conseguido perpetuar el material genético de una persona en distintos cuerpos–, sino que también supone una regeneración de los elohimitas, dirigidos por un nuevo líder.

De esta forma, se deja patente la ficción que precede al relato religioso: Houellebecq, como comentamos en la introducción, es bastante crítico en sus obras con las religiones, por lo que la *performance* que lleva a cabo Vincent como nuevo profeta –reencarnación del anterior, su padre– ante los miembros de la secta y de los periodistas que se han concentrado, subraya el carácter falso de los grandes milagros religiosos. Estos capítulos «parodian el discurso religioso en general –se habla del mercado de las sectas en algún momento– pero, en rigor, los dardos apuntan al cristianismo» (García, 2013: 96).

El protagonista debe guardar silencio sobre los crímenes que se han cometido –tras la muerte del profeta, los líderes matan a la mujer que había sido testigo de ese asesinato, porque no se fían de que pueda mantener su silencio–, primero por amenazas y después por una decidida adhesión a la secta. No obstante, siente el peso de su conciencia y el deber de transmitir la verdad, por lo que llega a un acuerdo con Vincent:

> Al día siguiente Vincent me acompañó al aeropuerto de Arrecife; él mismo conducía el todoterreno. Cuando volvimos a pasar por aquella extraña playa de arena negra sembrada de guijarros blancos, intenté explicarle la necesidad que sentía de hacer una confesión por escrito. Me escuchó con atención, y cuando nos detuvimos en el aparcamiento, justo delante del vestíbulo de salidas, me dijo que lo entendía y me autorizó a escribir lo que había visto. La única condición era que el relato se publicara después de mi muerte, o al menos que para publicarlo, o para dárselo a leer a quien fuera, esperase a una autorización formal del consejo directivo de la Iglesia, a saber, el triunvirato que formaba junto con el Poli y el Sabio. (Houellebecq, 2013: 276–277)

Si solo atendemos a este plano de la narración, estaríamos ante una novela convencional, más o menos realista. Pero *La posibilidad de una isla* contiene, además del relato de Daniel, dos narraciones más, de Daniel 24 y Daniel 25, que son los herederos del ADN del protagonista, creados gracias a la ingeniería genética que prometían los elohimitas. De este modo, con la inserción de estos personajes, la obra se puede encuadrar en la ciencia ficción, pues las versiones posteriores de Daniel viven en una distopía posapocalíptica. Este aspecto y sus implicaciones poshumanistas han sido estudiados por Dehoux (2016) y Schönfellner (2017).

En este marco de ciencia ficción, donde los sucesivos clones de Daniel viven aislados de la realidad del planeta, la isla toma fuerza como lugar que se rige por unas normas propias, como ya sucediese en cierto sentido en *Lanzarote*, pero por motivos opuestos. Si en aquella novela el protagonista podía dejarse llevar en la isla por sus pulsiones sexuales, ya que estaba alejado de su hogar y no tenía la obligación moral de obedecer los comportamientos adecuados, en *La posibilidad de una isla* Lanzarote se presenta como el espacio donde el milagro puede suceder, donde la reencarnación es posible gracias a los avances científicos. La isla es, en este sentido, mágica, pues como reflexionaba Umberto Eco, «sólo en una isla puede realizarse una civilización perfecta» (2010: 33).

La isla, por lo tanto, es el territorio para la utopía. No es de extrañar que la Utopía de Tomás Moro se situase en un espacio insular: la isla es un territorio alejado, misterioso, donde, debido a su distancia con otras regiones, posee un sistema de normas propio. Como Eco explica, «los países de la Utopía se localizan (salvo excepciones aisladas, como el reino de Preste Juan) en una isla. La isla se percibe como un no lugar, un sitio inalcanzable, adonde se llega por azar y, al que, tras abandonarlo, nunca se podrá regresar» (2010: 33). En el mismo sentido afirma Castellani que las islas son «un espacio propicio a la utopía bajo todas sus formas y modalidades» (2019: 17).

Esta concepción de la isla encaja con el uso que se le da al espacio en la popular serie de televisión *Perdidos* [*Lost*] (Bad Robot/Touchstone/ABC, 2004–2010). La isla en la que acaban los pasajeros del vuelo 815 de Oceanic Airlines tras un accidente aéreo está plagada de misterios, algunos de ellos cercanos a los milagros, como la desaparición de las enfermedades. Es espacio para la utopía, donde los personajes pueden empezar una nueva vida.

En *La posibilidad de una isla*, Daniel 25, el último clon, quiere escapar de esa realidad virtual y aséptica en la que se encuentra para buscar los espacios en los que vivió Daniel 1, aquel cuyo ADN comparte y cuyo relato conoce, al igual que el lector. Daniel 25, con su acción, recupera la libertad de movimiento que tuvo Daniel 1 y modifica su estatus: «la marche qu'entreprend Daniel 25 à la fin du roman le

350

fait pratiquement passer de l'état de 'clone' à celui de 'mutant', via la réappropriation de son corps, puisqu'il éprouve physiquement les propriétés bio-chimiques qui le caractérisent» (Buzay, 2011: 478). Por eso rompe el protocolo de seguridad y se arriesga a conocer el mundo real, completamente devastado, con el fin de llegar a la isla, a la utopía, es decir, a Lanzarote:

> La sucesión de explosiones nucleares, de maremotos, de ciclones que se habían encarnizado con esa zona geográfica durante varios siglos había acabado arrasando totalmente su superficie, transformándola en un inmenso plano inclinado, de escaso declive, que en las fotos del satélite aparecía uniformemente compuesto de cenizas pulverulentas de un gris muy claro. Ese plano inclinado se prolongaba durante unos dos mil quinientos kilómetros más antes de desembocar en una región del mundo poco conocida, cuyo cielo estaba casi permanentemente saturado de nebulosidades y de vapores, situado en la posición de las antiguas islas Canarias. Estorbadas por la capa nubosa, las escasas observaciones por satélite disponibles resultaban poco fiables. Lanzarote podía haberse convertido en península, haber vuelto a ser una isla o haber desaparecido por completo; a nivel geográfico, ésos eran los datos con los que contaba para mi viaje. En cuanto al aspecto fisiológico, si algo era seguro era que me iba a faltar agua. (Houellebecq, 2013: 428)

Daniel 25 emprende el viaje con Fox, su perro, que muere y deja al personaje, al último de la saga, completamente solo en un mundo hostil, posapocalíptico. Su plan desde el principio fue tratar de encontrar a humanos o a neohumanos con los que poder relacionarse. El lugar escogido, aquel en el que la utopía es posible: «No tenía más proyecto que dirigirme hacia el oeste, preferiblemente hacia el oeste-sudoeste; una comunidad neohumana, humana o indeterminada podía haberse instalado en la posición de Lanzarote o en una zona próxima; tal vez consiguiera encontrarla; a eso se reducían mis intenciones» (Houellebecq, 2013: 395–396).

El clon actúa a partir de un poema que Daniel le envió a Esther, su amante, antes de suicidarse, que finalizaba haciendo alusión a la isla:

> Y el amor, en el que todo es fácil,
> Donde todo se da al instante:
> Existe en mitad del tiempo
> La posibilidad de una isla. (Houellebecq, 2013: 391)

No obstante, y como indica Eco (2010: 34), la maldición, y a la vez, la fascinación de la isla residen en que una vez que se ha abandonado, se pierde la posibilidad de regresar a ella. Daniel 25 camina por las ruinas de la antigua civilización humana, sin conseguir alcanzar aquella isla donde se forjaron los avances científicos que permitían la reencarnación a través de clones.

En este sentido, el viaje, en las dos novelas de Houellebecq, tiene un claro carácter pesimista. Los personajes viajan a la isla, en el caso de *Lanzarote*, para escapar de una rutina tediosa, y en *La posibilidad de una isla*, para participar en un proyecto que permitirá al ser humano alcanzar la inmortalidad. Pero en ambos casos se demuestra una existencia insatisfactoria, ya que los protagonistas son incapaces de ser felices. Lanzarote, la isla, aparece como el espacio en el que la utopía, y por tanto, la felicidad, son posibles. Así le venden al protagonista de *Lanzarote* el destino turístico en la agencia de viaje; mucho más ambicioso es el proyecto de los elohimitas en *La posibilidad de una isla*, con la promesa de la inmortalidad. Además, la esperanza que supone el espacio insular supone una clara contraposición con la sociedad en la que viven los personajes de Houellebecq: «la isla está también ligada a la utopía, forma indirecta de crítica contra el sistema vigente» (Zavala, 2010: 61). La utopía funciona como oposición a un presente que no ofrece grandes expectativas y en las que los personajes no encuentran sentido a su existencia. Por eso, en las dos novelas, los protagonistas buscan en las relaciones sexuales la satisfacción que no alcanzan en el resto de su vida. No obstante, este efecto de momentánea felicidad pasa rápido, como termina la relación de Daniel con Esther, hecho que lo sume en una profunda depresión y que desemboca en el suicidio.

Lanzarote aparece representada, pues, como lugar donde la utopía es todavía posible: «En el momento en que una azafata anunció el embarque del vuelo con destino Madrid, me dije que aquella isla de clima templado, regular, donde ni el sol ni la temperatura sufrían apenas variaciones a lo largo del todo el año, era el lugar ideal para alcanzar la vida eterna» (Houellebecq, 2013: 277). Por eso, el clon de Daniel, Daniel 25, busca con anhelo ese espacio en el que la vida eterna fue posible: es la esperanza de la posibilidad de una isla lo que lo mueve a escapar de una vida de reclusión para buscar aquella geografía en la que habitó el Daniel primigenio.

El viaje a la isla, en conclusión, se construye a partir del deseo de los personajes de alcanzar la felicidad. No obstante, en las novelas de Houellebecq, los personajes son incapaces de lograr ese grado de satisfacción, por lo que la isla aparece construida como una utopía donde escapar de la rutina y donde se pueden traspasar los límites de lo imposible. La realidad, sin embargo, demuestra las dificultades de encontrar la felicidad en las sociedades capitalistas contemporáneas, lo que provoca que, como sucede al final de *La posibilidad de una isla*, el personaje no pueda regresar adonde una vez su versión primigenia fue feliz. Por tanto, la isla representa la felicidad inalcanzable en unas obras claramente marcadas por su tono pesimista.

REFERENCIAS BIBLIOGRÁFICAS

Bucay, E. (2011): "Nouveaux espaces et «paradigme de l'indice» dans l'épilogue du roman de Michel Houellebecq La Possibilité d'une île", *Contemporary French and Francophone Studies*, vol. 15, n. 4, pp. 477–484.

Castellani, J.P. (2019): "Islas reales, islas imaginarias", en: Mejía Ruiz, C., y Popeanga Chelaru, E. (coords.): *Un viaje literario por las islas*. Madrid: Síntesis, pp. 15–20.

Curell, C. (2007): "La isla de los volcanes reescrita: *Lanzarote* de Michel Houellebecq", en Lafarga Maduell, F., Méndez Robles, P. S. & Saura Sánchez, A. (coords.): *Literatura de viajes y traducción*. Granada: Comares, pp. 113–122.

Dehoux, A. (2016): "De l'humain, du posthumain et de leur dialectique: Quelques remarques à partir de *La Possibilité d'une île* de Houellebecq", *Neohelicon* 43, pp. 641–654.

Eco, U. (2010): "Sobre los islarios", *Revista de Occidente*, 342, pp. 33–35.

García, A.M. (2013): "Los avatares del locus dis/utópico. Discusiones en torno de políticas de género literario y sexual", *Cuadernos del CILHA*, 19, pp. 85–108.

Houellebecq, M. (2000): *Lanzarote*. Barcelona: Anagrama.

Houellebecq, M. (2013): *La posibilidad de una isla*. Madrid: Punto de Lectura.

Oliver Frade, J.M. (2018): "Escrituras de un escenario turístico: Michel Houellebecq y la isla de Lanzarote", en: Aragón Rosano, F., y López Sánchez, J.A. (eds.): *Historias de viajes: una perspectiva plural*, vol. 2. Berna: Peter Lang, pp. 429–446.

Rivero Grandoso, J. (2014): "Desmitificación y desencanto en *Lanzarote*, de Michel Houellebecq", en: Raposo, B., y Robles i Sabater, F. (coords.): *El sur también existe: hacia la creación de un imaginario europeo sobre España*. Madrid: Iberoamericana, pp. 203–214.

Rodríguez Pérez, O. (2009): "La recreación imaginaria de Lanzarote en tres autores foráneos: José Saramago, Carlos Fuentes y Michel Houellebecq", en: Galván González, V. et alii: *Ínsulas forasteras. Canarias desde miradas ajenas*. Madrid: Verbum, pp. 281–302.

Schönfellner, S. (2017): "Posthuman Nostalgia? Re-Evaluating Human Emotions in Michel Houellebecq's *La possibilité d'une île*", en: Jandl, I., Knaller, S., Schönfellner, S., Tockner, G.: *Writing Emotions: Theoretical Concepts and Selected Case Studies in Literature*. Bielefeld: Transcript Verlag, pp. 265–273.

Zavala, I. (2010): "Insularismos, insularidad y nacionalismos", *La Página*, 88, pp. 61–73.

Marco CARMELLO

"Ohne anzukommen"[1]: el viaje filosófico de Ernesto Grassi a Iberoamérica.

A Jana Popeanga, maestra del arte de viajar

1 Introducción

Si el viaje solo fuera un desplazamiento de un lugar A a otro lugar B, viajar, junto con dormir y comer, sería la actividad más frecuente del ser humano, bastaría solamente con coger el metro cada día para irse al trabajo o con bajar a la calle para las compras.

A pesar de la facilidad con la que a diario vamos de un lugar a otro, desarrollando nuestras trayectorias vitales dentro de la red de puntos que definen el cotidiano vaivén de las tareas que tenemos que desempeñar, el viaje es, en realidad, un acontecimiento raro, tan raro que para viajar tampoco basta con gastarse dinero en un billete de avión que nos permita llegar a la otra orilla del mundo. Los que viajan por negocios, o para participar en un congreso, o sencillamente para descansar en un hotel donde todo será "como en casa", solo llegan a su meta sin viajar.

Entre traslado y viaje hay una diferencia similar a la que existe entre metáfora y alegoría; las dos consisten en el desplazamiento de algo, pero, mientras que la metáfora es la definición de un traslado en la medida en la que manifiesta los límites de salida y llegada del traslado

---

1   La expresión alemana se refiere al título original de la obra de Rossi de la que hablaremos en este capítulo: empleamos la traducción castellana de Joaquín Barceló, publicada por la editorial Anthropos en 2008 bajo el título *Viajar sin llegar. Un encuentro filosófico con Iberoamérica* (existe también una traducción al italiano de la obra de Grassi, *Viaggiare ed errare. Un confronto con il Sudamerica*, publicada por la editorial napolitana La Città del Sole en 1999).

mismo, siendo solo la ostensión de una relación que ya existe, aunque pueda parecer inesperada por no haber sido descubierta previamente; la alegoría consiste en una búsqueda de sentido que hay que dar a los diferentes traslados que la metáfora va descubriendo.

La relación entre metáfora y alegoría puede así definirse como relación entre crítica y metacrítica; la función crítica de la metáfora se dirige al mundo y la realidad definiendo lazos entre aspectos cuya posible cercanía se quedaba todavía inexpresada, en cambio la alegoría se dirige a la metáfora y solo indirectamente, por medio de esta, al mundo, buscándole al nuevo recorrido, al inesperado traslado que la metáfora ha despertado, su matiz propio. Es justo por eso que puedan existir metáforas de la vida cotidiana pero no alegorías[2].

La verdad es que la actividad metafórica es común, puesto que el traslado, a pesar de que se desarrolle entre lugares reales o lugares ideales o léxicos, es uno de los pocos procesos fundamentales de nuestra manera de conocimiento. No es así por lo que se refiere a la alegoría que es, precisamente, un viaje hacia la determinación, o quizá la invención, de un sentido. Es justo por eso que nos trasladamos a diario dentro del espacio y el tiempo pero sin poder viajar a diario; para viajar, sin embargo, hace falta bloquear esta continua actividad de traslado para que un síngulo traslado se mude en objeto de fascinación para nosotros exigiendo que le confiramos su sentido propio. No importa si un viaje es alrededor del mundo o de nuestra propia habitación, según nos apetezca ser Phileas Fogg o Xavier de Maistre; interesa, y no es una casualidad que la época de los grandes escritores de viaje sea la alegórica Edad Media, que el traslado genere una grieta en nuestra visión del mundo y de nosotros mismos que exija ser ajustada con el "oro" de una redefinición de nuestra semántica, como en el arte japonés del *kintsugi*[3].

El infinito viaje de Ernesto Grassi hacia Iberoamérica es un ejemplo de este terremoto personal, histórico y filosófico en el que consiste la verdad de viajar.

---

2   Hacemos referencia al muy bien conocido trabajo de Lakoff y Johnson (1980).

3   El *kintsugi* es el arte japonés de reparar porcelanas quebradas empleando oro puro, de manera que la quiebra se transforme de defecto en experiencia de una inesperada belleza; véase Monika Kopplin, Christy Bartlett, James Henry Holland y Charly Iten (2008).

2 Las premisas del viaje a Chile de Grassi

Aceptando la invitación que le hizo el Decano de la Facultad de Filosofía y Educación de la Universidad de Chile, el historiador Juan Gómez
Millas, en 1951, Ernesto Grassi viaja al país latinoamericano por primera vez en ese mismo año. Entre 1951 y 1954 el filósofo italiano
divide su tiempo entre Múnich, donde dicta clases de filosofía en la
Ludwig Maximilians Universität, y Chile. Aquí Grassi se hace cargo de
la cátedra de Metafísica y pronto añade a su encargo en Santiago también una plaza en la Universidad Católica de Valparaíso.

Al mismo tiempo Grassi empieza una intensa actividad editorial
en el país del Cono Sur, que procede paralelamente a la dirección de
la *Rowohlts Deutsche Enzyklopädie*, la prestigiosa *RDE*, con la que el
filósofo italiano lleva a cabo una destacada obra de difusión de textos
filosóficos en el mundo de habla alemana de aquel entonces.

La estancia de Grassi en Chile, aunque no fuese larga, por un lado
enmarcó profundamente una generación de jóvenes filósofos chilenos
y dejó una huella importante, sobre todo debido a la actividad editorial
del discípulo de Heidegger, y por el otro creó un vínculo duradero entre
el mismo Grassi y Latinoamérica[4].

Según escribe Barceló, el interés de Grassi por ir a Chile dependía
de una actitud intelectual que llevaba al filósofo a:

> [...] confrontar su experiencia de europeo con la de las formas sudamericanas de
> vida guiado por la duda que germinaba en su espíritu acerca de la validez univer-
> sal de las categorías de la historicidad y de la técnica dominantes en la Europa
> moderna. Que dichas categorías reivindican universalidad es un hecho evidente
> [...] ¿Pero es legítima su universalización, su imposición en todo el planeta? ¿No
> hay formas auténticas de la vida humana, ajenas a la historia y al dominio técnico
> de la naturaleza, que se realizan fuera de Europa y que se revelan igualmente ori-
> ginarias que la forma de vida europea? (Barceló, 2008: XVI)

---

4   Para las noticias acerca de la estancia de Grassi en Chile véase la introducción de
     Joaquín Barceló a la traducción castellana de la segunda edición de *Reisen ohne
     anzukommen*, que se titula *La experiencia iberoamericana de Ernesto Grassi*
     (Barceló, 2008: XI-XXIV).

Las consideraciones de Joaquín Barceló más que definir la postura de Grassi hacia su viaje a Latinoamérica, abarcan la complejidad del viaje sin llegada de Grassi y, al mismo tiempo, nos recuerdan a los lectores el paso del tiempo, o sea el cambio del marco referencial, que constituye parte fundamental dentro de la experiencia del viaje.

En las páginas siguientes vamos brevemente a indagar estas dos vertientes.

3 Fronteras en el pensamiento de Grassi

Ernesto Grassi fue un intelectual fronterizo, tanto por su biografía como por los intereses que enmarcaron su compromiso filosófico. Nació en Milán, donde consiguió su licenciatura en filosofía bajo la guía de Pietro Martinetti en 1925. Ya mientras estudiaba en la capital lombarda, Grassi se trasladó durante un periodo de tiempo a Aix en Provence para atender a los cursos de Maurice Blondel y a Friburgo para conocer a Edmund Husserl. Finalmente se trasladó a Alemania, donde estrechó lazos con destacados nombres de la filosofía alemana como los neokantianos Heinrich Rickert y Nicolai Hartmann y los existencialistas Max Scheler, Karl Jaspers y Martin Heidegger, con el que sobre todo colaboró a lo largo de sus diez años de estancia en Friburgo como lector de italiano. Enseguida, se trasladó a la Universidad de Berlín como profesor honorífico, y, después de la guerra, logró su cátedra en Múnich en 1948; en la universidad de la ciudad bávara enseñó hasta 1970, como ya se ha dicho.

Grassi jugó un papel fundamental no solo en la relación entre culturas europeas, principalmente la alemana y la italiana, aunque su obra de mediación no se limitara a estos dos ámbitos lingüísticos y culturales[5],

---

5   La principal lengua de trabajo de Grassi fue el alemán, pero él escribió también en italiano, inglés y ocasionalmente francés. Tenía, según dice Barceló que fue alumno suyo (Barceló, 2008: XII), cierto conocimiento del castellano. Además de esto, Grassi solía velar por la traducción a otras lenguas de sus obras y mantenía una larga red de contactos y amistades en el mundo filosófico "continental" y latinoamericano.

sino también en el desarrollo crítico de algunas pistas abiertas por el pensamiento de Heidegger[6].

Es justo a partir de la compleja relación con Heidegger, con el que Grassi rompe su relación a partir de los años Treinta[7], que se puede comprender la actitud del filósofo italiano hacia la exploración de las fronteras no solo geográficas del pensamiento.

El interés de Grassi para recuperar y definir la importancia filosófica del humanismo, reafirmando la exigencia de una valoración teorética de la retórica, la imagen y la fantasía dentro de un marco que asume la fractura heideggeriana con la historia del pensamiento occidental, representa no solo una postura innovadora sino, más bien, una asunción del valor positivo de una frontera que tiene que ser vista como medida de continua confrontación crítica con las posibilidades que hacen efectivo nuestro mismo pensamiento.

Rossi es un filósofo del marco, en el sentido en el que una filosofía del marco consiste en una duda constante acerca de las posibilidades de filosofar; por lo tanto su viaje a Latinoamérica debe ser entendido como interrogación radical acerca de la necesidad del pensamiento filosófico. De hecho, de esta interrogación parte aquella búsqueda de otras formas de autenticidad de las que habla Barceló, aunque se trata de una búsqueda en cierto sentido secundaria, derivada, como siempre pasa en el pensamiento de Grassi, de una instancia fundamental que interroga directamente al corazón mismo de la racionalidad filosófica, pidiendo que esta pueda justificarse a través del cambio de tradiciones, historias y ambientes.

Es justo por eso que el viaje se transforma entre las manos de Grassi en una experiencia fundacional, llegando a la adquisición llena de todas sus potencialidades de sentido. Aunque Grassi pueda hacer en algunas de sus páginas literatura de viaje en un sentido estricto, la verdad es que sus escritos no son ni cuentos de viaje ni pensamientos

---

6   Para una información más detallada acerca de Grassi véanse: Robert Kozljanič, *Ernesto Grassi: Leben und Denken* (2003); Wilhelm Büttemeyer (2009), en que se estudia sobre todo la primera parte de la trayectoria de Grassi y su compleja relación con los regímenes totalitarios de sus dos países. Véanse también: Emilio Hidalgo-Serna e Massimo Marassi (1996); Davide Bigalli (2000).

7   En una entrevista tardía Grassi explica que su alejamiento de Heidegger se debió a la postura que este tomó hacia sus amigos judíos, y en particular hacia Wilhelm Szilasi.

filosóficos acerca del viaje; más bien son una filosofía pensada dentro del viaje como acontecimiento que intenta decirnos en qué consiste este y además, que nos surja el acontecer del viaje mismo.

Es por dentro de la dimensión definida por la ausencia de una llegada que se explica como viaje ininterrumpido el traslado de Grassi a Iberoamérica, y por esto tenemos que leer estas páginas como el intento paradójico de fijar un desplazamiento mientras está aconteciendo, sincronizando escritura y viaje, casi como si la construcción del relato correspondiera al viaje mismo.

4 El cierre de *Viajar sin llegar*

Viajar sin llegar tiene dos ediciones; en la segunda, de 1974, que se traduce al castellano, se añaden dos capítulos, el séptimo y octavo, que confieren a la obra una especie de historización interna a la obra, que cambia su título de *Reisen ohne anzucommen. Südemerikanischen Meditationen*, bajo el que este trabajo apareció por primera vez en 1955, al actual *Reisen ohne anzucommen. Eine Konfrontation mit Südamerika*. Por lo tanto, los dos capítulos añadidos en 1974, que hablan respectivamente de la distancia temporal entre la Iberoamérica a la que viajó Grassi en la primera mitad de los años cincuenta y la Iberoamérica de mediados de los setenta (capítulo VI) y del valor filosófico del paisaje (capítulo VII), definen el paso de "meditación" a "confrontación".

Es este un paso que tiene sus consecuencias dentro de *Viajar sin llegar*, determinando la existencia de tres planes interpretativos: el primer plano está constituido por los seis capítulos de los que estaba hecha la primera edición del libro de Grassi. Efectivamente, estos capítulos representan el plan de la meditación; es aquí donde se da directamente la aniquilación temporal entre el viaje y su acontecer. Empezando por un capítulo en el que Grassi, describiendo un viaje a España que representa un adelanto a las temáticas despertadas por el traslado a Latinoamérica, enmarca su viaje como un paso a otra dimensión temporal –para él en el mundo de habla española: «se da la posibilidad de vivencias temporales muy diversas, y con ello de muy diversos modos de realización de lo humano»– en la que se encuentran otras posibilidades del ser histórico.

La experiencia hispánica del tiempo, por así decirlo, puesto que parece existir una modalidad de acceso al tiempo propia del mundo de habla española según Grassi, va introduciendo a una dimensión en la que todos los signos históricos y antropológicos padecen una aniquilación que lleva al *homo europaeus* a ponerse una pregunta fundamental acerca de su intento de pensar su ser en el mundo.

Es precisamente a lo largo de estos capítulos, en los que el enfoque pasa de la naturaleza (capítulo 2) a la relación entre ser humano y naturaleza dentro de un marco desconocido (capítulo 3), para llegar hasta el olvido de la historia (capítulo 4), la revelación de la relación entre ser humano y mundo (capítulo 5) y el reconocimiento del desvanecimiento de la dimensión mundana como rasgo definitorio del viaje y el encuentro con el otro (capítulo 6), que puede darse una lectura equivocada que lleve a los lectores a entender el intento de Grassi como un acto de neocolonialismo cultural[8].

---

8   Malentendido que realmente pasó, como demuestra el artículo de Juan Rivano, «*La América ahistórica* [sic] *y sin mundo del humanista Ernesto Grassi*», en *Mapocho*, Tomo II/, 1964: 114-131. Aunque el artículo de Rivano no haga referencia directa a *viajar sin llegar*, sino a las catorce cartas que Grassi envió a lo largo de su estancia en Latinoamérica a Enrico Castelli, y que este publicó en *Archivio di filosofia*, XXIX, 1958, pp. 217-247, bajo el título «La diaristica filosofica». Siete años antes, en la misma revista había aparecido el artículo «Esperienza europea nell'ambito sudamericano. (Il problema di un filosofare sudamericano)» (*Archivio di filosofia*, XXI, 1952, pp. 289-107). La intervención de Rivano acerca de las cartas sudamericanas de Grassi, acerca de la que no podemos extendernos pormenorizadamente debido a la falta de espacio, es interesante por contener un malentendido muy común respecto a la literatura de viaje. Quienes se encuentren al otro lado de la mirada, o sea en la situación contingente de objetos de la mirada del viajero, quieren recuperar una dignidad subjetual, por así decirlo, revindicando su propia complejidad existencial en contra de la mirada simplista del viajero. Pero, puesto que esta dialéctica de inversión de la mirada es inevitable en todo tipo de literatura de viaje, hay que ver que a una aspiración legítima no se haya entremezclado un intento polémico que falsea la originaria intención del autor. Escribiendo que: «Para Grassi no hay otras historias que la de las "angustias" italianas y las "angustias" alemanas de las últimas décadas. No puede, o no quiere percibir los nuevos focos de la historia [...] Si oyera Grassi a la señora historia hablando yanqui, russo o chino, se taparía los oídos y nada

Se detecta aquí uno de los problemas inherentes a todo tipo de viaje y, por supuesto, de literatura de viaje. En la medida en la que viajar quiere decir mirar a lo insólito, a lo que no se podría experimentar de otra manera sino desplazándose a una realidad que no conocemos y por la que nos faltan las adecuadas medidas hermenéuticas, el viaje representa también un marco experiencial[9] en el que el ojo del viajero inevitablemente y prescindiendo de sus intenciones acaba objetualizando su propia experiencia, los lugares y personas que jueguen un papel en esta.

El viajero puede imprimirle a esta sintaxis del viaje una semántica referencial, extrovertida, que no intenta reconducir el nuevo objeto a una experiencia previa, propia del viajero, o puede también hacer del viaje un momento hermenéutico, asumiendo que el viaje sea un acontecimiento que pone en duda la estructura vital, o, me atrevo a decir, el ser mismo del sujeto/viajero. En este segundo caso la relación entre el sujeto/viajero y sus objetos puede llegar hasta el punto de volverse indiferente a la realidad referencial de estos, lo que quiere decir que el sujeto/viajero solo tiene una relación indirecta con estos objetos que para él representan el otro foco de una dialéctica exclusivamente interna.

La asunción del viaje como momento hermenéutico, es decir como puro acontecer del desplazamiento −en cambio, asumiendo el viaje como acto semántico referido al otro, se asume también que el enfoque del viaje no es su propio acontecer sino su ser en ocasión que engendra nuevos encuentros−[10], conlleva consigo cierto solipsismo, y es verdad

---

querría de ruidos bárbaros» (Rivano, 1964: 115), Rivano describe, sin lugar a dudas, un hecho verdadero, o sea que el enfoque de interés de Grassi se centra en la crisis europea y en cómo su llegada a Chile pueda reaccionar con esta crisis que él vive tan intensamente, pero, a mi manera de ver, se sobrepasa, y mucho, atribuyéndole a Grassi la mala fe de no querer salir de su marco cultural. Al revés, como diremos, es justamente de una crítica del marco que está yendo en busca, el filósofo italiano.

9   Empleo adrede un adjetivo de sentido indefinido, al que se podría dar un valor tanto existencial como cognitivo.

10 Se podría, más sencillamente hablar de la diferencia entre viaje como acontecimiento y viaje como proceso. Por lo que hemos estado diciendo hasta aquí, queda claro que el viaje de Grassi a Latinoamérica es un acontecimiento y no un proceso.

que este solipsismo puede acabar en una aniquilación del otro llevando a cabo su completa asunción dentro de un sistema de conocimiento, una jerarquía simbólica propia del solo sujeto/viajero, lo que es exactamente lo que pasa con el viajero colonialista (o neocolonialista) y racista.

Sin embargo, justamente aquello que pasa con viajeros colonialistas y racistas[11], nos proporciona un criterio para comprender cuando un viaje/ acontecimiento no se reduce a ser solo la apropiación ilícita de una realidad otra para finalidades nuestras; este criterio consiste en la aceptación del alejamiento que la experiencia de desplazarnos provoca, manteniendo rigurosamente la obra de redefinición de los sentidos que sigue a este alejamiento dentro de nuestros propios límites.

Así que, mientras que el viajero neocolonialista viviendo la experiencia del alejamiento hace del otro la causa de la ruptura de sus planes de conocimiento, para solucionar la que está dispuesto a crear, una semiótica que explique "lo que pasa" situando al otro "en su lugar", llegando de esta manera a activar la opción racista, el viajero que rechaza una aproximación neocolonialista pone en duda su marco de conocimiento, llegando a rehacer una semiótica crítica de sí mismo a través de la dialéctica que opone mundo esperado y mundo conocido. Para que esta segunda opción se active es imprescindible no que se conozca la efectiva realidad del otro, como pasa en el caso de opción semántica del viaje, sino que se asuma como inquebrantable e irrevocable la diferencia del otro, que tiene que ser cuidadosamente preservada.

Esto es lo que hace Grassi en su viajar a Latinoamérica sin llegar.

5 *Viajar sin llegar*: de la meditación a la confrontación

En el párrafo anterior hemos hablado de una aniquilación temporal de los primeros seis capítulos de *Viajar sin llegar*, que constituyen la primera edición de la obra; creemos que queda bastante claro cómo esta aniquilación es funcional a la forma de viajar que Grassi emprende.

---

11   Y con sus superficiales y banalizados nietos, los turistas modernos.

En 1974 sale la segunda edición del libro, cuyo subtítulo se transforma en *Eine Konfrontation mit Südamerika*[12]. A esta edición Grassi le añade dos capítulos, los últimos, que como ya se ha dicho se centran en la alienación social (el capítulo 7) y en el valor filosófico del paisaje.

El paso del tiempo externo al libro tiene su importancia en la elección de Grassi: no solo ha cambiado radicalmente la situación económica y, desafortunadamente, política de Latinoamérica, que está sumida al mismo tiempo en una oleada de dictaduras militares y programas de desarrollo industrial, sino que también la reflexión de Grassi ha seguido con su evolución, dentro de la que el viaje como tema de definición semiótica tiene lugar, en particular en la obra de 1955 dedicada a *Kunst und Mythos*.

La inclusión de estos capítulos a la obra determina el segundo nivel de lectura del libro; saliendo de la compacta definición del espacio dentro del que se desarrolla la dialéctica de la meditación, por medio del reconocimiento de la importancia de la cronología para la definición del viaje como acontecimiento, Grassi abre la puerta al espacio de la confrontación.

Aclaramos inmediatamente que no se trata de una confrontación en el sentido que quieren sus críticos, que le reprochan a Grassi aquella dimensión de intercambio cuya falta está claramente postulada por la asunción de la no llegada de este viaje; más bien, se trata de una

---

12 Es bien conocido que Grassi, por medio de Barceló y otros antiguos alumnos, seguía conservando su relación con Chile (véase Barceló, 2008: XXII-XXIV), pero no pude conseguir saber si Grassi había tenido conocimiento de la polémica de Rivano en su contra, que fue retomada por Humberto Giannini en su artículo «Experiencia y filosofía», en *Revista de filosofía*, XVI/1-2 (hoy reeditado en *Revista la Cañada: pensamiento filosófico chileno*, 2, 2011: 241 -235). Con respecto a Rivano, la posición de Giannini me parece más equilibrada, aunque también Giannini sigue sosteniendo la tesis según la que para Grassi: «la filosofía, la historia, la palabra, en resumen, "el espíritu", es un privilegio exclusivo de Europa» (Giannini, 2011: 238). Curiosamente en nota Giannini remite a la tesis, aceptada con entusiasmo por Heidegger –y nada nueva en la cultura alemana– según la cual, solo se podría filosofar en alemán y griego antiguo, lenguas que además, siempre según esta postura, tendrían una muy cercana relación de parentesco. Digo curiosamente porque la recuperación del valor filosófico del humanismo, al que Grassi dedicó su vida de investigador, se dirige, entre otras cosas, precisamente en contra de esta idea de Heidegger.

confrontación interna con el paso del tiempo, un paso que pone el acontecimiento del viaje en una dimensión diferente con respecto a la que se vivió en un tiempo contemporáneo al traslado mismo.

La ausencia de llegada, que define estas páginas chilenas de Grassi, deja abierto el acontecer del viaje, que asume ahora una nueva dimensión con la distancia del evento biográficamente pasado. Esta distancia enmarcada por la biografía permite la confrontación, siguiendo una línea de apertura retórica del evento "viaje" que alcanza en estos dos últimos capítulos su plenitud de traslado perfecto entre espacios y tiempos.

Se ha creado así una relación compleja entre las dos partes del libro, que lleva a cabo toda la dificultad del traslado entendido como viaje a lo largo del espacio y del tiempo, asumiendo en toda su plenitud las infinitas posibilidades de significación que el hecho de viajar le proporciona al ser humano. Esta apertura hacia el espacio potencialmente infinito del viaje representa el tercer nivel de lectura del libro de Grassi, el espacio en el que llega a definirse por completo la identidad entre viaje, cuento y conocimiento.

La lectura de *Viajar sin llegar* ha desvelado muchos aspectos del acto de viajar, del acto de escribir acerca de una experiencia de viaje, y de las infinitas geometrías que la relación entre estas dos "cosas" define; podemos así considerar haber alcanzado, por medio de un primer acercamiento, todavía incompleto, a la obra de Grassi, lo que era el intento de esta breve reflexión acerca de viajes y escrituras, es decir, definir el campo de las dificultades despertadas por un análisis de corte hermenéutico de la literatura de viaje.

REFERENCIAS BIBLIOGRÁFICAS

Barceló, J. (2008): "La experiencia Iberoamericana de Ernesto Rossi" en Grassi, E., *Viajar sin llegar. Un encuentro filosófico con Iberoamérica*. Barcelona: Anthropos, pp. XI–XXIV.
Bigalli, D. (2000): "Umanesimo e Rinascimento nella cultura italiana del dopoguerra" en Enrico Donaggio, E. & Pasini, E. (a cura di):

Cinquant'anni di storiografia filosofica in Italia. Omaggio a Carlo Augusto Viano, Bologna: Il Mulino 2000, pp. 130–138.

Büttemeyer, W. (2009): *Ernesto Grassi – Humanismumus zwischen Faschismus und Nationalsozialismus*. Freiburg – München: Alber.

Giannini, H. (2011): "Experiencia y filosofía" en *Revista la Cañada: pensamiento filosófico chileno*. Vol. 2, pp. 241–235.

Grassi, E. (1952): "Esperienza europea nell'ambito sudamericano. (Il problema di un filosofare sudamericano)" en *Archivio di filosofia*. Vol. XXI, pp. 289–107.

Grassi, E. (1958): "Lettere a Emilio Castelli – La diaristica filosofica" en *Archivio di filosofia*. Vol. XXIX, pp. 217–247.

Grassi, E. (2008): *Viajar sin llegar. Un encuentro filosófico con Iberoamérica*. Presentación de Emilio Hidalgo-Serna y José M. Sevilla, introducción y traducción de Joaquín Barceló. Barcelona: Anthropos, Humanismo 11.

Hidalgo-Serna, E. & Marassi M. (a cura di) (1996): *Studi in memoria di Ernesto Grassi*, Napoli: La Città del Sole.

Kopplin M. et al. (2008): *Flickwerk. The Aesthetics of Mended Japanese Ceramics*, Ithaca (NY) – Münster: Cornell University Press & Museum für Lackkunst.

Kozljanič, R. F. (2003): *Ernesto Grassi: Leben und Denken*. München: Fink.

Lakoff, G. & Johnson M. (1980): *Metaphors We Live By*, Chicago: Chicago University Press.

Rivano, J. (1964): "La América ahistórica [sic] y sin mundo del humanista Ernesto Grassi" en *Mapocho*. Tomo II, pp. 114–131.

Alba DIZ VILLANUEVA

Desde el no lugar hasta el espacio interior: el viaje en *Hoteles*, de Maximiliano Barrientos

El viaje, bajo distintas formas, es un motivo frecuente en el universo ficcional del escritor boliviano Maximiliano Barrientos (Santa Cruz de la Sierra, 1979). En sus novelas y relatos, el viaje aparece bien en acto, bien en potencia: como un hecho ya consumado que es referido en el relato, en mayor o menor detalle, o como una posibilidad siempre presente para los personajes, que solo en algunos casos acaba por materializarse. El viaje consiste unas veces en un retorno al lugar de origen, abandonado años atrás y siempre susceptible de volver a serlo; otras, es una huida, temporal o definitiva. En cualquier caso, no se trata de viajes al uso, y sus personajes no son ni viajeros, ni turistas: son, como ha señalado Magdalena González Almada (2017: 165), fugitivos. Este concepto engloba en la obra de Barrientos casos muy distintos, al igual que el del propio viaje: desde personajes que huyen del horror y de una muerte segura, a quienes intentan superar sentimientos dolorosos dejando atrás espacios fuertemente vinculados a ellos (su país, su ciudad, su casa).

La última novela publicada hasta la fecha por el escritor, *En el cuerpo una voz* (2018), es un claro ejemplo de huida en una Bolivia distópica, sumida en una encarnizada guerra fratricida entre la parte occidental y la oriental, tras el asesinato del presidente indio (trasunto de Evo Morales), que acaba con la fragmentación del país y la independencia de la Nación Camba. El periplo del protagonista, primero junto a su hermano y después en solitario, es un intento desesperado por sobrevivir al temible General que lo persigue, en el que constata el horror sembrado a lo ancho y largo de todo el terreno recorrido: miles de muertos, ciudades cercadas, habitantes refugiados en comunas que son expoliadas por las brigadas al mando del general, mujeres sistemáticamente violadas –y desprovistas, como de cualquier voluntad o dignidad, de sus nombres, sustituidos por el genérico «los cochos»–, la práctica extendida del canibalismo como la máxima expresión de la barbarie humana y como forma de sometimiento, etc. El espacio transitado es, en su mayor parte, un paisaje yermo, desolador, impregnado del olor a carne quemada, a muerte.

Este primer «viaje» tiene su correlato unos años más tarde, cuando el protagonista y su ayudante realizan, por encargo del recién creado Ministerio de Cultura, una incursión por el norte del departamento de Santa Cruz, por distintas comunas, para entrevistar a los supervivientes del «colapso» y así «armar una memoria colectiva, un mural de voces» (Barrientos, 2018).

Hay, todavía, un tercer viaje, de ida y vuelta, un viaje no ya de justicia sino de venganza, que el protagonista emprende junto a otros «justicieros» para ejecutar al verdugo de sus familias, a quien llevan preso, en una de las comunas sacudidas por sus hombres, Los Robles. Se trata de un recorrido por el paisaje de la memoria, personal y colectiva, en la que afloran las imágenes de los tiempos de guerra, superponiéndose al actual paisaje:

> Mientras atravesábamos la ruta en dirección al sur a veces pensaba que habían cometido un error, que ese hombre era un contador traumatizado por el rapto y no el más legendario criminal de guerra, el supuesto asesino del presidente indio, el principal responsable de que el país se escindiera. Descartaba esa hipótesis y el odio volvía a ser pleno. Prefería odiarlo a albergar dudas. Por la ventanilla miraba los campos, retazos del monte, pero lo que en realidad veía eran los churrascos que montaban en las comunas, la gente colgada de cruces, el humo espeso diseminándose por la llanura, la tamborita haciendo música frente a los cadáveres y las vísceras en la tierra (Barrientos, 2018).

Aunque finalmente el castigo, que pretendía cerrar heridas propias y ajenas, no llega a infligirse –al menos no de la forma en que lo habían planeado–, el viaje enfrenta a los personajes a su tragedia personal, a sus traumas, al reencontrarse con los escenarios en que estos tuvieron lugar, las granjas y comunas donde sus familias fueron asesinadas.

El viaje presenta otras versiones más «amables» pero nunca desprovistas de cierto grado de violencia, física o psicológica, que a menudo procede, más que del medio y aquellas personas y acontecimientos que sobrevienen en el camino, de los propios personajes, que se enfrentan a sus recuerdos, a lo que dejan atrás, a quienes ya no viven más que en su memoria. Por ejemplo, el relato "Último Año Nuevo con mi padre"

(2013), publicado en la revista *Iowa Literaria*, relata el viaje en autobús que un padre y un hijo emprenden desde Bolivia hasta el norte de Argentina con el objetivo de encontrarse con la madre, en San Juan, a más de mil kilómetros de distancia. Esta distancia entre los padres, como se irá descubriendo en el transcurso del relato y del viaje, no es solo física sino también emocional, provocada por una serie de problemas (alcoholismo, celos, personalidad violenta, etc.), que se van haciendo evidentes a los ojos del narrador-protagonista, de tan solo nueve años. El viaje lo lleva de nuevo con su madre, pero lo acaba por alejar de su padre, que lo abandona en una de las paradas para reaparecer, con signos evidentes de sufrimiento en el rostro, semanas más tarde.

En el viaje encuentran refugio otros personajes, como Ingrid en "Fotos tuyas cuando empiezas a envejecer" (2011), del volumen homónimo, quien fantasea con la posibilidad de una vida lejos de Bolivia y que encuentra en su trayecto por Europa, en el hecho de estar sola y de transitar nuevos espacios, una liberación.

No es mi intención ahora analizar todas las modalidades de este motivo en las narraciones de Barrientos, sino centrarme en una novela concreta, que se articula en torno a un viaje por carretera. Se trata de *Hoteles*, publicada originalmente en 2007, en Santa Cruz de la Sierra (Bolivia), en la Editorial La Hoguera, posteriormente revisada y reeditada en 2011 en España, con el mismo título, en la editorial Periférica. Lo que motiva la elección de esta novela, además del hecho de ser el viaje el eje del relato, su tema principal, es que presenta unas peculiaridades interesantes desde el prisma del análisis del espacio. Los escenarios transitorios de ese viaje, así como el resto de los escenarios de la novela, comparten con los de otras narraciones la indefinición, la ausencia generalizada –y en ocasiones total– de atributos, como se verá.

El viaje en *Hoteles*

El viaje narrado o, mejor dicho, relatado a múltiples voces en esta novela de Barrientos consiste en el desplazamiento por carretera que durante unos cuatro meses realiza una pareja, junto con la hija de la mujer. Sus particularidades, en las que me centraré a continuación, propician otros viajes paralelos, temporales, interiores, que se producen en la mente de los dos protagonistas adultos, a través de los recuerdos. Uno y otro están hechos de retazos, de fragmentos, en el estilo característico del autor, de notable impronta cinematográfica e, incluso, fotográfica. Ambas disciplinas artísticas están muy presentes en su narrativa. Por un lado, la fotografía es un motivo recurrente en sus obras, que da incluso título a una de ellas, *Fotos tuyas cuando empiezas a envejecer*. Por otro, su relación con el séptimo arte es también reseñable. Además de ser crítico de cine y de impartir talleres de esta disciplina, ha trabajado el guion, por ejemplo, adaptando uno de sus cuentos literarios al lenguaje cinematográfico para que pudiera ser, a su vez, convertido en cómic por Carol Thompson[1].

A Barrientos le interesan los instantes detenidos, las instantáneas, y su estilo narrativo está muy influido por ello. Sus descripciones y narraciones no son sino pequeñas pinceladas, construidas con frases cortas o cortadas, inconexas muchas veces, lo que acentúa el rasgo principal de esta novela y, en consecuencia, del viaje narrado: la indeterminación. Esta atañe a varios aspectos: el objeto o motivación del viaje, sus protagonistas, el destino o el recorrido, además del propio discurso narrativo.

En cuanto a este último, el relato del viaje es fragmentario y polifónico. Las primeras páginas de la novela, narradas en tercera persona por un narrador omnisciente, condensan lo esencial del viaje: tres personas, de quienes tan solo sabemos el sexo y, en el caso de uno de ellas, la edad (el narrador se refiere a ellos como «la niña», de seis años; «la mujer»; «el hombre»), viajan por carretera en coche durante cuatro meses, hasta que su viejo Chrysler Imperial se avería en algún lugar cercano a la ciudad de Cali, desde donde toman un avión hasta otra ciudad, anónima también en un principio.

En los capítulos que conforman el cuerpo de la novela, y que comienza tras esta suerte de introducción, el narrador en tercera persona desaparece. Los ocho capítulos se componen de uno o de varios fragmentos correspondientes a distintas voces en primera persona: las

---

1   El cuento original, el guion y el cómic pueden consultarse en la siguiente página: http://thestudio.uiowa.edu/iowa-literaria/?p=1530

370

de los tres protagonistas del viaje y una cuarta, que pertenece a un estudiante de cine interesado en realizar un documental sobre ellos. Las voces de los tres primeros se encuadrarían, por tanto, en el marco de las entrevistas filmadas que, de manera individual, les realiza el director –anónimo– para este documental. Aunque el lector no accede, lógicamente, ni al documental ni a las grabaciones, sí obtiene, al menos, las transcripciones de las entrevistas, que son completadas por comentarios del entrevistador, cuya voz aparece siempre en cursiva[2]. De esta manera, se da cuenta de aquello que registra la cámara pero no las palabras: los movimientos, las miradas, las pausas, los silencios y el resto del lenguaje no verbal de los entrevistados.

El relato de los personajes se compone de imágenes, de frases cortas pero concisas y a menudo incisivas que definen, más que una experiencia, recuerdos aislados. El viaje, tal como lo conoce el lector, es un conjunto de instantes o de instantáneas, que remiten a movimientos, a paisajes, a sensaciones (algún ruido, el calor inclemente, silencios prolongados) que quedan registrados en la memoria de cada uno de los tres protagonistas. Justamente en la imagen –pasada por el filtro de quien la registra– y en el fragmento reside la concepción de Tero, el protagonista masculino, sobre el viaje: «Viajamos para formar imágenes. Viajar es construir un paisaje privado, una colección de espacios mutantes: ciudades que son fragmentos de muchas ciudades» (Barrientos, 2011: 22). Así, no habría en realidad un único relato ni un único viaje, sino «versiones privadas del viaje que realizaron en conjunto» (Barrientos, 2011: 116).

Conforme se avanza en la lectura se van dando algunos datos más, y conocemos, primero, los vínculos existentes entre los anónimos personajes (son una pareja y la hija de ella) y, más adelante, sus nombres (el ya mencionado Tero, Abigail y la pequeña Andrea), su edad e incluso la exprofesión de los adultos, actores porno ya retirados.

---

2   Cabe señalar las reflexiones de este personaje acerca del documental, que pueden ser interpretadas en clave metatextual, como una manifestación de las preferencias del propio Barrientos, constatables en la misma novela y en el estilo y el lenguaje a los que me he referido ya: «*Me interesa que los relaten en tiempo presente. Crónicas mínimas, ideas sueltas. El relato como un* collage *de impresiones*» (Barrientos, 2011: 41) (en cursiva en el original).

Podremos suponer también cuál es la ciudad de retorno y, por tanto, de partida: Santa Cruz de la Sierra[3]. Sin embargo, las expectativas que el lector se puede formar respecto de la información que va a hallar sobre este periplo de considerable duración se van a ver en gran medida frustradas, puesto que en las algo más de 120 páginas del libro apenas se logra dar nitidez al boceto inicial. Al menos, en lo que respecta al viaje. Más aún, algunos aspectos que parecían claros, como la duración, entran de nuevo en el terreno de la imprecisión que caracteriza todo el relato: los cuatro meses a los que se alude al comienzo son ahora «doce o trece semanas» (Barrientos, 2011: 21).

La indeterminación a la que me refiero marca el viaje desde su comienzo. Este carece de un propósito claro, de un destino y una duración definidos, a pesar de que haya existido una cierta planificación. Abigail cuenta que, cuando Tero le plantea la idea del viaje, trae consigo mapas, nombres de ciudades detrás de los cuales tal vez podría haber un esbozo de ruta, anotaciones, nombre de hoteles, etc. Sin embargo, como una primera muestra de la ausencia de concreción espacial que define el relato, no se detalla ni una sola de estas cuestiones: no se aporta el nombre de ninguna localidad, alojamiento o carretera. Además, a juzgar por lo que los tres entrevistados relatan, el transcurso del viaje parece fruto de la improvisación, del afán por seguir sumando kilómetros sin detenerse más que cuando sea estrictamente necesario, al margen de cualquier previsión. De hecho, las preguntas que se plantean tanto antes de comenzar la aventura como durante su desarrollo, relativas a la ubicación presente o final, permanecen sin respuesta: «Tero, ¿adónde querés irte?», «¿Cómo se llama este lugar?» (Barrientos, 2011: 23; 28), «¿Dónde estás? ¿Desde dónde hablás?» (Barrientos, 2011: 83), «¿Cuánto va a durar todo esto?» (Barrientos, 2011: 103). Ello, lejos de inquietarlos, resulta ser un bálsamo para los personajes: «es aliviadora la sensación de no saber a dónde estás yendo. Lo es, al menos en un

---

3   Se trata, por tanto, de un viaje de ida y vuelta. Lo que interesa al director del documental y, en consecuencia, aquello en lo que focaliza el relato es el viaje de ida; al retorno no se conceden más que unas pocas frases: se trata de un viaje en avión, en el que en apenas unas horas se salvan los miles de kilómetros que habían tardado semanas en recorrer.

principio, lo juro» (Barrientos, 2011: 24), confiesa Tero, confirmando la ausencia de un plan y de un propósito claros.

Esta falta de nitidez se hace patente cuando, una vez consumado el viaje, rememoran esas semanas en el marco de las entrevistas y tratan de explicar cuál fue su sentido. Las interpretaciones de los adultos difieren, pero son, al mismo tiempo, muy similares: se expresan de un modo tan vago, dudoso o incluso contradictorio que no pueden ser, por tanto, definitivas. Para Tero es «[u]n impulso, querer irse, querer estar en otra parte, tener las agallas para hacerlo [...]. Pero tampoco hay que pensarlo como un escape, todo el sentido se adulteraría si lo pensaras en esos términos» (Barrientos, 2011: 22); mientras que para Abigail «[e]ra *un poco* el deseo de ser extraños. Viajar, irnos, nos ayudaba a vernos con cierta objetividad» (Barrientos, 2011: 30). Así es justamente como lo valora el documentalista, exégeta de la experiencia relatada por los otros: «*Ninguno tenía una idea clara de por qué viajaron de forma imprevista. Entenderlo como un escape es reducirlo. No se fueron para escapar, sino para fabricar un pasado en común*»[4] (Barrientos, 2011: 41).

Pero, por encima de todos estos aspectos, destaca la indeterminación espacial, un fenómeno poco frecuente en el relato de un viaje. Como adelantaba anteriormente, el espacio como categoría de la narración queda relegada a un segundo plano en los textos del escritor boliviano. Se trate de un espacio rural, se trate de un espacio urbano, nos encontremos ante escenarios del ámbito público o del ámbito privado, todos se reducen a la mínima expresión. Carecen de interés, de entidad desde el punto de vista narrativo, de identidad también en no pocos casos. Eugenia Popeanga Chelaru (2015: 44) define la ciudad sin atributos como aquella que, en la narración posmoderna, se contempla «de forma plana e inactiva», como «un decorado cinematográfico artificial» por el que transitan personajes que han perdido su identidad:

El espacio urbano se vuelve indiferente, neutro, ni acoge ni incide en la historia, por lo que los personajes se vacían en su continuo deambular sin rumbo, convirtiéndose en seres moleculares con una conducta muy concreta y bien definida dentro de la ciudad que ya no aporta nada a la narración; más aún, se vacía de

---

4   En cursiva en el original.

Pero, al contrario de lo que ocurre con las novelas de Patrick Modiano que se aducen como ejemplos en este estudio, en el caso de Barrientos los espacios no son apenas descritos ni, por tanto, reconocibles. La ciudad de Santa Cruz de la Sierra en la que se sitúa la mayoría de las narraciones apenas es mentada; son notablemente escasas las referencias espaciales concretas a plazas, calles, edificios, monumentos o parques. Tampoco hay ningún interés en la ambientación de las acciones o los movimientos de los personajes. Los escenarios narrativos de Barrientos son solo un telón de fondo muy desdibujado o –para mantener el lenguaje propio de la fotografía o del cine– desenfocado.

De esta forma, privando buena parte de su narrativa de localismos que pudieran limitarla, Barrientos consigue dotar de cierta universalidad al relato, lo cual no le impide recurrir con frecuencia a su contexto de origen como escenario narrativo (*La desaparición del paisaje, Fotos tuyas cuando empiezas a envejecer, En el cuerpo una voz, Una casa en llamas*). En buena parte de estos textos, Santa Cruz de la Sierra podría ser cualquier otra ciudad. En palabras de González Almada (2017: 57), Barrientos pretende trascender las fronteras nacionales escribiendo novelas cercanas a cualquier lector y no exclusivamente al boliviano, apostando por «una literatura cosmopolita (esto implica, además, un alejamiento de "lo andino" que refiera a cualquier lector y a cualquier lugar provocando que los niveles de identificación sean más amplios)».

Lo interesante para el objetivo de este capítulo es cómo esta característica de la configuración espacial de la narrativa de Barrientos no solo se mantiene en el viaje, sino que, además, se acentúa. No se aporta más que una referencia espacial concreta del itinerario, que se corresponde con su punto final: la ciudad de Cali, desde donde toman un avión de regreso al lugar de destino, que no es mencionado de forma expresa. La ciudad colombiana no era por tanto el destino del viaje: tan solo el lugar cerca del cual este se ve interrumpido, a causa de una avería irreparable del coche en el que se desplazaban. Los lugares recorridos y el lugar de origen no son mentados, aunque cabe suponer, como ya he dicho, que este último es Santa Cruz de la Sierra, ciudad natal de Barrientos en la que se emplaza la mayoría de sus ficciones. Pero no es la recurrencia en el universo narrativo del escritor lo único que motiva la hipótesis, sino la mención al Parque Urbano, un escenario que aparece en otros textos y que en este es prácticamente el único dato concreto que se nos ofrece, además de la mención a la ciudad de La Paz, a algunos países fronterizos (Brasil, Argentina) y a varios bares de nombres extranjeros que podrían ubicarse casi en cualquier otra parte del mundo (el Irish, el Canadian, el Dixie).

Es en este espacio urbano donde prosigue la vida de los tres personajes en el presente, un año después del viaje, donde vive también el director del documental y donde se realizan las entrevistas. Cabe suponer, asimismo, que la urbe boliviana es el punto de partida del periplo, asumiendo que el lugar donde se encuentran es el mismo al que regresaron.

Pese a conocer dónde comienza y dónde termina, el trayecto realizado no se detalla ni se sugiere y no puede colegirse de las descripciones, muy parcas, que hacen los personajes. No hay nada en el relato (o relatos) que singularice a los lugares transitados. A veces, el hecho de que no obtengamos datos concretos no se debe ya a que los protagonistas no les concedan importancia o a que los omitan de sus discursos, sino a que los desconocen o los olvidan tan pronto como dejan atrás esos escenarios: «Caminamos por la ciudad y caemos en la cuenta de que no sabemos cómo se llama» (Barrientos, 2011: 86).

Los miles de kilómetros recorridos se condensan en un conjunto de fotografías mentales registradas en el camino, visiones del paisaje en gran medida subjetivas pero al mismo tiempo coincidentes: carreteras llenas de tierra y polvo, cadáveres de animales en la calzada, pueblos o caseríos, de cuando en cuando alguna ciudad, parajes desérticos[5], etc. Cada nuevo día en la carretera parece ser una prolongación del anterior: el mismo calor abrasador, el mismo sol inclemente, los mismos paisajes. Si para Tero el espacio recorrido se resume en «un montón de piscinas cuadradas, micromercados con aire acondicionado, habitaciones con una cama matrimonial y una pequeña» (Barrientos, 2011: 12),

---

5   El desierto es, según Delgado (2003: 131), el no lugar por excelencia, un umbral absoluto, carente de referencias, nomádico y emparentado con el laberinto por ser proclive a la pérdida y la desorientación.

para Abigail «todos los pueblos se parecían» (Barrientos, 2011: 92). En realidad, los personajes reiteran una homogeneidad del paisaje que ya había sido anunciada por el narrador en tercera persona en las páginas iniciales: «La carretera era siempre la misma. Había sol y paisajes inhóspitos, paisajes de países pobres» (Barrientos, 2011: 9).

Las paradas que realizan son por pura necesidad, fundamentalmente para pernoctar, en moteles de carretera; para repostar gasolina, en estaciones de servicio. Además de la carretera, estos son —junto a alguna tienda, lavanderías públicas, restaurantes, algún que otro bar o el aeropuerto donde finaliza—, los espacios del viaje[6]. Todos ellos son enclaves impersonales, de paso, que propician el anonimato y donde, salvo una excepción (una breve conversación que Abigail sostiene con otro hombre en tránsito en la piscina de un hotel), no se mantiene contacto con nadie, no hay encuentros con el Otro, lo que, según Patricia Almarcegui (2011: 283), es una de las características esenciales de los viajes y sus relatos. Son, en definitiva, no lugares, que se repiten en todos los lugares del mundo, que ofrecen un refugio a los personajes que huyen y que quieren esconderse porque los invisibilizan (González Almada, 2017: 181).

Entre todos ellos destaca aquel con el que Barrientos titula su texto, el hotel. Este, situado casi siempre en los márgenes de la carretera, se repite de manera prácticamente idéntica a lo largo de los miles de kilómetros recorridos. Más cercano al modelo del motel americano que al hotel urbano, es un espacio de incomunicación y, muchas veces, también de soledad (Popeanga Chelaru, 2010: 285). Aunque, por un lado, ofrece un cobijo temporal a los tres personajes y es en este sentido el espacio que proporciona una mayor intimidad a la pareja, por otro es también el único en el que, al menos de forma momentánea, puede cada uno de los dos adultos gozar de momentos a solas. Tero, por ejemplo,

---

6   A este respecto son significativas las palabras que el escritor hispano-argentino Andrés Neuman dedica al aeropuerto: «En los aeropuertos se emplea una expresión que define perfectamente la experiencia migratoria: estar en tránsito. Así estamos, eso somos mientras viajamos. Seres en tránsito. [...] Por eso venero los aeropuertos, catedrales asépticas [...]. Los aeropuertos son los únicos templos que hemos sabido erigirle al presente. Verdaderos lugares de tránsito terrenal» (Neuman, 2019).

376

aprovecha los ratos en completa soledad, mientras Abigail y Andrea están en la piscina o haciendo alguna compra, para hacer llamadas telefónicas que quiere mantener en secreto. Al mismo tiempo, estas habitaciones de hotel son pequeñas ventanas hacia vidas ajenas, también anónimas, que vulneran en cierta medida la privacidad de su interior, se trate bien de la discusión que una pareja mantiene en el aparcamiento y que invade los habitáculos del motel, bien de las fotos de una mujer desnuda, guardadas entre las páginas de una biblia, en un cajón.

En su libro sobre los no lugares, Marc Augé atribuye al viaje, al tránsito, al movimiento a través de los lugares, la capacidad de cambiar su signo y de crear no lugares, en virtud de las vistas superficiales, parciales, que el viajero se forma a partir de ellos. Estas «instantáneas» de los lugares (término del que gusta también Barrientos y al que se alude en varias ocasiones en la novela tratada) son el resultado de la «relación ficticia entre mirada y paisaje» (Augé, 2008: 91) que el viaje construye: la mirada desvirtúa el paisaje debido a la acción de la memoria y de la reconstrucción que impone su relato.

En cambio, en el texto de Barrientos, la multiplicación de los espacios de paso, de los no lugares, no se circunscribe únicamente al contexto del viaje. Los protagonistas, en tránsito permanente, muestran una clara preferencia por este tipo de espacios también en la ciudad que habitan. Es decir, esa misma mirada fugaz de la que habla Augé a propósito del viajero se mantiene, en el caso de estos personajes, en su propia ciudad, tal y como se materializa nada más regresar, a bordo de un taxi: «Vieron la ciudad por la ventanilla, postales que desaparecían a toda velocidad» (Barrientos, 2011: 13). Todos los espacios podrían encuadrarse, en consonancia con los propios personajes, dentro de las realidades o campos de tránsito señaladas por Marc Augé (2008: 110).

Casi todos los escenarios presentes en los recuerdos de Abigail apuntan en este sentido. Desde uno de los innumerables hoteles de su periplo por carretera, Abigail recuerda: un centro comercial, un avión, un autobús, un hospital, un set de filmación de películas pornográficas, un circuito cerrado… Además, los sitios en que mantienen las entrevistas con el documentalista en el tiempo presente responden en gran medida a la misma dinámica: bares con nombre y propietarios extranjeros; supermercados y centros comerciales –según Sarlo (1998), un simulacro de ciudad de servicios, siempre igual a sí mismo, que mantiene una relación indiferente con la ciudad real que lo contiene–; o, incluso, un taxi.

Los espacios destinados a la vivienda que son evocados en el recuerdo tienen un carácter igualmente provisional: se habla de mudanzas, de distintas viviendas con distintas parejas. Para González Almada (2017: 165), la condición móvil de estas moradas no otorga la sensación de libertad que los personajes parecen querer buscar, sino que, bien al contrario, estos «padecen y sufren la inestabilidad del vivir sin arraigo», de forma que el hogar «no es el espacio del refugio, sino que es el principio de la huida».

La naturaleza de los personajes y la de los espacios están, por tanto, en clara sintonía, pero cabe preguntarse si dicha sintonía está de algún modo motivada o jerarquizada y, de ser así, en qué dirección; es decir, ¿es la percepción de los personajes la que determina la proliferación de no lugares o son estos espacios los que dificultan o incluso imposibilitan el arraigo? En opinión de esta misma crítica, González Almada (2017: 155), la identidad se construye, en los textos de Barrientos:

> a partir del entrecruzamiento entre lo «propio» y lo «ajeno», en la intersección de un «acá» y un «allá» que aparece como un horizonte de posibilidad para una existencia que deja «atrás» aquello que la retiene en un plano de infelicidad y angustia [...]. En ocasiones, el apego a lugares que acentúen el carácter anónimo de los personajes como los hoteles o los bares [...] son una muestra de la intención de los personajes de querer huir pero también de querer construir un refugio del mundo social.

Los otros viajes

Como adelantaba anteriormente, el viaje real desencadena otro viaje paralelo. Se trata de un viaje interior, un viaje hacia el pasado en el que la dimensión espacial es eclipsada por la temporal: avanzar por el espacio significa retroceder en el tiempo, llegar hasta otra época y otros espacios, hasta otras personas, recuperando vivencias enterradas. De acuerdo con González Almada (2018: 110), «el pasado interpela al presente y lo pone en cuestionamiento». Aunque la voluntad de Abigail es mirar hacia delante, el pasado vuelve cuando intenta imaginarse un futuro con Tero. Así, las imágenes procedentes de la memoria de un tiempo anterior se superponen a las del viaje. En el caso de Tero, un impulso similar a aquel que lo condujo a iniciar su periplo por carretera lo lleva a ponerse en contacto con su antigua familia, a la que abandonó años atrás de improviso y sin ninguna explicación. Desde la distancia, retoma su vida, no la que acaba de dejar, sino una anterior. Así, el reciente viaje se confirma de modo cada vez más patente como una huida, que sería un remedo de otra anterior cuyos daños ahora intenta, paradójicamente, mitigar y que transcurrió en circunstancias semejantes: coger el coche, conducir, alejarse, no pensar. Una vez vuelve a establecer contacto con su antigua pareja, en cada parada aprovecha los momentos en soledad para llamarla, para saber de su vida actual, para imaginarla sin él desempeñando sus rutinas diarias, relacionándose con otros hombres, criando a Fabio, el hijo de ambos.

En relación con aquel otro viaje, se empiezan a vislumbrar los motivos subyacentes al más reciente: «Alejarse significa que no podés estar donde deberías» (Barrientos, 2011: 53). Los recuerdos, de nuevo representados como fotografías, comienzan a aflorar:

> Una polaroid. Tres personas: el padre, la madre y el niño. Todo mi mundo conocido no hubiera sido posible si no me hubiera ido. Todas las fugas son quiebras de la identidad. La gente se mete en el auto y conduce, deja calles. Se cuenta historias. Se facilita las cosas.
>
> El hombre que hubiera sido, que debí ser (Barrientos, 2011: 55).

La niña, Andrea, que muestra una actitud y unos pensamientos inusuales para su edad, concibe en términos espaciales ese pasado de Tero del que nada sabe pero percibe como fuertemente vinculado a él: «Nunca pudo dejar un lugar del que tuvo que irse» (Barrientos, 2011: 58). Al contrario de lo que ocurre con los espacios físicos, sí desarrolla lazos, dependencia incluso, hacia ese lugar incierto que representa de forma sinecdóquica su pasado. El director confirma la intuición de la niña, también mediante un símil espacial: «Tero habla de su familia como si fuese un país exótico del que tuvo que irse. Un lugar que dejó por razones que no tiene claras» (Barrientos, 2011: 68). La misma idea de viaje guarda, según el joven director, una relación intrínseca con el pasado: «Todo viaje es la construcción consciente de un pasado. Se dejan atrás lugares impersonales (hoteles, cafeterías, bares, estacionamiento, lavanderías) para inventar lugares íntimos (en esto Tero está en lo cierto: el viaje como la construcción de un paisaje privado)» (Barrientos, 2011: 41).

Cabría señalar todavía un tipo más de viaje en esta novela, que es aquel imaginario que emprende el director mientras trabaja en su documental. A raíz de los testimonios de los entrevistados, él mismo llega a obsesionarse con el viaje; visualiza en su mente la carretera, el coche, etc.; se imagina al mando del volante, en lugar de Tero; fantasea con Abigail y con dejar su vida y a su pareja atrás; piensa en las habitaciones de hotel como un espacio alternativo a su propia habitación, a su propia cama, donde duerme con su novia. En definitiva, viaja a través de la historia de los otros, para alejarse de su propia vida: «*Cerré los ojos y tuve una imagen de la carretera perdida, por todas partes el desierto. Me alejaba de mi propia vida*»[7] (Barrientos, 2011: 40). Ese deseo de huir es, quizá, lo que motiva el verdadero interés y la atracción por la historia de estos tres personajes, ya que lo que quería averiguar quedará sin más respuesta que la propia hipótesis de partida:

> *Versiones de un viaje donde el destino no era lo que importaba –en realidad nunca hubo un destino, sólo existió el viaje como acto de desaparición. Estar en constante movimiento, alejándose: me interesan los detalles del alejamiento.*
> *[…]*
> *La vida en escenarios de tránsito: hoteles, cafeterías, lavanderías.*
> *¿Por qué lo hicieron? ¿Por qué se fueron sin avisar a nadie? ¿Escapaban de algo? ¿Qué razones tenían para desaparecer?*[8] (Barrientos, 2011: 40)

De todo lo hasta ahora expuesto, se puede concluir que esta novela con ecos de *road-movie* se aleja por completo –casi se podría decir que se construye por oposición a él– del género del relato de viaje, tal como ha sido definido por Luis Alburquerque (2006: 86), ya que en este texto la intención descriptiva es prácticamente nula y carece casi por completo de marcas de itinerario, cronológicas y topográficas. Por ello, los lugares y ciudades recorridos, que no responden a un itinerario previamente trazado, no son descritos y, en consecuencia, no se pueden identificar.

---

7   En cursiva en el original.
8   En cursiva en el original.

Más esclarecedor que el viaje físico a través del espacio es el viaje interior de los personajes, en el que a medida que se avanza en el plano real se va conociendo más de los personajes, de su pasado, en contraste con lo que sucede con el entorno, del que no se dice nada, porque no es relevante. Sabemos que se trata de América Latina, pero podría tratarse de cualquier otro lugar; no es determinante el espacio que se recorre, tan solo mantenerse en movimiento. El hecho de que existan puntos de partida y de llegada no implica, como apunta González Almada (2018: 110), «que estos estén vinculados a la realización de un destino por parte de los personajes». La relación con el territorio viene marcada por el tránsito, como su propia vida. El mapa mental sustituye al mapa geográfico, incluso en el caso de la niña, cuya imaginación transforma el paisaje que observa desde el Chrysler por escenarios diferentes, apocalípticos muchos de ellos. Como en el caso de los adultos, el periplo lleva a la niña a otro tiempo, no pasado sino futuro, un futuro distópico. El viaje, en definitiva, enfrenta a los personajes consigo mismos, con sus fantasmas y sus temores, futuros o pasados.

REFERENCIAS BIBLIOGRÁFICAS

Alburquerque, L. (2006): «Los 'libros de viaje' como género literario» en Lucena Giraldo, M. y J. Pimentel (eds.): *Estudios sobre literatura de viajes*. Madrid: CSIC, pp. 67–87.

Almarcegui, P. (2011): «El Otro y su desplazamiento en la última literatura de viaje» en *Revista de Literatura*. Vol. LXXIII, n° 145, pp. 283–290.

Augé, M. (2008): *Los no lugares. Espacios del anonimato. Una antropología de la sobremodernidad*. Barcelona: Gedisa.

Barrientos, M. (2011): *Hoteles*. Cáceres: Periférica.

Barrientos, M. (2013): «Último Año Nuevo con mi padre» en *Iowa Literaria*— [En línea]. N° 1, disponible en: http://s-lib024.lib.uiowa.edu/iowa-literaria/index-p=144.html [Último acceso el 01 de septiembre de 2019].

Barrientos, M. (2018): *En el cuerpo una voz*. Ciudad de México: Almadía Ediciones. Ebook.

Delgado, M. (2003): «La No-ciudad como ciudad absoluta», en *Sileno*. Nº. 13, pp. 123–131.

González Almada, M. (2017): *Relaciones de poder, imaginarios sociales y prácticas identitarias en la narrativa boliviana contemporánea 2000-2010*. Córdoba: Universidad Nacional de Córdoba.

González Almada, M. (2018): «Lo íntimo en la narrativa boliviana contemporánea: construcciones de la subjetividad en Maximiliano Barrientos, Adhemar Manjón y Saúl Montaño», en *REVEL*. Vol.1, nº 18, pp.108–124.

Neuman, A. (2019): *Cómo viajar sin ver*. Barcelona: Penguin Random House. Ebook.

Popeanga Chelaru, E. (2010): «El sueño de una noche… de hotel: espacios y tiempos de paso» en *Ciudad en obras. Metáforas de lo urbano en la literatura y en las artes*. Bern: Peter Lang, pp. 281–301.

Popeanga Chelaru, E. (2015): «De la ciudad hostil a la ciudad sin atributos» en *La ciudad hostil: Imágenes en la literatura*. Madrid: Síntesis, pp. 31–45.

Sarlo, B. (1998): «El centro comercial». *La Jornada Semanal* (22/03/1998).

Dieter INGENSCHAY

De cerros y perros. Imágenes del Santiago *LGBTIQ+* en la literatura y el cine chilenos del siglo XXI (Lemebel – Simonetti – Fuguet – Lelio)

1 Introducción

1. a Santiago literario

En una mesa redonda organizada en la Feria del Libro de Santiago en 2017, los escritores chilenos Jorge Calvo, Miguel de Loyola, Darío Oses y Luciano Ojeda discutieron apasionadamente sobre la novela urbana santiaguina[1]. Ojeda sorprendió al público con su apodíctico resumen según el cual "la novela de Santiago no existe", a pesar de los riquísimos detalles presentados por sus colegas que se habían dado el trabajo de esbozar el desarrollo de la narrativa urbana chilena del realismo decimonónico hasta el Santiago "cero" posdictatorial de Carlos Franz y Alberto Fuguet. Si bien la fórmula de Ojeda reproduce un conocido prejuicio (según el cual Chile es una nación de poetas, no de novelistas), es verdad que la magia de la experiencia urbana se refleja más bien en la literatura sobre Valparaíso, y es ella quien gana la etiqueta de haber producido una literatura rica, interesante y decadente por excelencia[2].

Entre los aspectos más pertinentes de la mayor parte de la literatura urbana latinoamericana de los últimos decenios del siglo XX, se cuenta la experiencia de las dictaduras. Se puede plantear que bajo la apropiación literaria de la gran urbe, una nueva lógica posdictatorial entra en juego, que tiene su ejemplo probablemente más expresivo en la novela

---

1   Cf. el anuncio de la Sociedad de Escritores de Chile del 24 de noviembre de 2017, disponible en la pág. web sech.cl.

2   Sobre la apropiación literaria de Valparaíso cf. Figueroa Flores/ González Alfonso 2018.

La ciudad ausente del argentino Ricardo Piglia (y su profundo análisis por Idelber Avelar en *Alegorías de la derrota*). El mismo fenómeno se nota en el caso de la literatura santiaguina. Entre las novelas dedicadas a la capital chilena al final del siglo pasado, muchas desarrollan los procedimientos típicos del discurso posdictatorial: redes metafóricas o metonímicas para evocar lo que se sustrae a la descripción directa: la vida, la atmósfera o la experiencia del miedo, de la angustia, la opresión o claramente la tortura: baste mencionar *Una casa vacía* de Carlos Cerda (1996), o de forma más llamativa (aunque menos 'santiaguina') *La vida doble* de Arturo Fontaine.

Desde hace algunos años, los especialistas de la literatura urbana han empezado a preguntarse por los límites y las dimensiones de la experiencia dictatorial. En este contexto, la creación de la generación 'después' (para utilizar una categoría propuesta por Rike Bolte en su estudio fundamental de la literatura argentina desde 1995) tiene una función clave. Se trata de una literatura que ya no describe de forma inmediata las experiencias dictatoriales en el contexto urbano, sino que se abre sea como sea hacia nuevos horizontes desde la situación posdictatorial. Carlos Franz, uno de los autores que ha tematizado con énfasis esta nueva ciudad en algunas de sus obras (*Almuerzo con vampiros*, 2007), es a la vez autor de importantes ensayos críticos sobre "literatura urbana e identidad", en los que intenta proponer una arqueología narrativa de la urbe, y que han sido reunidos bajo el título *La muralla enterrada (La ciudad imaginaria de Santiago de Chile)*. En ellos menciona un total de 73 novelas santiaguinas escritas a lo largo del siglo XX, entre estas 20 'de importancia'. Su corpus abre cronológicamente con un texto corto de José Victorino Lastarria, *El mendigo* (1846), y termina con el fin del siglo XX (con novelas posdictatoriales como *Una casa vacía*, de Carlos Cerda, 1996, o *Calducho*, de Hernán Castellano Girón, de 1998), e incluye novelas de autores tan destacados como José Donoso, Joaquín Edwards Bello, Enrique Lafourcade, Jorge Edwards, Carlos Droguett, Arturo Fontaine, entre otros. La base (algo curiosa, por 'fuera de moda') de sus reflexiones arranca de un concepto semiótico y termina en un proyecto 'nacional':

De esos signos leídos en los muros y los libros de Santiago, de esas 'lecturas' nacen estos ensayos. Lecturas que también son deseo, sueño de un desciframiento mayor: leer a Chile. Leerlo desde su capital y desde su imaginación. Leer nuestro país en el cruce de dos de sus señas de identidad más potentes: la primordial huella física de nuestra existencia, nuestra metrópolis; y la principal marca metafísica que hemos dejado en el mundo de los símbolos, nuestra imaginación literaria, nuestras ficciones. (20)

La paradoja fundamental de la argumentación de Carlos Franz es que, en el contexto de la novela santiaguina, mantiene por una parte la idea de que Chile «no tendría una novela urbana que valga la pena» (21) –subentendido: en comparación con Londres, París y Buenos Aires–, pero que, no obstante, ciertos autores se atrevieron a escribir (más que describir) la metrópolis de Santiago «por amor» (24). Esta perspectiva de su proyecto 'ciudadano' que culmina en la evocación de una frase del himno nacional (donde Chile aparece como la «copia feliz del Edén», p. 22), Franz la combina con el concepto de 'las ciudades invisibles' de Italo Calvino, interpretadas por el autor chileno como ciudades más bien imaginarias. Sin embargo, Santiago, tal y como aparece en la narrativa, es un lugar *sui generis*, poco mítico y muy concreto. Bajo esta perspectiva, la urbe se había vuelto en el siglo XIX el gran desafío de una narrativa de dimensiones realistas y (por lo menos *algo*) experimentales a la vez[3]. Franz afirma que no quiere enfocar ni el estilo de las novelas urbanas ni sus circunstancias históricas; por ende no organiza sus capítulos según hilos cronológicos o estilísticos, sino topográficos, con la clara propuesta de retratar «el alma de los barrios» (26).

La cifra de barrios que trata se eleva a siete[4], siguiendo una geografía tradicional, o más bien, un sistema organizador 'clásico' que descuida el desarrollo y la extensión enorme de la capital en las últimas décadas bajo el signo del neoliberalismo, y niega así las alteraciones históricas que han cambiado el rostro de esta ciudad y de su literatura[5].

---

3   Sobre la relación entre la revolución industrial y el desarrollo de las metrópolis cf. Klotz, 1969.

4   Y cada uno está acompañado de una signatura característica: "I. La chimba o Desenterrando el imbunche", "II. El centro o La ciudadela amurallada", "III. El barrio estación o El deseo tras el umbral", " IV. El matadero o La ternura del matadero", "V. La calle San Diego o El espíritu del zoco", "VI. La Alameda, el Parque O'Higgins y el Cerro Santa Lucía o El mito de la ciudad de los Césares", "VI. Los Barrios Altos o La utopía de El Jardín".

5   Pensemos en la destrucción de Les Halles, el Mercado central de París, que convirtió más tarde (en los años 1970, después de la destrucción del mercado) a la

A partir de esto, y a pesar del interés fundamental del proyecto de Carlos Franz y de su riqueza empírica, podemos preguntarnos si acaso este tipo de visión no oculta la dinámica propia del espacio urbano. A continuación, pondré un énfasis particular justamente en los cambios que se pueden notar en ciertas partes de la ciudad bajo el signo de la llamada globalización y que corresponden a formas sociales nuevas, 'liberales' (o libertarias): pensemos, por ejemplo, en cambios sociales como la gentrificación, o comunicacionales como la omnipresencia de los 'amigos' gracias a Facebook, Whatsapp, etc. Estos cambios, a su vez, serán abordados en un grupo de textos que ponen en escena las consecuencias de la globalización en un sector delimitado: los lugares aptos para responder a la realización del deseo de un grupo particular de ciudadanos, el deseo homosexual.

1.b Ciudades 'homosexuales' — Santiago ¿gay?

Es sabido que las ciudades no tienen orientación sexual. Por ende, cuando Julie Abraham publica un estudio fundamental sobre la relación entre la ciudad y sus habitantes homosexuales (bajo el título *Metropolitan Lovers. The Homosexuality of Cities*), el antropomorfismo del subtítulo alude a la propiedad del espacio urbano de disponer de infraestructuras propicias a la realización práctica de deseos y/o formas de vida de personas de orientación sexual no heteronormativa (a diferencia de la vida en villas y pueblos). El libro de Abraham muestra claramente la conexión y el contexto entre la formación de las metrópolis industriales decimonónicas y el nacimiento de tales infraestructuras, junto con las menciones literarias de los submundos particulares – pensemos en la clandestinidad lesbiana parisina en *La fille aux yeux d'or* (1835) de Balzac. Más que París, la ciudad 'gay'

---

novela de Zola, *Le ventre de Paris* (1873), en el testimonio verídico de una zona urbana desaparecida. El tamaño de los cambios urbanos, sociales y estructurales de Santiago, y sus reflejos en la literatura igualan la transformación del 'viejo París' desaparecido del poema baudelairiano "Le cygne", con la famosa constatación "la forme d'une ville change, hélas!, plus vite que le cœur d'un mortel", fórmula clásica en el tema de la ciudad literaria.

ejemplar es Londres; el libro del historiador urbano Peter Ackroyd, *Queer City: Gay London from Romans to the present days* (2017) muestra en detalle la formación y la disponibilidad de estas infraestructuras y sus cambios más significativos. Pensando en la ciudad gay, pensamos en la Barcelona de Genet, el Berlín de Isherwood, en las ciudades de Nueva York en John Rechy, en el San Francisco de Maupin, la Buenos Aires de Sebreli y otras más, pero no en Santiago, ciudad que 'no vale la pena que tenga una literatura urbana' y que hasta hace poco apenas tenía una literatura gay conocida.[6] Llama así la atención que entre las más de 70 novelas santiaguinas mencionadas por Carlos Franz en *La muralla enterrada* falte una que podría cumplir perfectamente con la función de texto fundacional en este sentido: la novela *El apuntamiento* (1947) del escritor y excarabinero Luis Rivano, en la que un policía cuenta la historia de un joven que se prostituye en el centro de Santiago en la década del 40.[7]

Como un ejemplo de esta nueva apropiación de la ciudad posdictatorial desde la perspectiva LGTBIQ+ me serviré a continuación de algunas ficciones – crónicas, novelas y una película – que tienen en común estrenar *otra* capital chilena, obras que no enfocan en primera línea el terror político y humano, sino la relación del individuo con las consecuencias de la historia del siglo XX. Se trata de ficciones articuladas desde una perspectiva 'oblicua', donde experiencias personales que se definen ciertamente por su carácter opositor al sistema dictatorial, se centrarán, no obstante, en otro tipo de experiencia, tematizando la vida en el Santiago de hoy de personas de sexualidad no heteronormativa.

---

6   Existen pocas excepciones, recién descubiertas (entre otros por Óscar Contardo y Juan Pablo Sutherland), por ejemplo el *Diario íntimo* de Alone (Hernán Díaz Arrieta) en el que el crítico famoso «va configurando un mapa de los lugares de encuentro en Santiago. (…) Un paisaje masculino de clase popular, fronterizo con el barrio de La Vega y la Estación Mapocho, en el que los invertidos se filtran en busca de compañía.» (Contardo, 2011: 158).

7   Más detalles sobre la novela, también sobre los lugares concretos de la capital que aparecen en ella, en Contardo, 2011: 206s; 224s.

2 Del inframundo gay a la capital moderna: Pedro Lemebel, cronista del camino de la dictadura al neoliberalismo

El nombre y la persona del poeta, cronista y performador Pedro Lemebel (1952–2015) va unido con la ciudad de Santiago y su comunidad *queer*. Después de su fallecimiento el 23 de febrero de 2015, un grupo de admiradores estrenó en el Teatro Principal de Santiago una obra en su honor, utilizando textos suyos, con el título "La ciudad sin ti", que alude a la función clave que Santiago ocupa en la obra lemebeliana.[8] La relación entre Lemebel y la capital chilena se puede describir como metonímica, pues es Santiago el lugar donde transcurre la acción de su única novela, *Tengo miedo torero* (2001), pero mucho más el escenario de gran parte de sus crónicas, reunidas en volúmenes como *La esquina es mi corazón. Crónica urbana (1995), De perlas y cicatrices* (1998), *Loco afán. Crónicas del sidario* (2000) y –sobre todo– *Zanjón de la Aguada* (2003), título este último que indica el suburbio donde él mismo pasó los años de su juventud (y que se puede ver en el documental *Lemebel* de Joanna Reposi Garibaldi, estrenado en el festival de la Berlinale en Alemania en febrero de 2019). Así, no sorprende que algunos críticos hayan indagado en la representación lemebeliana del espacio urbano santiaguino. Ángeles Mateo del Pino reconoce en las crónicas de Lemebel

> una mirada que se adentra en los rincones más 'oscuros' de la ciudad: las poblas, los barrios periféricos, los baños turcos, los cabarets, los salones de belleza, las canchas de fútbol, las fondas, los cuarteles… Ese otro mundo que se esconde para no estropear la imagen de postal turística de la urbe, y que Pedro Lemebel se encarga de poner en primer plano, a veces de manera irónica y corrosiva, para ejercer su papel de cronista como agente provocador y subversivo. (608)

---

8   Que la pérdida de una persona puede cambiar el rostro de una ciudad, es una verdad que forma la base de la famosa frase de Gertrude Stein después de la muerte de Guillaume Apollinaire en la primera Guerra mundial, cuando dijo que París había cambiado, Apollinaire había fallecido.

La ciudad que Lemebel se apropia es evidentemente una ciudad gay. En su relato "Homoeróticas urbanas" (en *Loco afán*) está hablando de sí mismo cuando esboza la imagen de una especie de *flâneur* balzaciano en plan homosexual:

> De escrituras urbanas y grafías corpóreas que en su agitado desplazamiento discurren su manuscrito. La ciudad testifica estos recorridos en el apunte peatonal que altera las rutas con la pulsión dionisiaca del desvío. La ciudad redobla su imaginario civil en el culebreo alocado que hurga en rincones el deseo proscrito. La ciudad estática se duplica móvil en la voltereta cola del rito paseante que al homosexual aventurero convoca. [...] La ciudad, si no existe, la inventa el bambolear homosexuado que en el flirteo del amor erecto amapola su vicio. (87)

Tal apropiación del espacio urbano bajo la perspectiva del deseo gay, Juan Poblete la caracteriza como una "nueva etnografía urbana". Lo que esto significa se puede averiguar en algunas de las crónicas donde se caracterizan ciertos barrios o ciertas calles del 'inframundo' de los pobres santiaguinos. Sirva la calle San Camilo de ejemplo, una calle muy corta respecto a un barrio pequeño al sur de la Diagonal Paraguay, al oeste de Vicuña Mackenna y a pocas cuadras al sur de la Universidad Católica. En su blog *Urbatorium. Crónicas y apuntes de exploración urbana de un chileno viajando por la Metropósfera*, Criss Salazar reúne gran número de informaciones alrededor de esta "calle tranquila, tradicional" desde la perspectiva del ciudadano 'burgués', relatando que, en los años 1950/60, el barrio:

> es un reflejo de la bipolaridad esquizofrénica de nuestra ciudad de Santiago, y particularmente de la zona centro: *Doctor Jekyll* de día, *Mister Hyde* de noche. Un *jing-jang* de pavimento, adoquines y casas viejas. La eterna lucha de los opuestos.
>
> (...) Aunque es antigua la particularidad de la "oferta sexual" que caracterizaría al barrio San Camilo, fue hacia inicios de los años ochenta y a pesar de recuperar gran parte de su ornato, que empezó a aglutinar la señalada actividad de prostitución homosexual como la principal allí ofrecida, pues antes era territorio también de prostitutas mujeres. Al parecer, esto sucedió por influencia de un clásico prostíbulo de transexuales del sector, que según algunos testimonios se encontraba por aquí.
>
> También hubo una masiva emigración de la remolienda homosexual hacia este barrio (...). [L]os travestis se tomaban paulatinamente este barrio, hasta el punto de convertirlo en su principal núcleo de oferta sexual en Santiago. (...) [M]uchos de esos travestis fallecieron a consecuencia de las complicaciones del

SIDA en tiempos en que ofrecían sus servicios sin ninguna prevención contra contagios. (…).

Grupos defensores de los derechos de minorías sexuales, ignorantes de lo que en realidad ocurría o, acaso, cómplices de todo esto, sacaron sus garras intentando acusar a los vecinos de *homofobia* y otros anatemas sensacionalistas que exculparan a los travestis de la verdadera mafia en que habían sumido al sector. La verdad es que, a esas alturas, la corrosión del barrio se debía a temas estrictamente delincuenciales y abusos de alcohol o drogas, no a trasfondos de tolerancia o espacio para las minorías. (...)

Actualmente, el comercio homosexual y la violencia han descendido bastante… (Salazar, 2009)

En la famosa crónica titulada "La muerte de Madonna" (en *Loco afán*, p. 37–45), Lemebel bucea en la atmósfera del barrio San Camilo y en la vida de algunas de las personas que pueblan sus calles, sobre todo de la llamada "Madonna". La historia empieza así:

Fue la primera que se pegó el misterio en el barrio San Camilo. Por aquí, casi todas las travestis están infectadas, pero los clientes vienen igual, parece que más les gusta, por esto tiran sin condón. (37)

Si bien estas frases iniciales del relato parecen confirmar la descripción del bloguero 'chileno viajando por la Metropósfera', Lemebel cuenta en seguida una historia muy diferente, la del destino de "Madonna", una travesti que se identifica orgullosamente con la exitosa cantante norteamericana, a pesar de su estado de absoluta derrota física, con los pelos caídos a mechones por el abuso de agua oxigenada, con pechos de silicona exagerados, víctima además de ataques homofóbicos, fallecida, finalmente, de sida. Esta misma "Madonna", que parece ser la encarnación del ser abyecto[9], había participado con otras amigas suyas en una performance de las Yeguas del Apocalipsis, el dúo formado por Lemebel y Francisco Casas, titulada LO QUE EL SIDA SE LLEVÓ, y que tuvo lugar en la misma calle San Camilo.[10] La atmósfera durante esta acción artística, Lemebel la capta en su crónica, relacionando el montaje performativo con la pobreza del barrio:

---

9 Sobre la conexión entre ser homosexual, 'latino' y seropositivo como condición de un sujeto "abyecto" (en el sentido de Kristeva) cf. Sánchez-Sandoval, 2003.

10 Sobre Lemebel performador cf. Ingenschay, 2019 a.

<blockquote>
Todo el barrio deslumbrado por el fulgor de los flashes. Y toda la resistencia cultural de la dictadura, políticos, artistas, teóricos del arte (…) sapeando la performance de "Las Yeguas del Apocalipsis" que regaron de estrellas el paseo comercial del sexo travesti.

Así, el barrio pobre por una noche se soñó teatro chino y vereda tropical de set cinematográfico. Un Malibú de latas donde el universo de las divas se espejeaba en el cotidiano tercermundista. Calle de espejos rotos, donde el espejismo enmarcado por las estrellas del suelo, recogía la mascarada errante del puterío anal santiaguino. (40)
</blockquote>

En la noción del "cotidiano tercermundista" se reconoce un concepto clave de la autodeterminación lemebeliana. Como el mismo Lemebel siempre rechazó identificarse con el mundo 'americanizado' de los gais modernos metropolitanos, contrapone su ciudad (más o menos, pero cada vez menos) 'tercermundista' al modelo de la *city* norteamericana (y gay por excelencia también), a Nueva York. El Santiago antiguo, por una parte, aparece sobre todo en las historias y crónicas que recuerdan los tiempos predictatoriales; en el Santiago moderno, por otra parte, los cambios favorables de la sociedad posdictatorial, que paulatinamente le acepta, le permite escribir, publicar y actuar, no pasan inadvertidos para él, pero tampoco los cambios perjudiciales: el creciente neoliberalismo que profundiza la brecha que separa al pobre del rico… De esta forma, el *Zanjón de la Aguada* reúne recuerdos del barrio de su infancia junto con impresiones de la metrópolis posdictatorial. El texto abre con los recuerdos:

<blockquote>
Y si uno cuenta que vio la primera luz del mundo en el Zanjón de la Aguada, ¿a quién le interesa? ¿A quién le importa? Menos a los que confunden ese nombre con el de una novela costumbrista. Más aún a los que no saben, ni sabrán nunca, que fue ese piojal de la pobreza chilena. (…) Pero el Zanjón, más que ser un mito de la sociología poblacional, fue un callejón aledaño al fatídico canal que lleva el mismo nombre. Una ribera de ciénaga donde a fines de los años cuarenta se fueron instalando unas tablas, unas fonolas, unos cartones, y de un día para otro las viviendas estaban listas. (13–14)
</blockquote>

No sorprende que existan pocas apropiaciones literarias del barrio pobre del Zanjón de la Aguada, con su fábrica de cartuchos y su penitenciaría (con excepción de las chimeneas de sus fábricas que tienen cierta función como especie de apéndice del vecino Matadero en *La mala estrella de Perucho González* de Alberto Romero, 1935 [1971]). En el volumen

Zanjón de la Aguada, Lemebel describe también otros barrios antiguos de la urbe, como el barrio Dieciocho, o el barrio de la Estación Mapocho, zona clásica de cierta 'permisividad' dentro del casco urbano. El contraste más claro con estas zonas tradicionales, Lemebel lo encuentra en el Santiago ultramoderno al noreste de la urbe, en y alrededor de Las Condes, sobre todo en el barrio chic del lado de la colina de Manquehue que lleva –¡en serio!– el apodo de Sanhattan. Lemebel se burla de

> [l]a clase VIP santiaguina, eternamente lateada en su Liliput neoyorquino, discutiendo si esta noche van a cenar comida árabe, mexicana, cubana o tailandesa. Comentando de reojo la presencia en la mesa del lado de un figurín de teleserie. Y más allá, en un rincón (haciéndose los civiles), tres políticos de derecha se chupan la placa, alabando el cebiche de pulpo, mientras planifican ingeniosas denuncias para que el gobierno de la Concertación se haga un nuevo harakiri dando disculpas. (…) Casi en la esquina, un cuidador de autos bosteza profundamente, mirando con desgano la altura iluminada de los edificios, los salones, las suites y departamentos de lujo, que silenciosamente vacíos, plantean una pregunta sobre el despegue urbano de este Santiago apadrinado por el lavado de dinero y el narcotráfico. Un Sanhattan que más parece un reducto provinciano de este fin de mundo, un sureño rincón donde el arribismo rural se pasea desfachatado, mirando en las vitrinas su ridícula soberbia. (218–9)

Vamos a ver que estas zonas de 'ridícula soberbia' volverán como lugar de la acción en algunos de los textos más actuales de otros autores. A los barrios de El Golf, Sanhattan y Manquehue, Lemebel se acerca con ironía y desdén. No son lugares del "ciudad-ano" de Lemebel, no es la ciudad erótica de sus experiencias, sino una zona donde, bajo la premisa moderna del neoliberalismo, «[L]o gay se suma al poder», como lo expresa en su crónica "Loco afán"[11]. Su ciudad es otra, geográficamente, pero sobre todo ideológica y narrativamente. Dentro de sus eróticas suburbanas no hegemónicas, no heteronormativas renegocia – como Jaime Donoso comenta – los «vínculos inéditos entre sexualidad y nación» (78) para pedir, con un juego de palabras bastante particular, los derechos del *ciudad-ano*.

---

11 «Lo gay se suma al poder, no lo confronta, no lo transgrede. Propone la categoría homosexual como regresión al género. Lo gay acuña su emancipación a la sombra del 'capitalismo victorioso'.» (*Loco afán* p. 127)

3 El poder de las tradiciones. Los jóvenes gais y su ciudad frente la alta burguesía: *La soberbia juventud*, de Pablo Simonetti

La presencia pública del novelista, presentador y activista santiaguino Pablo Simonetti (*1961) en Chile no se debe solamente a su obra literaria (siete novelas y muchos cuentos), sino a su posición como gerente de la Fundación Iguales que lucha por la igualdad de derechos de ciudadanos/as lesbianas y homosexuales; fue en el desempeño de este cargo que se presentó ante la Comisión Constitucional del Senado. Con motivo de su boda con José Pedro Godoy en 2011, recibieron la felicitación oficial de nada menos que la Presidenta del Gobierno de aquel entonces, Michelle Bachelet, como lo haría también más tarde el siguiente Presidente, Sebastián Piñera. Sin poder entrar aquí en mayores pormenores, cabe constatar que Simonetti, persona de formación internacional, elige su ciudad natal con su población gay como escena de la mayor parte de sus escritos.

En uno de sus primeros cuentos, "Santa Lucía" (en *Vidas vulnerables*, 2005), aparece un hombre que se mudó hace poco con su mujer y su hija de tres años a un departamento cerca del famoso Cerro Santa Lucía ("tan inocente de día", como añaden los santiaguinos), sin mencionar explícitamente que se trata del lugar por excelencia de ligue nocturno para los homosexuales entre los años 1930 y 2000. El protagonista del cuento, que había intercambiado unas miradas intensas con un hombre en la entrada del Cerro, cuando volvió de su oficina deja a su familia 'para tomar aire' y dirigirse al Cerro que, desde el inicio, parece un lugar permisivo y fascinante:

> No sé cómo ni cuándo el cerro pasó de ser una amenaza a ejercer una extraña fascinación sobre mí. Tal ha sido su influjo que a veces lo imagino como un gigantesco pulmón sexual que respira al compás de las parejas que copulan entre los matorrales. (57)

La salida nocturna del joven padre de familia termina en un encuentro sexual, muy cerca del edificio donde vive. De vuelta a su piso, su mujer, sorprendida por el barro en sus zapatos y vestidos, miedosa, le prepara un té…. – El protagonista sin nombre de este relato parece al filo de la navaja de su llamado *coming-out*, y comparte esta situación con muchos otros héroes de Simonetti. Su excursión nocturna al Cerro revela no solo el carácter sexualizado de este lugar urbano, sino que cuestiona la 'identidad sexual' (o más bien los deseos sexuales) del protagonista y pone en peligro la tranquilidad burguesa de la pareja heteronormativa.

Más de 12 años más tarde, Simonetti retoma el problema del *coming-out* en su novela *La soberbia juventud* (2013). El yo narrativo del relato es Tomás Vergara, un escritor de cierta fama. En una galería de arte moderno conoce a Felipe Selden, un joven de una belleza física extrema, recién vuelto de sus estudios de arquitectura y urbanismo en EEUU, en compañía de Camilo, un viejo amigo de Tomás. Pero lo que parece una relación prometedora entre Camilo y el joven resulta ser una amistad sumamente difícil y frustrante porque Felipe, hijo de padres ultraconservadores, teme declararse abiertamente homosexual y tiene miedo hasta de su propia sombra *queer* en la realización práctica de sus deseos íntimos. También el grupo que forman sus amigos, jóvenes de clase alta, cercanos todos al Opus Dei, influye en su personalidad e impide su *coming-out*. Gracias a Elvira Tagle, una amiga del narrador, madre (soltera) de una niña, persona simpática y poco convencional, Felipe conocerá a otro hombre 'maduro', Santiago Pumarino, director de cine publicitario (hombre bastante superficial a los ojos de Tomás), y los dos formarán una pareja. Con la niña de Elvira, Felipe traba una amistad profunda. Paralelamente se cuenta la historia de Alicia, una tía de Felipe, riquísima coleccionista de arte y propietaria de una maravillosa mansión en el elegante barrio Los Domínicos:

> La tía abuela de Felipe vivía en Camino Las Flores, donde se hallan las grandes casas del barrio Los Dominicos, parapetadas detrás de arboledas y muros de protección. La suya era de estilo modernista, diseñado por De Groote, con una notoria influencia de Barragán en el uso de estucos coloridos. (84)

Más tarde se describe el itinerario a la casa de Alicia en coche:

> Habíamos cruzado Santiago hacia el oriente durante la hora más fatigosa, en medio del tráfico vespertino. Avanzamos entre detenciones por avenida Kennedy hasta llegar a Estoril, la calle que en mi niñez marcaba el límite de la ciudad y que ahora se había convertido en un polo comercial, con edificios de oficinas, supermercados y una inmensa clínica. (125)

Si bien la casa de Alicia se describe con gran lujo de detalles, las otras viviendas de los protagonistas y su situación geográfica también son mencionadas. Camilo, el amigo de siempre del narrador, vive en el piso alto de un edificio de la avenida Isidora Goyenechea construido en 1937, cerca de El Golf y Vitacura, en un barrio elegante que se describe como «nuevo enlace para la aristocracia tradicional». Por (de-)formación profesional, Felipe comenta los detalles del departamento de Camilo:

> Felipe celebró el departamento con un entusiasmo que solo podía explicar la calentura. Le gustó que el edificio fuera antiguo y tuviera techos altos. Cada vez que pasaba por Gertrudis Echenique se fijaba en él. Le fascinaba que algunas de las ventanas miraran a un patio interior, un *courtyard*, así lo llamó, pero no se había imaginado que los departamentos fueran tan grandes. (34)

El mismo narrador, Tomás, vive en la novena planta de un edificio cerca de Pedro de Valdivia, con vista a «las Torres de Tajamar, el totémico celular de la Telefónica y el resto de los edificios de la parte baja del barrio de Providencia» (57) y también hacia el oeste: «Tomamos café en mi terraza del noveno piso, con toda la vista abierta al cerro de Santa Lucía, el San Cristóbal y la cordillera tempranamente nutrida de nieve…» (64). No se puede probar que la mención del cerro Santa Lucía alude aquí a un lugar de ligue homosexual, pero Tomás mismo explica los motivos de su mudanza a esta zona y a este edificio hace muchos años: buscaba «un nuevo lugar de pertenencia, uno en el que mi homosexualidad no despertaba desconfianzas, donde más bien constituía una virtud» (83).

Elvira, la amiga del narrador recién mencionada, individualista poco convencional, ocupa también un lindo departamento antiguo en Providencia, provisto de «puertaventanas con palillaje que se abrían hacia el cerro Santa Lucía» (112). Mientras este barrio parece la demora preferida de la generación de los cuarentones individualistas, los jóvenes ricos – Felipe y sus amigos del Opus Dei –, optan por las zonas antes mencionadas más al Noreste de la ciudad, por ejemplo La Dehesa, suburbio supercuidado de gente rica donde viven los padres de Felipe (y donde vivía también Pinochet). Felipe encuentra al arquitecto Léniz, quien ha diseñado unos edificios modernos en la calle El Rodeo en La Dehesa, al que llama, por este motivo, «el mejor lugar para vivir» (71), mientras que Elvira le contradice, juzgando este barrio de aburrido y «lejos culturalmente» (72) o simplemente de «otro planeta» (70).

Volvamos al hilo narrativo del relato. Cuando la tía Alicia, sufriendo de un tumor cerebral, sabe que va a morir, decide dejar el total de sus numerosos bienes, incluida la maravillosa casa, a Felipe. El motivo es que intuye la homosexualidad de su sobrino, hecho que le encanta porque su querido marido también le había declarado alguna vez su inclinación por los hombres. La herencia inesperada le ayuda (casi le obliga) a Felipe a emanciparse de su mojigata madre y de la camada de curas en su entorno. Cuando más tarde Elvira también muere, las pruebas revelan que Pumarino, la pareja de Felipe, es el padre biológico de la niña y que esta, en vez de ir a vivir con sus abuelos clérigofascistas, puede quedarse legítimamente con la pareja homosexual.

La soberbia juventud es en primera línea una 'novela de *coming-out*' – subcategoría del *Bildungsroman*–, que entrega un interesante y atinado análisis de la vida de cierta clase de homosexuales chilenos en tiempos posdictatoriales, con algunas reflexiones sociopolíticas, entre ellas una que alude a una frase de Salvador Allende: «Es difícil ser de derecha y ser gay sin caer en una contradicción vital» (21), o «La riqueza tiene una ventaja en el caso de un hombre gay» (131), frases que parecen recurrir a la tradición de los gais adinerados que disfrutaban de tantos privilegios, tema habitual en la literatura (gay o no) chilena. Y a la vez es una novela urbana, –no es por nada que Felipe es arquitecto y urbanista. Hemos visto cómo algunas casas se describen con lujo de detalles y se sitúan de forma precisa dentro de la geografía sociourbana santiaguina, sin que esta sea una geografía particularmente gay. Algunos ejemplos más: la galería de arte donde Tomás conoce a Felipe se encuentra en «un edificio de concreto a la vista ubicado en una de las bocacalles de Nueva Costanera» (13), lo que da inmediatamente una excelente impresión del tipo de edificio. En vísperas de su *coming-out*, Felipe frecuenta un bar (semigay) en la calle Constitución, uno de los ejes principales del barrio Bellavista. Al final, cuando Felipe tiene dudas sobre su relación con Pumarino, va de paseo con el narrador a la calle El Litre, ubicada también en la zona adinerada del Noreste, al lado del Club de golf "Los Leones", lugar donde pueden hablar tranquilamente. Se nota que las personas homosexuales de la novela de Simonetti han dejado de frecuentar los lugares tradicionales del 'mapa gay' santiaguino (como Estación Mapocho o San Camilo), que no se interesan por los 'bajos fondos' de la metrópolis, o bien los desconocen por completo, y que van raramente al núcleo del Santiago gay (alrededor de las calles Bombero Núñez y Dardignac en la parte occidental de Bellavista). Optan más bien por la hipermodernidad de Sanhattan o Las Condes, barrios claramente menospreciados por Lemebel. En vez del bar de ligue clásico, los jóvenes quedan en nuevos lugares de encuentro, como por ejemplo centros culturales… Se mueven entre bares de moda cerca del Patio Bellavista, departamentos de El Golf y galerías de arte de la Nueva Costanera; Simonetti logra esbozar con estos movimientos un retrato vivo de un ambiente gay de la clase alta santiaguina, muy diverso de lo que fue hace veinte años.

4 Alberto Fuguet y su salida definitiva del closet santiaguino

Los aficionados a la literatura latinoamericana conocen a Alberto Fuguet (*1964), por una parte, como coeditor de la famosa antología *McOndo* (1994), un libro revolucionario que intentó acabar con la exotización de la literatura latinoamericana, abogando por un continente moderno y globalizado y, por otra parte, como autor de novelas que escenifican el mundo mediático, sobre todo el del cine (*Las películas de mi vida*, 2003). Después de esto, en sus dos últimos libros, Fuguet 'salió del armario', hecho comentado largamente por el público chileno: se trata de *No ficción* (2015), el diálogo de dos homosexuales de unos 40 años, y *Sudor* (2016); en el contexto de la novela santiaguina nos interesa este último libro. Para los *insiders*, la declaración de su homosexualidad no fue una noticia absolutamente nueva, ya que había dedicado algunos ensayos a cuestiones de la vida gay de la capital chilena, (por ejemplo "El oscuro mundo gay en un cine" en *Las últimas noticias* del 24 de febrero de 1986). *Sudor* resultó provocar un verdadero escándalo por dos motivos: primero, por el tono que acompañó a sus revelaciones (pues, incluso en el Chile todavía bastante conservador y católico del 2015, esta declaración no hubiera tenido tal efecto si el autor mismo no lo hubiera acompañado de detalles altamente íntimos, destacando, entre otras cosas, su preferencia por el olor fuerte a sudor masculino, detalles que Fuguet explicó a sus lectores en algunas entrevistas[12] ...). Sin embargo, y en segundo lugar, mucho más provocador y polémico resultó ser el trato –digamos– poco respetuoso que se hace en *Sudor* de un escritor importante y de su hijo, personajes que, a pesar de tener otro nombre y apellido en el libro, aluden claramente a Carlos Fuentes y a su hijo, el poeta y fotógrafo Carlos Fuentes Lemus. Ambos habían de hecho presentado, durante una gira por América Latina en 1998, *Retratos en el tiempo*, un libro con fotografías del hijo y textos del padre. A nivel de la narración ficcional, Fuguet traspone la acción a 4 días de finales de octubre de 2013, cambia los nombres originales por los de Rafael Restrepo Carvajal y Rafael Restrepo Santos (o sea Rafa jun.), y el libro escrito por ellos se llama en la novela *El aura de las cosas*. Alfredo ("Alf") Garzón, el protagonista (y en largas partes narrador en primera persona) del libro, es un hábil editor trabajando para la casa Alfaguara en Santiago. Cuando su empresa recibe la visita del famosísimo escritor y de su hijo, los gerentes hacen todo lo posible para que disfruten de su estancia (y que sea mejor que los días que pasaron en Buenos Aires). La distante ironía con que se representa el mundillo literario con sus encuentros, veladas, discusiones y presentaciones desenmascaran a la farándula cultural (y política) del país, y hace desfilar a un gran número de autoras, autores, editores e intelectuales chilenos –no siempre protegidos por un 'falso apellido'–. En el centro está, sin embargo, la figura radiante del gran escritor, objeto de los sarcasmos del yo narrativo. A Restrepo padre se lo presenta como cachetón y caprichoso, presuntuoso y malicioso; por culpa de su ego desatado, no logra arreglar su relación con el hijo problemático.

En *Sudor*, Rafa, el hijo bohemio (de 24 años), una persona juguetona en la vida y en el sexo, no es solamente homosexual (con preferencias particulares e ideas típicas de la generación *sub-25*, como la novela la nombra), sino que a la vez está gravemente enfermo, es hemofílico, lo que significa que su vida está llena de desafíos y peligros mortales. Cabe mencionar que Carlos Fuentes Lemus sufría de hecho de hemofilia

---

12   Cf. "Mi olor favorito es el sudor de los hombres", *El País* del 14 de abril de 2016, disponible en https://elpais.com> Cultura > EnCorto

(mientras que sus inclinaciones sexuales no parecen corresponder a las del personaje novelesco, ni tampoco las circunstancias de su muerte[13]). Para proteger más que para divertir al hijo mimado, la editorial, con el acuerdo previo del padre, pide a Alf, que acompañe a Rafa en la jungla gay metropolitana de la capital chilena, una tarea que acepta inicialmente de muy mala gana. Sin embargo, el personaje polifacético del joven con su «look retro y anti hípster» (379), logra atraer el interés o la fascinación (y hasta cierto punto los sentimientos) de Alf (de 41 años y recién entrado en su *midlife crisis*, crisis intransigente de un gay que no puede esconder las 'huellas de la vida' en un mundo centrado inexorablemente en la juventud). El crítico Sebastián Edwards niega que *Sudor* sea una novela gay (sin definir lo que es), pero dice:

> novela muy sexual repleta de sobajeos, penetraciones, baños saunas, masturbación y sexo gay al paso. Pero como en la buena literatura con alto contenido sexual (…) el sexo no se distrae, sino que se suma y se transforma en un elemento esencial del tejido de la historia.

Situado en este contexto, renuncio aquí tanto a la definición de lo que es una 'novela gay', como a la compleja problemática de las novelas o ensayos que hablan de asuntos íntimos de personajes vivos o históricos[14], o que aspiren al *outing* de otras personas (admito, sin embargo, que me resulta difícil entender o disculpar el ultraje explícito de Fuguet contra Carlos Fuentes bajo el solo argumento de la libertad artística). En vez de estos temas, voy a enfocarme en el de la ciudad en la novela

---

13 La versión más probable es que Carlos Fuentes Lemus se suicidó el 5 de mayo de 1999 en Puerto Vallarta, México. En la novela, Rafa muere al final de una noche salvaje en una discoteca, drogado, después de chocar con su cuerpo contra una columna. A pesar de muchas inspiraciones que Fuguet saca de la obra de Fuentes (sobre todo de *La región más transparente* y de *Diana o la cazadora solitaria*) y de la relación entre el escritor y su hijo poeta, la vinculación íntima entre Alf y Rafa no corresponde a 'hechos vividos', como el mismo Fuguet admite, cf. Alejandro Velazco, "Sexo, millennials y Carlos Fuentes: entrevista a Alberto Fuguet", en *horizontal* del 2 de septiembre de 2016.

14 Mi experiencia personal con Carlos Fuentes durante algunos encuentros en Múnich y Berlín ha sido del todo diferente, muy positiva: se comprometió a favor del Instituto Iberoamericano y escuchó con paciencia las preocupaciones de la Asociación de Amigos del Instituto, de la cual fue Presidente honorífico.

de Fuguet (que, por su parte, parece inspirado en la gran novela urbana de Fuentes, *La región más transparente*, 1958). En cuanto a la geografía santiaguina de *Sudor*, se puede constatar que es largamente idéntica a la ciudad de Simonetti (hasta el punto que se mencionan los mismos edificios como las Torres de Tajamar, donde vive el narrador de *Sudor* [76], los mismos parques, avenidas, calles…). El barrio de Providencia, centro tradicional de bancos y oficinas, sigue siendo el lugar principal de la acción. Alf se junta, por ejemplo, con Julián – su chico ideal – en la «gasolinera de Eliodoro Yáñez e Infante. El plan era salir a caminar» (94), pero pronto Julián le propone: «Vamos a tu casa, hace frío (94). Fuguet sexualiza su ciudad desde el inicio:

> Por fin lo metrosexual había dado paso a lo lumber-sexual y había mucho pelo, mucha barba, mucho aroma natural levemente picante en el aire y cerca de tu nariz (más axilas que en el cielo). Había hombres por todas partes –dispuestos, a la caza, entusiastas horny— y sobre todo chicos bonitos y seguros y algo tontos y muy milenios y con dientes que poco tenían que ver con aquellos con que los parieron y que circulaban y estaban al acecho, mojados por un sudor que dripeaba por sus caras y humedecía todos sus pelos escondidos o a la vista y oscurecía inexorablemente el algodón de sus poleras y camisas y dejaba partes de la ciudad, como la ciclovía de Pocuro con sus perturbadores y preciosos ciclistas y trotadores, empapadas de testosterona. (22–3)

La preferencia sexual del protagonista por los gais jóvenes, los "sub-25", no se mantiene estrictamente a lo largo del texto; destaca a menudo que le atraen los hombres («Me gustan los hombres, odio a los travestis» [82], – una frase imposible en el mundo de Pedro Lemebel), muchas veces los hombres maduros, barbudos, como en una de las escenas más explícitas donde se relata el encuentro sexual con un turista belga muy 'masculino', al estilo de Tom of Finland (274; el pasaje entero: 268–277). El abanico de hombres con los que tiene relaciones sexuales va, entonces, desde los "sub25" hasta los de su propia edad y profesión (como el médico con quién 'conecta' en la conocida librería Metales Pesados en el barrio Lastarria, 107), pasando por los llamados «osos» y gente de «onda orgánica-vegana-bikram» (344). La omnipresencia del sexo y del ligue en la ciudad se debe generalmente a un cambio paradigmático de la convivencia:

Miro la cantidad de chicos gays flirteando en la terraza, grupos de amigos, primeras citas. Capto a un par que no conozco personalmente, que sólo sigo por Insta-
gram. Tal como sucede con los actores, se ven distintos en vivo que en sus fotos
de fiestas, viajes, camas, terrazas. Un fotógrafo sub50 luce una camisa Brooks
Brothers amarilla empapada puesto que es embajador de la marca. (250)

Por un lado siguen existiendo los lugares 'de siempre' del Santiago gay,
pero se pueblan de montones de actividades anunciadas por los nuevos
medios de comunicación:

Abro Facebook: fiestas, más fiestas. ¿No hay otra cosa? Fiestas de Halloween,
[…] fiestas ochenteras, animación de drag Queens, DJs israelís strippers. General
Holley, toda la calle Bombero Núñez ("raro que en Chile la calle más gay se llame
Bombero, no?"), la Ex Oz, la Ex Fábrica, Chucre Manzur, La Nave en el Barrio
Yungay (Young Gay, como le dicen), Palacio Morandé, la Bunker, Illuminati, la
Soda, el Amanda, el Nómade, esa casona de Antonia López, el puto Club Burbu-
jas… (388)

O, más al inicio de la novela:

Santiago estaba inundado de milenios sub25 ese año. Supongo que lo sigue
estando. HotSpot, Taurus, Barcelona, Lobo, Lemon Lab, fiestas que no necesi-
taban afiches para anunciarse porque los jóvenes del target estaban todo el día
conectados a las redes sociales y tocaban tanto más sus smartphones que sus
penes… (37)

Sin embargo, el elemento más novedoso y efectivo que redefine por completo la apropiación gay de Santiago es el ligue por Grindr, el portal gay
por vía de celular más conocido a escala mundial. Grindr comunica a sus
miembros la lista y el perfil de otros hombres en busca de sexo y que se
encuentran cerca, de forma que surge un mapa urbano completamente
nuevo, una especie de radiografía de la presencia del deseo homosexual
en la ciudad, de posibilidades ilimitadas, actualizadas en cada momento:

Sigue y sigue, aprieta y aprieta, la adrenalina comienza a fluir, se le despierta el
deseo de cazar, una mezcla de ganas animales con un dejo de miedo y curiosidad
y anticipación: quién estará al otro lado, cómo será, por qué me eligió a mí. Pronto
se percata que hay 34 tipos que están a menos de 400 metros. (265)

Alf (que conoció a Julián, su chico ideal, por Grindr) y todos los personajes gais del libro se sirven ininterrumpidamente de esta alternativa al

contacto 'clásico', y la novela visualiza esta práctica reproduciendo las conversaciones en letra diferente y con las abreviaciones típicas. Y Fuguet entrega a sus lectores una especie de filosofía básica de la *app* que puede ser también una herramienta casi literaria:

> Lo que desea es portarse mal. Hay en su ánimo algo de travesura, de transgresión, de deseo de lanzarse. Eso es lo que lo calienta: hacerlo porque se puede hacer, porque es fácil, porque es mejor que ver porno, porque varios al otro lado, cerca, andan en lo mismo: quieren culiar y listo, saciarse. […] Alfredo lo tiene claro: lo mejor de Grindr es la parte literaria: eso de imaginarse al personaje y cómo es el lenguaje lo que transforma un intercambio de información prosaica en flirteo… (266)

Las nuevas oportunidades y la ubicuidad del sexo gay han logrado cambiar fundamentalmente el rostro y el carácter de las capitales latinoamericanas. Al narrador, el Santiago de hoy le parece más interesante y abierto que Nueva York, y Rafa Restrepo compara México DF con el Berlín de los *roaring twenties*: «Es nuestro Berlín de preguerra. … La metrópolis más puta del mundo. Una fiesta ambulante. … Me gusta pensar que soy el mecenas de la Colonia Roma» (381). Si bien esta alusión (un poco forzada) a una de las novelas mexicanas 'clásicas' del tipo literatura gay y metropolitana a la vez, hablamos de *El vampiro de la Colonia Roma* (1979) de Luis Zapata, no es más que una de las muchas referencias al mundo literario latinoamericano, muestra sin embargo el anhelo de Fuguet de constituir una nueva novela gay y urbana. En ella ha logrado escribir un texto provocador y ambiguo, de gran interés.

5 Santiago y la vida de una persona trans en 2017: *Una mujer fantástica* del director Sebastián Lelio

La película *Una mujer fantástica*[15] no es la primera película con temática transexual en Latinoamérica (le precedió por ejemplo *Abrázame como antes*, del director costarricense Jurgen Ureña de 2016), pero es sin duda la más premiada en los festivales más importantes del

---

15 Chile 2017, dirección: Sebastián Lelio, guión: Sebastián Lelio y Gonzalo Maza, producción: Pablo Larraín, con Daniela Vega (como Marina Vidal), Francisco Reyes

mundo. El largometraje cuenta y muestra unos días de la vida de Marina Vidal, una joven transgénero/transexual, residente en la capital chilena, y de su pareja Orlando Onetto, un fabricante de tela de 53 años. Tras separarse de su familia, Orlando se había enamorado de Marina que acaba mudarse a su piso. El día del cumpleaños de Marina, Orlando sufre un ataque cardíaco y fallece. Su exmujer y su hijo se comportan muy mal con Marina y la tratan de forma muy agresiva. A pesar de la oposición de la familia de Orlando, Marina decide participar en su funeral, y termina siendo vejada e insultada por el hijo de Orlando y sus amigos, quienes la persiguen en coche, la fuerzan a subir, la insultan y le envuelven la cara con cinta adhesiva, para finalmente dejarla plantada en un callejón desierto. Las escenas posteriores de la película muestran, de manera variada, el trabajo de duelo de Marina: hace *footing* en el alto del cerro de San Cristóbal, con vista a Santiago, acompañada por la perra de Orlando que el hijo había querido quitarle. Al final, la vemos entrar al escenario de un teatro, vestida de un conjunto negro, formal, y cantar al lado de un piano de cola, una aria de una ópera de Händel.

El aspecto más relevante de la película es, sin duda, su contribución a la explicación de la teoría y práctica de una persona *trans* en el Santiago de hoy.[16] Otro aspecto tiene que ver con las numerosas vistas de la ciudad de Santiago como metrópolis moderna y viva. Los lugares llevan al espectador a diferentes barrios, plazas y calles del centro: Marina pasea por la Plaza Italia, donde convergen la Alameda y la avenida Providencia, se reconoce la calle Rosario Norte (en el elegante barrio de Las Condes), la Costanera Santa María, la Iglesia de los Sacramentinos en el centro histórico, el Parque Metropolitano y el famoso cerro San Cristóbal donde Marina hace su jogging. En resumidas cuentas, es otra vez el paisaje de un *flâneur* urbano que se apropia de la ciudad moderna, una especie de diálogo con la ciudad que contribuye a superar los traumas sociales de tiempos actuales, ya más presentes que la dictadura. Marina es, a pesar del carácter conservador de gran parte de la sociedad

---

(como Orlando Onetto) y Aline Küppenheim (como Sonia), distribuidora: Sony Pictures.

16 Para un análisis más detenido y completo de la película cf. Ingenschay, 2019 b.

chilena, la representante de un Santiago abierto, alternativo, a la altura de las discusiones internacionales, y el contorno santiaguino moderno es irremisiblemente el ámbito del que forma parte. Es muy probable que esta incorporación de la capital a la trama haya sido el argumento principal para que un grupo de universitarios de la Facultad de Arquitectura de la Pontificia Universidad Católica de Santiago creara la página interactiva "Una mujer fantástica en la ciudad". En ella, se ofrecen links directos a las georreferencias de esta "película santiaguina", donde se pueden localizar los lugares concretos del rodaje, respectivos de las distintas escenas. Tan real como la geografía urbana es el efecto crítico y político de la película. La obra de Lelio ha sido interpretada como un catalizador de las necesidades de la comunidad LGTBIQ+ de Chile. La escena en la clínica, por ejemplo, cuando Marina muestra su documento de identidad al policía y este constata su nombre masculino, corresponde a las experiencias concretas y cotidianas de muchas personas *trans* en los días mismos del estreno de la película, los que coinciden a su vez con la transmisión del poder de la antigua Presidenta socialista Michelle Bachelet al conservador Sebastián Piñera. Bachelet, abiertamente a favor del matrimonio igualitario y de la llamada Ley de Identidad de Género (que se discutía desde hace cinco años en Chile) acompañada de su ministro de cultura, Ernesto Ottone, recibieron al equipo del filme con una enorme presencia mediática. En un discurso muy emotivo (y de gran precisión política), Daniela Vega, la actriz *trans* que interpretó a Marina, evocó delante de la Presidenta, en sus últimos días de mandato, la pregunta cardinal: "¿qué cuerpos merecían ser hablados, qué amores merecían ser conquistados, y quiénes tenían la posibilidad de establecer esas barreras?"

6 Resumen: los cambios de la urbe, de la sociedad y de la realización del deseo

Mencioné al inicio que Carlos Franz omitió incluir *El apuntamiento* (1947) de Luis Rivano (y algunos textos más) en su larga lista de novelas santiaguinas. Entre las que menciona sí aparece, no obstante, *Juana Lucero. Los vicios de Chile* (1902) de Augusto D'Halmar, novelista importante, primer Premio nacional de literatura, – y gay (hecho que, por cierto, no importaría si no hubiera dejado reflejos en sus textos). *Juana Lucero* lleva a sus lectoras/lectores a los hoteluchos de mala muerte del barrio Estación (de la calle Olivar, entre otras), lugares de encuentro clandestino del mundillo gay de aquel entonces, de años en que carecían de cualquier otra infraestructura gay (que empieza a instalarse recién en el 79 en Providencia, Baquedano y sobre todo en Bellavista[17]). La literatura reciente, la del siglo XXI, muestra de manera evidente el desarrollo de la 'ciudad erótica' en clave gay. Pues, la gentrificación del barrio Bellavista (que se debe en gran parte a cambios que no tienen que ver con la población gay, como la reforma e instalación del Patio Bellavista), y la creciente importancia de los barrios internacionales, globalizados, símbolos del neoliberalismo dominante, vinieron acompañadas de un reposicionamiento de las comunidades gay en el espacio urbano. Así, lo que llama la atención en dicho contexto urbano es la relación que se establece entre este neoliberalismo global y las culturas gais locales; las novelas tratadas tematizan un mundo gay de orientación global: Facebook, whatsapp y los portales como Grindr funcionan en Bangkok como en Estocolmo, en Tokyo como en Santiago. Pero al mismo tiempo, los autores eligen un escenario propiamente local, santiaguino en nuestro caso: las vistas a los Andes, los cerros, los parques, ciertos edificios, la atmósfera de la Plaza Italia, el ámbito del cerro San Cristóbal… Si bien el llamado «pink dollar»[18], el poder de compra de los gais adinerados, deja sus huellas tanto en la práctica social como en la novela, Simonetti y Fuguet no dejan de mencionar la persistente diferencia entre ricos y pobres, que desde el inicio de la novela santiaguina gay aparece como un tema recurrente. Dentro de este escenario, Lemebel parece haber sido el último autor en caracterizar la ciudad gay a partir de sus 'bajos fondos' y de los barrios

---

17 Con el bar Burbujas abierto en 1976 en la turística calle Suecia, con la discoteca Fausto en la avenida Santa María, Providencia, inaugurada en 79, o con el primer bar de lesbianas, "La clave", en Baquedano.

18 Cf. Miller, 2006.

pobres[19]; los protagonistas de Simonetti y Fuguet – gente acomodada sin excepción – viven todos en el Santiago del tercer milenio. También Marina, la persona *trans* en *Una mujer fantástica*, es un producto de la metrópolis moderna y sus contradicciones: pues, así como facilita su situación práctica, no deja al mismo tiempo de amenazarla, a pesar de (o acaso por culpa de) su brillo neoliberal, donde las sombras del pasado siguen acechando en ciertos contextos. De manera que no obstante la crecida globalización, Santiago ha logrado mantener su rostro típico. Y la presencia de la comunidad LGBTIQ+ ha añadido algunas pinceladas, a la novela y a la realidad.

(Agradezco a Pablo Faúndez Morán por su lectura crítica del manuscrito y por sus pertinentes comentarios.)

REFERENCIAS BIBLIOGRÁFICAS

Textos:

–D'Halmar, Augusto: *Lucía*.
–Fuguet, Alberto (2016): *Sudor*, Santiago/Barcelona: Random House.
Id., No ficción,
–Lemebel, Pedro (2000): *Loco afán. Crónicas del sidario*.
Id. (2001): *Tengo miedo torero*.
Id. (1995): *La esquina es mi corazón. Crónica urbana*.
Id. (2003): *Zanjón de Aguada*.
–Rivano, Luis (1947): *El apuntamiento*.
–Simonetti, Pablo, "Santa Lucía", en id. (2005) *Vidas vulnerables*, Santiago: Planeta, pp. 55–72.
Una casa vacía de Carlos Cerda (1996), o de forma más llamativa (aunque menos 'santiaguina') *La vida doble* de Arturo Fontaine.
José Victorino Lastarria, *El mendigo* (1846)

---

19   Podría ser de interés que Pedro Lemebel, pocos años antes de fallecer, se mudó de su piso en el Oeste a la zona del Cerro Santa Lucía que él llamaba la ciudad gay, hecho comentado por Óscar Contardo.

Una casa vacía, de Carlos Cerda, 1996, o *Calducho*, de Hernán Castellano Girón, de 1998.

Crítica:

–Abraham, Julie (2009): *Metropolitan Lovers. The Homosexuality of Cities*, Univ. of Minnesota Press.

–Ackroyd, Peter (2017): *Queer City: Gay London from Romans to the present days*, London: Chatto & Windus.

–Avelar, Idelber (2000): *Alegorías de la derrota. La ficción postdictatorial y el trabajo de duelo*, Santiago: Cuarto Propio.

–Blanco, Fernando A./ Poblete, Juan (eds.) (2010): *Desdén al Infortunio. Sujeto, narración y público en la narrativa de Pedro Lemebel*, Santiago de Chile: Cuarto Propio.

–Contardo, Óscar (2011): *Raro. Una historia gay de Chile*, Santiago: Planeta.

–Donoso, Jaime "Comunidad y homoerotismo: La transgresión y la política…", *Taller de Letras* 36.

–Edwards, Sebastián (2016): "Columna: Sudor, un libro verraco", en *The Clinic* del 19 de abril de 2016. [theclinic.cl]

–Figueroa Flores, Ximena/ González Alfonso, Felipe (2018): "La literatura de Valparaíso: entre la desterritorialización y el extrañamiento", en *Alpha*, julio de 2018.

–Franz, Carlos (2001): *La muralla enterrada. (Santiago, ciudad imaginaria)*. Santiago de Chile: Planeta.

–Id. (2018): "El corazón rabioso del hombre loca. Pedro Lemebel, niño pobre viviendo a orillas de un basural, profesor de arte, artista travesti", *Gatopardo* del 20 de noviembre de 2018.

–Ingenschay, Dieter (2019a): "La práctica del performance de Pedro Lemebel" en Blanco, Fernando (ed.), *La Vida Imitada: Cuerpo, Palabra y Sonido en la obra de Pedro Lemebel*, Madrid: Iberoamericana 2019.

–Id. (2019b): "Sombras y realidades de una persona *trans* en el Chile de hoy: *Una mujer fantástica* de Sebastián Lelio", en Zurian, Francisco (ed.), Madrid.

–Klotz, Volker (1969): *Die erzählte Stadt: Ein Sujet als Herausforderung des Romans von Lesage bis Döblin*, Frankfurt/M.: Hanser.

–Mateo del Pino, Ángeles (2006): "Los rostros de la marginalidad. *Zanjón de Aguada* de Pedro Lemebel", *Revista Iberoamericana* LXXII, no. 215/6, abril/septiembre 2006, 607–617.

– Miller, Toby (2006): "Metrosexuality: 'See the Bright Light of Commodification Shine'. Watch the Yanqui Masculinity Make Over", en Dana Heller (ed.): *The Great American Makeover: Television, History, Nation*, Nueva York: Palgrave - Macmillan, pp. 105–122, disponible en www.tobymiller.org/images/Gender/Metrosexuality%20See%20the%20bright%20light%20of%20commodification%20shine.pdf [fecha de consulta: 1/10/2012].

–Poblete, Juan (2000): *Crónica de la Violenciay Violencia Crónica. Espacio Urbano y Violencia en la Crónica de Lemebel*. Texto presentado en el 11 Simposio Universidad de Pittsburgh.

–Salazar, Criss (2009): "Barrio San Camilo: La santa y perversa calle Fray Camilo Henríquez, en *Urbatorium. Crónicas y apuntes de exploración urbana de un chileno viajando por la Metropósfera*, 7 de enero de 2009, disponible en urbatorium.blogspot.com.

–Sandoval-Sánchez, Alberto (2003): "Reescribiendo lo abyecto desde el inmigrante: SIDA y mariconería Latina en el imaginario cultural", en: Dabove, Juan Pablo/Jáuregui, Carlos A. (eds.): *Heterotopías. Narrativas de identidad y alteridad latinoamericana*, Pittsburgh: Univ. of Pittsburgh Press, pp. 343–350.

–Velazco, Alejandro (2016): "Sexo, millennials y Carlos Fuentes: entrevista a Alberto Fuguet", en *horizontal* del 2 de septiembre de 2016, disponible en horizontal.mx.

Barbara FRATICELLI

Estórias de Mozambique, de Norte a Sur

> É este país como que um grande corpo;
> os caminhos que o atravessam como que as veias desse corpo.
> E nós, que os palmilhamos seja com que propósito for, o sangue que o faz viver.
>
> (J. P. Borges Coelho)

En las literaturas africanas, al margen de los numerosos libros de viaje de escritores y exploradores occidentales que, desde hace siglos, pueblan las estanterías de nuestras bibliotecas y librerías, no es frecuente tener acceso a un relato en el que un autor del propio continente decida desvelar los secretos de su país, hasta ahora inalcanzables para los ojos y los oídos de un viajero inexperto o, simplemente, distraído. África es un continente que al ojo occidental se antoja como un lugar por un lado fascinante, por sus amplios espacios naturales y sus colores inéditos, y por otro decepcionante, por los vaivenes políticos y económicos que experimentan sus sociedades, algunas de ellas aún en busca de una recuperación de su propia identidad, dramáticamente negada durante siglos. Sin embargo, el imaginario literario colectivo de Occidente aún no ha experimentado un acercamiento a un espacio que tiene tantas facetas y posibilidades de lectura como etnias y lenguas, componiendo un mosaico plural y diverso que revela sensibilidades y culturas más allá de estereotipos heredados de la época colonial.

El escritor João Paulo Borges Coelho, desde su Mozambique natal, propone a sus lectores, que se encuentran diseminados por todo el mundo, un recorrido singular y atípico por las tierras de este país del sureste del continente, alejado de los clichés que recuerdan su pasado colonial, su tránsito por una espeluznante guerra fratricida durante décadas, y los desastres naturales que lo sacuden con demasiada frecuencia. En él se descubre un paisaje cambiante y sugerente, poblado por criaturas extrañas e irreales, en el que se difumina esa consabida barrera entre realidad y fantasía, tan propia del canon literario occidental, y tan irrelevante en cambio en el canon literario africano[1].

Los dos volúmenes que componen *Índicos Indícios* están dedicados, respectivamente, al Norte y al Sur del país, y se centran, de una manera especial, en *describir* el espacio costero, el que recibe la influencia del Océano Índico, además de dedicar capítulos enteros a algunas de las múltiples islas diseminadas por su geografía. La peculiaridad de este libro de viajes es que el itinerario no responde a un circuito prototípico por los lugares de interés, con alguna incursión en usos, costumbres y hechos históricos, sino que estructura el viaje en torno a unas historias de carácter ficcional que se desarrollan en los lugares descritos. El hilo conductor de las *estórias* es una tierra, Mozambique, que marca profundamente a los seres que la habitan, y que en esta obra despliega sus encantos y envuelve en sus misterios. Desde las playas en tierra firme, hasta las islas aún desconocidas para el turismo de masas, Borges Coelho retrata el alma de una nación, pintando cada cuadro con matices que van más allá de la mera descripción objetiva o subjetiva de un espacio real. De hecho, no se trata, excepto en algunas ocasiones, de lugares que puedan reconocerse fácilmente; además de aquellas en las que se mencionan algunas de las principales ciudades, las historias suponen también la incursión en espacios casi vírgenes, habitados por seres aislados del resto del mundo desde hace tiempo, o por criaturas sobrenaturales que son capaces de fundirse con la naturaleza y de comprender sus mecanismos y sus leyes ancestrales. El espacio real, descrito, cede protagonismo a un espacio que la crítica occidental definiría como metafórico, y que enriquece al primero en virtud de sus connotaciones casi irreales y, en ocasiones, mágicas; todo ello puede inducir a error al lector occidental, pero no supone una sorpresa para el lector africano, heredero de una tradición oral cuyo alcance es difícil de establecer, pero cuya influencia impregna la mayor parte de los textos escritos en el continente, en las diferentes literaturas nacionales:

---

1   Cfr. Quayson, Ato *Magical realism and the African novel*, en Abiola Irele, F. (2009): *The Cambridge companion to the African novel*. Cambridge: Cambridge University Press.

… this liminality is generated within the literary text, whether in the form of the
continual and unpredictable shifts from the metaphorical to the literal, the obli-
teration of the boundaries between spirit world and that of humans, the shifting
nature of identity and the intersubjective dimensions of consciousness… (Quayson, 2009: 162)

Si los libros tradicionales de viaje comienzan, o incluyen en algún
punto, con una introducción o unas alusiones a la historia del lugar
retratado, Borges Coelho opta por una transgresión a lo que es el canon
de este género literario. El subtítulo de ambos volúmenes es *Estórias*,
lo que significa que el recorrido por lugares y pueblos del Norte y del
Sur del país se convierte en una serie de textos híbridos que mezclan
realidad e imaginación, datos objetivos e historias soñadas. Así es, por
ejemplo, en el primer texto del primer volumen, titulado *O pano encantado*. En él, el autor sienta las bases metaliterarias de lo que será su
periplo por tierras mozambiqueñas a través de varios personajes que
representan las diferentes perspectivas sobre la realidad de un lugar.
Esta *estória* recorre la Ilha de Moçambique, primer capital del país,
espacio emblemático de esa área geográfica desde los tiempos anteriores a la llegada de los europeos, enclave privilegiado en las rutas de los
comerciantes, los navegantes y los exploradores de todas las épocas, y
objetivo turístico en los últimos años, ligado a la tierra firme a través
de un puente que los lugareños aún no han decidido si sirve para unir
o para recordar constantemente la separación de la isla del resto de la
provincia a la que pertenece. Tanto el carácter insular del lugar, como
su vinculación con el mundo (¿real?) a través de un puente, hacen de la
Ilha de Moçambique una transposición en términos geográficos de una
idea que recorre todos los otros textos de esta obra: la voz narrativa,
casi siempre en primera persona, retratará un lugar o una comunidad,
o unos personajes concretos, utilizando casi exclusivamente historias,
ficciones, superando la ya mencionada frágil barrera entre lo real y lo
ficticio, y convirtiendo el espacio en pura metáfora de esa unión entre
realidad y fantasía. Por lo tanto, para introducir al lector en los comienzos de la historia de la parte septentrional del país, Borges Coelho parte
simbólicamente del lugar que fue la cuna de los asentamientos de suce-
sivas civilizaciones desde tiempos muy remotos; y lo hace describiendo
un hecho casi sobrenatural. Jamal, un costurero empleado en un taller
de la isla, a escondidas de su patrón, pasa las noches bordando un paño

encantado, en cuyo lado derecho representa los lugares más significativos de la isla que él conoce y por los que transita a diario en su trayecto de casa al trabajo, y por el lado opuesto va bordando toda la historia de la isla, desde que arribaron a sus costas sus primeros moradores, descendientes directos de la hija del Profeta, estableciendo así un vínculo especial con otros lugares de la costa oriental africana que se asoman en el Índico. He aquí un compendio histórico creado por un humilde operario, que se convierte en artista y depositario de toda la tradición de un pueblo que, a causa del turismo, parece estar distraído y dispuesto a olvidar sus valores más profundos y el orgullo de ser quienes son. El lector conoce la historia del lugar, por lo tanto, mediante un relato ficcional es transportado desde las primeras páginas a una realidad *otra*, lejos de los esquemas propios de un viajero occidental. Asimismo, el autor hace un guiño a su público recordando la predominancia de la oralidad en una sociedad que bebe de fuentes atemporales y no otorga especial importancia a una tradición escrita, al margen de los textos sagrados de una religión asimilada en tiempos antiguos. Así, el dueño del taller de costura, el señor Rachid, insiste a lo largo de varias páginas en no querer fijar por escrito nada de lo que vaya observando de sus clientes, limitándose a recordar hechos y datos en su mente, susurrando esos mismos datos al oído de quien quiera escucharlos, en una clara alusión a la capacidad de transmisión de una cultura entera de manera oral:

> … falando baixo como quem sopra um segredo (I:15)
> Tudo isto dito de boca, nada por escrito (I:16)
> Tudo isto oralmente, soprado dos lábios do senhor Rachid para a nossa orelha… (I:17)
> Tudo oralmente… (I:18)
> Tudo isto dito, nada ficando por escrito. (I:19)

El lugar visitado por la voz narrativa, aún siendo un espacio real y teniendo una enorme importancia para explicar la historia antigua del resto del país, tiene unos contornos que se van difuminando y se convierten en los trazos de un bordado; y este bordado asombra a quien lo ve por su extrema belleza y por el misterio que envuelve todos los puntos (los lugares) que aparecen en él. Borges Coelho puede entonces proceder a difuminar otros contornos y otras líneas divisorias que tradicionalmente connotan el género de la literatura de viajes, como es el caso de la existencia paralela de espacio y tiempo. En *Índicos Indícios* la frontera entre espacio y tiempo deja de tener sentido; el espacio se temporaliza y el tiempo se espacializa[2], en una ósmosis poco habitual para el lector occidental y sin embargo especialmente sugerente y estimulante.

El paso del tiempo es un acto físico, y no una mera especulación. En prácticamente todas las *estórias* se asiste a una descripción del espacio recorrido en términos temporales, porque estas dos categorías son igualmente tangibles para los personajes que pueblan las narraciones. Al cerrar los ojos, el tiempo roza las partes del cuerpo que representan los sentidos, y desde la espalda hacia adelante, corre en dirección al futuro (I:23). El tiempo entendido según los parámetros racionales occidentales no tiene cabida en las experiencias vitales de estos personajes, porque no pertenece a su *realidad*; así el tiempo no se mide por su paso, por una cronología estricta que describa vivencias y hechos históricos, sino por una misteriosa relación que se escapa al entendimiento de quien visita la Isla:

> Bom seria que fosse assim simples [...]; futuro o que está para diante, passado o que já passou. Mas assim não acontece infelizmente nesta ilha, onde são misteriosíssimas as relações que se estabelecem entre as coisas e o tempo. (I:14)

En *Ibo azul* el espacio y el tiempo se funden en una historia en la que un hombre y una mujer están a punto de encontrarse en una playa; este encuentro, largamente esperado por el hombre, no produce el efecto esperado y se diluye en un presente y un futuro ya lejanos. Las tradicionales pinturas faciales de las mujeres del norte del país sirven de telón de fondo para la descripción de la figura femenina, quien dedica su tiempo a una actividad típica del lugar, la pesca del cangrejo. Sin que acontezca nada, según ciertas expectativas del lector, las páginas se despliegan alrededor de una escena tradicional del lugar, como si fuera un fresco de la vida en esa isla, a la espera de algo que no será como se espera. El hilo de los acontecimientos (el tiempo cronológico) se rompe en una red de caminos paralelos (espacios recorridos) de cuyo

---

2   Cfr. Popeanga, Eugenia (2005): *Viajeros medievales y sus relatos*, Bucarest: Cartea Universitară, y Popeanga, Eugenia y Fraticelli, Barbara (eds.) (2006): *La aventura de viajar y sus escrituras*, Madrid: Publicaciones Universidad Complutense.

desarrollo depende la progresión de la narración; al fundirse espacio y tiempo, la *realidad* cobra relevancia en cuanto sueño o imaginación:

> … quebrada que estava a velha norma que dá razão ao fio dos acontecimentos. O acaso teria aberto um novo caminho, desconhecido e encantado. […] Fraco e impotente recurso, este de nos perdermos na exploração de caminhos paralelos aos que de facto aconteceram. […] Ficam pois assim os dois, enchendo-se cada um de seu modo pelo instante mágico em que a tarde se escoa com um furor silencioso; e em que a noite vai chegando para fechar por hoje o mundo. Ficam assim os dois, a mulher acabando o dia com demorados vagares, o homem começando a noite com pressas ansiosas. (I:210–212)

El espacio contribuye a ofrecer claves interpretativas para comprender el tiempo; es incluso el nexo que une diferentes planos temporales en los que se mueven los personajes. Las *estórias* tituladas *Balada da Xefina* y *O hotel das duas portas* muestran a unos personajes que pueblan dos islas, una en el norte y una en el sur del país, y en cuyos espacios se recrean paralelamente hechos del pasado y del presente. En la isla de Xefina es el propio espacio quien desafía y derrota el tiempo, y en la isla de Santa Carolina, frente a la más conocida isla de Bazaruto, una mujer muerta explica las circunstancias en las que se produjo su asesinato. El protagonista de la primera historia vive paralelamente en el siglo XIX, participando en la guerra de los Vátuas contra los portugueses y siendo considerado un héroe, y en 1974, siendo en este caso tratado como un traidor por el nuevo régimen:

> [Eu], Mustafa Issufo, espalhado por duas épocas tão distantes, vindo do Norte e do Sul… (II:177)

La voz que en la segunda historia narra su ascenso social y su ruina y posterior muerte, es un cadáver que predice el paso indeleble del tiempo por una localidad que, en los tiempos del régimen colonial, era una meta turística de la burguesía blanca y cuyo hotel va erosionándose en su estructura, siendo manifestación palpable de la ruina de un país a finales del siglo XX y principios del XXI:

> E quando todos tiverem também partido, daqui a muito tempo, quando o futuro for branco como brancos e salgados vão ser os meus ossos, assistirei à queda dos telhados e à serena invasão dos capins, à erosão do bar e ao assomar fulgurante do mar na superfície encerada do piso do salão, ao ruir das paredes manchadas de

sangue nas duas salas que há atrás daquelas duas portas. Quando já não fizerem sentido os fragmentos que sobrarem, inesperados e arbitrários como se a natureza tivesse enlouquecido, ali vos estarei esperando. (I:116)

Mozambique aparece retratado en varias *estórias* como un país plagado de hoteles a los que accedían funcionarios y administradores del régimen así como turistas procedentes de la vecina Sudáfrica. Un país en el que la vida se abría paso a través de unas instalaciones y unas infraestructuras que vertebraban sus diferentes partes, siendo un sistema de huesos y venas que configuraban un auténtico país-cuerpo, según una metáfora repetida en múltiples ocasiones por el autor. Las calles, los barrios, los puentes, las carreteras, todo ello es descrito en clave simbólica por un Borges Coelho que pretende dibujar un mapa peculiar de la tierra en la que nació; la ausencia de mapas visuales, presentes en otros textos de este género literario, y la parsimonia en las coordenadas y los datos físicos de los lugares por los que transitan las presencias reales o casi fantasmales de los textos, ayuda de manera determinante al lector a trasladarse a un país hecho a base de metáforas y sueños. Un país que, al igual que otros tantos en el continente africano, debe realizar la difícil tarea de recuperar su identidad, debe reencontrarse consigo mismo, teniendo como guía sus propios valores culturales, religiosos, históricos, étnicos y lingüísticos.

Las calles de las localidades que atraviesan o en las que habitan los personajes de las historias son descritas en términos metafóricos como caminos que, en otros tiempos, tuvieron un sentido y ejercieron una función pero que, en el presente, simbolizan la pérdida de identidad de la población, huérfana de sí misma y de su esencia:

Atravessou uma estrada que, tal como em Mamoli, nascia no mato e se acabava no mar; diferente portanto das outras estradas, que têm partida e destino. Uma estrada sem pessoas que a percorressem. […] Ao lado, restos da via-fêrrea de um comboio-fantasma que já partiu ou ainda não chegou. (II:75)

Y también:

[…] se chega por estradas que há muito desistiram de ser estradas, deixando-se degenerar em caminhos sinuosos como tripas, lamacentos como tripas cheias. (II:158)

Las calles que ya han renunciado a ser ellas mismas y a cumplir una determinada función se transforman en puentes, ellos también dirigidos a no se sabe dónde, en una proyección sin rumbo hacia un mar que los engulle y despoja de cualquier utilidad:

> Atrás dessa fiada de casas, o caminho que já foi rua, larga avenida de areia branca como uma praia sem mar, uma praia sem linha de água a que se encostar. [...] Avenida deserta qual espelho que recebe, na sua pele, a luz crua do dia. [...] O pontão é uma miragem, a marca de um ambicioso desejo. Construiu-o quem esperava que a ilha viesse a ser dez vezes maior do que foi, cem do que é. Avenida louca que se perdeu na direcção, buscando o mar com a mesma desenvoltura com que separaria duas áleas daquelas casas hoje inertes [...]. O pontão foi uma rua altiva [...]. Buscando o mar e nele se perdendo. (I:194–199)

Unas calles, unas plazas, unos monumentos e iglesias que son ecos de un pasado desvanecido y de un aislamiento que penaliza ciertas islas, en una supuesta progresión temporal que nunca significa esperanza para sus habitantes; como en ocasiones anteriores, se trata de «ainda o tempo, intangível tempo» (I:196), que desplaza a los vivos y a los muertos («a gente do passado») a una dimensión irreal, en una comunión inquebrantable a través de rituales y tradiciones ancestrales.

Borges Coelho proporciona numerosas descripciones de un espacio y un tiempo ya olvidados a través de las instalaciones de los hoteles, tanto del norte como del sur del país. La *estória* titulada *Casas de ferro* cuenta, a modo de narración tragicómica, la creciente especulación con los antiguos edificios de los hoteles en las ciudades costeras; en este caso, el otrora afamado Grande Hotel de Beira, ocupado en la época posterior a la independencia por personas procedentes de otras áreas del país, debe ser derribado para construir uno nuevo que satisfaga las necesidades de unos posibles futuros nuevos turistas, por lo que sus ocupantes se ven en la necesidad de desplazarse, nuevamente, a otros espacios en ruina para sobrevivir. El hecho extraño es que ocupan unos esqueletos de barcos que se encuentran en la bahía adyacente a la ciudad, barcos abandonados (las casas de hierro) que, debido a una subida del nivel del mar, acaban engullendo algunos de sus moradores. El mismo espectáculo se encuentra en el periplo que el Herculano de *Os sapatos novos de Josefate Ngwetana*, realiza desde Sudáfrica hasta Machangulo, en las proximidades de la capital Maputo; en una bahía de aguas azules, el joven tiene ante sí la visión de un pequeño hotel

que não passava, agora que o mastigara a guerra, de um escombro cujas portas e
janelas, empurradas pela brisa vespertina que soprava, batiam com um som seco
e arbitrário [...] onde fantasmas de outro tempo tomam sol sem que se vejam.
(II:58)

La *decadência do lugar* es fiel reflejo del fin de una época; los edificios,
y de una manera especial aquellos que albergaron un hotel, se asemejan a muertos vivientes, con las heridas provocadas por la guerra civil
en sus fachadas, a la vista de todos. La descripción de estos elementos
arquitectónicos es más significativa que cualquier posible explicación en
clave histórica o sociológica, como testimonio de una antigua identidad
rechazada y de una fallida búsqueda identitaria en el tiempo presente. La
vuelta a casa de Herculano, en un recorrido iniciático por doce pruebas
atravesando tiempos y espacios, es un viaje desde el sur de Mozambique,
la frontera con Sudáfrica, hasta las proximidades de la capital. Las distintas etapas de este itinerario se cumplen casi siempre cerca del mar, un
océano silencioso pero siempre presente en los frescos de vida cotidiana
que Borges Coelho ofrece a sus lectores en estas páginas. La finalidad
es «regressar a casa por aquele percurso rente ao mar» (II:59), para no
perder de vista el elemento que une los diferentes territorios entre sí y
que los conecta con otras realidades geográficas y culturales ciertamente
próximas, tanto en el tiempo como en el espacio. El Océano Índico, desde
el propio título de los dos volúmenes, acompaña la vida de los habitantes de las zonas costeras, a veces como un fiel guardián y una presencia
tranquilizadora, otras como amenaza del poder oscuro y caprichoso de la
naturaleza. El océano condiciona con su personalidad la esencia misma
de un pueblo, y es el nexo de unión entre el Norte y el Sur, a pesar de
las diferencias entre etnias, lenguas y culturas. Es el espejo en el que se
miran las gentes de Mozambique, una posible identidad común a todas
ellas, que les confiere ese carácter tan peculiar y soñador; es también el
medio de conectarse a una realidad *otra* hacia la que proyectan sus esperanzas en un intangible futuro que parece no llegar nunca. En *Verdadeiros
propósitos*, el autor da un paso más y denuncia la injerencia de intereses
extranjeros en las actividades pesqueras cerca de la isla de Inhaca, que
provoca un empobrecimiento de la población local y una sobreexplotación de las reservas naturales; tanto el Estado, posterior a la independencia, como las flotas *dos brancos*, han perdido ese vínculo tan profundo con
el mar que la gente del lugar siempre había tenido, con las consecuencias

nefastas que el relato explica. Su protagonista, Tomé Nhaca, dedicado a un extraño comercio de pescado entre la isla y la capital, debe pactar con un dios local, *uma força antiga*, para evitar que el mar, durante una tempestad imprevista, haga naufragar una embarcación en la que viaja su prometida. El Índico tiene una personalidad bien definida, pero a la vez tiene un poder total y absoluto sobre la vida de las personas, por lo que puede desplegar toda su siniestra fuerza para castigar a aquellos que no le demuestran respeto u obediencia. Entonces, los pasajeros de la embarcación que va rumbo a Maputo dirigen aterrorizados sus miradas a la ciudad lejana, en un esfuerzo titánico por no sucumbir a los caprichos de las aguas embravecidas, y cuando Nhaca cumple con la promesa hecha a ese dios, la normalidad regresa a la bahía y los *ressuscitados passageiros* pueden tocar tierra. Otro ejemplo del poderío sobrenatural del océano es *A força do mar de Agosto*, donde se narra un curioso suceso acaecido en verano en las proximidades de Maputo, cuando «um dia acordou a baía sem água» (II:125). El agua del mar ha desaparecido y en el fondo de arena los peces se retuercen en busca de aire o agua, o del *ar na água*. Y de las profundidades marinas emergen elementos que hacen retroceder a los habitantes en el tiempo, recordando naufragios, muertes repentinas, y desgracias varias:

> Foi muito o que se fotografou neste inesperado e quadriculado cemitério. Pequenos e desencontrados vestígios que até então estiveram empilhados na grande coluna do tempo e que, na falta de água, se espalhavam agora numa desarrumação sem hierarquia. (II:134)

Debido a la falta de agua, se lleva a cabo un proyecto que une las grandes localidades alrededor del área metropolitana de Maputo, a saber: la isla de Inhaca, la propia capital, Xefina y Catembe, y en medio:

> … um vasto espaço branco por preencher, apetitoso, uma imensa área de riqueza a desbravar. (II:135)

Es un espacio proyectado por las autoridades y por empresas extranjeras, que, sin embargo, deja perplejos a los habitantes de esas mismas localidades, porque resulta difícil renunciar a la identidad de cada lugar y encontrarse de repente incluido en una comunidad que, geográficamente, no se corresponde con la originaria de cada uno. Al final del relato, el agua del mar, una vez evaporada, se condensa y posteriormente con la lluvia vuelve a llenar el espacio que le compete, poniendo fin a un peculiar problema de difícil solución; el Índico reivindica su existencia y su esencia, como medio necesario para la comunicación entre lugares, manteniendo, eso sí, las particularidades de cada isla, de cada barrio de la capital, de cada espacio singular dentro de la bahía.

Al igual que el océano, los ríos mozambiqueños son accidentes geográficos de extrema importancia, tanto en el Norte como en el Sur. El Zambeze, en la parte septentrional del país, sirve de frontera natural entre zonas de conflicto durante la época de la guerra, en los años que siguen a la independencia. Su amplio caudal solo se puede cruzar en barco, por lo que se establece una conexión entre una orilla y otra, gracias a la que las personas y las mercancías pueden salvar el obstáculo que supone tener que atravesar esas aguas. Hermes Magaia, figura alrededor de la cual está construido el texto *As cores do nosso sangue*, se dedica durante unos años al comercio de pescado entre un lado y otro del río, atravesando esa barrera natural una y otra vez, y llegando a enfrentarse con peligros de varios tipos, incluido un grupo armado cuyo único cometido es despojar a los viajeros de sus bienes y mercancías y mutilarlos o asesinarlos con total impunidad. Hermes, años después, es sospechoso de un crimen cometido en su tierra de origen y unos policías le interrogan a lo largo de la *estória*, para intentar averiguar si es plausible una participación suya en la muerte de un curandero. Su tierra, Zalala, tras haber sido un lugar turístico hasta los años 70 del pasado siglo, cae en el olvido de locales y foráneos, por lo que el sentido de pertenencia de Hermes se resiente y él se va sintiendo extraño en su propia casa; y llega a afirmar:

> [Ele] Nasceu em Zalala, é certo, mas diz não ser da praia cinzenta a que deram este nome. Não deixa de ter razão, uma vez que há uma grande distância entre nascer-se num sítio e ser-se de lá. Só quem nunca partiu pode reclamar ser de um lugar… (I:119)

Si un individuo abandona su lugar de origen, una vez que regrese solo se encontrará con sus propias memorias, con ruinas y con muertos. El abandono, por razones de supervivencia, de Zalala, hace que Hermes emprenda un camino sin retorno por las tierras del norte mozambiqueño, en un periplo existencial a la par que práctico y necesario. Hermes, en las muchas páginas que el autor le concede para explicar su trayectoria vital, desgrana la historia de su vida en torno a un concepto básico que le inculcó su padre, un enfermero asimilado al servicio de la administración portuguesa en la época colonial: el viaje como necesidad intrínseca del ser humano, para conocer lugares desconocidos y para adquirir nociones fundamentales sobre la vida, el amor, la maldad, la traición y todas las grandezas y miserias del ser humano. El padre enfermero viajaba por su profesión, y Hermes elige ceder al *vício* del viaje, como comerciante de pescado seco. Viajar por casi todas las localidades de la provincia permite a ambos tener una visión más amplia sobre la realidad por la que está atravesando el país, y les abre horizontes mentales que sus allegados no comprenden, provocando una profunda incomprensión y hostilidad en los miembros de sus comunidades de origen.

Es este, quizás, el sentido de los dos volúmenes que componen *Índicos Indícios*, tal y como sugiere el propio autor en los prefacios a ambos; Borges Coelho concluye «uma viagem de recolha de historias ateadas por lugares precisos» y las presenta como un fascinante mosaico de lugares, seres humanos o sobrenaturales, espacios urbanos o naturales, todos ellos parte de una tierra inconfundible por su belleza. A pesar de no ser un libro de viajes al uso, según los esquemas de la crítica occidental, este texto constituye un auténtico viaje en sí mismo, un recorrido por la historia, la geografía, las tradiciones autóctonas, la espiritualidad, y las costumbres de unas tierras que pugnan por recuperar la importancia y la centralidad que tuvieron hace siglos. El Océano Índico, desde su posición privilegiada, el mar que «também sabe ser transparente», se configura aquí como un necesario puente entre gentes y culturas, un punto de llegada, pero también un punto de partida «para novos lugares», en un viaje que encuentra en el sueño y la imaginación su esencia más pura.

Referencias bibliográficas

Borges Coelho, João Paulo (2010): *Índicos Indícios I: estórias. Setentrião*. Maputo: Ndjira (1ª ed. 2005).

Borges Coelho, João Paulo (2005): *Índicos Indícios II: estórias. Meridião*. Lisboa: Caminho.

420

Caniato, B. J. (2007): *Travessias atlánticas: literatura nos países de língua portuguesa*, São Paulo: USP.

Leite, A. M., Owen, H., Chaves, R. y Apa, L. (eds.) (2014): *Narrating the Postcolonial Nation. Mapping Angola and Mozambique*, Bern: Peter Lang.

Mitchell, J. Clyde (1987): *Cities, Society and Social Perception. A Central African Perspective*, Oxford: Claredon Press.

Nunes, Maria Luisa (1987): *Becoming true to ourselves: cultural decolonization and national identity in the literature of the Portuguese-speaking world*, New York: Greenwood Press.

Popeanga, Eugenia (2005): *Viajeros medievales y sus relatos*, Bucarest: Cartea Universitară.

Popeanga, Eugenia y Fraticelli, Barbara (eds.) (2006): *La aventura de viajar y sus escrituras*, Madrid: Publicaciones Universidad Complutense.

Popeanga, Eugenia (ed.) (2010): *Ciudad en obras. Metáforas de lo urbano en la literatura y las artes*, Bern: Peter Lang.

Quayson, Ato (2009): *Magical realism and the African novel*, en Abiola Irele, F.: *The Cambridge companion to the African novel*. Cambridge: Cambridge University Press.

Rosas, Fernando (2018): *História a história: África*, Lisboa: Tinta da China.

LOS AUTORES

María Álvarez de la Cruz es Profesora de Estudios Franceses en el Departamento de Estudios Románicos, Franceses, Italianos y Traducción de la Universidad Complutense de Madrid. Sus líneas de investigación son la narrativa policíaca en Europa y África, estudios sobre sociología y literatura, y literatura comparada en ámbito románico y escandinavo.

Pilar Andrade Boué es Profesora Titular de Filología Francesa en la Universidad Complutense de Madrid. Sus líneas de investigación actuales son los estudios de la ciudad y la ecocrítica. Es autora de libros y artículos sobre literatura francesa y sobre esas líneas, destacando como última publicación sobre la literatura y la ciudad, la coordinación y estudio introductorio del volumen *La ciudad como espacio plural en la literatura: convivencia y hostilidad* (Peter Lang, 2017).

Chiara Cappuccio es Profesora Contratada Doctora del Departamento de Estudios Románicos, Franceses, Italianos y Traducción de la Universidad Complutense de Madrid. Su investigación se centra en las literaturas románicas medievales, con especial atención a la literatura italiana y a la *Commedia* de Dante. Es autora de numerosos artículos y publicaciones científicas.

Marco Carmello trabaja en el Departamento de Estudios Románicos, Franceses e Italianos, Traducción e Interpretación de la Universidad Complutense de Madrid como Profesor Contratado Doctor. Se ocupa de filosofía del lenguaje y del lenguaje literario, literatura italiana, teoría de la literatura, retórica y de estudios acerca del barroco. Ha escrito varios artículos en revistas y libros sobre estos argumentos y sobre autores italianos modernos y contemporáneos como Carlo Emilio Gadda, Carlo Michelstaedter, Antonio Pizzuto, Luigi di Ruscio. Es autor de. *Extragrammaticalità. Note linguistiche, critiche e filologiche sull'ultimo Pizzuto* (Turín 2012); *Lo spazio sospeso del "Supplente" di*

Angelo Fiore (Palermo 2014) y *La poesia di Elsa Morante. Una presentazione* (Roma 2018).

Fernando Carmona Fernández es Catedrático emérito de Literaturas Románicas de la Universidad de Murcia. Traductor de obras medievales francesas del siglo XIII como *El castellano de Coucy y la dama de Fayel* (2000) y de la producción completa de Jean Renart (2013). También es autor de más de un centenar de trabajos sobre literatura comparada románica, narrativa breve, traducción y libros de viaje; parte de ellos recogidos en *Pervivencias medievales: Chrétien de Troyes, Boccaccio y Cervantes* (2006).

Jean-Pierre Castellani es Profesor de universidad. Ha sido Catedrático de Filología Hispánica en la Universidad François-Rabelais de Tours, Francia desde 1971 hasta 2005 y profesor asociado en la Universidad Pascal Paoli, (Córcega) desde 1987 hasta 2010. Es vicepresidente de la SIEY (Sociedad Internacional de Estudios de Yourcenar) y miembro de la AICL (Asociación Internacional de los críticos literarios). Especialista en la literatura del campo autobiográfico y en el discurso de prensa y de cine, ha publicado como autor : *Goodbye Rabelais ! figures libres & Yourcenar, Almodóvar et Umbral…* EST, Paris, 2006 y *Je, Marguerite Yourcenar, d'un «Je » à « L'Autre*, EST, Paris, 2011 y como coordinador-editor : *Marguerite Yourcenar, une écriture de la mémoire*, Sud, 1990, *La langue de l'autre ou la double identité de l'écriture*, Littérature et nation n°24, Tours, 2001, *El embrujo de Shangai : Juan Marsé y Fernando Trueba*, Ed. Temps, 2003, *Goya en Burdeos* de Carlos Saura, Ed. du Temps, 2005, *Texte et image dans les mondes hispaniques et hispano-américains*, PUF, F. Rabelais, Tours, 2007, *Une enfance corse*, Bleu-autour, 2010, *Mémoire (s) de Corses* (Colonna éd. 2016), *Les utopies insulaires*, Colonna éd. 2014, *Ecriture de soi et Autorité*, PUF, F. Rabelais, Tours, 2016, *Portraits de Corses, figures emblématiques de la Corse d'aujourd'hui*, Colonna éd. 2016, *Corses de la diaspora*, Scudo éditions, 2018. Ha coordinado el monográfico de la revista *Intramuros* (N° 32) dedicado a Francisco Umbral (Noviembre 2010). Colabora de modo regular en las revistas electrónicas *Lecturas sumergidas* en España y *diacritik* en Francia.

Paula Cousillas Pena es graduada en Lingua e Literatura Galegas por la Universidade de Santiago de Compostela. Tras cursar el Máster de Educación en esta misma universidad, sus líneas de investigación se centran sobre todo en el ámbito de la Literatura, en concreto en la literatura infanto-juvenil y su aplicación en la enseñanza, aunque también investiga desde un punto de vista más teórico otras etapas literarias como es la medieval gallego-portuguesa. Ya en el ámbito de la Lingüística, la línea de investigación que más trabaja es la Sociolingüística y el Análisis Crítico del Discurso. Actualmente es Lectora de lengua gallega en la Universidad Complutense de Madrid y cosecretaria de *Madrygal: Revista de Estudios Gallegos*.

Alba Diz Villanueva es Doctora en Estudios Literarios por la Universidad Complutense de Madrid. Su investigación se desarrolla en el ámbito de la crítica literaria, de la literatura hispanoamericana y de las literaturas románicas comparadas, así como en las relaciones entre literatura y espacio urbano. Ha estudiado la obra de Mircea Cartarescu y es autora del libro *Bucarest en la narrativa de Mircea Cartarescu: lecturas de una ciudad*. Ha publicado artículos en revistas científicas y capítulos en monografías. Acude asiduamente a congresos, seminarios y jornadas de investigación nacionales e internacionales.

Óscar Fernández Poza es Doctor en Filología Románica por la Universidad Complutense de Madrid con la tesis doctoral *Avel·lí Artís i Balaguer (1881-1954), comediógrafo e impresor-editor. Entre la plenitud del cambio de siglo y el exilio*. Sus líneas de investigación son las revistas literarias peninsulares, el teatro catalán contemporáneo y exilio y literatura. Es coeditor de los volúmenes *Literaturas ibéricas. Teoría, historia y crítica comparativas* (2015) y *La aventura de viajar y sus representaciones literarias y artísticas* (2020).

Barbara Fraticelli es Doctora en Filología Románica y Profesora Titular de Filología Gallega y Portuguesa de la Universidad Complutense de Madrid. Su investigación se centra en las literaturas románicas comparadas, la literatura de viajes, las literaturas africanas lusófonas, la imagen de la ciudad en la literatura y las artes, y la escritura femenina. Es autora de artículos científicos y de libros como *Un viaje literario* *por el mundo románico: de Lisboa a Bucarest* (Bucarest, 2010) y *Paradigmi urbani. Forme e scritture della città contemporanea* (Florencia, 2015).

Rodrigo Guijarro Lasheras es Doctor en Estudios Literarios por la Universidad Complutense de Madrid e investigador Juan de la Cierva. Es autor de varios libros y de artículos publicados en España, Inglaterra, Francia, Alemania, Italia, Estados Unidos y Chile. Sus trabajos se enmarcan en el campo de las relaciones entre música y literatura, teoría de la literatura y novela contemporánea en español. Ha sido investigador visitante en la Universidad de California, Berkeley (2017) y la Universidad de Cambridge (2018). Es traductor habitual de libros relacionados con sus intereses y, como músico, ha sido miembro de la Gustav Mahler Jugendorchester durante cinco años, de la European Youth Orchestra y academista de la Orquesta Nacional de España, además de colaborador en diversas orquestas, ofreciendo conciertos en una veintena de países y en los principales auditorios europeos.

Dieter Ingenschay es Catedrático emérito de Literaturas hispánicas de la Universidad Humboldt de Berlín, Expresidente (y desde 2015 Miembro Honorífico) de la Asociación Alemana de Hispanistas. Ha sido Profesor Invitado en diferentes universidades españolas, estadounidenses, latinoamericanas y en la Universidad Hebrea de Jerusalén. Su investigación se centra en Literaturas hispánicas del siglo XX/XXI, Aspectos posmodernos/poscoloniales/posdictatoriales de las literaturas hispánicas, Gender y Gay Studies, Literatura y metrópolis. Entre sus publicaciones destacan: D. I./H. -J. Neuschäfer (eds.), *Abriendo caminos. La literatura española desde 1975*, Barcelona: Ed. Tusquets 1993. – D. I. (ed.), *Desde aceras opuestas. Literatura/cultura gay y lesbiana en Latinoamérica*, Iberoamericana: Madrid: 2006. – D. I. (ed.), *Eventos del deseo. Sexualidades minoritarias en las culturas/literaturas de España y Latinoamérica a fines del siglo XX*, Iberoamericana: Madrid 2018.

www2.hu-berlin.de/Ingenschay

Marta Iturmendi Coppel es licenciada en Derecho y Máster en Tributación y Asesoría Fiscal, especialidad que ejerció durante unos años, antes de dedicarse a la traducción de textos jurídicos y a la edición en el ámbito académico. Ha cursado el Máster en Estudios Literarios de la Universidad Complutense de Madrid, donde actualmente realiza su tesis doctoral sobre el espacio urbano en la novela negra argentina contemporánea.

Mirella Marotta Peramos es Profesora Titular de Filología Italiana de la Universidad Complutense de Madrid. Sus líneas de investigación son la literatura de viajes, la literatura italiana contemporánea y la teoría de la traducción. Es autora de libros como *Madrid en otros ojos. Los libros de viajes en tiempos del Grand Tour,* así como de diversas publicaciones sobre Antonio Tabucchi, Alessandro Baricco, problemas de traducción literaria italiano - español, etc.

Elisa Martínez Garrido es Profesora Titular (habilitada Catedrática) del Departamento de Estudios Románicos, Franceses, Italianos y Traducción de la Universidad Complutense de Madrid. Sus líneas de investigación son: escrituras de mujeres, literatura italiana contemporánea y Los espacios en la narrativa italiana contemporánea. Ha publicado numerosos trabajos sobre Elsa Morante, Dino Buzzati, Curzio Malaparte, Italo Svevo, Luigi Pirandello y sobre las narradoras italianas del verismo. Es la Directora de la sección literaria de la revista *Cuadernos de Filología Italiana.*

Antonia Martínez Pérez es Catedrática de Filología Románica de la Universidad de Murcia. Sus líneas de investigación giran en torno a la literatura medieval, literatura de viaje y literatura de inspiración urbana, sobre la que ha publicado varios libros, entre otros, *La transformación de la Lírica Francesa Medieval. Poesía de inspiración urbana en su contexto románico (S. XIII)*, Universidad de Granada, 2013; así como traducciones de textos literarios medievales, el último sobre los *Versos de la Muerte. Robert le Clerc d'Arras y Adam de la Halle*, Disbalelia, 2016.

Carmen Mejía Ruiz es Profesora Titular de Filología Gallega y Portuguesa en la Facultad de Filología de la Universidad Complutense de Madrid y Catedrática acreditada. Es directora del *Instituto de*

Investigaciones Feministas de la Universidad Complutense. Entre sus monografías destacan entre otros: *El oriente maravilloso y exótico* (en colaboración) (2007) y *Transculturalidad e hibridismo en las literaturas ibéricas* (2016). Ha dirigido el libro colectivo *Dos vidas y un exilio. Ramón de Valenzuela y Mª Victoria Villaverde. Estudio y Antología* (UCM: 2011). Es la Investigadora Principal del proyecto de Investigación I+D: "Nuevos modelos urbanos. La no ciudad y sus representaciones literarias y artísticas". Sus líneas de investigación se centran en identidad(es), género, viajes y exilio en las literaturas románicas y, especialmente, en las lenguas y literaturas ibéricas.

Elios Mendieta Rodríguez es doctorando del programa de Estudios Literarios en la Universidad Complutense de Madrid, donde realiza una tesis sobre el cine de Paolo Sorrentino, su identidad artística y la relación con otras artes. Además es Licenciado en Periodismo por la Universidad de Málaga. Entre sus principales líneas de investigación se encuentran las relaciones entre palabra e imagen en la obra de diversos creadores contemporáneos, la historia del cine o la importancia de la memoria en el cine o la literatura. Ha publicado diferentes artículos en revistas indexadas y capítulos del libro sobre autores como Paolo Sorrentino, Jorge Semprún, Nanni Moretti, Edgar Neville, Michelangelo Antonioni o Claude Lanzmann, entre otros.

Diego Muñoz Carrobles es licenciado en Filología Románica y Doctor por la Universidad Complutense de Madrid. En la actualidad es Profesor del área de francés en el departamento de Filología Moderna de la Universidad de Alcalá. Ha participado en varios proyectos de investigación y obras colectivas bajo la dirección de la Dra. Eugenia Popeanga, dentro del grupo de investigación "La aventura de viajar y sus escrituras", como *Ciudad en obras. Metáforas de lo urbano en la literatura y en las artes*, volumen del que es coeditor, (Peter Lang, 2010), *Ciudades mito. Modelos urbanos culturales en la literatura de viajes y en la ficción* (Peter Lang, 2012) o bien *La ciudad hostil: imágenes en la literatura* (Síntesis, 2015). Ha participado, además, en numerosos seminarios y congresos nacionales e internacionales. Sus líneas de investigación se centran en aspectos lingüísticos y literarios de la interculturalidad y de las migraciones, en especial dentro del espacio francófono.

María Victoria Navas Sánchez-Élez es Profesora jubilada de la Universidad Complutense de Madrid y colaboradora externa del Centro de Lingüística de la Universidad de Lisboa; participa en la actualidad en los proyectos de investigación *Frontera España y Portugal: documentación lingüística y bibliográfica* y *Deonomástica multilingüe*. Es autora de libros como *Pastoril Castelhano. Vicente* (1989), *Romancero y Cancionero de Los Navalmorales (Toledo)* (2002), *El barranqueño: un modelo de lenguas en contacto* (2011), *O barranquenho, Língua, Cultura, Tradição* (2017) o *El oriente maravilloso y exótico. Dos relatos de viajes* (en colaboración, 2007). Su investigación se ha centrado, asimismo, en autores portugueses y españoles: Lídia Jorge, José Saramago, Matilde Ras, Carmen de Burgos, Miguel Torga o Virgínia Victorino y ha traducido al portugués, en colaboración, *La guerra del fin del mundo* de Mario Vargas Llosa y *Palinuro de Méjico* de Fernando del Passo.

Juan Paredes Núñez es Catedrático de Filología Románica de la Universidad de Granada. Ha dedicado buena parte de su investigación al estudio de la lírica gallego-portuguesa, con numerosas publicaciones sobre el tema, que han culminado con su edición crítica del *Cancionero profano de Alfonso X el Sabio* (Japadre Editore, L'Aquila-Roma, 2001). En el ámbito de la narrativa breve, otro de los temas al que ha prestado una especial dedicación, pueden citarse trabajos como *Formas narrativas breves en la literatura románica medieval (Problemas de terminología), Las narraciones de los* Livros de Linhagens, *Para una teoría del relato: las formas narrativas breves*, etc. Acaba de aparecer el volumen *Ensayos de literaturas Románicas*, que recoge algunos de sus trabajos más relevantes sobre el tema.

Rocío Peñalta Catalán es Doctora en Estudios Interculturales y Literarios por la Universidad Complutense de Madrid. Sus líneas de investigación son los relatos de viaje, la representación del espacio urbano en la literatura y los estudios sobre novela policiaca. Recibió el Premio Málaga de Investigación 2018 en la rama de Humanidades por un trabajo sobre la narrativa de Pablo Aranda.

Eugenia Popeanga Chelaru es Catedrática de Filología Románica de la Universidad Complutense de Madrid. Ha sido profesora invitada en diversas universidades europeas y participa en congresos internacionales con conferencias invitadas de manera regular. Ha sido la coordinadora de diversos programas de doctorado de Filología Románica y de otros interdepartamentales, y directora de la *Revista de Filología Románica* y de la revista digital complutense *Ángulo Recto*. Ha publicado múltiples artículos, capítulos de libro y casi una decena de monografías, entre las que destacan *Viajeros medievales y sus relatos* (2005), *Los viajes a Oriente de Odorico de Pordenone* (2007) y *Viaje de vuelta. Estudios de literatura rumana* (2018). Ha realizado varias traducciones literarias desde y hacia el rumano, así como la edición crítica de *Bajarse al Moro*, de José Luis López Santos, en la prestigiosa colección Letras Hispánicas de la editorial Cátedra. También ha coordinado diversos volúmenes colectivos sobre la literatura de viajes y sobre el espacio urbano, entre los que figuran *Reflejos de la ciudad. Representaciones literarias del imaginario urbano* (2014) y *La ciudad hostil: imágenes en la literatura* (2015).

Juan M. Ribera Llopis, Doctor en Filología Románica por la Universidad Complutense de Madrid, es en la actualidad Profesor Honorífico de esta institución. Sus líneas de investigación son la narrativa catalana contemporánea, las literaturas peninsulares comparadas, la narrativa románica breve medieval y la literatura de viajes. Es autor de libros como *Literaturas catalana, gallega y vasca* (1982) y *Projecció i recepció hispanes de Caterina Albert i Paradís, Víctor Català, i de la seva obra* (2007), ha editado textos como *Fanny* de Carles Soldevila (2002) y la traducción castellana del anónimo *Història de Jacob Xalabín* (2016) y ha coeditado el volumen *Lisboa,* finis terrae *entre dos horizontes* (2012).

Javier Rivero Grandoso es Profesor de Literatura Española en la Universidad de La Laguna. Es doctor en Estudios Literarios por la Universidad Complutense de Madrid. Sus principales líneas de investigación son la novela criminal, la literatura insular, la representación del espacio urbano en la literatura y las relaciones entre el viaje, el turismo y las artes. Recientemente ha editado la obra *Un verano en Tenerife*, de la escritora cubana Dulce María Loynaz. Es el director del Seminario Tenerife Noir de Investigación en el Género Negro.

Eduardo Valls Oyarzun es Profesor Titular de Filología Inglesa en la Universidad Complutense de Madrid. Especialista en literatura del siglo diecinueve, ha publicado de manera extensa sobre Oscar Wilde, George Bernard Shaw, Joseph Conrad y Lewis Carroll, entre otros. Sus líneas de investigación son la historia de las ideas, la literatura comparada (filosofía y literatura) y la literatura popular. Entre sus libros publicados destaca la edición crítica del ensayo *El perfecto wagneriano*, de George Bernard Shaw (Madrid, Alianza Editorial, 2011), la edición crítica de *Grandes Esperanzas* (de Charles Dickens, Madrid, Escolar y Mayo, 2014) y la monografía *Dueños del tiempo y del espanto genealogía nietzscheana de la responsabilidad en la narrativa victoriana* (Madrid, Escolar y Mayo, 2017).

Leonardo Vilei es Profesor Ayudante Doctor en el Departamento de Estudios Románicos, Franceses, Italianos y Traducción de la Universidad Complutense de Madrid. Sus líneas de investigación son la literatura italiana moderna y contemporánea, los estudios sobre literatura y espacio urbano, la traducción y la poesía. Es autor de varios artículos dedicados a estos temas, traductor y editor de *La muchacha Carla* de Elio Pagliarani (2017).

Band 5   Eva Parra Membrives / Alejandro Casadesús Bordoy
          Crímenes literarios en el Socialismo.
          La Serie *Blaulicht* y la novela policíaca en la RDA.
          ISBN 978-3-0343-0656-0. 2012

Band 6   Eugenia Popeanga (Coord.)
          Edmundo Garrido Alarcón, Javier Rivero Grandoso (Eds.)
          Reflejos de la ciudad.
          Representaciones literarias del imaginario urbano.
          ISBN 978-3-0343-1140-3. 2014

Band 7   Mariann Larsen Pehrzon (Hrsg./Eds.)
          "Foreigners", "Ausländer", "Extranjeros"
          Cultural and linguistic representations –
          Kulturelle und linguistische Darstellungen
          ISBN 978-3-0343-1496-1. 2014

Band 8   Eugenia Fosalba y María José Vega
          Textos castigados.
          La censura literaria en el Siglo de Oro.
          ISBN 978-3-0343-1245-5. 2012

Band 9   Marta Fernández Bueno, Miriam Llamas Ubieto &
          Paloma Sánchez Hernández (Hrsg./Eds.)
          Rückblicke und neue Perspektiven –
          Miradas retrospectivas y nuevas orientaciones
          ISBN 978-3-0343-1177-9. 2013

Band 10   Marta Fernández Bueno, Miriam Llamas Ubieto,
          Manuel Maldonado Alemán & Manuel Montesinos Caperos (Eds.)
          "La literatura es algo más que el texto".
          Homenaje a Luis Á. Acosta Gómez.
          ISBN 978-3-0343-2140-2. 2016

Band 11   Georg Pichler (ed.)
          Extremos.
          Visiones de lo extremo en literatura, historia, música, arte,
          cine y lingüística en España y Austria.
          ISBN 978-3-0343-1627-9. 2017

Band 12   Pilar Andrade Boué (Coord.)
           Rodrigo Guijarro Lasheras y Marta iturmendi Coppel (Eds.)
           La ciudad como espacio plural en la literatura: convivencia y hostilidad
           ISBN 978-3-0343-3164-7. 2017

Band 13   Sergio Antoranz y Sergio Santiago (eds.)
           La recepción de Nietzsche en España
           Nuevas aportaciones desde la literatura y el pensamiento
           ISBN 978-3-0343-3321-4. 2018

Band 14   Ana Giménez Calpe
           Von Prinzessinnen zu Königinnen
           Performative (Ohn)macht in *Der Tod und das Mädchen III (Rosamunde)*
           und *Ulrike Maria Stuart von Elfriede Jelinek*
           ISBN 978-3-0343-3613-0. 2019

Band 15   Eugenia Fosalba y Gáldrick de la Torre Ávalos (eds)
           Contexto latino y vulgar de Garcilaso en Nápoles
           Redes de relaciones de humanistas y poetas (manuscritos, cartas, academias)
           ISBN 978-3-0343-3639-0. 2018

Band 16   Isabel García Adánez, María Jesús Gil Valdés, Paloma Sánchez Hernández,
           María Luisa Schilling Rodríguez, Irene Szumlakowski Morodo (Hrsg./eds.)
           Das Leben in einem Rosa Licht sehen - Ver la vida de color de Rosa.
           Festschrift für Rosa Piñel / Homenaje a Rosa Piñel
           ISBN 978-3-0343-3830-1. 2020

Band 17   Eugenia Popeanga Chelaru (Coord.) Barbara Fraticelli y Marta Iturmendi (Eds.)
           Representaciones del Viaje : Metáforas, Imágenes, Textos
           ISBN 978-3-0343-3880-6. 2020